# 시가 있는 미국기행

**✶✶✶✶✶✶✶✶✶✶✶✶** 이동순 시인의 북아메리카 대륙 탐방기

시카고를 출발하면서

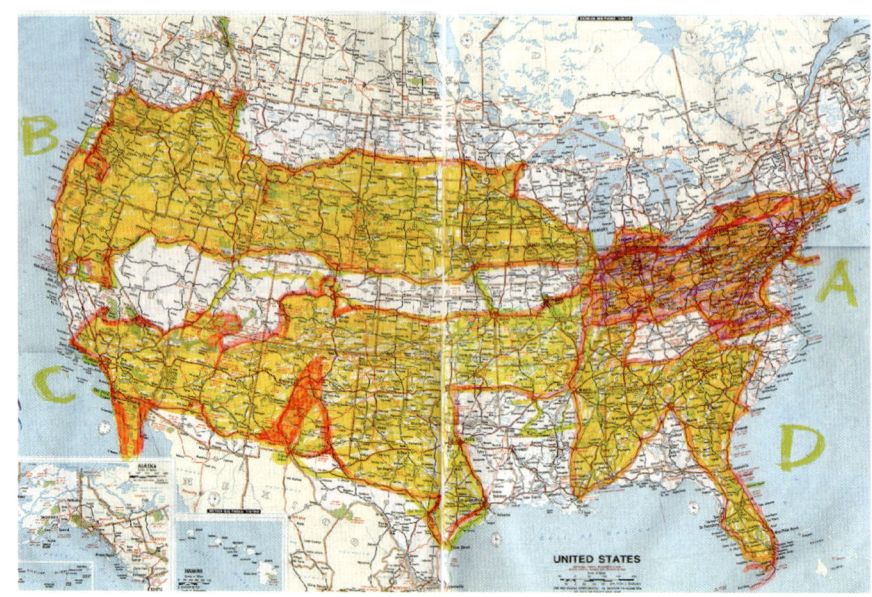

미국 전도. 시카고를 중심으로 하여 좌우 대칭의 선을 그어서 도합 네 차례의 여행 계획을 세웠다. ABCD로 표시된 부분이 바로 그 대상 지역이다. ABC는 실행에 옮겼으나, D는 끝내 뜻을 이루지 못하였다. 직접 다닌 곳은 형광 펜으로 덧칠을 해서 표시하였다. 여행에 소요된 총 시간은 어언 4개월에 육박하고, 총 주행 거리는 36,000㎞가 넘었다.

뉴욕의 워싱턴 광장에서

시카고 중심가를
배경으로

버지니아 주의
민속촌 윌리엄스
버그에서

유타 주의
글렌케니언의
석양 무렵

캘리포니아 주의 어느 호수에서

콜로라도 주에서 만난 황혼

유타 주의 남부 암석지대를 지나다가

브라이스 캐니언의 오후

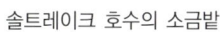

솔트레이크 호수의 소금밭

데스 벨리의 황혼

그랜드 캐년에서

사하라 사막을
연상시키는 샌드 듄

모뉴먼트 밸리에서

타오스의 인디언 묘지

투손의 서부영화 촬영소에서 배우들과 함께

유타 주의 소금호수를
바라보다

헐리우드의 거리에서

멕시코의 티후아나에서

# 시가 있는 미국기행

이동순 시인의 북아메리카 대륙 탐방기

새미

# 시가 있는 미국기행

이동순 시인의 북아메리카 대륙 탐방기

시가 있는
미국기행

■ 차 ■ 례 ■

## 제1부
### 오크나무 밑으로 불어간 바람 / 미국 동북부 일대

미국 도착 | 일리노이의 봄 | 뚜벅이 | 자동차 구입 | 시카고의 여러 풍경들 | 피일드 역사박물관 | 애미쉬 마을 | 세인트루이스 | 미국에서 만난 노자 | 술집〈블루시카고〉| 미국을 공략하는 일본 만화 | 오챠드의 봄꽃 | 미국 땅에 채송화 꽃씨를 뿌리다 | 부활미사 | 골동가게 | 메도브룩 공원의 반딧불이 | 야드 세일 | 술집〈하이다이브〉의 아코디언 | 일리노이주 스프링필드 | 위스콘신주 톨레도 | 클리브랜드 | 뉴욕주 버팔로 | 나이아가라 폭포 | 알바니 | 매사추세츠주 보스톤 | 하버드 대학 | 롱아일랜드주 케이프코드 국정 해안 | 프로비던스타운 | 뉴욕 맨하탄 | 뉴저지주 플러싱 | 뉴욕주 어틀랜틱시티 | 메릴랜드주 볼티모어 | 워싱턴디씨 | 버지니아주 윌리암스버그 | 노포크 | 버지니아비치 | 마틴스빌 | 힐스빌 | 웨스트버지니아주 찰스턴 | 오하이오주 헌팅턴 | 켄터키주 렉싱턴 | 루이빌 | 일리노이주 그레이빌 | 스프링필드

## 제2부
바다가 되고 싶었던 호수 / 미국 중서북부 일대

오대호 | 시카고의 네이비 피어 | 시카고 대학 | 셰드 아쿠아리움 | 일리노이주 시카고 | 위스콘신주 밀워키 | 미네소타주 세인폴 | 미니아폴리스 | 덜루스 | 노쓰다코다주 파아고 | 글렌다이브 | 몬타나주 빌링스 | 와이오밍주 옐로스톤 국립공원 | 리빙스톤 | 뷔테 | 미술라 | 아이다호주 글레이셔 국립공원 | 스포케인 | 워싱턴주 시애틀 | 타코마 | 오레곤주 포틀랜드 | 크레이터 호수 | 엘크톤 | 리스포트 | 밴든 | 오레곤코스트 | 레드우드 국립공원 | 캘리포니아주 유리카 | 소살리토 | 샌프란시스코 | 버클리대학 | 새크라멘토 | 요세미티 국립공원 | 네바다주 카슨 시티 | 타호 호수 | 리노 | 유타주 솔트레이크 시티 | 와이오밍주 록스프링스 | 샤이엔 | 아이오와주 오마하 | 디모인 | 데이븐포트 | 일리노이주 라쌀 | 시카고

# 제3부
## 흐름 위에 친 보금자리 / 미국 중서남부 일대

일리노이주 시카고 | 피오리아 | 미주리주 한니발 | 마크트웨인 동굴 | 캔자스주 갠자스 시티 | 콜로라도주 콜로라도스프링스 | 덴버 | 록키산맥 국립공원 | 글렌우드스프링스 | 그랜드정션 | 유레이 | 실버턴 | 듀란고 | 포코너스 모뉴먼트 | 아리조나주 튜바 시티 | 카메론 | 플래그스테프 | 몬테즈마 | 세도나 | 그랜드캐니언 | 리틀 콜로라도 | 카옌타 | 모뉴먼트 벨리 | 유타주 블렌딩 | 몬티첼로 | 글렌케니언 | 그랜드 뷰포인트 | 브라이스 캐니언 | 자이언 국립공원 | 네바다주 라스베이가스 | 데스벨리 | 캘리포니아주 | 로스앤젤레스 | 샌디에고 | 산이시드로 | 멕시코 티후아나 | 아리조나주 유마 | 투손 | 뉴멕시코주 트루스 오어 콘시퀀시스 | 엘버쿼키 | 산타페 | 타오스 인디언 마을 | 엔리코 | 카리조조 | 툴라루사 | 알라모고르도 | 칼스바드 동굴 | 화이트샌즈 국정기념물 | 텍사스주 소노라 | 오스틴 | 샌안토니오 | 달라스 | 아칸소주 리틀록 | 일리노이주 마운트버논 | 스프링필드 | 시카고 | 시카고의 가을 | 시카고의 겨울 | 정든 자동차를 떠나보내다 | 성탄 부근의 시카고 | 시카고 심포니센터 | 귀국 준비

후기

# 제1부

# 오크나무 밑으로 불어간 바람
## 미국 동북부 일대

미국 도착 → 일리노이의 봄 → 뚜벅이 → 자동차 구입 → 시카고의 여러 풍경들 → 피일드 역사박물관 → 애미쉬 마을 → 세인트루이스 → 미국에서 만난 노자 → 술집 〈블루시카고〉 → 미국을 공략하는 일본 만화 → 오챠드의 봄꽃 → 미국 땅에 채송화 꽃씨를 뿌리다 → 부활미사 → 골동가게 → 메도브룩 공원의 반딧불이 → 야드 세일 → 술집 〈하이다이브〉의 아코디언 → 일리노이주 스프링필드 → 위스콘신주 톨레도 → 클리브랜드 → 뉴욕주 버팔로 → 나이아가라 폭포 → 알바니 → 매사추세츠주 보스톤 → 하버드 대학 → 롱아일랜드주 케이프코드 국정 해안 → 프로비던스타운 → 뉴욕 맨하탄 → 뉴저지주 플러싱 → 뉴욕주 어틀랜틱시티 → 메릴랜드주 볼티모어 → 워싱턴 디씨 → 버지니아주 윌리암스버그 → 노포크 → 버지니아비치 → 마틴스빌 → 힐스빌 → 웨스트버지니아주 찰스턴 → 오하이오주 헌팅턴 → 켄터키주 렉싱턴 → 루이빌 → 일리노이주 그레이빌 → 스프링필드

### 북미 대륙에 처음 내리던 날

 자다 깨다, 깨다 자다 하는 가운데 비행기는 어느 틈에 하와이 상공을 지나고 서서히 대륙으로 접어든다. 금방 서부를 지나더니, 네바다 사막을 날아서 목적지인 시카고가 슬금슬금 가까워 온다.
 대체 몇 시간을 달려 왔는가?
 비행기 안이 점차 술렁이기 시작한다.
 엄청난 크기의 보잉사 비행기가 시카고의 오헤어 공항 활주로를 마치 미끄럼을 타듯 사뿐 내려앉는다. 시카고 일대에는 하얀 눈이 내려 쌓여 있다. 나는 다시 여기서 국내선을 갈아타고 스프링필드까지 가야 한다. 약 두어 시간의 대기를 거치게 된다.
 완전히 캄캄해진 저녁, 나는 마침내 스프링필드 공항에 기착했다. 중요 목적지인 시카고에 내리지 않고 이 곳으로 오게 된 것은 대도시보다 물가가 싸고 지내기가 한결 조용하다고 미리 들어둔 귀띔이 있었기 때문이다. 미국 땅에서 나는 앞으로 일년을 보내게 된다. 시카고대학 동아시아학과의 연구교수. 이것이 당분간 아메리카에서의 나의 신분이다. 유학생 출신도 아니고, 언어도 통하지 않는 고달픔 속에서 나는 나의 시간을 이끌어가야만 한다. 아메리카 대륙의 광대함이 문득 온몸으로 돌진해 왔다. 어떻게 살아가야 하나. 전신을 엄습하는 아득함 때문에 잠시 현기증이 느껴졌다.

이때 크고 둥근 보름달이 활주로 끝 지평선 위에 둥실 떠올랐다. 미국의 보름달은 어쩐지 한국의 달보다 훨씬 크고 샛노랗게 보인다. 첫날밤을 묵게 된 햄튼 이인. 이름은 여인숙인데, 시설은 거의 호텔급 수준이다. 흑인 청년 기사의 안내로 도착한 방에서 하루의 고단한 여장을 풀었다.

대륙에서 대륙으로 날아와 나는 밤을 무려 두 번이나 연속으로 맞이하고 있는 셈이다. 머리가 띵하고 어지럽지만 피로감은 훨씬 덜 느껴진다. 창문 커튼을 들치고 이미 해가 져서 어두운 스프링필드의 바깥 풍경을 조심스럽게 내다본다. 시장기가 들어서 여관 정문 앞쪽에

있는 퍼킨스 레스토랑의 문을 열고 들어갔다. 늦은 밤인데도 흑인 여성 종업원이 서비스를 하고 있다.

생선살 요리와 으깬 감자를 주문했다. 시간상으로 늦은 밤참이다. 시원한 맥주 생각이 간절하였으나 이 밤에 어디 가서 사올 수도 없고, 꾹 참기로 했다. 낯선 이국 땅에서 폐부 깊숙이 들이마시는 차가운 밤 공기가 새삼스럽기만 하다.

길손도 뚝 끊어지고 황량한 밤거리가 왠지 불안스럽게 느껴져서 곧 숙소로 되돌아왔다.

## 일리노이의 봄

아침 일찍 숙소를 나와 대학 하우징 오피스에 등록을 하고 새로운 거처를 배정 받았다. 이미 한국에서 인터넷으로 등록 신청을 해 두었기 때문에 한결 수월했다. 짐은 햄튼 여숙(旅宿)에서 늙은 직원이 자동차로 날라다 주었다.

내가 새로 들게 된 집은 절반이 지하로 된 이층 건축이다.
1950년에 지어졌다고 하니 나의 나이와 거의 같은 세월을 살았다. 방음처리가 매우 소홀해서 이층에 거주하는 사람의 발자국 소리와 두런거리는 말소리까지 그대로 들린다. 마치 커다란 쥐가 천장에서 뚜벅거리는 듯한 착각에 빠진다. 집안은 약간 눅눅하고 서늘한 냉기마저 감돈다. 서글프고 쓸쓸한 생각이 든다. 침대도 없고, 매트레스도 없고, 적막한 심정 속에서 갖고 온 침낭과 홑이불을 여러 겹으로 펴서 시멘트 맨바닥에 깔고, 또 덮고 겨우 잠을 청한다. 자다가 추워서 몇 번이나 잠을 설쳤다. 적막하고 황폐한 기분에 삭신이 나른해진다.

그로부터 며칠 뒤에 나는 이 방에서 고독한 유학 생활을 보내었을 어느 유학생의 삶을 생각하면서 다음과 같은 한 편의 시를 쓰게 되었다.

### 눈물에게 자유를 주다

대지의 풀들은 내 가슴 높이에 있다
나는 반지하의 춥고 눅눅한 방에서 이른봄을 내다본다
봄은 자신의 푸른 가슴을 드러내고 싶어 땅속에서 안달이 나 있다
바람이 가랑잎을 마치 강아지 굴리듯 휩쓸며 불어 갈 때
다람쥐란 놈은 도토리를 먹다 말고 그 광경을 멀뚱히 보고 있다
아, 낯선 일리노이 땅 스프링필드 언덕에서 고향의 봄을 생각하며
젖은 눈으로 창 밖을 내다보던 사람은 모두 어딜 갔는가
방안의 습기는 필시 그들이 남긴 눈물의 흔적이리
나는 창문을 활짝 열고 방안에 수년 째 갇혀 있던 눈물의 습기를
아지랑이 피어오르는 봄 하늘로 새처럼 날려보낸다

날아가라 눈물이여 더 이상 춥고 어두운 곳에 갇혀 있지 말고
푸른 숲에서 맑은 소리를 내는 어여쁜 노래가 되라

사지를 잔뜩 오그리고 자는 둥 마는 둥 밤을 보낸 다음, 날이 밝아서 일어나니 사지가 쑤시고 결리는 느낌이다. 커튼을 걷어올리고 창 밖을 내다보니 굵은 상수리나무가 여러 그루 제법 운치 있게 서 있어서 보기에 좋을 뿐만 아니라 잔디가 제법 파아란 빛깔로 돋아나고 있다. 이곳 미국 땅 일리노이에도 봄이 오고 있는 것이다.

창 밖 풍경이 더욱 선명하게 잘 보이도록 먼지투성이의 유리창을 깨끗하게 닦아 놓으니 한결 기분이 맑아진다. 한국 같으면 벌써 지난 가을에 극성스런 사람들이 도토리묵의 재료로 쓰기 위해 채 익기도 전에 모조리 휩쓸어 갔을 도토리가 그대로 나무 밑에 수북히 쌓여서 썩어간다. 다람쥐란 놈들이 푸짐한 성찬을 앞에 놓고 반들반들하는 눈알로 냠냠거리며 먹다가 갖고 놀다가 한다.

드디어 나는 넓고 넓은 미국 땅 일리노이의 프레이리 대평원 지역에 온 것이다.


## 뚜벅이

내가 묵고 있는 오챠드 다운은 일리노이로 유학 온 외국인들과 회사원, 방문 교수들이 주로 세 들어 살고 있는 대학 직영의 집단 숙박지구이다. 한국전쟁 무렵에 지었다는 이 건물을 밖에서 보면 아담한 이층 양옥인데, 막상 안에 들어와 구석구석을 자세히 살펴보면 허술한 곳이 너무도 많다.

이층 거주자가 걸음을 옮길 때마다 들려오는 발자국 소리, 물 내려

가는 소리, 전화벨 소리, 크게 틀어놓은 텔레비전 소리, 말하는 소리 등등. 그들의 일거수 일투족이 그대로 윤곽에 잡힌다. 신경을 안 쓰려고 해도 저절로 신경이 간다.

어제 저녁 집에 들어오다 보니 붉은 셔츠를 입은 흑인 청년 하나가 내 집 통로로 들어가는 광경을 보았는데, 그 녀석이 문제의 뚜벅거리는 소리의 주인공이었던 것 같다. 나는 그를 '뚜벅이'라고 명명했다. 하지만 나중에 알고 보니 흑인 청년이 아니라 남미나 스페인 계통에서 온 듯한 백인 학생 부부였다.

이제부터 스프링필드 일대를 순회하는 시내버스를 타고 지형을 익히려 한다. 그런데 한국의 건축물과 도시 분위기에 익숙한 나의 안목이 자꾸만 낯설고 혼동하기를 좋아한다. 차츰 익숙해지겠지. 나는 망연한 표정으로 대학 도서관 주변을 돌아보았다.

### 자동차를 구입하던 날

고단한 일정에 늦잠을 자고 일어나 보니 창문에 입김이 송글송글 매달려 있다. 간밤에 내가 내쉰 입김이 모두 유리창에 가 붙어 있는 것이다. 창문을 활짝 열고 바깥 공기를 폐부 깊숙이 들이마신다.

오늘은 바람이 꽤나 세차다.

마른 가랑잎들이 경주하듯이 달음박질쳐서 어디론가로 달려간다.

가다가 나무등걸이나 풀잎 대궁에 걸려서 꼼짝을 못하고 있는 놈들도 있다.

어제 보이던 다람쥐들도 오늘은 어디 틀어 박혔는지 꼼짝도 않는다.

대충 아침을 챙겨 먹고 자동차 판매소로 다시 찾아가 보았다. 오늘

　새로 들어 왔다는 다지 캐러밴 흰색이 한 대 보인다. 95년 산이다. 이것저것 골고루 몰아 보았다. 95년 산이 역시 엔진 소리도 부드럽고 승차감이 좋다. 세일러와 약간의 협상 끝에 5,990달러 짜리를 자체 감액 400달러, 구입자 감액 요청으로 200달러 등 도합 600달러를 깎아서 사기로 결정했다. 그러니까 세금과 등록비, 보험 등을 합해서 도합 5,800달러에 새 차 한 대를 구입한 것이다.
　찰스 브론슨처럼 생긴 판매원이 자동차 등록사업소까지 가서 친절하게 안내를 해 주고 돌아간 뒤, 수속 끝난 즉시로 스프링필드 시내 주행을 직접 하게 되었다.
　이제부터는 완전 외톨이가 된 것이다.
　모든 것을 내 혼자 주체적으로 이끌어 가야만 한다.
　아슬아슬한 긴장과 초조감.
　낯선 이국 땅에서 차를 운전하게 된 두려움이 일시에 몰려와서 숨이 가쁠 지경이다. 그런 중에도 마켓 플레이스를 다녀왔고, 자동차 운전면허증을 발급하는 곳까지 다녀왔다. 막상 당도했을 때 5분 가량이 늦어서 이미 문이 닫혀 있었다. 돌아오는 길에 중심가로 곧장 들어오는 길을 찾지 못하고 시외 방향으로 빠져서 달리는 중에 뉘엿뉘엿 일몰이 왔다.

광막한 대륙의 지평선 끝에 걸쳐 있는 저녁 노을이 무척이나 아름다웠으나 허둥지둥 당황해지는 심정을 진정하고, 겨우 일리노이 대학 유니온 방향으로 차를 몰아오는 일에 성공하였다. 그리고 급기야 숙소가 있는 오챠드 다운까지 어찌 어찌해서 찾아 올 수 있었다. 천만다행한 일이다. 내일부터는 우선 시내 지리부터 세심하게 익혀 두어야겠다. 그리고 한국과 약간 다른 시내 운전 관습에 길들여져야겠다.

이를테면 신호등 없는 네 거리에서 일단 정지를 하고 대기한 다음, 먼저 온 차에게 우선권을 양보하는 관습 같은 것이다. 여러 가지가 어색하고 어눌하고, 멈칫 멈칫 하는 바람에 내 뒤를 따라오던 미국인들이 더러 짜증스런 반응을 보이거나 가운데 손가락으로 욕설을 해대는 상스런 경우도 있었다. 그래도 어쩔 수 없는 일이다. 모두 미국 관습에 익숙해져 가는 하나의 과정으로 자위해 본다. 이렇게 해서 나는 몇 번이나 마치 전쟁터에 출전하고 돌아온 병사처럼 고단한 심신으로 잠자리에 들었던가.

## 때아닌 봄눈

함박눈이 왔다. 마치 한겨울처럼 펑펑 내렸다.
내리는 눈을 하염없이 바라보고 있다가 저녁이 되었다. 자동차를 조심스럽게 몰아서 중국음식점 옌칭으로 갔다. 눈은 발목까지 빠졌다. 대학 도서관 주차장에 차를 세워두고 나는 대학 캠퍼스 안을 걸어서 간다.

하얀 눈 위에는 내가 걸어온 발자국이 점점이 찍혀있다. 신발이 젖어서 축축해졌다. 머리의 눈을 털어 내며 나는 식당으로 들어섰다. 매콤한 마파두부와 몽골리안 비프를 주문했다. 술 생각이 났지만 이곳에서는 술을 팔지 않는다.

저녁에는 노을이 너무도 아름다웠다.

황홀할 정도로 아름다운 저녁노을을 따라잡는 기분으로 나는 처음 가보는 언덕너머까지 가보았다. 하지만 나의 걸음은 달아나는 황혼의 속도를 따라잡을 수 없는 일! 한참 가다가 보니 추위서 길도 얼어붙고, 또 주위가 너무 캄캄해져서 돌아왔다.

## 시카고의 여러 풍경들

드디어 시카고를 가기로 했다. 나를 초청해준 시카고대학의 동아시아연구소로 가서 그곳 관계자들에게 도착 인사를 하고 서류상의 등록을 해야만 한다. 시카고까지는 약 두어 시간 가량 걸린다. 무척 긴장을 하였으나 막상 고속도로에 차를 올리니 오히려 한적하고 편안한 느낌마저 든다. 교통량도 그다지 많지 않다. 하지만 시카고가 가까워지자 예상했던 대로 자동차의 홍수에 휘말리게 되었다. 지도를 보면서 이런저런 궁리를 하는 등 우여곡절 끝에 드디어 시카고의 남부 지역에 있는 시카고대학으로 진입했다. 엘리스 거리의 표지판이 보이고, 시카고대학의 고풍하고 웅장한 석조건물이 보이기 시작한다.

작고 조용한 마을에 살다가 엄청난 규모의 대도시로 들어서는 긴장이 이만저만이 아니다. 시카고의 남부 지역 일대는 온통 흑인 거주지역이다. 불량기가 느껴지는 걸음걸이로 건들거리며 거리를 배회

하는 흑인 청소년들이 차창 밖으로 보인다. 거리의 풍경도 몹시 지저분하고 을씨년스럽다.

이윽고 하루가 저물어 시카고대학의 부속 시설인 피얼스 홀에서 하루를 묵었다. 약간 늦잠을 자고 일어나니 창 밖으로 보이는 나뭇가지가 세차게 흔들리고 하늘은 흐리다. 시카고를 윈디 시티, 즉 '바람의 도시'라고 하더니 정말 바람이 세차게 분다. 기온도 어제보다 쌀쌀하고 차갑다.


바람의 도시

가로수가 서서히 어둠에 잠긴다
교회당의 십자가 위로 창백한 달이 걸려 있다
지난날 이 거리에 무슨 기막힌 사연이 있었던 것일까
미친 바람이 귀곡성으로 불어댄다
먼지 낀 창문으로 나는 시카고의 밤을 내다본다

목을 잔뜩 옴츠린 흑인 거지 하나가 비틀걸음으로 지나간다
바다를 닮으려다 뜻을 이루지 못한 호수가
오늘도 잔뜩 화가 난 모습으로 눈보라를 실어다가
인간의 하늘 위로 퍼붓는다

아홉 시에 하우징 오피스로 가서 셀리 할머니를 만나 시카고로 옮겨와서 살게 될 숙소 몇 군데를 돌아보았다. 셀리 할머니는 처음에는 무뚝뚝해 보였으나 차츰 이야기할수록 친절하고 자상한 면모를 보였다. 직접 차를 몰아서 현장까지 일일이 안내하고 자세한 설명까지 곁들였다. 800달러 정도를 내어야 한다는 아파트는 14층으로 창 밖을 내다보는 경치가 좋았다. 바다 같은 미시건 호수의 수평선이 파아랗게 보였다. 실내도 밝고 가구도 썩 좋아 보였다. 경비만 두둑하다면 이런데서 한 일년 살다가 돌아가면 좋을 것이다. 550달러 짜리는 금액의 규모대로 아주 질이 떨어졌다. 12시 정각에 대학 부근의 꽤 고급 식당에서 동아시아센터 소장이 초대하는 점심식사가 있었다.

게일 존슨 박사, 경제학자인 그는 올해 여든 셋이라고 하는데도 여전히 정정한 모습으로 강의도 하고, 보직도 맡아서 업무를 이끌고 있다고 한다. 소장은 일문학 전공의 케틀러 교수, 서글서글한 인상에 허연 구렛나루 수염이 특징적이었다. 내 시작품을 학생들 앞에서 적절한 기회에 낭송을 해달라는 부탁을 하기에 기꺼이 수락했다. 케틀러 교수는 두 손바닥을 합장하는 듯한 자세로 감사를 표시했다. 데오도르 포스. 그는 행정 전문직으로 부소장 일을 맡고 있었다. 대만에서 중국문학을 전공하고 박사학위도 받았다는 그는 중국말이 유창했다.

모두들 점잖고 멋스럽고 교양이 넘치는 미국 시카고학파의 고급 지식인들이다. 닭 날개 요리를 시켜서 으깬 감자와 콩 줄기 익힌 것

을 아이스 티와 함께 먹는데 맛이 부드럽고 좋았다.

 다시 시카고를 향해 차를 몰았다. 이번 여정은 시카고대학의 도서관에서 몇 가지 필요한 자료를 급하게 찾아야했기 때문이다. 그리하여 나는 시카고를 간 길에 하루를 숙박하면서 두루 시내를 돌아볼 계획까지 세웠다. 길은 지난번보다 훨씬 자신감이 생겨있다.
 날씨도 좋고, 기분도 가볍다. 약 세 시간이 채 안되어 시카고 지역으로 접어든다. 96번 가에서 우회전하여 미시건 호숫가 호반도로를 찾아서 들어서는데 성공했다. 오대호 중의 하나인 미시건 호는 수평선이 보이는 광경이 바다와 다름이 없다. 고속도로에서 빠져 시내로 접어드는데 흑인 노숙자 하나가 도로 가운데로 뛰어 들어 자동차 문을 두드리며 몹시 위험하게 구걸을 한다. 바로 앞에 멈추어 있는 백인의 자동차에는 다가가지 않고 동양인인 나에게 채근하는 걸 보면 이 걸인도 아시아 사람을 만만하게 보는 것 같다.
 나는 41번 호안 도로를 끝까지 달려서 데본 스트리트와 쉐리단 로드를 찾아 들어선다. 지도에서 본 로욜라 대학 정문 앞에 착오 없이 도착하여 유스호스텔을 찾는 데에 성공했다. 미국에서의 길 찾기는 생각 외로 수월한 느낌이 있다. 지도가 너무도 정확하게 잘 되어있기 때문이다. 하지만 막상 도착한 숙소가 오후 네 시가 되어야 접수가 된다기에 자동차를 주차해 놓고, 홀가분하게 버스 편으로 시내로 나갔다.
 시카고 시내버스는 CTA라고 부른다. 지도를 보며 루프지구가 가까운 미시건 로드에서 차를 내렸다. 루프란 시카고의 가장 번화한 다운타운을 일컫는 지역이다. 이 지역은 동서로는 사우스 워배시 애비뉴와 사우스 웰스 거리 사이의 5개 블록이며, 남북으로는 밴뷰런 거리와 레이크 거리 사이의 7개 블록을 말한다. 이 루프지구의 외곽을

CTA Train이 달리고 있다.

곧 배가 고파져서 눈에 띄는 레스토랑으로 들어가서 뉴욕 스테이크를 시켰다. 일흔도 훨씬 넘어 보이는 할머니가 웨이트레스로 일하면서 주문을 받는다. 허리도 굽어 있고, 걸음 걷는 것도 불편해 보인다. 시얼스 타워를 물어서 찾아가려다가 너무 길이 먼 듯해서 워터 타워를 찾아갔다.

워터 타워는 일 백년도 훨씬 전 시카고 대화재 때에 살아남은 몇 안 되는 오래된 건물 중의 하나이다. 수도 관리청 건물로 짐작되는데 지금은 고풍한 건물이 관광안내소로 쓰이고, 그 앞에 30층 고층건물로 쇼핑상가를 만들었다.

여기서 시카고의 유래를 잠시 떠올려보자.

시카고는 일리노이 주 북동부의 미시건 호 연안에 위치한 도시이다.

면적은 590.8㎢. 인구는 300만 명 가까운 미국 내륙의 최대 도시로 유명하다. 이 시카고에 주민이 처음으로 거주하기 시작한 것은 1779년이라 한다. 미시건 호 서쪽의 한 소택지에 흑인이 상점을 차리기 위해 집을 지었다고 한다. 당시 시카고는 미시건 호수 연안의 아주 보잘 것 없는 포구에 지나지 않았으나, 서부 개척과 더불어 각종 물자의

유통이 빈번해 지면서 중계지점으로 발달하기 시작하였다.

19세기로 접어들어 디어본 요새가 건설되었고, 1830년대에는 이미 도시계획이 정방형으로 정돈되었다. 1848년에 대륙횡단 철도가 개통되면서 시카고는 본격적인 도시화가 진행되었다. 남북전쟁 직후에는 공업이 발달하면서 급속한 도시의 팽창을 가져왔다. 1871년에는 대규모의 화재가 발생하여 거의 도시 전체가 잿더미로 바뀌는 불운을 겪기도 했다. 하지만 현대로 접어들면서 시카고는 국제적인 물자의 집산지이자 기계와 제철을 중심으로 하는 공업도시로 더욱 발전하였다.

이곳에서 해마다 각종 국제회의가 100회 이상 열리기 때문에 회의의 도시로도 유명하다. 혁신적인 디자인과 기술을 구사한 건축의 박물관이라 할 만큼 시내 중심가에는 시얼스 타워를 비롯하여 존 행콕 센터, 마리나 시티, 일리노이 주 센터, 프루덴셜 빌딩, 리글리 빌딩, 트리뷴 타워 등 현대 건축계를 주도하는 건물들이 시카고에 즐비하다. 프랭크 로이드 라이트라는 건축계의 황제가 이곳에 살면서 활동하였으므로 시키고는 그의 이름과 더불어 한층 유명세를 타게 되었다. 한편으로 재즈와 블루스를 떠올리면 바로 시카고가 그 발상지로서 이름이 높은 것이다.

나는 마치 맨하탄을 연상시키는 고층빌딩이 숲처럼 들어서 있는 시카고 도심을 오후 내내 걷다가 돌아왔다. 해가 뉘엿뉘엿 기울자 중심가의 네온사인은 훨씬 휘황찬란해졌다. 147번 버스를 바로 만나서 약 30분 가량을 시카고 시민들과 함께 시내버스 안에서 흔들리며 숙소로 돌아왔다. 숙소는 백인들이 많이 사는 북부에 있어서 한결 마음 놓였다.

어제처럼 자동차를 여관 뒤에 두고 버스 편으로 시내로 나갔다.

지도에서 확실하게 익혀둔 대로 루프 지구를 정확하게 찾아서 나갔다. 랜돌프 스트리트를 거쳐서 그 다음 거리에서 차를 내려 나침판을 보니 바로 우측 빌딩이 나의 목적지다. 나침판은 비상시에 꽤 요긴한 물건이다. 짧은 시간에 시카고 전 지역을 두루 돌아보는 일이 혼자서는 도저히 무리라는 생각이 들었다.

그래서 시카고를 투어로 돌아보는 4시간 짜리 관광코스를 예약했다. 중후한 관광안내 버스의 흑인 기사는 시종일관 굵직한 바리톤의 느긋하고 여유 있는 목소리로 승객들을 즐겁게 한다. 관광객들의 국적은 다양하다. 이스라엘, 브라질, 아일랜드, 터키, 아랍 쪽 관광객도 더러 보인다. 그 중에 나 이외에 다른 한국인도 한 사람 보인다. 두 시간은 시카고의 중심부와 차이나타운을 돌아서 시카고 대학이 있는 남부 일대를 돌아보는 코스였고, 뒤의 두 시간은 링컨 공원 및 서부와 북부 일대를 두루 견학하는 코스였다. 자동차를 타고 일부러 찾아다니려면 길도 모를 뿐더러 비용도 많이 들었을 텐데 관광버스를 이용해서 매우 편리하게 다닐 수 있었다.

다섯 시경에 시얼스 타워 앞에서 차를 내려 세계에서 빌딩으로는 가장 높다는 곳을 입장표를 끊어서 올라갔다. 엘리베이터의 표시를 보니 99층이다. 이 곳을 오르는데 초고속으로 일분도 안되어 곧장 올라와 버렸다. 너무 급히 올라온 탓인가? 기압의 급격한 차이로 귀가 멍멍해진다. 전망대의 창문으로는 해가 지는 시카고의 원경이 사방으로 바둑판처럼 반듯하게 보였다. 저녁 퇴근길, 자동차의 행렬이 꽉 막혀서 꼼짝 않고 있는 풍경이 눈에 들어왔다. 미시건 호의 호안선(湖岸線)도 눈에 선명하게 들어왔다.

곧이어 시커먼 구름장이 시얼스 타워를 스치며 지나가는 듯 하더니 금방 주먹 같은 빗방울이 유리창을 때린다. 지상에 내려와 바깥으로 나가려니 세찬 비바람이 행인들의 우산을 뒤집어 놓는다. 나그네에게 소나기는 반갑지 않은 손님이다. 하지만 바쁜 걸음을 억지로나마 쉬도록 하는 고마움도 전혀 없지는 않다. 빌딩의 차디찬 복도에 그냥 주저앉아 빗줄기가 조금 약해지기를 기다렸다.

잠시 후 나는 비 오는 시카고의 저녁 길거리를 나섰다.

바람이 불고 빗줄기는 오락가락 한다. 비옷을 머리 위로 뒤집어쓰고 가다가 한 레스토랑을 찾아 들어선다. 손님들이 왁자지껄 떠드는 소리가 들려온다. 식당은 초만원이다. 연어를 기름에 익힌 것과 맥주 한 잔을 시켰다. 나그네의 쓸쓸한 심사가 장마철의 먹구름처럼 몰려온다.

이윽고 밤이 깊어 숙소로 돌아가는 버스를 기다리는데 아무리 시간이 흘러도 내가 기다리는 147번이 오질 않는다. 한 흑인기사에게 물었더니 자기 버스를 타고 잠시 가면 내가 버스를 탈 수 있는 곳이라고 한다. 차비도 안 받고 연결지점까지 그냥 나를 데려다 준 그 흑인기사가 너무도 고마웠다. 미국을 지탱하고 움직이는 힘은 바로 저런 흑인기사의 착한 마음이 아닐까 한다.

차창 밖은 빗줄기가 점점 드세어지고 김이 뿌옇게 서려서 아무 것도 보이질 않는다. 뒷자리에는 흑인들이 주로 죽치고 앉아서 졸고 있다. 버스 안에서도 백인들은 주로 앞에 앉고, 흑인들은 뒤로 앉는 것 같다. 검은 모자를 쓰고, 몸이 날씬한 멋쟁이 백인 처녀 하나가 뒷자리로 와서 입을 꼭 다물고 잡지를 보다가 쌀쌀한

표정으로 일어나 앞으로 가버렸다.
 험상궂어 보이는 사내, 건달기가 있는 청년, 학생, 주부, 할머니, 몸이 불편한 노인, 개를 데리고 버스에 오른 중년 여인, 입술을 붉게 바르고 붉은 정장을 한 직장 여성, 아기 엄마, 소년 등 여러 계층들이 제각기 자신만의 고유 표정을 지니고 앉아서 목적지를 향해 묵묵히 가고 있었다.
 서너 살 된 아이를 데리고 가는 한 흑인 여성은 몸도 제법 비대한 편이었고, 왼쪽 손등에는 뜻을 알 수 없는 문신이 새겨져 있었다. 아이는 잠투정을 하느라 제 어미에게 낑낑거리며 보채는데 몹시 귀찮은 얼굴을 하였다. 잠시 후 어디선가 엄청난 소리로 무엇을 치는 소리가 들려서 보니 그 흑인 여성이 자기 아이의 엉덩이를 손바닥으로 치는 소리였다. 마치 샌드백을 두드리듯 크고 둔탁한 소리가 났다. 아이는 불에 덴 듯 악을 쓰며 울었다.
 백인과 흑인의 관습적 차이는 이런 데서도 드러나는 것 같다. 백인들은 대중들이 모여 있는 공공 장소에서는 조용하고 나직한 말씨와 행동을 하는데 비해 흑인들은 자신의 감정을 있는 그대로 숨김없이 드러낸다. 제각기 장단점이 있을 것이나 두 모델의 생활 습관이 서로 부드럽게 어울리기는 어려울 것 같다는 생각이 들었다. 한 백인 노파는 온몸에 흉한 부스럼이 돋아 나 있었다. 아마도 에이즈 환자가 아닌가 했다. 옆자리의 흑인 여성이 곱지 않은 눈으로 그녀를 흘끔거리며 보곤 했다. 시카고의 대중적 공간을 좀더 가까이 다가가 보았던 하루였다. 자동차가 로욜라 대학 부근에 도착한 것을 확인하며 나는 차에서 내렸다.
 이렇게 해서 시카고의 이틀째 여정이 흘러가고 있다.

## 피일드 역사박물관

이른 아침 피얼스 홀의 창 밖으로 흰눈이 펄펄 뿌린다.
이러다가 눈이라도 쌓이면 어쩌나 하고 걱정하는데 내린 눈은 곧 녹아버린다. 덧없는 춘설인 것이다.
숙소에서 밥을 지어먹고 차를 몰아서 다운타운 부근의 호안에 있는 피일드 역사 박물관으로 찾아간다. 이젠 길이 제법 익숙해져서 헤매는 법이 없다. 오전 내내 박물관 구내를 기웃거리고 헤매 다니며 너무도 잘 만들어 놓은 전시관들을 구경했다. 관람 후의 소감을 말하자면 백과사전을 실물 크기로 확대해서 그대로 옮겨다 놓은 듯 하다는 것. 일일이 감탄을 하자면 한정이 없지만 관람객을 위하여 하나 하나 최선을 다한 전시가 무엇보다도 인상적이다.
박물관 구내에서 혼자 점심을 먹는데 음료수로 루트 비어란 것을 한 병 주문한 것이 큰 실수였다. 마치 한국의 신신파스를 콜라에다 한 이틀 푹 절여놓은 듯한 거북한 서양박하 향기가 나는 것이었다.

애미쉬 마을

　시카고를 다녀온 지 열흘이 넘어서 나는 애미쉬 마을을 한 바퀴 돌아왔다.
　애미쉬 마을이란 일리노이 내륙지방에 있는 민속촌의 이름이다. 자기들의 생활 관습을 고스란히 유지하고 살아간다는 애미쉬들은 아직도 전기를 거부하는 곳이 있다고 한다. 문명 거부의 결연한 태도를 가서 살펴볼 일이다.
　오전 내내 자동차의 선팅 작업을 하고 애미쉬 마을을 향해 출발했다.
　오후 2시경. 톨로노 마을을 지나서 약 1시간 가까이 달리니 드디어 애미쉬 마을이 보인다. 검은 마차를 타고 애미쉬 전통 복장을 하고 가는 노인도 보이고, 애미쉬 마을의 어느 가족이 길을 걸어가는 광경도 있다. 연 푸른색 상의를 입고 검은 모자를 쓴 사람들은 남자이고, 머리를 온통 둘러싼 모자를 입은 것은 여성이다. 이 마을에서 태어나서 결코 바깥 마을을 나갈 수가 없다고 한다. 만약 한번 나갔을 경우에는 두 번 다시 되돌아오지 못하도록 되어 있다고 한다.
　애미쉬 마을의 여러 모습을 보고 싶었지만 가던 날이 장날이라, 4월 중순부터 구경꾼들에게 문호를 연다고 하니, 너무 일찍 온 것이다. 하지만 그냥 지나치면서 약간이나마 본 것으로 만족해야만 했다.
　미국의 지방 국도는 그야말로 직선으로만 곧은 것이 오직 자동차만 달리도록 되어있는 단조로운 행로이다. 길가에는 나그네를 위해 음료수를 파는 곳도 없고, 작은 가게조차 없다. 하다 못해 자동차를 멈추고 잠시 쉴 곳도 없다. 한없이 가도 다만 끝이 없는 광막한 지평선을 막막하게 바라보며 도로 위에 갇힌 채로 달려갈 뿐이다.

그로부터 며칠 후에 락홈 가든의 애미쉬 마을을 다시 찾아갔다.

진작부터 한번 보려고 벼르던 곳이어서 어렵지 않게 찾을 수 있었다. 스프링필드에서 남쪽으로 빠져 사보이, 투스콜라, 아콜라를 지나서 133번 도로로 우회전하여 표지판이 지시하는 대로 조금만 가면 쉽게 찾을 수 있다.

입장료는 8불 정도였고, 내부는 약 수 만 평 가량 되는 애미쉬 마을 하나를 관광용으로 개조하여 이것저것 볼거리들을 설치해 놓았다.

나는 우선 마차를 타고 락홈 가든을 한 바퀴 돌았다.

이마가 벗겨진 노인이 마차를 몰고 설명을 하는데, 챨리란 이름의 숫말은 자기가 도는 코스에 이미 익숙한 듯 어떤 곳에서는 천천히 또 어떤 곳에선 빠른 걸음으로 발굽 소리를 내며 달렸다. 코스의 주행이 끝나자 충직한 말은 자신의 출발 지점으로 정확히 가서 마차를 세웠다. 마부 노인은 말의 목덜미를 쓰다듬으며 애정을 표시했다.

말

말아
이 뙤약볕 아래 서서 너는 나를 기다렸구나
노랑나비가 이마 위에 사뿐 내려앉은 것도 모르고
너는 심심한 듯 앞발로 땅만 툭툭 찬다
말아
네 등뒤에 매달린 무거운 운명처럼 마차를 끌고
너는 오늘도 방울소리 짤랑이며 희뿌연 중세로 걸어 들어간다
이 먼지 자욱한 옛길을 너는 눈감고도 갈 수가 있지
말아
지금은 돌아가지 않는 물방앗간 앞을 지나
마을의 오래된 무덤이 있는 호젓한 언덕 앞을 지날 때
너는 발소리조차 조심조심 낮추는구나
말아
밭도 갈고 마부질도 하는 대머리 영감이
네 갈색 목을 안고 쓰다듬으며 사랑을 표시할 때
너는 굵은 눈망울 굴리며 도리질 해댄다
말아
수레를 내려 나는 이제 어디로 가야 하니
나는야 지향 없는 저 머나먼 나라의 길손이란다
하지만 아무런 대꾸도 없이
말은 처음 만났을 때처럼 땅만 툭툭 차고 있다

한 시간마다 마을의 농장 사잇길을 한 바퀴 도는 모형 기차의 코스도 있었다.
　이 마을의 가장 장점은 우선 삶의 도구를 그대로 진열해 놓았다는 소박함에 있다. 각종 농기구, 말과 마차, 볼거리의 배열 등에 있어서 버지니아의 윌리엄스버그처럼 억지를 부려 놓은 흔적이 별로 보이지 않는다는 점이다. 가장 인상적인 것들은 마을의 초등학교와 순회 마차 등이었다. 치즈를 직접 만드는 가내공업의 현장, 소박한 정원 등을 별다른 꾸밈새 없이 과장하지 않고 있는 그대로 보여주고 있다는 점이 보기에 좋았다.
　한 곳에 이르니 피아노 치는 오리와 춤추는 닭이 있다는 안내가 있었다. 동전을 한 개씩 넣으면 곧 불이 들어오고, 그 사인에 맞춰서 오리는 스탠드를 부리로 물어서 켠 다음 작은 피아노의 건반을 부리로 두들겨 소리를 낸다. 일정한 시간이 지나면 먹이통에 먹이가 나오도록 되어 있다. 춤추는 닭도 마찬가지 원리였다. 동전을 넣으면 실내에 불이 들어오고 그것을 감지한 닭이 빙빙 도는 원반 위에 올라가

뒷발을 차며 춤추는 동작을 하고 나면 일정한 분량의 모이가 모이통에 흘러나오도록 되어 있는 것이었다. 이 기계에 적응하도록 오리와 닭을 얼마나 가혹하게 훈련을 시켰을까를 생각하면 보는 기분이 그다지 유쾌하질 않다. 사실 따지고 보면 우리 인간이란 존재도 저 훈련받은 닭이나 오리처럼 살아가고 있는 것은 아닌가?

군데군데 기념품 판매소를 만들어 두었고, 일반 살림집을 개조하여 당시 살림을 그대로 보여주는 방법으로 각종 시설물을 전시해 놓았을 뿐 아니라, 일하는 여성이 당시 복장을 하고 앉아서 온종일 바느질 시늉을 하고 있었다. 하기야 우리 한국에서도 제주도의 민속마을 주민들이 출근하여 근무하는 직원들이란 사실을 상기하면 조금도 이상할 것이 없겠다.

사진을 좀 찍어도 되겠느냐고 양해를 구하니까 피곤하다며 지친 얼굴로 단호하게 머리를 가로 저었다.

## 봄의 세인트루이스

오챠드다운의 관리소에서 주선한 관광버스가 세인트루이스를 견학하러 가는 날이다. 이미 두 대의 버스가 도착해 있다. 아침 7시 10분에 하우징 오피스 앞에서 버스가 출발했다. 일찌감치 밥을 지어먹고 고속도로를 따라 길을 떠난다. 자동차 안에는 유학생 부부, 그들을 방문하러 온 집안 어른들, 아기들, 백인과 흑인, 아시아 여러 나라에서 온 사람들로 가득하다.

약 세 시간을 남쪽으로 달리니 드디어 세인트루이스가 보인다. 제법 규모가 있는 도시다. 마크 트웨인의 자취와 미시시피강이 있는 고장. 그곳에 나는 당도하였다.

미주리 주 동부에 위치한 이 도시는 인구 40만의 상공업 도시이다. 미시시피 강과 미주리 강의 합류 지점에 자리잡고 있다. 1764년 프랑스 인에 의해 개척이 되었으며 도시의 이름도 프랑스의 국왕 루이 9세의 이름을 따서 붙여졌다. 성립 초기에 이 도시는 서부로 가는 교통의 중심지로서 모피 거래의 장소였다. 1770년 스페인의 소속이 되었다가 다시 프랑스령으로 편입되었다. 1803년 미합중국이 루이지애나를 매입할 때 함께 미국 영토로 흡수되었다. 1904년 이곳에서 세계 만국박람회가 열렸으며, 미국 최초의 올림픽 개최 도시가 되기도 했다.

나는 이곳에서 맨 먼저 세인트루이스의 최대 명소인 게이트웨이 아치를 보았다.

지난 1942년 세인트루이스의 상징적 건축물을 미국 전역에 공모했었는데, 이때 당선한 설계작품을 세운 것이라고 한다. 이 구조물의 의미는 세인트루이스가 서쪽으로 가는 관문임을 상징하는 뜻을 담고 있다고 한다. 착공한지 4년만인 1965년에야 완공이 되었다. 높이 약 200미터 가까운 아치형 철골 구조로 되었는데, 외부는 스테인리스 강철로 씌웠고, 내부는 콘크리트와 철골을 함께 사용하였다. 5인이 타도록 되어있는 다섯 대의 엘리베이터가 아치의 양쪽에서 출발하여 약 4분간 올라가면 아치의 한 중간 맨 꼭대기에 도달하게 된다. 이 엘리베이터를 트램이라고 불렀다. 그곳에는 약 45명이 동시에 머물 수 있는 공간이 있는데, 양쪽으로 작은 창문이 달려 있어서 세인트루이스와 미시시피강의 원경을 그대로 조망할 수 있다. 창문으로 내다보려면 몸을 앞으로 기울여야만 하는데, 이 때의 아찔함이란 꼭 몸이 아래로 떨어질 듯한 착각에 빠지게 된다.

### 세인트루이스에서

차디찬 철강과 무뚝뚝한 시멘트를
그들은 인간이 올라갈 수 있는 한계에까지 끌어올렸다
대체 그것이 무슨 의미를 지니는가
늘어선 행렬에 기계의 부품처럼 줄지어 서서
자본과 기술의 과시
그 이상의 아무 것도 읽어낼 것이 없다고 나는 생각했다
다섯 사람이 들어가면 저절로 문이 닫히는
캡슐 모양의 통에 올라 순식간에 꼭대기로 오르면
마치 감옥의 창살 같은 틈으로
우리는 일제히 인간의 도시를 내려다본다
우리는 저기서 왔다
우리는 저런 곳에서 살았구나
수 만년을 흘러왔을 미시시피강의 푸른 물줄기 위로
봄기운이 나비처럼 팔랑팔랑
가비야이 날아 내려앉는 것이 보이는데
아, 인간의 손으로 만든 전망대에 덧없이 올라보니
산에서 내려다보는 것만 못하구나

　　동쪽으로는 세인트루이스 시내, 서쪽으로는 미시시피 강, 발 밑으로는 커다란 활 모양으로 드리워져 있는 아치의 그림자가 강 위에 누워 있었다. 분홍색, 노란색 꽃들이 세인트루이스 시내의 곳곳에 아름답게 피어 있는 광경이 눈에 들어왔다.
　　미국의 문화란 대개 이처럼 인공적 구조물을 인간으로서 할 수 있는 상식적 범위 이상을 뛰어넘은 높이나 넓이 등으로 확대 실현해 놓

은 것들이 많았다. 시카고의 씨얼스 타워도 그랬고, 맨하탄의 엠파이어 스테이트 빌딩도 그랬던 느낌이 있었다. 처음에는 놀라움으로 대면하다가도, 그것을 경험하고 나면 커다란 감동이나 감흥이 일어나지 않는 것이 공통된다. 이 점은 유럽의 수 천년 역사가 서려있는 문화적 공간과는 많은 대조가 된다고 하겠다.

버스는 다시 세인트루이스의 동물원으로 들어선다. 이 동물원은 꽤나 잘 만들어졌다. 시카고의 링컨 공원의 동물원은 겨우 유지되고 있는 듯한 느낌을 받았는데, 이곳은 체계적으로 잘 관리되고 있을 뿐 아니라, 동물의 종류도 매우 많았다. 내가 여기 와서 처음 본 것들도 꽤 많이 있었다. 하이에나, 각종 희귀한 뱀들, 유인원류, 아프리카의 사슴 종류들, 별의별 동물들이 있었으나 동물원이란 곳이 다 그렇듯이 제 터전을 빼앗긴 녀석들이 하릴없이 낮잠만 자거나 사람을 기피하며 구석에 숨어서 의기소침한 표정을 짓고 있는 우울한 광경이 많았다.

아무튼 이 동물원은 유명해서 세인트루이스 인근 지역에서 온 많은 사람들이 어린아이들을 데리고 가족 단위로 몰려와서 하루를 즐기는 것이었다.

때맞추어 봄꽃은 다투어 피고 햇살은 화창한데 그 사이를 빨간 색을 칠한 예쁜 장난감 같은 소형 기차가 유람객들을 태우고 제법 기적소리까지 내며 궤도를 따라 돌아다녔다. 나도 기차를 타고 동물원 경내를 한 바퀴 돌았다.

미국에서의 하루 행락은 그만큼 즐김의 가치와 의미가 있다. 미국의 일반 시민들이 하루를 보내는 광경을 가까이서 볼 수 있었다고나 할까. 건달 차림의 어떤 흑인은 커다란 카세트라디오를 어깨에 둘러메고 요란하게 음악을 틀고 다녔는데, 이러한 광경은 한국에서도 본 적이 있다. 어떤 껄렁한 건달 녀석이 카세트라디오를 둘러메고 한라산을 오르는 광경이 떠올랐다. 이러한 풍경은 동서가 모두 상통하는 듯 싶다. 밤이 이슥해서 돌아왔는데, 제법 먼길이었다.


**미국에서 노자를 만나다**

　조용한 시간에 노자를 읽기 시작했다.
　도(道)라는 것의 성질과 방향성, 우주에서의 도의 위치, 도가 인간의 본성에 미치는 작용, 도의 생활화 방법과 그 효과 등에 대한 것이 매우 상징적이고 함축적인 언술로 되어 있다. 그래서 여러 번 곱씹어 읽어도 그 오묘한 뜻을 해독하기가 어렵다. 하지만 허정(虛靜)한 세계의 아름다움, 이희미(夷希微)란 것의 놀라운 공간성에 이르러 나는 안개를 빨아들이는 기분으로 눈을 가늘게 뜨고 그 뜻을 흡입했다. 보아도 보지 못하고, 들어도 듣지 못하며, 행하면서도 알지 못하는 이 유현한 세계의 체험을 우리는 이승에서 과연 할 수 있기나 한 것인가.


　　老子

　　종일 울어도 목소리가 쉬지 않는 아기여
　　종일 손바닥을 쥐고 있어도 손이 굳어지지 아니하는 아기여
　　종일 무엇인가를 보아도 어느 한 곳에 마음 사로잡히지 아니하는 아기여
　　그 어떤 곳에 굴러 떨어져도 몸과 마음이 상하지 않는 아기여
　　오, 이 세상 어디에서도 아직 만나지 못했던
　　깃털이 고운 새 한 마리여

서양 문화의 터전에서 동양의 고전을 읽어 가는 맛이 독특하다. 오히려 한국에서 읽을 때보다 색다른 느낌으로 다가오기도 한다. 나는 이러한 분위기를 즐기며 천천히 노자를 읽어나간다.

### 술집 〈블루 시카고〉의 흑인 여가수 쌔라

다시 시카고에 갔다.
봄기운이 짙어오는데도 시카고의 날씨는 변덕스럽다.
상공을 짙게 드리운 먹구름은 기어이 눈발을 뿌리기 시작한다.
4월 중순의 눈보라!
이 정도로 시카고의 날씨는 종잡을 수 없다는 것을 알겠다.
나는 마치 자신이 방랑의 영혼이라도 되는 듯이 이리저리 떠도는 눈발처럼 헤매었다. 중심가인 루프지구에는 온통 유리로만 지은 건축물이 있는가 하면, 비스듬히 흘러내리는 듯이 지은 야릇한 건축물도 있다. 거대한 건물 자체가 한 개의 옥수수를 세워놓은 듯한 모양도 있었다. 시멘트와 철근, 기타 건축 소재들로 온갖 기묘한 조화를 부려놓은 것이다. 인간의 지혜는 건축을 위해서 그 상상력이 도무지 고갈되지 않는다. 세계건축사에서 유명한 인물인 프랭크 로이드라이트가 이곳 시카고에서 살며 눈부신 활동을 펼쳤다고 한다. 그래서 시카고의 한 지역에는 그를 기념하는 건축물이 세워져 있고, 그의 작품들이 즐비하게 전시되어 있다고 한다. 언젠가는 한번 찾아가 보려고 한다.
마침 때아닌 봄눈도 퍼붓듯 내리고 해서 나는 술집 〈블루 시카고〉를 찾아보려고 네 시간 이상을 헤매었다. 스테이트 스트리트를 따라 아무리 가도 가도 내가 찾는 곳은 나타나지 않는다. 발걸음은 드디어 지치고, 날은 춥고, 눈보라는 드세어지고 나는 아무 곳이나 들어가서 우선 그곳 의자 위에 앉아서 지친 발을 쉬었다. 정신을 차리고 보니 어느 작은 호텔 로비였다. 거기서 다시 마음을 다지고 나와 월그린 입구에서 전화를 걸어보니 아뿔싸! 클라크 스트리트라고 하질 않는가? 무려 다섯 시간 이상을 나는 엉뚱한 곳을 헤매 다녔던 것이다.

그곳에서 클라크는 별로 멀지 않은 곳에 있었고, 나는 드디어 〈블루 시카고〉의 간판을 찾을 수 있었다. 두툼한 입술의 흑인 사내가 처연한 얼굴로 노래부르는 모습이 간판 속에 들어있었다. 하지만 〈블루 시카고〉는 낮 공연을 하지 않고, 저녁 여덟 시가 되어야 시작한다고 한다. 그곳에서 몇 장의 사진을 찍고 다시 다운타운으로 진출하였다. 서서히 허기도 지고, 눈보라는 가랑비로 바뀌었다. 어느덧 시간이 되어 〈블루 시카고〉까지 다시 터벅거리며 찾아갔다. 대체 〈블루 시카고〉가 무엇이기에. 한국을 떠나올 때 한 친구가 말했다. 시카고를 가거든 만사를 뒤로 미루고 〈블루 시카고〉를 가보라고. 마치 그곳이 무슨 문화적 성소(聖所)이기나 한 듯이 그는 엄숙하게 말했다.

시카고에는 사실 이런 블루스 바가 몇 군데 있다.
 입구에서는 몸집이 커다랗고 얼굴에 수염이 많이 난 흑인 남자 하나가 입장료를 5불씩 받고 있었다. 나는 무대 맨 앞으로 가서 자리를 잡았다.
 키타 셋, 드럼 하나로 구성된 악단이 무대 앞에 자리를 잡고 잠시 조율을 하다가 지정된 시간이 되자 연주가 시작되었다. 모두 흑인이거나 남미 출신의 흑인 계열이다. 악단의 연주로 흥이 고조되었을 때 한 늙수그레한 흑인 여가수가 앞으로 소개되었다. 〈쌔라〉라는 이름의 흑인 가수는 허리와 몸통이 너무도 비대하여 걸음을 제대로 옮기기조차 힘들어 보였다. 하지만 무대 앞에 나와서는 그 유연함, 능숙한 무대 매너가 참으로 돋보였다. 청중을 압도하는 마력이 그녀에게는 갖추어져 있었다. 대여섯 곡의 노래를 하면서 줄곧 관중과 하나가 되는 연주를 보여주고 들려주었다. 흑인 특유의 쉰 듯한 소리로 부르는 노래 가사는 〈세상에는 왜 이렇게도 하기 싫은 일들이 많지. 나는 왜 꼭 그것을 하고 살아야만 되나〉 라든가, 가난한 흑인 가장이 그의 부인에게 푸대접을 당하고 길거리를 헤매는 쓸쓸하고도 서민적인 삶의 이야기들이었다.


 블루 시카고

 밖에는 눈보라가 몰아칩니다
 낡은 벽돌 창고를 개조해서 만든
 술집 〈블루 시카고〉 안에는 애절한 음악이 흐릅니다
 사람들은 일제히 숨을 죽이고
 늙은 흑인 여가수 쌔라의 탄식과 너스레에 깊이 깊이 빠져듭니다

인생은 즐겁기만 하다는데
왜 나에게는 이렇게 힘들고 슬픈 일들만 있을까요
검은 얼굴에 붉고 두툼한 입술의 쌔라는 기어이 눈가에 눈물이 젖습니다
술집 〈블루 시카고〉의 침침한 불빛 사이로
세상의 눈보라가 몰아칩니다

　한 대목에서 쌔라는 노래를 멈추고 관객 중에서 자신이 지목한 몇 사람을 무대 앞으로 나오도록 했다. 나도 뽑혀서 엉거주춤한 걸음걸이로 앞에 갔다. 쌔라는 자신이 코믹한 내용의 노래를 부를 동안 엉덩이를 만져달라고 했다. 수백 년 묵은 고목나무의 등걸을 생각나게 하는 쌔라의 허리와 엉덩이는 넓고 크기가 맷방석 같았다. 관객들로부터 한 바탕 웃음이 일었다. 다시 그녀가 온 얼굴이 땀벅벅이 되어 노래를 부르기 시작하고 모든 관중들이 뜨거운 분위기로 도취하여 있을 때쯤 나는 자리를 일어나 나왔다. 아쉬움이 많이 남았지만 어쩔 수 없었다. 유스호스텔까지 가려면 시간이 많이 걸리기 때문이다.
　시간은 어느덧 열시 반이 넘어 있었다. 밤 깊은 시카고 시내에는 진눈깨비가 줄곧 뿌렸다. 151번 버스를 기다려 미시건 에비뉴에서 차를 타고 로욜라 대학이 있는 북부까지 밤길을 달려서 왔다. 자정이 거의 가까운 시간이었다.


## 미국을 공략하는 일본 애니메이션

　미국에서 극장을 가보기로 하였다.

중소도시에 속하는 이곳 스프링필드에도 극장이 제법 여러 개 있으리라. 전화번호부를 보고 시내의 모든 극장 주소를 적어서 하나 하나 찾아 나서기로 했다. 전화를 걸었더니 모두 자동응답장치만 켜놓았지 사람이 받질 않는다. 맨 먼저 구드윈 스트리트를 찾아갔는데, 원하는 극장은 못 찾고 대신 술집 겸 극장으로 라이브 쇼를 주중 내내 열고있는 한 곳을 발견하였다. 메인 스트리트의 극장을 갔더니 아예 문이 잠겨 있었다.

세 번째로 간 곳이 처어치 스트리트의 예술극장이다. 보통의 극장 구조를 그대로 갖추었는데, 한국으로 말하자면 대구의 자유극장이나 송죽극장 정도 되는 규모인데 사운드 시스템이 매우 훌륭하다. 입구에서는 어김없이 팝콘과 초콜렛 아이스크림 따위를 팔고 있고, 극장의 주차장 쪽 외벽은 검은 페인트로 해지는 도시의 건물이 즐비한 스카이라인을 재미있게 그려놓았다. 다음에 일부러 가서 그곳을 배경으로 사진이라도 한 장 찍어야겠다. 다만 영화를 보는 것이 중요하였지 무슨 영화를 하는 것인가는 별반 문제가 되질 않았다.

내가 보았던 영화는 일본의 애니메이션 기술이 총체적으로 집약된 〈프린스 모노타케〉, 즉 모노타케 왕자에 관한 전설적 이야기였다.

태초에 숲이 생겨나고 인간이 다음에 생겨났는데 인간과 숲은 대결 상태에 있었다. 그런데 인간은 조금씩 숲을 부수고 무너뜨리고 갉아 먹어들고 있었다. 이 때문에 숲의 신의 노여움은 극에 달하고 인간에 대한 증오심도 덩달아 커지게 되었다. 드디어 인간의 무한한 욕망이 숲을 아주 완전히 파괴하고 지배하며 장악하려 들게 되자 숲의 신은 마지막 수단으로 외적으로서의 인간에 대한 최후의 항거를 하게 된다. 그것은 모든 인간을 죽이고, 인간의 마을을 파괴하는 일이었다. 인간의 우두머리는 결국 숲의 신의 목을 쏘아서 죽음에 이르도록 만들어 버렸다. 그리곤 숲의 신의 목을 잘라 통에 담아 들고 귀환하고 있었다.

숲의 신의 시신이 품은 노여움은 급기야 모든 생명 있는 것들에 대한 죽음으로 이어져서 숲은 예전의 푸름을 잃게 되고, 숲 언저리에 살던 모든 인간의 마을도 폐허로 변하게 된다. 이때 모노타케 왕자가 인간이 약탈해 가던 숲신의 머리를 정중하게 숲신에게 되돌려 줌으로써 원래의 초록과 평화를 회복하게 된다는 이야기이다.

장면 하나 하나의 처리방식이나 스토리의 전개방식이 별반 무리가 없고 재치 있는 기교와 기술이 매우 돋보이는 우수한 작품이라 생각되었다. 일본이 세계를 제패하고 있는 것들이 자동차, 오토바이, 각종 전자제품, 카메라 등이 있지만 애니메이션도 역시 세계를 제패하는 수준으로 손색이 없다는 사실을 처음으로 확신하게 되었다.

극장 안의 미국인 관객들도 완전히 영상에 매료가 되어서 웃고, 몰두하는 모습이 역력했다. 아침마다 숲을 찾아가서 하루의 생기를 얻고 있는 나는 이 애니메이션을 보고서 상당한 감명을 받았다.

### 오챠드 일대에 눈처럼 휘날리는 봄꽃

이름을 알 수 없는 봄꽃이 오챠드다운 주위에 만발했다.
한국으로 치면 벚꽃에 비견할 수 있는 꽃이라 하겠다. 바람이 불면 꽃잎이 우수수 봄눈 날리듯 흩날리는데, 그 광경을 바라보는 것은 장관이다. 꽃들이 작고 촘촘하게 만발하여 커다란 고목이 온통 꽃으로 뒤덮여 있다.
다람쥐란 놈이 나뭇가지 끝으로 올라가 흔들어 대는데 이 통에 꽃잎은 더욱 난만하게 나부낀다. 길바닥에는 눈이 쌓이듯 꽃잎이 수북히 쌓여있다. 나는 다람쥐를 골똘히 생각하다가 한 편의 시를 쓰게 되었다.

### 아름다운 우주

내 집은 상수리나무 구멍 속에 있네
나의 하루는 상수리나무 가지 위에서 구름처럼 흘러갔네
지난가을에 떨어진 도토리는 내 작은 배를 채우기엔 아직도 너무 많네
양식이 남아 있는데 새 열매들은 벌써 나무 위에서 익어가네
나의 일생은 상수리나무 주변에서 저물었네
아, 드디어 나는 죽어서 상수리나무 아래에 묻혔네
나를 기억하는 바람이 나무 주변을 불어가며 줄곧 내 이름을 부르지만
이제 나는 죽순처럼 쫑긋 솟아오른 두 귀

아침 이슬처럼 반짝이는 눈망울로 응답해줄 수 없네
벗이여, 푸른 상수리나무 잎이 바람에 유난히 한들거리면
그게 바로 내 손짓인 줄 알게나

아침 공기가 왠지 무겁고, 후덥지근한 기운을 머금고 있다. 아침 운동을 하러 나간다. 오챠드 다운에 거주하는 한국인 부부가 풀밭에 나와서 기운차게 골프채를 휘두르고 있다. 남편이 공을 날리면 아내가 달려가서 열심히 공을 찾아오곤 한다. 그 광경이 너무도 코믹하게 보여서 괜히 웃음이 나왔다. 미국에 연수 차 방문한 한국인들이 가장 즐기는 스포츠가 바로 골프라고 한다. 한국보다 값이 싸고 대중화된 운동이기 때문이다. 그런데 그 골프가 그렇게도 매력적인 운동일까? 왜 한국인들은 골프에 너도나도 정신 없이 몰두하는 것일까? 그 이유를 나는 잘 모르겠다. 가만히 보면 천박한 자기과시욕 같은 것이 거기에 스며 있는 것이 보이는데, 미국까지 와서도 한국인의 이러한 습성은 유감 없이 발휘된다.

오늘은 레이스 스트리트를 곧바로 걸어서 농대 연습림 안으로 들어갔다가 한 쪽 옆의 담장이 무너진 곳으로 줄곧 풀밭 길을 따라 걸어가 본다. 광활한 프레이리에 몸이 무르익었건만 아직도 밭 임자는 파종할 생각조차 하지 않고 있다.

풀들이 다소 젖어 있어 조심조심 풀밭 길 끝으로 가보았더니 또 하나의 다른 숲이 펼쳐지고, 그 사이에 넓은 비포장 도로가 한 줄기 열려 있다. 나는 도로 위에 서서 프레이리의 맑고 화사한 오전의 시간 위에 펼쳐져 있는 지평선, 그리고 그 위로 가끔씩 부채살처럼 쏟아지는 햇살을 눈부시게 바라보았다.

## 미국 땅에 뿌린 한국의 꽃씨

 오늘은 자동차를 타고 메도브룩 파크까지 가서 공원과 학교림을 한 바퀴 돌고 솔밭에서 체조까지 한 바탕 한 뒤에 돌아왔다. 등에 땀이 나서 축축한 것이 오히려 상쾌하였다. 그냥 오기가 싱거워서 레이스 스트리트를 따라서 약 십여 분 이상 자동차로 달려보았다.
 스프링필드 근교 지역으로 빠져나가는데, 곧 한적한 프레이리 대평원이 눈앞에 펼쳐졌다. 미국의 도로는 도심지에서 시 외곽지역으로 곧장 직선으로 연결되어 있는 경우가 대부분이다. 도로의 원리만 알면 미국의 길은 금방 알 수 있게 된다.
 돌아와서 샤워를 하고 상쾌한 기분으로 유리창을 닦았다. 그리곤 창 밖의 흙 위에다 사루비아, 채송화의 꽃씨를 놓았다. 이 집에서 얼마나 거주하게 될 지는 모르지만 한국의 한 잡지사에서 월간지와 함께 보내온 종자이므로 이 봄의 즐거운 퍼포먼스를 위하여 작은 도움이 될 것이라 여긴다.
 미국에 와서 내가 뿌린 꽃씨들이 창 밖에서 피어 아름다운 꽃이 달린다면 나는 그걸 바라보며 속으로 얼마나 흐뭇한 기쁨에 잠길 것인가?

사 월

편지 속에 넣어 보내온
봉숭아 꽃씨를 고이 간직하고 있다가
비 오는 봄날 반지하의 창 앞에다 뿌렸습니다
날마다 창틀로 다가가

새싹 움트기를 기다려 보지만
아무런 소식이 없습니다
얄궂은 일입니다
까막까치가 쪼아먹은 것일까요
땅벌레가 깊은 지하로 갖고 가버린 것일까요
새싹이 움틀 기색은 전혀 없는데
나는 오늘도 창틀 앞에 다가가 봅니다
이제 곧 여름인데도 말입니다

## 부활 미사

  부활 주일의 시작이다. 미국에서 부활절은 큰 명절이다.
  아침 일찍부터 준비해서 모처럼 나는 양복을 입고 일리노이 대학 도서관 앞에 위치한 성당을 갔다. 부활미사에 참석하기 위해서이다. 열 시부터 시작하는 줄 알았는데 막상 들어가 보니 이미 미사가 거의 끝나가고 있었다. 알고 보니 아홉 시부터 이곳에 거주하는 멕시코 주민들을 위한 미사가 앞에 먼저 있고 다음에 미국인들의 정규 미사가 있는 것이었다.
  멕시코 신자들의 미사는 멕시코 특유의 구르는 듯한 발음으로 멕시코 출신 사제가 집전을 맡고, 성가대가 부르는 음악도 매우 경쾌하기 짝이 없었다. 기타 반주도 들리고 어깨춤이 절로 났다.
  이어서 미국인들의 미사는 성당 안이 꽉 차도록 많은 신자들이 운집하였는데, 미사의 진행과정은 한국의 그것과 매우 흡사하였고, 규격적인 느낌을 받았다. 다만 집전하는 신부가 매우 익살꾼이어서 신자들의 폭소를 여러 번 자아내는 것이 인상적이었다.

## 메인스트리트의 골동가게

 메인스트리트의 골동품 가게로 가서 지난번에 보아 두었던 축음기판을 찬찬히 훑어보았다. 약 이 백장은 실하게 넘을 것 같은 분량인데, 한 장 한 장 라벨을 확인해 가는 작업이 무척 흥미롭고도 신이 난다. 과거 청주 시절, 고물상이나 골동품 가게에 가서 물건을 고르던 기억이 되살아난다. 수 십장 씩 무릎에 올려놓고 조심조심 백년 전의 물건들을 매만지고 있다. 이 물건들이 축음기에 올려져서 얼마나 정겨운 소리를 내었을 것인가? 이 음악을 듣던 사람들은 지금 모두 어디로 갔는가? 나는 공연히 온갖 상념에 젖어든다.
 아코디언 솔로 음반이 보이고, 스토코프스키가 직접 연주하는 음반이 눈에 띤다. 아르헨티나 연주단의 탱고 음반도 있고, 카루소의 성악도 있다. 샬리야핀의 것은 안타깝게도 깨어져 있어서 아쉬운 마음으로 쓰다듬기만 했다. 미샤 엘만의 바이얼린 솔로도 있었고, 미국의 전형적인 폭스 트로트 음반도 더러 보였다. 도리스 데이의 대중가요가 있었고, 그밖에 옛 가수들의 바리톤, 소프라노, 테너 음반들이 흔하게 보였다.


## 메도브룩 공원의 반딧불이

 저녁을 일찌감치 지어먹고 매도브룩 공원을 향해 걸었다.
 모처럼 자동차를 타지 않고 온전히 걸어서 다녀오는 길이다. 바인스트리트 쪽 길로 빠져서 매도브룩을 곧장 다가가는 코스로 걸어갔다.
 가다가 문득 뒤돌아보니 일몰이 진행되는 과정에서 시시각각 연출해 보여주는 저녁 노을의 광경이 너무도 장관이었다. 하늘의 커다란 화폭에다 누가 엄청나게 큰 붓으로 회색 물감을 듬뿍 묻혀서 아무렇게나 휙휙 붓 가는 대로 그어놓은 듯이 구름이 바람을 타고 있었다.

　공원에 들어서자 막 어둠이 깔리기 시작했다. 저무는 공원길을 따라 한참 걸어가는데 날은 아주 어두워지고 숲에서는 어제처럼 반딧불이가 날고 있었다. 어둠이 깊어질수록 반딧불이의 꽁무니에서 반짝이는 형광은 더욱 생기롭게 빛나고 있었다. 농대 연습림 쪽 숲이 길 건너로 바라다 보이는 곳에 다다르자 반딧불이가 보여주는 밤의 축제는 장관이었다.

　얼른 보면 잘 보이지 않는데 한 군데 가만히 서서 시선을 숲으로 모으고 바라다보면 숲 전체가 온통 반딧불이의 반짝임으로 명멸하고 있는 것이었다. 그 광경이 너무도 황홀 찬란하여 숨을 죽이고 선 채로 오래 오래 환상적이고 신비로움마저 느껴지는 그 광경을 바라다보았다.

　가만히 보고 있으면 하늘의 성군들이 숲으로 내려와 잠시 휴식을

취하고 있는 듯 뭇 동물들의 작은 눈들이 반짝이기라도 하는 듯 반딧불이는 자기가 보여줄 수 있는 모든 아름다움을 총동원해서 내 앞에 한 바탕 공연을 펼쳐내는 것이었다.

낮에 보는 숲의 얼굴이 밤에 이렇게도 달라질 수 있다는 사실이 놀라웠고, 숲은 야릇한 서기마저 머금은 얼굴을 하고 밤 하늘 아래서 엄숙하게 서 있는 것이었다.

바로 그 이튿날 나는 다시 밤이 깊어지기를 기다려 메도브룩 공원을 찾아갔다. 반딧불이를 만나기 위해서이다. 어제 밤에 보지 못한 서운함 때문에 오늘 다시 왔는데 풀숲을 유심히 본즉 하나 둘씩 눈에 띠기 시작했다. 레이스 스트리트 쪽 숲으로 가까이 다가오니 훨씬 자주 눈에 띠었다.

나는 더욱 밤이 깊어지기를 기다리며 그 주변을 서성였다.

이윽고 온 사위가 캄캄해지고 숲의 정령이 살아날 시간이 되었다. 반딧불이는 숲 전체를 휘어 감고 상하 좌우에서 반짝이고 있었다.

어떤 놈은 유난히 밝은 빛을 내는 놈이 있고, 또 어떤 놈은 희미한 놈이 있었다. 어떤 놈은 날아가면서 빛을 뿌려대고, 또 어떤 놈은 한 자리에 가만히 붙어 앉아 어둠을 조용히 관조하면서 은은한 빛을 발산하고 있었다.

어떤 놈은 풀 대궁 끝자락에 붙어서 마치 자기가 그곳에 있다는 사실을 알리기라도 하는 듯 깜빡이는 놈이 있었고, 또 어떤 놈은 깎은 잔디밭의 바닥을 슬슬 기면서 꽁무니에 빛을 내뿜고 있는 놈도 있었다. 모두가 어여쁜 광경이었다.

나는 그 야밤의 감격적인 장면들을 사진기에 담아 보려고 무수히 노력을 했지만 전문적인 솜씨가 필요한 것이라 제대로 되질 않았다. 무수한 노력 끝에 겨우 가까운 곳에서 강렬한 형광을 발산하는 한 놈을 발견하고 렌즈를 가까이 들이대어 밤의 환희를 어렵사리 한 토막 찍어낼 수 있었다.

  나는 걸음을 빨리 해서 숙소로 돌아왔다. 추운 느낌이 들었지만 밤의 산책은 신선하고 상쾌했다. 초승달이 선명하게 떠올라 나를 비추고 있었다.

### 반딧불

캄캄한 숲이었다
그 무성하던 초록도 어둠에 묻히고
숲의 얼굴은 일시에 털 숭숭 돋은 검은 짐승으로 바뀌었다
나는 숲에 살아있는 태고의 숨결이 두려워
한 걸음도 앞으로 나아갈 수 없었다
바람이 한 차례 불어가고
누운 채로 숲이 한 바탕 몸을 뒤척였다
바로 그때였을 것이다 밤하늘의 모든 별들이 숲으로 내려와
일제히 눈빛을 반짝이기 시작한 시간은
나는 너무도 감격에 겨워
황홀한 별들의 눈을 오래 오래 바라보고 있었다

  그로부터 며칠 뒤에 나는 다시 반딧불이의 그 환상적인 불빛이 그리워졌다.
  하늘은 엷은 구름이 깔려 있어서 별들이 보이지 않았고, 저녁달은 물기를 머금어 희끄무레하였지만 달빛이 지상에 은은히 깔리고 있었다. 산책하던 시민들도 모두 돌아간 메도브룩은 고즈넉하기만 하였다.

그러한 들판과 숲 사이로 반짝이는 것들이 있었다. 반딧불이었다.
내가 여러 날 동안 보았던 그 어떤 광경보다도 훨씬 아름다운 장면이 연출되었다. 잠시도 간격을 주지 않고 여기 저기에서 반짝이는 반딧불의 감격스러운 모습을 그 무엇에다 비길 수 있을까. 그 광경을 가만히 지켜보고 있노라면 내가 꼭 다른 신선의 세계에 와있다는 착각이 들 정도였다.

오늘 저녁은 이놈들의 활동이 유난히 적극적이다.

그걸 보면 반딧불의 활동 시기가 기온과 매우 밀접한 관련이 있는 듯한 인상을 준다. 습기를 머금은 산들바람이 조용히 불고 있는 초여름 저녁, 온도가 제법 높은 시간에 이 놈들은 왕성한 활동을 하는 것 같다. 메도브룩에서도 가장 깨끗하고 사람의 발길이 덜 닿는 곳에 밀집해 있다. 워낙 활발한 동작 끝에 이 놈들은 풀숲을 떠나 공중으로 높이 날아오르며 깜빡이는 놈들도 있었다.

내가 평소에 반딧불을 많이 보던 연습림 쪽 숲은 온통 하늘의 별들이 모두 조용한 저녁에 지상의 숲으로 내려와 쉬고 있는 듯했다. 한

자리에 가만히 서서 숲을 응시하고 있으면 숲 전체가 살아서 숨을 쉴 때마다 빛을 내는 것 같은 착각을 느끼게 했다.

　미국에 와서 본 것 중에 가장 아름답고 감격스러운 절정의 한 장면들을 이 며칠 사이에 경험하였다. 나중에 한국으로 돌아가게 되면 스프링필드에서의 이 저녁 시간, 반딧불이를 보던 기억들이 무척이나 소중한 체험으로 되살아나게 될 것 같다.

## 야드 세일

　메도브룩 공원 가는 길목에서 늘 만나게 되는 어셈블리 교회에서 오늘 하루 야드 세일을 연다고 한다. 그곳 신자들이 자기네들 재활용 물품을 모두 갖고 나와 교회 앞 잔디밭에서 노천 시장을 열었다.

　피에로의 분장을 우스꽝스럽게 한 노인이 주차 정리를 하고, 남녀노소 많은 사람들이 임시 장터를 만들어서 와자지껄하기 짝이 없다. 그들은 물건 파는 일보다도 그저 나와 앉아서 일광욕을 하거나 준비해 온 음식을 먹거나 친지들과 오랜만에 만나 담소를 나누는 것이 더욱 큰 즐거움인 듯이 보였다.

　두루 한 바퀴 둘러보니 썩 요긴하고 쓸모 있는 물건들은 별로 없었다. 옷 종류가 가장 많고, 다음으로는 아이들 장난감, 그밖에는 싸구려 장신구가 대부분이다. 그러한 물건들 가운데 나의 시선을 끄는 물건들이 있었다. 전축 판과 유성기판이었다. 따가운 햇살 속에 쪼그리고 앉아서 꼼꼼하게 뒤진 끝에 제법 가치가 있는 음반들을 여러 장 구입할 수 있었다. 주로 미국의 1930년대 폭스 트로트 음반이 많았고, 대개는 록음악들이었다.

그 다음 주말에도 야드 세일을 몇 군데 들렀다. 이런 곳만 일부러 다녀보아도 재미가 있을 듯하다.

한 곳에 이르니 노인 부부가 야드 세일을 하는데 오래된 SP음반이 눈에 뜨인다. 반가운 마음이 솟구치는 걸 안으로 속으로 참고서 꼼꼼히 둘러보니 거의 모두 클라식 음반이다. 슈벨트의 미완성교향곡, 바하의 브란덴부르그 협주곡, 하이든, 차이콥스키, 세자르 프랑크의 음악 등이 취입된 좋은 음반들이다. 상태도 매우 깨끗하다. 석 장씩 들어있는 음반 세트를 각 1달러씩 12권을 모두 10달러에 샀다.

할아버지가 쓰던 모토롤라 제품의 목제 라디오도 한 대 함께 구입했다. 4달러. 도합 14달러의 싼값에 요긴하고 재미있는 옛 물건들이다.

## 술집 〈하이다이브〉의 아코디언 연주

메인 스트리트의 극장식 술집 〈하이다이브〉에서 아코디언 전문 연주가의 공연이 있는 날이다. 일리노이대학 식당 게시판에서 이 공연을 발견했다. 나는 마치 명절을 기다리는 소년처럼 잔뜩 기대에 들뜬 얼굴을 하고 있었다. 대충 빵 한 조각으로 저녁을 때우고 비 오는 스프링필드 거리를 달려서 공연장으로 갔다.

루이지애나 주에서 온 아코디언 연주자는 나탄 윌리엄이란 흑인으로 원래 작곡가 출신이었다고 한다. 검은 카우보이 모자를 쓰고 검은 색안경을 꼈었는데, 그가 들고 나온 아코디언은 이탤리 제품인 액셀시오르, 명품 중의 명품이었다. 하지만 그 아코디언은 전기 코드를 꽂아서 쓰는 전자 아코디언이었다.

음량은 일반 수동식 아코디언보다 훨씬 강하고 귀를 쨍쨍 울리는 날카로운 굉음이었으나, 아코디언 특유의 호젓한 정감은 현저히 떨어지는 것이었다. 그래도 관중을 사로잡는 효과는 비교적 크게 느껴졌다.

가수 나탄은 아코디언을 연주하면서 노래도 불렀는데, 가사는 주로 함께 즐거운 이 밤을 흥겹게 춤을 추자는 일반적인 내용이었다. 오늘 저녁에 연주한 〈렛츠 고〉라는 노래는 나탄에 의해서 한때 대중들의 커다란 인기를 모았던 곡이라고 한다. 앨토 색스폰, 전자 기타, 드럼에다가 특이한 것은 한국식 빨래판을 어깨에 둘러멘 흑인의 리듬 연주였다. 샤샤 밴드가 그들의 조직 이름이었다. 한창 흥이 고조되었을 때 그가 보여주는 어깻짓 몸짓 등이 일품이었다.

스프링필드 시민들의 일요일 저녁 휴식이 흥겨워 보였다.

혼자 신이 나서 선 채로 몸을 흔들어 대는 키가 자그마한 할머니. 배가 불룩하게 나온 영감님이 젊은 여성을 안고 신이 나서 추어대는 스탭. 춤을 제대로 배워서 일거수 일투족이 거의 전문가 수준에 육박하는 어느 젊은 부부의 미끄럽고 멋진 스탭. 백인 어머니와 입양한 딸로 보이는 흑인 소녀의 춤동작. 한 손에 술잔을 들고 뒷전에 멀찌감치 서서 만면에 웃음을 머금고 몸을 흔들어 대는 수염이 허연 할아버지 등등.

이러한 모든 것들이 서로 어울려 사람 살아가는 진한 냄새를 물씬 풍기게 하는 멋진 장면들이 연출되었던 밤이었다.

저녁 술집

비 오는 밤이었다
흐느끼는 듯 아코디언을 연주하는

저 슬픈 표정의 흑인은 멀리 루이지애나에서 왔단다
늙은 홀아비는 한 손에 술잔을 들고
뒷전에 멀뚱히 서 있고
아기를 가져 보지 못한 백인 엄마는
까만 얼굴의 어린 딸과 손목을 잡고 춤을 춘다
배가 불룩 나온 영감님은
젊은 여인을 안고 어질어질 도는데
창백한 얼굴의 저 청년은 비 오는 이 밤에
무슨 일로 고개를 떨구고 있나
누가 황급히 두드리듯
폭우가 창틀에 몰아치는 밤이었다

## 스프링필드의 아침

   스프링필드의 아침은 신선하다.
  이른 아침 창문을 열면 도토리로 아침식사를 하는 다람쥐 가족들의 모습이 우선 눈에 들어오고, 새벽 이슬에 젖은 풀들, 기묘한 소리로 지저귀는 일리노이 지역의 텃새들, 그 중에서 꾀꼬리 비슷한 소리로 지저귀는 놈이 가장 어여쁘게 들린다. 창밖에 서서 만발한 봄꽃을 몸에 달고 있던 나무가 오늘은 기어이 꽃잎을 바람에 흩날린다.
  이 봄의 낙화인 것이다.
  모든 것이 저와 같거늘, 한번 피었다 곧 시드는 것이 덧없는 인생이 아니던가. 지는 꽃잎을 보며 사람들이 그렇게 무상한 생각을 하는 것이 고금이 다르지 않음을 새삼 알겠다.

落花

하얀 것이 창밖으로
점점이 지나가기에 봄눈인줄 알았지요
무심코 창가에 다가가 보았더니
아, 낙화였군요
저 꽃나무가 이 봄에도
가지가 휘어지도록 많은 꽃들을 피웠다가
때가 되자 속절없이
떨어뜨리고 마는군요
그대로 두어도 팔랑팔랑 흩날리는 꽃잎인데
저 다람쥐란 놈이 가지 끝에 매달려
장난꾸러기 소년처럼 마구 흔들어대니
꽃잎은 눈발처럼
사방에 나부끼고 있어요
그대여 날 저물기 전에
지는 꽃을 보러 가지 않겠습니까

 아침 운동을 가기 전에 창밖에 어린 토끼가 한 마리 풀밭에 엎디어 있었다.
 두어 시간이 지나 돌아와 보니 여전히 그 자리에 엎디어 있다. 완전히 엎딘 채로 귀만 쫑긋거린다. 어딘가 몸이 불편하거나 다친 놈이 아닌가 모르겠다.
 식사 도중에도 수시로 창 밖을 내다보았는데 줄곧 그 자리에 있다. 혹시 죽어가는 녀석은 아닐까 걱정이 된다. 하지만 나로서는 연약한 야생동물을 위하여 아무런 도움을 줄 능력이 없다. 다만 자주 창 밖을 내다보면서 혼자 염려하는 것밖에 도리가 없다.

그런데 한참 후에 다시 내다보았더니 어디론가 가고 없다. 움직일 수 없을 정도로 몸을 다친 줄 알았더니 감쪽같이 내숭을 떨었던 모양이다.

아무튼 건강하게 살아서 다른 곳으로 이동했다는 사실만이 감격스러울 따름이다. 아침부터 무겁게 구름이 깔려 있다.

지난 겨울의 끝자락에 미국으로 온 이후 나는 줄곧 조심스럽게 아메리카를 바라보았다. 하지만 이제 조금씩 용기가 생겨서 그 아메리카의 내밀한 속을 내가 직접 찾아다니며 보고 싶은 충동이 일었다. 4월부터 미국 전역을 여행하려는 계획을 짰다.

우선 자세한 아메리카 지도책을 하나 구입하여 행선지와 경로를 꼼꼼히 찾아서 준비하였다. 일리노이를 중심으로 북아메리카를 가로 세로 자를 대고 줄을 길게 그어 보았다. 그렇게 하니 우선 광대한 미국 대륙이 넷으로 나뉘어졌다. 스프링필드를 중심으로 북아메리카 대륙을 사등분하여 남동부와 북동부, 북서부와 남서부 등의 차례로 구체적인 경로를 설계했다. 큰 지도를 펼쳐서 형광펜으로 그어 가는 일이 꽤나 재미있었다. 대학도서관에서 이런 준비를 하는 기분이 말할 수 없이 기쁘고 긴장이 느껴졌다.

나는 이 가운데서 먼저 북동부 일대를 선택하였다. 미시건 주와 뉴욕주, 보스톤을 거쳐서 맨하탄과 뉴저지 일대, 버지니아와 캔터키를 돌아서 일리노이로 귀환하는 여정이 그것이다. 북서부, 중서부 일대를 다녀오는 대륙횡단을 두 번째 여정으로 잡았고, 중서부와 남서부 일대를 다녀오는 광대한 대륙횡단을 세 번째 여정으로 설정해 놓았다. 그리고 플로리다가 포함된 동남부 일대는 마지막 여정으로 잡아

놓았다. 이 계획을 과연 모두 실천할 수 있을 지 의문이었지만 일단 계획 하나는 원대한 꿈처럼 세워 놓고 싶었던 것이다.

막상 떠나기로 작정하니 가슴이 두근거린다. 과연 성공할 수 있을까? 여행의 앞길에는 온갖 위험한 일들이 많을 터인데, 아무 탈 없이 귀환하는 일이 성공할 수 있을까? 길을 잃고 헤매지는 않을까? 온갖 불안한 상념이 밀려들었다.

나는 눈을 감고 기도하는 듯한 심정으로 마음을 정돈하며 어금니를 굳게 깨물었다. 어디 한번 시도해 보자. 앞길의 어떤 어려움도 내 스스로 그 난관을 돌파하며 열어가야 하는 것. 이것이 참된 삶의 의미가 아니던가?

스프링필드 부근의 일리노이 내륙 지방을 두루 다니며 활용해 본 경험에 의하면, 미국의 지도는 너무도 정교하고 확실하게 만들어져 전적으로 믿을 만하다는 확신이 들었다.

나는 내가 가야할 곳들의 지명과 고속도로의 번호 및 경로를 모두 작은 종이에 옮겨 적었다. 그 종이를 자동차의 운전대 옆에 붙여 놓고 급히 도로의 노선을 바꾸어야 할 때 시행착오가 발생하지 않도록 미리 예방조치를 해두고자 하려는 뜻에서였다. 자칫 고속도로를 잘못 접어들게 되면 다시 원래의 길로 돌아오기까지 많은 고생을 해야 하기 때문이다.

봄이 무르익었다지만 미국의 북동부 지역의 밤은 아직 추위가 느껴질 것이라 두툼한 방한복과 침낭, 메트레스, 담요 따위를 여유 있게 준비하였다. 직접 밥을 지어먹으며 다닐 계획인지라 식량과 각종 부식을 넉넉히 장만하였다. 코펠과 버너, 그리고 버너 주변의 안전을 위하여 바람막이와 밑판으로 사용할 넓은 접시 따위를 세심하게 준비하였다. 김치는 빨리 시어지지 않도록 양배추 김치를 큰 병으로 하나 구입하여 자동차에 실었다. 라면과 캔디 따위의 비상식량도 갖추어 놓았다. 조용한 시간에 읽으려고 몇 권의 기행문이나 동양 고전도 챙겨 넣었다. 그리고 매우 중요한 필수품으로 한국에서 갖고 온 종이팩 소주를 넉넉하게 담았다. 나그네의 여수를 달래는 데 꼭 필요한 영약(靈藥)이기 때문이다. 카메라용 필름도 충분히 준비했다. 운전면허증과 신분증, 그리고 보험증도 철저히 챙겼다. 혹시 한 가지라도 필수품을 빠뜨릴 것이 염려되어 종이에 살림 목록을 모두 적어서 하나 하나 확인하는 방법으로 물품을 간추렸다.

이제 내일이면 여행을 떠난다.

원래는 오늘 떠날 예정이었으나 약간의 감기 기운이 느껴져서 하루를 연기했는데, 그것이 몸의 컨디션을 위해서는 오히려 잘된 편이다.

스프링필드의 날씨가 벌써 스무날 째 흐리다.

중간에 잠시 햇볕을 보여 주더니만 다시 흐린 하늘로 되돌아갔다. 오늘은 몸이 한결 지내기가 낫다. 미열도 없는 것 같다.

나는 한참 누워서 방송 특집 프로를 좀 보다가 뉴저지주에 살고 있는 옛 친구에게 전화를 걸었다. 벗은 출근하고 없고 부인이 받는다. 그로부터 몇 시간 뒤에 벗이 전화를 걸어왔다.

얼마나 오랜만에 들어보는 목소리인가? 고등학교 졸업 직후에 소식이 끊어졌으니 30년도 더된 대담이다. 쓸쓸하고 힘들었던 우리들의 1960년대. 우리 둘은 당시 얼마나 혹독하게 소년기 후반의 고독과 고통을 앓았던가. 그동안 덧없이 흘러간 세월이 눈앞에 안개처럼 어른거린다. 우리는 오랜 시간 정겨운 대화를 나누었다. 벗과는 뉴욕 부근으로 진입하게 될 때 만나기로 약속했다.


드디어 출발의 그 날은 다가왔다.

북아메리카 전역을 네 등분하여 여행을 다니는 계획 중에서 그 첫 번째 실행의 날은 엄숙하게 다가왔다. 이번 여정은 스프링필드를 출발하여 시카고를 거쳐 미시건 호수를 따라 북행하여 홀랜드에서 첫 밤을 자게 된다. 둘째 날은 클리블랜드, 셋째 날은 버팔로를 거쳐 나이아가라 폭포 주위에서 이틀이나 사흘 정도 보내게 된다. 그리고는 곧 보스톤으로 가서 케임브리지와 하버드 대학을 비롯하여 보스톤 주위에서 한 일주일 묵은 다음, 뉴욕으로 가서 나의 옛 친구와 만나게 된다. 거기서 삼일 정도 묵은 후 필라델피아, 와싱턴, 리치몬드, 노폭을 거쳐 애팔래치아 산맥을 넘어 캔터키로 들어가 루이빌, 렉싱턴 등을 거쳐서 스프링필드로 다시 되돌아오는 코스이다. 이런 여정으로 대략 스무날 정도를 잡았다. 여기에서 약 이틀 내지 사흘 정도의 가감이 있을 것이라 생각한다. 그러므로 돌아오는 날은 5월 셋째 주 후반 정도가 아닐까 한다.

　자동차에서 잠을 자고 밥을 지어먹는 날들이 제법 여러 날 되리라. 불편하고 고생스러운 시간들이 많을 것이다. 체력이 무엇보다도 중요한데 출발 직전에도 나는 몸살과 감기 기운에 시달리고 있다.

　오전 아홉시 경에 드디어 굳센 각오로 대장정의 길에 올랐다.

　긴장, 불안, 각종 염려가 뒤섞여 있지만 낯선 곳을 찾아다니는 호기심에 찬 기대와 즐거움도 만만치 않다.

　날씨도 쾌청!

　시카고로 가는 중간 휴게소의 벤치에 앉아서 미리 준비해온 김밥을 꺼내었다.

　다른 준비는 완벽히 하였건만 여행 경비를 깜빡 잊고 안 갖고 왔다는 사실을 스프링필드를 떠난 지 한 시간이 지나서야 깨달았다. 다시 되돌아갈 생각을 하니 눈앞이 아득하였으나 곧 해결방법을 알아내었다. 팩스톤이란 작은 마을에 들러서 그곳의 부시은행에서 현금을 찾았기 때문이다. 기계의 요긴함을 새삼 실감했다. 실로 아찔한 순간이었다.

## 미국 속의 홀랜드

시카고의 아래쪽 고속도로를 달려서 인디애나주로 진입하여 계속 달리고 달렸다. 한 두 시간 달리면 꼭 휴게소에 들러서 자동차와 운전에 함께 휴식을 주기로 했다. 미시건주의 미시건시티를 휘돌아 오대호 연안의 작은 도시인 홀랜드에 도착했다. 한국에서 구입해 온 안내 책자를 보고 그 자료에 따라 이동하니까 여러 가지로 편리한 점이 많다.

홀랜드 코스도 그 중의 하나이다.

네델란드 사람들이 많이 이주해 와서 그대로 화란처럼 꾸며놓고 살아간다고 해서 홀랜드라 붙은 지명이라고 한다. 그래서인지 거리에는 유난히 튤립이 많다. 하지만 막상 홀랜드로 들어가 휴식할 곳을 찾으니까 전혀 그런 곳이 없다. 호숫가에 잇따라 줄지어 선 고급 별장들과 주택들이 너무도 호화스럽게 느껴진다. 물론 인적도 거의 느껴지지 않고, 미국 부유층들의 극도로 사치한 모습에 거부감마저 느껴진다. 호숫가의 어떤 도로를 무작정 따라 가다 보니까 길이 아예 차단기로 막혀 있다. 허가받은 자만 출입할 수 있다고 한다. 부자들만의 천국인 것이다.

나는 즉시 홀랜드를 빠져나가기로 계획을 바꾸었다. 부자들의 별장지역을 빠져 나오니까 서민들의 주택도 보이고, 내왕하는 사람들의 모습도 있다. 드디어 마음이 편해진다. 사람 사는 것이 이렇게 자본으로 온통 도배를 해놓고 그 아성에 들어앉아 자기들끼리만 즐기는 것이 진정한 재미는 아닐 것이라 여겨진다.

알려진 유명한 공원을 일부러 찾아갔건만 막 문을 닫은 직후여서 그냥 먼발치로만 보다가 발길을 돌렸다. 주유소에서 기름을 넣고 길을 물어서 나오는데 길까지 잃어 버려서 한참이나 고생을 했다. 서쪽으로 가야 하는데 북쪽 길을 한참이나 달리고 있었던 것이다. 뒤늦게 오던 길을 다시 돌려서 오느라 시간이 많이 지체되었다.

어느덧 하루의 해도 뉘엿뉘엿 지고 있었다.

홀랜드에 대한 인상은 전반적으로 개운하질 않았다. 미시건주의 지랜드라는 휴게소에 도착했을 때 이미 밤이 오고 있었다. 자신에게 주어진 하루의 임무를 마치고 꺼져 가는 태양이 연출해 보여주는 불타는 듯한 저녁노을이 너무도 인상적이었다. 휴대용 버너에 가스 불을 피워서 저녁을 지어먹고 설거지까지 모두 하고, 휴게소의 화장실에 가서 세수를 마쳤다.

이윽고 자동차에서 첫 밤을 지내는 경험이 시작되었다.

짐을 운전석으로 옮기고 창문은 신문지로 가리고, 앞 유리도 가리개로 가린 다음 드디어 다리를 길게 뻗고 누워서 잠을 청한다. 줄곧 여러 자동차들이 옆에 머물다 가곤 한다. 숙소에서 자는 것처럼 마음이 편하질 않다. 공연히 맥주를 두 병이나 마시고서야 겨우 잠을 청하였다.

차창 밖은 제법 쌀쌀했는데 차안은 그런 대로 훈훈하고 잘만했다. 새벽에 몹시 냉기가 엄습하여 얼룩무늬로 된 군용 깔개를 이불 위에 한 겹 덮었더니 훨씬 견딜 만했다.

### 버밀리언 휴게소

아침에 일어나서 자동차 유리의 신문을 걷어내니 입김이 모두 수

증기 방울로 바뀌어 유리가 온통 하얗게 얼어 있었다. 바깥이 제법 추웠나 보다. 내가 자동차 안에서 밤새도록 내쉰 숨이 빠져나갈 곳이 없어서 유리창에 매달려 있었던 것이다. 분주하게 실내를 정리하고, 서둘러서 아침밥을 지었다.

 미역국에 김치, 간장에 절인 오징어가 전부이지만 맛있기 짝이 없다.

 뒷정리가 끝나자마자 출발하여 한참을 달렸지만 여전히 미시건주였다. 가는 곳마다 비슷한 것도 많고, 다른 풍경들도 많다.

 미시건주의 고속도로 주변에는 웬 너구리와 사슴들이 그리도 많이 죽어 있는지, 약 2~3분 간격으로 죽은 동물의 시체가 눈에 띄었다. 인간의 문명적 발전과 편리성 때문에 야생동물들이 애처롭게 희생되는 꼴을 보는 것 같아서 씁쓸하기 짝이 없다. 야생동물에 대한 사랑과 보호를 요란하게 떠들어대는 미국 언론의 이중성이 느껴진다.

 하루 온종일을 달리는 동안 위스콘신주의 디트로이트, 오하이오주의 톨레도, 이스트 랜싱 등을 지나 버밀리언 휴게소에 도착하였을 때는 어느덧 해가 지려는 참이었다. 붐비는 휴게소는 주로 거대한 트레일러 화물차의 엔진소리로 요란한데, 승용차는 그 틈새에 끼어서 잠시 머물다 떠나곤 하는 광경들이 보였다.

 다소라도 조용한 곳이 없을까 하고 찾는데 마침 5달러의 돈을 내면 숙박할 수 있는 지정된 캠핑 장소가 보였다. 경찰이 한번씩 순찰을 돌기 때문에 안전도 문제가 없다는 것이 관리자의 설명이었다. 이런 것만 해도 대단한 배려라 생각하고 나는 그곳을 찾아 들어갔다. 그곳은 지하수도 시원하게 콸콸 쏟아져 나와 모처럼 물을 마음껏 쓸 수 있었다. 풍부한 물을 마음놓고 쓰게 된 그 사실이 단지 감격스럽고 즐거웠다. 걸레도 빨고 세수도 하고, 발도 씻었다.

그곳에 들어갔을 때 어느 여행용 트레일러가 먼저 한 대 도착해 있었는데 그 차는 뉴욕주의 노인 내외가 먼 곳에 살고 있는 딸네 집에 다녀오는 중에 잠시 이곳에 들른 것이었다. 저녁 식사를 준비하고 있을 때 백발의 할머니가 일부러 찾아와서 이런 저런 이야기를 붙이면서 나중에 자기네 자동차로 와서 커피나 함께 하자고 제의했다. 하지만 가고 싶은 마음이 있었으나 나는 가지 않았다. 몸에 땀 냄새도 났고, 또 피로한 몸과 마음으로 방문이 번거롭게 느껴졌던 것이다.

그들은 내가 이렇게 작은 자동차 안에서 날씨는 추운데 어떻게 잠을 자느냐고 염려를 하고 있었던 것 같다. 이제 저녁 식사 준비는 점점 이력이 붙는다. 밥도 금방 짓고 설거지도 곧잘 해댄다. 말하자면 여행의 리듬이 점점 몸에 익숙해지고 있다는 증거다. 모처럼 편안한 마음으로 잠자리에 들었다.

## 아름다운 클리블랜드

여행 사흘째이다.
세수와 양치는 모두 고속도로 휴게소의 화장실에서 해결한다.
아침 식사 후에 곧 출발하여 고속도로를 달렸다. 그런 얼마 후에 자동차는 서서히 오하이오주의 이리 호반에 위치한 클리블랜드 지역으로 접어들기 시작한다. 이곳은 오하이오 주 최대의 상공업 도시이다. 예술과 문화도 대단한 수준으로 발달해 있다고 했다.
안내 책자에 의하면 클리블랜드는 밤이 몹시 무서운 곳이라고 했다. 그래서 미리부터 겁을 먹고 있었던 터라, 황급히 거리만 보고 지나치려는 생각을 가졌다. 그런데 막상 도착해 보니 뜻밖에도 너무나 아름다운 도시였다. 조용하면서도 격조와 품위가 느껴지는 곳이라는 인상이 들었다.

 클리블랜드 외곽지역의 국도를 접어드는데 한 주택가에서 마침〈그라지 세일〉을 하고 있는 현장이 눈에 띄었다. 다시 자동차를 되돌려 그곳을 둘러보았다. 〈그라지 세일〉이란 미국의 시민들이 자기들의 자질구레한 살림들을 일정한 기간이 지나서 한번씩 처분하는 미국식 생활문화의 한 방식이다. 대개 자동차 차고를 이용하기 때문에 그라지 세일이라고 한다. 내가 마침 갔던 곳은 별반 쓸만한 물건은 없었으나 50년대의 것으로 보이는 낡은 전축 하나가 유난히 눈길을 끌었다. 정교한 목각이 돋보였으나 기계는 너무 낡아서 못쓰게 된 것 같았다.

 그 집에서 멀지 않은 곳의 커다란 호수가 보이는 휴게소에 잠시 차를 세우고 시원한 공기를 마셨다. 오대호 중 가장 아래쪽에 위치한 에리 호였다. 그곳 호반의 간이화장실을 들어가 보았는데, 뜻밖의 광경에 나는 깜짝 놀랐다. 한국의 재래식 화장실과 조금도 다를 바 없는 방식의 화장실이었던 것이다. 변기만 좌식이지 가운데는 그냥 뻥 뚫려서 바닥의 불결한 것이 그대로 노출되었다. 더운 계절이면 얼마나 파리가 들끓을 것인가? 미국 같은 선진적인 나라에서 이런 곳을 발견하는 것은 참 드물고도 재미있는 일이다.

 하지만 곰곰이 생각해 보았더니 이런 방식의 화장실을 설치해 놓은 데는 그만한 까닭이 있는 것 같았다. 단적으로 말하자면 환경오염을 방지하자는 행정의 배려가 느껴졌던 것이다. 수세식 화장실을 만들면 깨끗하고 좋긴 하겠지만 우선 폐수 유출이 발생하고, 그 폐수는 아무래도 에리 호수로 흘러 들어가게 될 것이다. 클리블랜드 시 당국에서는 이를 염려하여 재래식 화장실을 만들어 놓은 것이다.

 자동차가 천천히 클리블랜드 시내로 접어드는 동안 나는 주변의 고풍한 주택들을 보았다. 이곳에서 과연 무엇을 보고 갈 것인가에 대해서 한참 고민하다가 결국 로큰롤 박물관을 방문하기로 결정했다. 이곳이야말로 클리블랜드 문화의 독특한 분위기를 그대로 간직하고 있을 것 같았기 때문이다. 시내 중심가에서 멀지 않은 호숫가에 위치한 이 박물관은 입장료도 만만치 않았지만, 기대 이상으로 여러 가지 중요한 자료들을 많이 전시해 놓고 있었다.

1995년 가을에 개관하였다는 이 박물관은 클리블랜드에서 가장 유명한 볼거리 중의 하나이다. 정면에서 보면 마치 피라미드 형상을 그대로 보는 듯 선명한 인상을 주었다. 18세기 중반, 그러니까 미국 건설의 초기부터 형성되어온 대중음악의 역사적 자료들이 많았다. 사진과 각종 영상자료, 포스터, 라디오 프로그램, 컴퓨터 자료, 가수와 작곡가들의 친필 및 의상, 무대 주변의 분위기 등이 주된 내용들이었다. 멤피스의 선레코드 회사 스튜디오의 초창기 녹음장비는 아주 눈길을 끄는 것이었다. 젊은 나이에 세상을 떠난 전설적인 흑인 기타리스트 지미 핸드릭스의 사진과 그가 사용하던 악기, 비틀스의 멤버였던 존 레논이 입었던 의상들, 엘비스 프레슬리와 척 베리, 베니스 조플린 등 유명 가수들이 직접 적은 귀중한 악보들이 전시되어 있었다.

대부분의 문화가 이전 문화의 관습에 대한 반항에서 출발한 것임을 한 눈에 알 수 있었다. 어떤 연주자의 의상에는 자신의 스푼과 포크를 외부 장식으로 매달아 둔 광경도 보였다. 이곳을 둘러보는 동안 줄곧 록 음악의 정신과 추구하는 가치관들이 느껴졌다. 이를테면 자유와 환상적 공간에 대한 그리움, 무한한 자유를 꿈꾸는 연주자들의 삶이 고스란히 전달되어 왔다. 그들은 한 시대의 문화를 새로운 것으로 바꾸고, 선도하며, 다른 공간으로 이동시켜가려 애를 썼던 첨단적인 문화 일꾼들이었다. 그들의 삶의 일대기를 엮어놓은 영화가 특히 재미있었고 구성방식도 특이하였다.

## 나이아가라 폭포

　록 박물관을 나온 시간은 늦은 오후였다.
　다시 서둘러 차를 몰아서 드디어 뉴욕주의 버팔로 부근으로 진입하기 시작했다. 버팔로에서 나이아가라 폭포는 지척이다. 버팔로의 어느 커다란 다리를 지나가고 있을 때 황홀한 빛깔의 일몰이 오고 있었다. 황혼은 이미 꺼져 가는 자신의 마지막 운명을 잘 알고 있으면서도 남은 힘을 다해서 생의 존재와 그 의미를 저녁하늘이라는 커다란 화폭 위에다 마음껏 그려놓고 있었다. 그렇게 하루의 태양은 서편 하늘 저 너머로 사라져 갔다.
　나이아가라 폴로 도착했을 때는 이미 캄캄하게 어두워서 시가지의 풍경을 전혀 분간할 수가 없었다. 게다가 예상보다 너무 일찍 고속도로를 빠져 나와서 나이아가라 폭포의 변두리 지역에서 나는 길을 찾고 있었던 것이다.
　배는 점점 고파오고, 날은 이미 어두웠다.
　길에는 인적이 거의 끊어져 있었다. 가로등조차 없어서 불안감은 더했다.
　마침 한 사람의 움직임이 보여서 빨리 다가가 물었는데 그는 머리를 이상하게 꼬아서 엮은 흑인이었다. 캄캄한 밤인지라 가뜩이나 검은 흑인의 얼굴은 전혀 보이지 않고, 하얀 치아만 유난히 두드러져 보였다. 검은 하늘에 하얀 치아가 둥실 떠다니는 것 같았다.
　내가 유스호스텔 쪽으로 가는 길을 물었는데, 그 흑인은 자기 자동차를 따라만 오라고 했다. 나는 문득 야릇한 불안감에 휩싸였지만, 마술에 걸린 듯이 흑인 청년의 자동차를 영문도 모르고 따르기만 했다. 캄캄한 밤길을 흑인 청년의 빨간 자동차는 앞장 서 가고 나는 한참동안 뒤따라갔다. 그런데 한 지점에서 흑인 청년이 자동차를 세우고 한 곳을 손가락으로 가리키는 것이었다.

아, 그곳은 바로 내가 오늘 밤 그토록 찾아 헤매던 유스호스텔 건물 바로 그것이 아닌가? 너무도 고맙고 감격스러웠다. 공연히 흑인 청년에 대한 편견을 가지고 그에 대한 의심과 불안감을 가졌던 것이다.

흑인 청년은 나를 위해서 일부러 자신의 볼일을 뒤로 한 채 먼 곳까지 돌아왔던 것이다. 완전히 깜깜해진 저문 길가에 서서 나는 그에게 진심으로 감사를 표시하였다. 그는 자신의 처가가 시카고에 있다면서 도리어 반가움을 표시하였다.

찜머맨 거리 4699번지에 있는 나이아가라 유스호스텔.

이곳은 어느 돈 많은 회원이 기부한 건물을 일부 개조하여 그대로 사용하고 있다는 설명을 들려주었다. 실내의 분위기가 거의 일반 가정집의 분위기를 고스란히 지니고 있었다.

눈이 유난히 크고 놀란 듯이 둥그런 미국 중년 아줌마가 나를 맞이해 주었다. 다소 딱딱한 느낌이 드는 그녀는 유스호스텔의 주의사항과 사용법을 자세하게 이야기해 주었다. 접수가 끝나자 나는 간단한 짐을 챙겨서 방으로 올려놓은 뒤에 뒤뜰의 자동차로 다시 내려와 라면을 끓였다. 저녁을 아직 먹지 않았던 것이다. 허기를 느낄 틈도 없었다. 늦은 밤에 먹는 그 라면이 어찌 그리도 맛이 있었던지. 주택가에서 불을 피우고 음식을 만드는 일이 다소 불안하였지만 어찌 어찌해서 대강 식사를 마칠 수 있었다.

식사를 거의 마쳐 가는데 갑자기 요란한 사이렌 소리가 들리더니 긴급 구조차 여러 대가 가까운 곳으로 출동해서 나는 공연히 겁이 더럭 났다. 알고 보니 내가 있는 바로 길 건너편 빈집의 도난경보기가 멈추지 않고 줄곧 울려대어서 비상 출동한 것이었다.

나이아가라 폭포의 유스호스텔은 오래된 주택 한 채를 구입하여 내부를 수리한 다음 오픈 한 것으로 보인다. 거의 개인 주택의 구조이다. 이층으로 올라가는 목조계단이 유난히 삐걱거리는 소리를 낸다.

머리를 과거 군국주의 시대 일본 군인들처럼 빡빡 깎은 일본인 남자 대학생 둘과 칠레에서 왔다는 대학생 하나가 먼저 들어와 있었다. 우리는 서로 인사를 나누었다. 그들은 모두 미국의 대학에 어학코스 수강생으로 왔다가 잠시 쉬는 틈에 기차 편으로 나이아가라를 방문했다고 한다. 고단한 하루의 일정을 접고 나이아가라 폭포의 한 귀퉁이에서 깊은 잠에 빠졌다.

다음날 아침에 일어나서 모처럼 여러 날만에 샤워를 하고 나니 상쾌하기 그지 없다. 대학생들은 이미 떠나고 없었다. 빈 유스호스텔에서 눈이 둥그런 관리자 아주머니가 지켜보는 가운데 냄새가 덜 나는 감자국으로 늦은 아침을 지어먹고 유스호스텔을 떠났다. 내가 식사를 할 때 유럽 쪽에서 온 듯한 여대생 하나가 엄청나게 큰 배낭을 앞뒤로 메고 들어와 등록을 하는 광경이 보였다.

나이아가라 폭포는 그곳에서 약 10분 정도의 거리에 있다.

미국 쪽에 소속된 오대호는 슈피리어 호, 미시건 호, 이리 호, 온타리오 호 등이며, 세인트로렌스 강을 통해서 대서양으로 연결된다. 이 나이아가라 폭포는 이리 호와 온타리오 호 사이를 길게 흐르는 나이아가라 강 위에 있는 폭포이다. 넓이가 1km, 분당 50만 톤의 물이 69미터의 낙차로 떨어지는데 이 광경은 보는 이의 가슴을 격동시키고 남음이 있다. 수년 전에 와본 나이아가라의 광경은 당시와 변함이 없었다. 이곳에서 특별히 볼만한 곳은 프로스펙트 공원과 바람의 동굴, 테라핀 포인트, 세 자매 섬, 레인보 다리 등이다.

카메라가 아주 고장이 나서 일회용 카메라를 하나 구입하였다. 우선 자동차를 무료주차장에 올려놓고, 미국 쪽 나이아가라를 주로 다녔다. 날씨는 더운 느낌마저 드는 늦봄이요, 고트 섬의 여러 곳에서 웅장한 나이아가라를 감상하였다. 엘리베이터를 타고 내려가 나이아가라 폭포의 가장 가까운 곳까지 대담하게 접근하는 유람선을 탔다. 배 이름은 '안개의 처녀' 호이다. 파란 비닐로 만든 레인코트를 입고 뱃전에 아슬아슬하게 붙어 서서 바로 폭포의 지척까지 다가간다. 폭포의 굉음에 귀가 멍멍하다. 폭포의 위용은 수년전이나 지금이나 전혀 달라진 것이 없었다. 온몸에 물을 흠뻑 뒤집어 쓴 채로 나는 나이아가라 폭포의 웅장함에 감격스러워 했다.

조용한 나이아가라 폭포의 시내를 걸어가는데 때마침 봄꽃은 흐드러지게 피어있고, 예수를 믿으라고 외치는 흑인 청년 하나가 혼자서 고래고래 말세가 가까왔다며 악을 쓰고 있었다. 한국에서도 흔히 볼 수 있는 광경이다.

오후에 캐나다 지역으로 넘어갔다. 스카이론 타워에 올라가서 고공에서 나이아가라 폴을 조망하였는데, 이 탑 전망대는 높이가 236미터나 된다. 절반이 유리로 끼워져 있으므로 꼭대기로 오르면서 나이아가라 폭포를 곧바로 내려다 볼 수 있다. 그곳에서 내려와서는 곧바로 삼각형 건물로 지어진 아이맥스 극장으로 가서 나이아가라 폭포의 역사와 전설에 대한 영화를 감상하였다. 영화관의 건물 형태가 마치 피라미드를 연상케 하였다. 엄청나게 커다란 대형 화면에서 펼쳐지는 파노라마는 참으로 실감나게 하는 현장효과를 그대로 느끼게 해주었다.

내용인 즉 나이아가라의 이름이 수천 년 전 인디언의 역사에서부터 시작되었다고 한다. 한 처녀가 늙은 추장에게 강제 혼인하게 되었는데, 이를 거부한 처녀가 동족 집단으로부터 추방을 당하여 혼자 헤매다가 이 폭포까지 와서 투신하게 되었고 급기야 그 처녀의 영혼이 나이아가라의 정신이 되었다는 내용이다. 그 후로 북아메리카 일대가 서양인들의 관할에 놓이게 되자 이 폭포에 도전하였던 용감한 사람들의 이야기에 이르기까지 여러 가지 에피소드들을 영상으로 만들어 보여 주었다. 술통 속에 들어가 나이아가라 폭포에 떨어져 살아 나온 한 대담무쌍한 중년 여성의 모험담과 나이아가라를 줄타고 건넌 한 곡예사에 관한 이야기 등등이었는데, 영상 효과가 대단히 훌륭하였다.

극장에서 나오니 곧바로 일몰 시간이었고, 어둑어둑한 나이아가라의 중턱 데니스라는 이름의 레스토랑에서 저녁 식사를 하였다. 늙은 일본인 관광객들이 무리를 지어 들어와 주변에서 상스럽게 떠들어대었다.

해 지고 난 뒤의 나이아가라에는 적·황·옥·청·백 등 오색의 휘황한 조명을 캐나다 쪽에서 두 지역의 폭포로 쏘아 보내어서 그 찬란함이 신비스럽게 느껴졌다. 이것을 나이아가라 일루미네이션이라고 한다. 밤의 나이아가라는 낮에 보던 모습과 전혀 다른 의상을 하고 내 앞에 나타났다. 하지만 그 광경을 한참 바라보고 있노라니 인간의 잔인성이 느껴질 뿐이었다. 폭포도 밤에는 편하게 쉬고도 싶고, 또 잠이 들고 싶어하는지 모른다는 생각이 들었다. 왜 인간들은 나이아가라를 밤낮으로 시달리게 하는지 나이아가라 영혼의 입장에서 생각해 본다면 무척 괴롭게 느껴질 것이다.

## 폭포

수 만년을 하루같이
바위에 온몸 부딪치며 살아왔다

내 몸이 산산조각으로 갈라지는
아픔도 괴로움도
너희가 보내오는 탄성을 위안 삼아 안으로 삭였다

가로수가 선 채로 졸고 있는 이 밤
나는 드디어 고단한 격정의 기억을 가슴에 품고
깊은 잠에 빠지고 싶다

하지만 너희는 나를 그냥 두질 않는다
오색의 휘황한 조명으로 내 눈을 어지럽히고

나를 향해 돌까지 던진다

　　부디 내 앞에서 그 불빛만은 거두어 다오
　　나도 이 밤에는 잠들고 싶단다


　밤바람이 점차 드세어져서 폭포의 물보라가 주차장 쪽으로 그대로 날아오는데 마치 비가 오는 듯 하였다. 잔디들은 항시 젖어 있어서 좋다. 나도 물보라를 뒤집어쓰고서 자동차 있는 곳까지 왔다. 오늘밤은 나이아가라의 품안에서 폭포가 내뿜는 굉음을 들으며 폭포의 기운 속에서 잠들게 될 것이다. 이 밤을 나이아가라와 함께 호흡하며 긴 밤을 보내리라.

　간밤에 잠을 자다가 몇 번이나 폭포에서 들려오는 굉음에 잠이 깨었다.
　자동차 주변이 온통 폭포의 물보라로 흥건히 젖었다. 온몸에 폭포의 기운이 뻗쳐서인가 상쾌하고 가뿐한 느낌이 한결 즐겁다. 자동차 안에서 혼자 김칫국을 끓이고 밥에 뜸을 들이고 하는 일이 이제 이력이 났다. 짧은 시간에 밥과 국을 맛있게 만들었다. 시간이 경과하는 만큼 솜씨도 늘어가는 것인가?
　오전 일과는 나이아가라의 지하동굴을 파놓은 터널을 들어가서 폭포를 물 떨어지는 아래쪽 뒤편에서 바라보는 과정이 남아있다. 영국의 다이애나 왕세자비도 이곳에 들렀다가 찍었다는 기념사진이 통로 입구에 걸려있다. 그녀는 폭포를 다녀가면서 어떤 생각을 했을까? 폭포의 물줄기를 가장 가까이서 그 속도와 굉음을 지켜보고 있노라니 마치 지동 치는 듯, 땅이 금방이라도 깨어지고 뒤집히는 듯 불안감이 엄습해 왔다. 인간의 상상이 미칠 수 있는 범위가 결코 아니라는 생각이 들었다. 어쩌면 자연은 그 자체대로 하나의 분노랄까, 초월적인 힘이랄까 이런 것들이 느껴져서 갑자기 진저리가 쳐졌다. 인간의 존재는 얼마나 초라하고 미미한 것인가? 대자연 앞에서 이런 것을 느끼고 돌아가는 것은 인간에게 필요한 경험이다. 인간은 얼마나 초라한 자기 존재를 깨닫지 못한 채로 자신을 과신하고 확대하고 만용을 부리는 것인가?

나는 나이아가라의 모든 것을 비교적 충실히 보려고 노력했다는 생각이 들었다. 위에서 아래에서 옆에서 낮에 밤에 두루 두루 위치와 환경을 바꾸어가며 보고 느꼈다. 또한 나이아가라에서 가장 가까운 위치, 고급 호텔들보다 더욱 폭포에 가까운 위치인 주차장의 자동차 안에서 폭포소리를 들으며 잠이 들었으니 얼마나 나에겐 중요한 경험이었던가?

나는 드디어 캐나다 지역을 벗어나서 다시 미국 영토로 들어온다. 미국 쪽 국경검문소의 담당 공무원이 무척이나 거만하고 위압적인 자세를 보여서 몹시 불쾌하였다. 자동차 안을 흘끔흘끔 들여다보며 무엇을 실었느냐? 무엇을 구입해서 오느냐? 얼마나 있다가 오느냐? 등등 여권을 보면 금방 알 수 있는 사실을 마치 추궁이라도 하듯이 빈들거리며 젠 척하는 꼴이 아니꼽게 느껴진다. 자기 직분에 진정하게 충실한 것이 무엇인지 모르는 바보 같은 작자이다. 저런 부류의 인간은 어디에나 있게 마련인가 보다.

## 알바니를 지나다

하루 온종일을 달렸지만 아직도 뉴욕주를 벗어나지 못했다.

도중에 펨브로크 휴게소에서 간이식당에 들렀다. 요즘은 버거킹 맛이 입에 익었다. 그것도 후프라는 것이 가장 구미에 맞다. 간편하고 적절한 식사라는 생각이 든다. 잠시 휴식하다가 다시 떠났는데 시라큐스를 지나 뉴욕주의 주도인 알바니 30마일 전에 위치한 모호크 휴게소에 도착했을 때 어느덧 석양이 지고 있었다. 여기서 일단 숙박을 하고 가야만 한다. 그것이 내일 일정에 편하다.

역시 자동차 안에서 아침쌀을 씻었다. 냄새가 빠져나가도록 자동차 문을 약간 열어놓고 화기를 취급하기에 안전한 여러 가지 조치들을 갖추어놓고 이젠 곧잘 익숙하게 밥을 짓는다. 코펠의 쌀이 끓기 시작할 때 불을 최저로 낮추어 오랜 시간 뜸을 들이면 알맞게 뜸이 든 밥이 된다. 이젠 그 비결을 알만큼 안다.

멸치를 우려낸 국물에다 일본 된장인 미소를 약간 풀고 거기에 배추를 두 세 잎 가량 손으로 찢어서 넣어 끓이면 맛있는 국이 된다. 여행은 워낙 격렬한 체력과 인내심이 요구되는지라 어떻게든 충분히 먹고 적절하게 휴식을 해서 항상 일정한 체력을 비축해 놓아야만 한다. 뉴욕주를 달리고 달려서 리(Lee) 휴게소라는 곳에서 패스트푸드로 점심을 대신했다.

보스톤이 슬금슬금 가까워 온다. 엔진 오일을 교환할 시기가 되었다. 엔진 오일 교환은 자동차의 안전 운행을 위하여 덕이 되는 일이라 생각하고 우선 고속도로를 빠져나가 워체스터라는 작은 도시의 근교에서 오일교환을 했다. 약 너댓 명의 어린 소년들이 근무하는 지피루베 체인점인데 일요일 마감시간이 다되었는데도 접수를 해주어서 고마웠다. 도수가 높은 두꺼운 안경을 끼고 아직 소년의 티를 벗지 못한 어린 직원이 혀 짧은 소리로 이것저것 설명하고 안내를 해주는 모습이 매우 인상적이었다. 하기야 이런 소년들이 앞으로 미국을 이끌어갈 주역들이 되질 않겠는가?

## 보스톤으로

자동차는 뉴욕주의 주도인 알바니를 경유하여 드디어 오후 다섯 시 경에 매사추세츠주의 보스톤 지역으로 서서히 들어선다. 가슴속에 감격이 은은히 전달되어 온다. 스스로 생각해도 스스로 뿌듯하고 대견스럽다.

스프링필드를 출발하여 순전히 나 혼자만의 힘으로 아메리카 대륙 북동부의 맨 끝까지 거의 도착한 것이다. 시계를 보니 약 한 시간 가량의 시차가 발생하여 곧 조정하였다. 이곳 시간이 일리노이지역 보다 약간 빠르다.

보스톤은 메사추세츠 주의 주도이면서 미국의 북동부 해안에 위치한 항만 도시이다. 문화와 학술 방면에서도 전통과 명성이 높은 곳이다. 하버드대학과 MIT, 즉 메사추세츠 공과대학이 바로 이곳에 있어서 세계적인 지명도가 두드러진다. 보스톤의 역사는 1630년부터 시작되었다고 한다. 존 윈드롭이 이끄는 영국의 이주민 청교도들이 약 1000명 가량 이 지역에서 거주하게 되면서 출발하였다. 현재 인구는 80만 명 정도 된다고 한다. 역사가 오래되어서인지 고풍한 분위기를 느끼게 하는 유적들이 많이 남아 있다.

대도시에 들어설 때는 으레 느끼는 긴장이 보스톤에서도 예외는 아니다. 시멘트와 콘크리트의 엄청난 덩어리를 스치며 붐비는 중심가로 접어드니 어느덧 오후 다섯 시, 크게 고생을 하지 않고 암스텔담 스트리트에 있는 유스호스텔을 찾아들었다. 시내의 운행은 일방통행이 워낙 많아서 자칫하면 길을 잃어버리기 십상이다. 이층의 방을 배정 받고 난 다음 자동차를 가까운 유료주차장에다 집어넣었다. 이제 앞으로 이틀 동안은 자동차를 보지 못한다. 자동차도 한참 쉬게 되면 다음의 장거리 운행에 보탬이 될 것이다.

유스호스텔 주변의 거리는 어쩐지 우중충하고 정갈한 맛이 나질 않는다. 유스호스텔에 다시 돌아오니 그제야 허기가 느껴져 라면으로 저녁을 때웠다.

주방에서 요오꼬라는 이름의 한 일본 여성을 만나 이야기를 하게 되었는데, 그녀는 영국에서 원예학을 공부하였다고 자기를 소개하였다. 유학을 마친 다음에는 남미의 과테말라로 가서 일을 하다가 다시 일본으로 돌아와 있다고 했다. 보스톤에는 자신의 남동생을 만나러 왔는데 한 열흘 간 머물 것이라고 이야기하였다. 일본인으로서는 썩 영어가 유창하였고, 성격도 활달하여 식사하는 동안 줄곧 대화가 이어졌다. 국제화된 일본여성이라는 느낌이 들었다. 처음 만난 나에게 요오꼬는 자신의 어린 시절의 우울했던 이야기들, 즉 아버지의 이혼과 계모와의 관계, 이복형제들과의 이야기 등을 숨김없이 솔직하게 털어놓는 것이었다.

잠자리에 돌아와 방 구조를 보니 나이아가라 폭포의 유스호스텔보다 훨씬 못하다는 생각이 든다. 작고 비좁은 방에 도합 세 개의 이

층침대가 놓였으니 6인 실이다. 다행히 다른 사람이 들어오질 않아서 나는 비교적 조용한 환경 속에서 깊은 잠을 잘 수 있었다.

## 프리덤 트레일을 따라서

아침 식사를 유스호스텔 주방에서 하려고 쌀을 씻었다. 전 세계 여러 나라에서 온 여행자들이 제각기 자기 나라의 음식을 만들어서 먹고 있다. 대체로 주방 규칙을 잘 지키고 있으나 간혹 차례를 어기거나 불결하게 사용하여 주위의 눈살을 찌푸리게 하는 경우가 있다. 머리가 백발인 노인이 혼자서 다니는 모습도 있었다. 휴가철을 맞아서 혼자 황급히 달려나온 한국인 근로자도 보였다.

나는 여장을 꾸려서 시내로 나섰다.

안내자료에서 본 코스를 그대로 따라서 걸어보려는 것이 오늘의 계획이다. 이른바 〈프리덤 트레일〉을 따라 걷는 과정이다.

보스톤은 미국의 개척민들이 유럽을 떠나서 가장 먼저 도착하여 새 삶의 뿌리를 내린 곳으로서 당시 종주국이던 영국과의 정치적 마찰과 분쟁이 무척 심했던 지역이다. 그래서인지 이곳에는 당시의 그런 일들과 관련된 건물들, 묘지들, 일화들이 꽤 많았다. 그러한 역사적 명소들을 따라서 걸으며 하나 하나 옛일을 헤적여 보는 것이다. 그런데 재미있는 것은 이 프리덤 트레일 로드를 따라서 줄곧 빨간색 벽돌을 깔아 길 표시를 해두고 있다는 점이다. 처음 온 사람이라도 이 붉은 표지만 따라서 앞으로만 나아가면 전혀 길을 잃을 염려가 없다.

나는 유스호스텔을 나와서 보스톤의 화랑골목이라 할 수 있는 보일스턴의 아침 거리를 걸었다. 붉은 벽돌로 지어진 이삼 층 건물들이 잇따라 줄지어 서있는 거리가 인상적이었다. 하지만 건물들마다 모두 꼭 같은 방법과 형태로 지어진 것 같아서 개성의 변화가 전혀 느껴지질 않았다. 너무 획일적이라는 느낌마저 들었다. 혹시라도 이것이 매우 보수적이라는 보스톤 지역민들의 기질과도 어떤 관련이 있는 것은 아닌지 모르겠다.

퍼블릭 파크로 접어드니, 어여쁜 튤립 꽃들이 잘 가꾸어져 있고, 공원 안의 연못에는 유람선이 둥실 떠가고 있었다. 약 삼사십 명이 타고 있는데 한 사공이 자전거처럼 페달을 발로 저어 스크류를 움직이게 하여 앞으로 나아가고 있었다. 퍼블릭 파크와 곧장 이어져 있는 곳은 보스톤 커먼이라는 곳으로 현재 시민들의 공원이지만 과거 1634년 경 이곳은 시민들의 중요 집결지였다고 한다. 원래 소를 매매하던 우시장이었고, 사람들이 많이 모이는 곳이니 만치 독립을 꿈꾸는 미국에게 영국의 정치적 간섭이 심해질 때 중요 의제들을 토론하는 곳으로도 유명했다고 한다. 기마 경찰들이 모여있는 곳을 지나서 나는 프리덤 트레일을 따라 걸어가는 하루의 여정을 시작했다.

보스톤의 옛날 시청건물, 주 의회 의사당, 보스톤 학살사건의 옛터, 파크 스트리트 교회, 그래너리 묘지, 킹스 교회, 밴자민 프랭클린의 동상, 올드 사우스 집회소, 에머슨, 휘트먼 등이 출입했다는 책방, 옛날 교회, 시장이 살던 집 등등 미국 초기의 역사에 관심이 없는 사람들은 곧 실망하고 말 코스를 따라서 나는 운동을 한다는 기분으로 걷고 또 걸었다. 마침 날씨가 더워서 땀도 나고 쉽게 지치게 될 듯하여 중간에 자주 쉬는 것을 잊지 않았다.

도중에 퀸시 마켓이란 곳을 두루 돌아보았다. 패널 홀을 중심으로 한 시장지대이다. 퀸시 마켓을 비롯하여 남쪽 시장 북쪽 시장 등 세 군데의 시장을 모두 합쳐서 퀸시 마켓이라 이름하였다. 엄청나게 많은 인파가 몰려들어서 보행이 불편할 정도였다. 길가에는 노점상인들과 옛날 골동 사진기를 들고 나와 검은 포장을 머리에 덮어쓰고 관

광객들에게 사진을 찍어주는 노인도 보였고, 거리의 악사들도 있었다. 점심을 들고 길가 벤치에 나와서 친구와 담소하며 먹어대는 샐러리맨들도 많았다. 다운타운이 가까운 곳은 비교적 깨끗하고 정돈이 잘 되어 있었으나 강 건너 한창 도로 공사가 진행되고 있는 곳을 지날 때는 먼지와 소음이 심해서 보행의 불편이 더해왔다. 게다가 더운 느낌이 드는 오후에 만만찮은 거리를 걷다보니 쉬 피로가 왔다. 가던 길을 다시 되돌아 다운타운 부근으로 돌아왔을 때는 점심때도 한참이나 지나 있었다.

보스톤에서 가장 오래된 건축물이라는 폴 리비어의 집을 돌아보았다. 1667년에 세워졌다고 하는데, 폴 리비어는 독립전쟁 시대의 이곳 지사였다고 한다.

허기가 심하게 느껴져서 가까운 씨푸드 전문점으로 그냥 찾아 들어갔다. 나는 삶은 바다가재 한 마리를 시켰다. 한참 후에 붉은 바다가재가 접시에 담겨 왔는데 보기보다는 맛이 그렇게 뛰어난 것은 아니었다.

피곤에 지친 몸을 힘겹게 이끌어 아침에 오던 길을 그대로 되돌아 걸어왔다. 나는 심신이 곤비했으나 다시 나와서 보스톤 심포니 오케스트라의 상설공연장이 있는 곳까지 걸어갔다. 그곳에서 보스톤 팝스의 포스터를 배경으로 사진을 하나 찍었다. 하지만 혼자서 다니기란 적적하고 싱거운 일이었다. 그래서 천천히 되돌아오는데 어느덧 해가 기울고 저녁이 되었다. 빗방울이 뿌리기 시작했다.

유스호스텔 뒷골목으로 걸어오는데 앞에서 동양인 학생으로 보이는 남녀가 걸어가고 있었다. 여학생이 담배를 심하게 피워대서 그 연기가 뒤따라 걷는 나에게까지 독하게 느껴졌다. 남녀가 함께 기타 통을 둘러매고 있는 것을 보면 음악학교 재학생들인가 본데 좀더 가까이 다가갔을 때 그들이 나누는 대화가 바로 경상도 특유의 억센 한국말이 아닌가? 유학 와 있는 학생들의 문화를 보는 듯해서 기분이 좋지 않았다.

### 비 오는 보스톤

비 오는 보스톤
음악학교 뒷골목을 가는데
젊은 동양인 남녀가 앞에 걸어갔다
팔을 등뒤로 돌려 서로의 허리를 안고
다른 손에는 똑같이 담배를 피워 물었다
그들이 내뿜는 파란 연기가 내 얼굴을 스치며 날아갔다
이윽고 여자가 물었다
오늘밤 꼭 와야 해(한국말이었다)
머리에 노랑물 들인 사내는 대답 대신 고개를 끄덕였다

악기점 옆 컴컴한 골목으로 그들은 사라졌다
　　비 오는 보스톤
　　나는 온몸이 젖은 채
　　그들이 남기고 간 잔상을 바라보았다
　　쌓인 피로가 일시에 몰려왔다

　유스호스텔 숙소에 돌아와 보니 한 서양인 여학생이 배낭을 풀어 놓고 나갔다. 아마도 같은 방을 쓰게 되었나 보다. 배낭에 매달린 짐표의 주소를 슬쩍 보니 오스트레일리아에서 온 것으로 보인다. 금발머리의 그 여학생은 잠시 후에 차디찬 표정으로 들어왔으나 그대로 침대 위에 돌아누우며 전혀 응대할 기미가 없다. 본인도 긴 여행에 피로해서 별반 이야기를 하고 싶지 않았겠지만, 그 여학생의 태도는 일단 비우호적인 자세라는 생각이 들었다.
　저녁을 대충 지어먹고 일찌감치 누워서 한잠이 들었었는데 영국에서 왔다는 대학생 셋이 들어와 떠들썩한 바람에 잠이 깼다. 침대가 모두 다 꽉 차서 비좁은 방에 여섯 사람이 내뿜는 입김이 가득 차는 통에 방안 공기가 썩 좋질 않았다. 무엇보다도 알몸으로 잠든 청년들의 몸에서 나는 서양인 특유의 체취가 견디기 힘들었다. 나중엔 호흡마저 갑갑해져 왔다. 참다못해 밖으로 나가 우선 심호흡을 하고 창밖을 보니 아침이었다. 하지 않아도 될 샤워를 일부러 하면서 아침시간을 때웠다.

## 하버드대학교를 가다

　여행 떠난 지 여드레 째.

유스호스텔에서 짐 정리를 하고 열쇠를 반납한 뒤 건물 앞을 나서는데 보스톤 시내에 비가 내리고 있었다. 궂은비다. 비가 오니까 시내가 더욱 우중충하고 낡은 느낌이 들었다.

가까운 던컨 도너츠 가게로 들어가 도너츠 한 개와 우유 한 잔으로 조반을 대신한다. 가게에는 아침식사를 하는 사람들로 제법 붐비었다. 도너츠 한 개를 시켜놓고 커피를 마시며 신문을 보는 노인, 흑인 청년, 주차 단속원, 학생 부부로 보이는 사람 등등. 모두들 비 오는 보스톤 길거리를 멀뚱히 내다보고 있다. 빗줄기는 어느 틈에 훨씬 가늘어져 있었다.

매사추세츠 애비뉴에서 곧장 따라가기만 하면 찰스 강을 건너서 곧 케임브리지 지역으로 들어서게 된다. 이 곳은 명문 MIT대학과 하버드대학이 있는 곳. 강가에 MIT가 위치해 있고, 거기서 좀더 안쪽으로 들어가게 되면 하버드 대학의 정문이 나온다. 도시 이름은 다르지만 이곳은 사실상 보스톤의 일부이다. 1630년 경 뉴타운이란 이름으로 시작된 이 도시는 1937년에 이르러서야 케임브리지로 명명되었다. 이곳에만 무려 60여 개의 크고 작은 대학이 있어서 미국의 대표적인 학술도시라 일컬을 만 하다는 생각이 들었다.

지도를 보고 그대로 따라 가니까 얼마 가지 않아서 금방 하버드대학에 도착했다. 하버드의 건물은 참으로 고풍하고 유서 깊은 느낌이 진하게 들었다. 학교의 개교는 1626년으로 미국의 독립보다도 140년이나 앞선다고 했다. 대학의 명칭은 설립자인 존 하버드 목사의 이름을 따서 그렇게 되었다.

자, 그런데 주차할 곳이 여전히 커다란 문제로구나. 주변을 개미처럼 몇 바퀴나 돌다가 겨우 빈자리를 발견하고 자동차를 대었는데 주차 제한시간이 불과 한 시간뿐인 지역이 아닌가.

어쩔 수 없이 차를 대어놓고 하버드대학 동아시아학과의 데이비드 맥캔 교수에게 전화를 걸었다. 하지만 그의 방에는 자동응답만 들려올 뿐 아직 나와 있질 않았다. 전화를 걸고 나오는데 어디선가 큰 소리로 떠드는 한국말이 들려서 보니 한 떼의 한국인 방문객들이 자동차에서 와르르 내리고 있다. 모두들 사치스럽게 차려 입고 하버드 대학 앞을 당당하게 모여서 어디론가 몰려가고 있었다.

옌칭 도서관 건물을 물어 찾아갔더니 별로 크지 않은 건물로 입구에는 중국에서 갖고 온 듯한 두 개의 돌사자 상이 놓여 있었다. 맥캔 교수의 방은 이층에 있었고 문은 열려 있었다. 서로 반갑게 인사를 나누고, 잠시 한국에 대한 이야기를 펼쳐 가는데 그가 점심 제의를 해서 함께 가기로 했다. 맥캔의 연구실 벽에는 이곳을 다녀간 고은 시인이 써주었다는 〈세계일화(世界一花)〉란 커다란 글씨가 걸려 있었다.

맥캔 교수는 일찍이 1960년대에 평화봉사단으로 한국에 파견되어 왔다가 안동농림학교에서 영어교사를 지낸 경력이 있는 사람이다. 그래서 나의 대구농림고등 시절의 미국인 영어교사인 미스터 로쓰 선생에 관한 소식도 알고 있었는데, 그는 현재 피츠버그에서 변호사 개업을 하고 있다고 한다. 얼마 전에도 자기 딸을 보스톤의 대학에 입학시키기 위해 왔다가 둘이서 함께 만나기까지 했다는 것이다.

맥캔은 자기가 잘 간다는 식당으로 나를 안내했다. 푸근한 인상의 식당 주인 할머니가 맥캔과 매우 친하게 지내는 듯 나를 반겨 주었다.

다시 옌칭으로 돌아와서 맥캔은 나를 데리고 도서관의 한국 코너로 가서 담당 직원인 한국인 한 분을 소개해 주었다. 그는 아주 미국화된 한국인의 전형적인 외모와 매너를 지니고 있었다. 나의 옌칭 방문 목적을 물으면서 한국에서 오는 교수들의 경박한 방문 태도를 신랄하게 비판했다. 옌칭이 무슨 보물을 발견하는 데가 아니라는 것이 그의 주장이었다. 하버드에서 자료를 찾아 한국에 돌아가서는 대개 한 건 터뜨린 듯 요란하게 떠들어대는 광경들이 썩 마음에 들지 않는 다는 말도 했다. 가슴에 새겨볼 부분이 있는 말이기도 하다.

자, 이제 나에게 주어진 짧은 시간. 내일 떠나는 시간까지 나는 눈에 불을 켜고 제한된 시간을 충분히 활용해야만 한다. 아래 위층을 두루 둘러보니 남북한 책들이 함께 별다른 구분 없이 꽂혀 있는데 특히 북한 쪽 현대문학 자료들이 제법 많은 분량으로 보인다. 그것이 무척 반가웠고, 중요한 볼거리라는 생각이 들었다.

### 하버드 옌칭 도서관에서

미국의 하버드대학 도서관
어두컴컴한 동아시아 코너를 뒤지다가 나는 보았다

남한 시인의 시집과 북한 작가의 소설책이
　　서로 어깨를 다정하게 붙이고 살 그리움으로 나란히 꽂혀 있는 것을

　　나는 걸음을 멈추고
　　그 아름답고 장엄한 광경을 오래 오래 바라보았다

　김조규, 민병균, 김철, 박석정 등등 낯익은 여러 북한 시인의 이름도 보이거니와 처음 대하는 시인들의 이름도 수두룩하다. 시간이 충분하다면 그들의 작품을 일일이 음미하면서 북한 문학 관계 자료들을 신중히 검색하여 고르고 뽑을텐데, 그렇게 할 수 없는 것이 못내 아쉬울 뿐이었다. 북한에서 발표된 조명암의 희곡자료집을 뜻밖에 발굴하고 혼자 기뻐하였다. 이로써 오늘의 성과를 대신하기로 하였다.
　물가 비싼 보스톤에서 마땅한 잠자리를 갖지 못하고 다시 자동차로 돌아와 비좁은 공간에서 먼지를 마시며 주변을 살피며 몰래 잠자리에 드는 일이란 여간 피곤한 것이 아니었다. 혹시라도 인근 지역 주민들이나 경비원이 찾아와 내쫓을 것 같은 생각에 밤새껏 잠자리가 편하지 않았다.
　차창이 훤히 밝아와서 슬쩍 내다보니 내가 주차하고 있는 곳이 바로 하버드 대학 부근 마운트 오번 스트리트, 주택가의 출근길 등교길 통로여서 많은 행인들이 줄기차게 오고 간다. 나는 문도 제대로 못 열고 자동차 안에서 이런 저런 볼일을 두루 보느라 숨조차 제대로 못 쉬었다. 아침 식사는 엄두도 못 내었다. 여행중의 피곤이란 바로 이런 것들이다.
　미국에서의 자동차 여행은 일단 주변지역의 눈치를 보는 요령이 필요하다. 어디라도 한 군데 편하게 자동차를 쉬면서 느긋하게 휴식

할 공간이 별로 없다. 그만큼 이 나라 사람들은 넓은 땅덩어리를 빈 틈이 없도록 가꾸어 놓았다. 국토가 비좁은 우리나라에는 오히려 시골길에 자동차를 주차할 만한 공터가 얼마나 많은가.

하지만 미국은 그런 곳이 전혀 없다. 이것이 나 같은 여행자들에겐 매우 힘들고 피곤한 일이다.

여행 떠난 지 아흐레 째.

여전히 보스톤의 케임브리지에 머물고 있다.

차안을 대충 정리하고 세수도 제대로 못한 채 다시 하버드 옌칭으로 간다. 맥캔 교수와 아홉 시에 약속을 했는데, 막상 가보니 연구실 문이 잠겨 있다. 동아시아 도서관으로 내려가서 어제의 자료 찾기를 또다시 시작했다. 오늘은 주로 찾는 일보다 찾아놓은 자료를 복사하는 일이 급선무다. 오전 중에 떠날 계획을 세워 두었기 때문이다. 김조규시선, 민병균시선, 김철시집 등 세 권을 복사했다. 자동판매기에 지폐를 넣고 복사카드를 사다가 직접 해야만 한다.

김철이란 시인의 이름은 처음 대하지만 잠시 서서 그의 작품을 읽어보았는데 솜씨가 뛰어난 시인임에 틀림없다. 여느 판박이형 북한 시인들과는 다른 성격의 시인이라는 사실을 짐작할 수 있었다. 다른 자료들에 대해서도 미련과 아쉬움이 많이 남았지만 여행의 일정 때문에 욕심을 절제해야만 한다.

맥캔 교수를 만나서 나의 책 두 권을 기증하고, 맥캔의 저서 두 권을 받았다. 필요한 자료를 수집한 후에 나는 하버드를 떠났다. 왠지 모르게 보스톤에서의 일정은 지나치게 숨이 가빴다는 생각이 들었다. 그래서인지 보스톤을 빠져 나오자 깊은 한숨이 저절로 새어나왔다.

## 케이프 코드에서 대서양을 바라보다

이제 나의 방향은 보스톤의 남서쪽 케이프 코드 반도이다. 이곳은 대서양으로 65마일이나 뻗어 있는 해변 리조트 지구가 밀집한 곳으로 미국으로 오던 초창기 이민들이 처음으로 도착한 유적지가 남아 있는 곳이다. 반도의 생긴 모양은 꼭 낚시바늘과도 같다.

가는 중간에 휴게소에 잠시 들러서 김밥 보퉁이를 꺼내었다. 이 김밥은 보스톤의 한국 교민 정능화씨가 직접 싸준 것이다. 그분 내외는 내 친구와 친척 사이로서 한국을 떠날 때부터 이야기를 들었다. 보스톤 가면 꼭 찾아보라고. 그분 내외는 나를 반갑게 환영해주었고, 김밥과 여행 중에 필요한 반찬거리까지 보충해 주었다. 참으로 감사한 일이다. 한참을 쉬다가 다소 느긋한 기분으로 출발하였다.

나는 지금 일반 외국관광객들이 찾아가기 힘든 지역을 가고 있다. 이곳은 반드시 자기 자동차가 있는 여행자들만 다녀볼 수 있는 지역이다. 고속도로를 줄곧 달리다 보니 어느덧 케이프 코드로 접어드는 기색이 뚜렷해진다. 왼편 숲 속으로 바다가 언뜻 언뜻 나타났다가 사라지곤 한다. 내쇼널 씨쇼어라고 써 붙은 표지가 보이기에 그곳으로 따라 들어갔더니 너무도 아름답고 광활한 해변과 푸른 대서양이 나타난다. 바닷가로 걸어가 보았는데 아직 추울 듯한 바다 위에서 몇 사람이 파도타기를 하는 광경이 눈에 아련하게 들어왔다.

한 채의 건물이 있었는데, 무슨 청소년 수련장 같은 느낌이 들었다. 플리머스에는 필그림 파더스가 미국에 최초로 상륙한 곳임을 알려주는 기념비가 서 있다. 사진을 몇 커트 찍고 다시 케이프 코드 반도의 끝까지 가보았다. 육지의 끝에 도달했을 때 이미 찬란한 일몰이 진행되고 있는 터였다. 하늘은 환상적인 빛깔로 시시각각 변해 가고 저 멀리 바다 끝에서는 해를 삼킨 직후의 현란한 광채가 수평선 끝으로 어른거리고 있었다. 내 생각으로는 케이프 코드의 끝 휴게소에서 숙박할 생각이었으나 저녁 9시 이후에는 그곳을 통제한다기에 다시 허전한 심사를 안고 되돌아 나왔다. 프로빈스 타운이란 곳을 먼저 지나치고 이후로 해변가의 여러 지역들을 지나쳤지만 자동차를 마음 편하게 주차시키고 그곳에서 숙박할 만한 마땅한 장소가 나타나질 않았다. 운전은 점차 피로가 느껴졌고, 날은 이미 저물어 불안감은 더하였다. 하는 수 없이 저녁 무렵에 가보았던 내쇼널 씨쇼어 쪽으로 다시 찾아가 그곳에서 자기로 하였다. 밤 운전에 길은 왜 그리도 멀고 먼가. 한참을 달린 끝에 드디어 잠잘 곳에 도착했으나 불안감은 여전하다. 후래쉬를 켜고 저녁을 지어먹은 다음 대충 씻고 잠자리에 들었을 때는 이미 열 한시가 넘어 있었다.

대서양의 파도소리가 지척에서 들려왔다.

밤바람이 세차게 몰아치는 케이프 코드 반도의 동쪽 끝에서 나는 오지 않는 잠을 청하였다. 오줌을 누러 바깥에 잠시 나가 하늘을 보았더니 내가 세상에 태어나서 본 가장 맑고 찬란한 은하수가 바로 내 머리 위에 있었다. 거의 쏟아질 듯 가까이로 내려와 있는 별 떨기 속에서 인공위성이 떠가는 광경을 발견할 수가 있었다.

정확히 새벽 4시30분 경이었을 것이다.

잠결에 눈을 부시시 뜨니 누가 자동차의 문을 세차게 두드리고 있었다.

지역 경찰이었다.

순찰을 돌다가 주차장에 머물러 있는 낯선 자동차를 보고 두드려 깨운 것이다. 순찰 경관의 충실한 임무를 누가 원망할 수 있으랴만 곤한 잠을 깨워버린 미국 경찰이 그 순간만큼은 너무도 얄밉고 야속하게만 생각되었다. 옷도 제대로 챙겨 입지 못한 채로 자다가 돌연히 깨어 엉거주춤한 자세로 나는 검문을 받았다. 어디로 가는가? 어디서 오는가? 왜 여기서 밤을 지내는가? 이곳은 청소년 수련장이 있는 지역이어서 캠핑은 불법이다. 당신은 지금 위법을 하고 있다 등등. 몹시도 자존심이 상하고 불쾌한 위압적인 자세로 추궁을 해대는 것이었다. 경찰은 줄곧 나로 하여금 곧장 떠나라고 이를 뿐 아니라, 원한다면 자기가 케이프 코드를 빠져나가는 길까지 안내해 주겠다는 것이다. 나는 그의 제의를 거절하고 일단 그곳을 빠져나가기로 결정했다. 경찰은 약 30분간의 시간을 주겠다고 말하고 그곳을 떠나갔다. 짐을 정리하는 둥 마는 둥 이불도 대충 개는 둥 마는 둥 나는 서둘러 그곳을 떠났다.

만리타국에서 한밤중에 쫓겨나가는 기분이 실로 착잡하기 이를 데 없었다.

### 장엄한 대서양 일출

도중에 일출이 시작되었다. 시계를 보니 정각 다섯 시 삼십 오 분. 참으로 장엄한 광경이었다. 대서양 일출을 직접 바라보는 일이 어디 그리 쉽기나 한 일인가?

나는 자동차를 길가에 세우고 자동차 안에서 일출의 전체 과정을 묵묵히 지켜보았다. 아직 어둠에 잠긴 소나무 숲이 보이고 그 위로 일출이 벌어지고 있고, 그 찬란한 바다 위로 몇 마리의 새들이 표연히 날아가고 있었다. 나는 그 광경을 사진기에 열심히 담았다. 먼 곳으로 가지 않고 거기서 가까운 캠핑 장소를 찾아가 곧 쌀을 씻고 조반을 만들었다. 자다가 추방당하는 심정으로 케이프 코드를 떠났지만 여행이란 것이 어디 편안하고 즐거운 것만의 연속일 수 있는가? 온갖 우여곡절이 생길 수 있고, 마음의 평정을 내가 스스로 싸워가며 악전고투로 기쁨과 성과를 만들어가야 하는 법. 이번 일로 말미암아 내가 나의 자아를 돌이켜 볼 수 있는 좋은 계기가 되었다는 생각을 하니 한결 마음이 편해졌다. 게다가 어제 저녁의 일몰과 오늘 아침의 일출을 보는 수확까지 얻었으니 케이프 코드에서의 수확은 오히려 손실보다 컸다고 스스로 평가할 수 있다.

 길고 긴 케이프 코드 반도를 남쪽 국도방향으로 우회하여 바닷가 연안을 따라서 빠져 나왔다. 길가에서 바라보는 경치가 대단히 아름다웠다. 오를리언스, 하이어니스, 팰마우스, 버자드 베이 등이 도중에 통과한 지명들이다. 오늘은 줄곧 운전만 열심히 해서 매사추세츠를 빠져 나와 롱아일랜드주의 프로비던스를 휘돌아서 코네티컷주로 접어들었다.

 이제는 뉴욕 방향으로 자동차를 몰아 간다.

 95번 남쪽방향 고속도로를 따라 하염없이 가다 보니 어느덧 날이 저물었다. 자동차도 몹시 열기에 달아있다. 도중의 여러 휴게소마다 들어가 쉬면서 내가 오늘밤 잠을 잘 수 있는 곳인가에 대한 탐색을 해 본다. 하지만 대부분의 휴게소가 두 시간 동안만 잠시 머물 수 있지

그 이상 정차하게 되면 견인해 간다는 표지를 보고 나는 깜짝 놀라서 다시 다른 곳으로 떠났다. 이대로 가다보면 해빠지기 전에 뉴욕에 갈 수 있을 듯하다. 하지만 빨리 뉴욕에 들어가는 것이 능사만은 아니다. 어딘가 적당한 곳에서 쉬고 가는 편이 훨씬 낫겠다는 판단을 하고, 나는 코네티컷 주의 웨스트포트라는 작은 도시 입구로 들어갔다.

이미 자동차도 점점 밀려서 교통혼잡이 심하였다. 잘 곳을 찾아보았으나 마땅한 곳이 나서지 않았고, 도로 입구의 패스트푸드점 주차장에 머물러 이리저리 둘러보다가 마침 길 건너편 한적한 공터가 보이기에 그곳으로 차를 몰고 들어갔다. 이미 주차되어있는 자동차가 여러 대 보였는데 가만히 보니 어떤 것은 정식 번호 판이 달려 있고, 또 어떤 것은 번호 판이 아예 없는 것이 있었다. 자세히 보니 팔려고 내어놓은 자동차를 주차시켜 놓은 곳이었다. 마침 주변도 한적하기에 나는 자동차를 한 쪽 구석에 조용히 주차시키고 저녁 준비를 하였다. 시간이 지날수록 장소가 마음에 들고, 괜찮은 곳을 선정했다고 나름대로 자위하기도 했다. 마침 옆 건물이 부동산 매매사업소였는데, 그곳 화장실에서 더운물로 세수도 하고 물도 받아오고 해서 한결 마음이 편했다. 간밤에 자다가 날벼락을 당한 뒤끝이라 오늘밤은 모처럼 잠을 잘 이룰 수 있을 것 같았다.

여행 떠난 지 열 하루째 되는 날이다.

빗방울은 후두둑 후두둑 뿌리는데 나는 혼자서 쓸쓸하게 아침식사를 준비했다. 그 사이에 주변의 자동차들이 하나 둘씩 새로 들어오거나 떠나는 모습이 있었다. 한 흑인 중년 사내가 자동차 문을 두드렸다. 아마도 부동산 관리인이었던 모양이다. 웬 낯선 차가 한 대 서 있고 자동차 문 앞에 신발까지 놓여있는 것이 수상하게 여겨졌던 것이다. 나는 한순간 당황했지만 일부러 태연한 척 인사를 먼저 걸고,

곧 이곳을 떠나겠다고 했다. 그랬더니 뭐라고 알아들을 수 없는 빠른 영어로 지껄이는데, 나는 하여튼 곧 떠날 것이라는 제스츄어를 해 보였다. 그랬더니 그는 여전히 표정을 풀지 않은 채 언짢은 얼굴로 돌아갔다. 어제의 불안감이 다시 살아나는 듯했다. 하루 자고 한 끼 먹는 일이 이토록 힘들고 불안스러울 수가 없다.

자동차는 하루 휴식을 해서인지 미끄럽고 부드럽게 달려가고 있다.

## 맨하탄에서 만난 소년 마이크

오전 중에 어렵지 않게 뉴욕 지역으로 들어섰다.

뉴욕이 가까워지자 낡고 오래된 듯한 커다란 건물들과 철다리, 터널들이 줄곧 나타나고 교통량도 많아졌다. 미리 뉴욕 맨하탄 지도에서 익혀둔 대로 길을 따라서 들어가고 나오고 하니까 맨하탄 진입이 크게 어려운 것이 아니었다. 암스텔담 스트리트 103번 거리를 찾아서 가니 어렵지 않게 뉴욕의 유스호스텔에 도착할 수 있었다. 정확히 11시 40분이었다.

감격스러웠다. 여행을 떠나기 전에 뉴욕 시내를 진입하는 것이 가장 염려스러웠는데 생각보다 매우 손쉽게 들어올 수 있었던 것이 다행스러웠다.

뉴욕은 뉴욕 주의 남동부, 허드슨 강 어구에 발달한 세계 최대의 도시이다.

1613년 네덜란드의 상인이 맨하탄 섬을 불과 25센트에 원주민으로부터 구입했다고 하는데, 이것은 매우 과장된 듯한 느낌이 있다. 뉴욕의 역사는 무려 400년이 가깝다. 현재 인구는 1100만 명이 넘는다. 뉴욕은 원래 네덜란드령이었으므로 이름을 뉴암스테르담이라

하였다. 그 후 1664년 영국의 요크 공이 이 지역을 점령한 이후로 이름이 뉴욕으로 바뀌었다고 한다. 국제정치의 중심지로서 그 역할을 담당하고 있다. 이 뉴욕에는 모두 5개의 자치 구역이 있는데, 맨하탄과 브롱크스, 브루클린, 퀸스, 스태튼 섬 등이 그것이다. 이 가운데서 맨하탄과 스테튼은 그 자체가 독립된 섬의 형태를 갖고 있다. 다른 지역들은 모두 대륙과 연결된 지역이다. 뉴욕 시 일대에는 도합 60여 개의 크고 작은 교량들과 해저터널로 연결되어 있다.

자동차를 브로드웨이 102번 거리 중간쯤에 있는 유료주차장에 넣어두고 유스호스텔 방을 배정 받은 후 뉴욕 지하철을 타고 시내 워싱턴 스퀘어 쪽으로 나갔다. 수년 전에 뉴욕의 지하철을 타본 적이 있었는데, 당시의 느낌은 매우 침침하고 을씨년스러웠다. 노숙자들도 몹시 많았던 기억이 있다. 그런데 이번에 와서 본 뉴욕의 지하철은 그 느낌이 매우 산뜻하고 밝아 보였다.
초행길이라 머뭇거리고 있었는데 마침 해맑은 표정의 한 소년을 만나서 이런저런 대화가 서로 오고 갔다.
소년의 이름은 마이크,
그는 자기도 마침 그곳 방향으로 가고 있으므로 자기가 그곳까지 안내해 주겠다고 했다. 전철을 타고 시내로 가는 동안 나는 마이크의 가정 형편을 물었다. 마이크는 아무런 주저 없이 말했다. 그는 현재 중학생으로 자신의 아버지가 이혼을 해서 새어머니와 함께 살고 있다고 했다. 가족 소개를 할 때 마이크는 아버지의 첫째 부인에게서 출생한 형들과 새어머니 밑에서 난 아우들까지 모두 다섯 형제가 있다고 거리낌없이 말했다. 이 점이 한국 아이들과는 달랐다.
나는 오후의 워싱턴 스퀘어에 도착해서 그곳에 모여 있는 사람들의 광경을 바라보았다. 그리니치 빌리지의 중심이면서 5번 가의 기점인 이곳은 흔히들 젊은이들의 광장이라고 부른다. 원래 이곳은 오리사냥을 하던 작은 저수지였다고 한다. 또한 18세기에는 처형장과 묘지로 사용하던 공간이었다. 1882년부터 공원으로 변모하였다.

그 워싱턴 스퀘어에는 뉴욕의 시민들과 그곳을 보러 온 관광객들, 흑인 건달들, 기타를 치며 노래하는 떠돌이 가수들, 라틴아메리카에서 온 듯한 무명가수들, 그들의 음악에 맞춰 온몸을 흔들며 춤을 추는 여인의 모습, 비틀거리는 주정뱅이들, 혼자 중얼거리고 있는 노숙자들, 스케이트보드를 타는 소년들, 개를 몰고 운동시키러 온 사람들로 인산인해였다. 그곳에서 볼 수 있는 무슨 색다른 장면들이 별로 보이지 않기에 나는 인근의 소호 거리로 빠져나가 걸어나갔다.

이 소호거리는 샐리번 거리, 캐널 거리, 브로드웨이로 에워싸여 있다. 30년 전까지만 하더라도 이곳은 보잘 것 없는 창고가 있던 지역이었다. 지난 1960년대 초반부터 가난한 예술가들이 이 지역의 창고에 모여들어 개인 아틀리에로 개조하면서 완전히 새로운 예술가의 거리로 변모하였다. 그 부근으로 화려한 레스토랑과 전시장이 들어차게 되어서 현재는 무려 100여 개 이상의 유명한 화랑들이 자리잡고 있다. 미국을 비롯한 전 세계의 모든 문화 이념과 새로운 방법론이 모두 이곳에서 나온다고 해도 과언이 아니다. 거리 뒷골목에 너절하게 쌓인 쓰레기와 지저분한 벽에 그려진 온갖 낙서들조차 그 나름대로의 독특한 의미가 있는 예술적 형태로 보일 만큼 소호 거리의 생산성은 풍부하게 느껴졌다.

나는 소호 거리를 지나서 차이나타운을 거쳤고, 마침내 리틀 이탈리아 거리까지 진출하였다. 캐널 거리를 지나 리틀 이탈리아의 남쪽에 자리잡은 차이나타운은 완전히 중국의 거리를 그대로 옮겨다 놓은 듯하였다. 거리에는 대부분 중국인들로 가득하였고, 백인들은 오히려 낯선 구경꾼처럼 이따금씩 보였다. 이곳은 전 세계의 차이나타

운 중에서 가장 규모와 발전이 급속한 곳이라고 한다. 물가도 비교적 싸서 음식을 먹거나, 쇼핑을 위해서 이 지역을 찾아온 관광객들이 많이 보였다.

리틀 이탈리아는 이탈리아인들의 집단 거주지역이다. 멀베리 거리의 양쪽에는 정통 이탈리아식 음식점과 카페가 연도에 늘어서 있다. 6월 초순부터 2주일 가량 산 안토니오 축제가 열린다고 했으나 시일이 맞지 않았다. 키가 작달막한 중년의 이탈리아 남녀들이 길가에 모여 서서 모처럼 만난 듯 서로의 안부를 묻고 너털웃음을 웃어대고 있다. 한 남자에게 사진촬영을 부탁했더니 활짝 웃으며 사진을 찍어주고 나의 등을 정겹게 톡톡 두들긴다.

맨하탄은 정말 어떤 힘이 꿈틀거리며 살아있는 거리라는 생각이 들었다.

기기묘묘한 복장이나 머리 모양을 하고 걸어가는 청년들의 모습이 있었고, 싸구려에서 값비싼 물건까지 진열해 놓고 호객하는 사람들의 광경을 보았다. 이런 거리를 옐로캡이 불을 켜고 다녔다. 옐로캡이란 시민들이 이용하는 영업용 택시. 자동차의 색갈이 모두 노란색이어서 이렇게 부른다.

　오랜 역사의 숨결이 느껴지는 낡고 우중충한 뉴욕 맨하탄 특유의 건물 분위기들. 차이나타운은 내가 연전에 왔을 때보다도 그 규모가 훨씬 확장되어 있는 듯하였다. 차이나타운의 중심을 걸어갈 때는 거리의 분위기가 완전히 중국 북경의 어느 한 모퉁이를 걸어가는 듯한 착각에 빠지게 할 정도였다.

　해지도록 걷다보니 다리도 아파 오고, 피로가 한꺼번에 몰려왔다.

　마침 시장기도 심하게 느껴져서 소호거리의 식당 노천 탁자에 앉아서 스테이크와 맥주를 시켜 저녁을 먹으며 해 저문 맨하탄의 저녁 풍경을 즐기었다. 물가는 몹시 비싼 편이었다.

　식당에 들어오기 전부터 보았던 한 흑인 청년은 아예 윗옷을 거의 모두 벗어서 자신의 멋있는 근육질 상체를 과시하며 다녔는데, 머리는 아프리카의 부족 추장처럼 위엄 있게 틀어 올리고, 걸음걸이도 몹시 젠 척하며 뻐기고 걸어다녔다. 특별한 볼일 없이 공연히 이곳 저곳을 걸어다니는 표정이 역력했다. 잠시 가랑비가 한 차례 쏟아지자 시내는 한결 바쁘게 움직이는 속도감이 더해졌다. 자동차는 막히고, 경적소리는 커지고, 사람들의 걸음걸이는 분주해졌다. 하지만 곧 비도 그치고 나는 어두워진 워싱턴 스퀘어를 다시 통과하여 지하철을 타고 유스호스텔로 돌아왔다. 뉴욕의 유스호스텔은 규모도 대형이지만 건물 자체가 꽤 고풍한 느낌의 구조를 지니고 있다. 물론 내부는 현대식으로 모두 개조했지만 제법 분위기 있는 곳이라는 생각이 들었다. 몸을 씻고, 느긋한 기분으로 바깥을 조망할 수 있는 이층 테라스로 나가서 맨하탄의 북쪽 밤거리 풍경을 보다가 들어와 잠자리에 들었다. 뉴저지의 벗에게 전화를 해서 내일 만나기로 약속을 하였다.

다시 뉴욕의 아침이다.
　잠을 깊이 자서인지 컨디션이 좋다. 아침을 유스호스텔에서 지어 먹고, 행장을 꾸려서 나갔다. 오늘의 목표는 메트로폴리탄 박물관과 센트랄 파크이다.
　메트로폴리탄은 세계적인 규모의 박물관답게 볼거리, 구경거리가 참으로 많았다.
　센트랄 파크의 동쪽 끝에 위치한 이 박물관은 총면적이 13만㎡에 이른다. 1870년에 개장하였다고 하는데 당시의 소장 작품 수는 불과 174점이었다. 그로부터 100년이 훨씬 지난 현재에는 350만점이 넘는다고 한다. 모든 작품을 일시에 전시하지 못하고 전체의 6분지1씩 번갈아 가면서 전시한다고 했다. 전시실만 해도 200개가 넘었다. 1층은 고대 이집트 미술과 고대 그리스, 로마의 예술품들이 있었고, 2층은 중세 유럽의 회화 작품과 19세기 이후로 지금까지의 미술작품들, 그리고 동양미술들이 전시되어 있다. 2층의 북동쪽에는 일본전시관이 제법 큰 규모로 설치되어 있는데, 한국전시실은 너무도 초라하고 볼품이 없다.
　전체의 느낌이 수년 전 혼자 와서 이곳을 두루 볼 때보다 내용이나 규모가 훨씬 풍부해졌다는 느낌이 들었다. 구석구석을 다 돌아보는 것은 어차피 불가능하고 빠른 걸음으로 걸어서 가급적이면 많은 것을 보려는 생각으로 다니다 보니 얼마 지나지 않아서 피로가 엄습해 왔다. 점심을 구내 식당에서 먹고 다시 보는데 그때부터는 더욱 한계가 느껴지는 듯했다.
　벗과는 오후 세 시경에 약속을 했었는데 어느 틈에 네 시가 넘었다. 박물관을 나와서 나는 센트랄 파크 주변을 걷는다. 날씨는 완전히 초여름을 방불케 한다. 몹시 덥고, 햇빛은 괴로울 정도로 따갑다.

박물관 앞의 노점에서 러시아 제품의 오뚜기 인형 세트 하나와 등산용 양주병 하나를 구입했다. 판매하는 청년은 러시아 사람으로 아마도 러시아 군인 출신인 듯하였다. 양주병에는 낫과 망치가 그려진 구소련의 붉은 기와 레닌의 흉상이 입체화로 그려져 있었다. 이 모든 것이 이제는 모두 낡은 세기의 유물이 아닌가. 주말 오후인지라 택시 잡기는 하늘의 별따기만큼 어렵다. 그 어려운 중에도 나에게 택시 한 대가 와서 멈췄다. 흑인 기사였는데 고맙고 요긴하기가 이를 데 없다. 유스호스텔까지 잘 도착해서 짐을 정리하고 자동차를 유료주차장에서 끌고 나와 인파로 붐비는 맨하탄을 빠져나갔다. 브로드웨이를 가보지 못한 것이 아쉬웠으나 나는 이렇게 허전한 마음으로 뉴욕을 떠날 수밖에 없었다. 뉴욕을 제대로 보려면 시간이 많이 필요할 것이다. 이곳에서만 한 달 이상 지낸다 하여도 충분히 않으리라.

### 뉴저지주의 한인타운

죠지 워싱턴 브리지를 빠져나가서 벗이 일러준 대로 찾아서 갔는데 잘못 접어들었던가 보다. 벗의 부인이 고생스럽게 차를 몰고 와서 나를 인도해 주었다.

뉴저지에 있는 벗은 가게를 하나 얻어서 주류도매업을 하고 있었다. 장사도 꽤 잘되는 지점에 위치해 있는 듯 손님이 끊이지 않았고, 오늘은 특히 수백 억이 걸린 복권 판매 때문에 더욱이나 눈코 뜰 새 없이 바쁘다고 한다.

32년 만에 만나보는 옛 벗의 얼굴은 나이만큼 늙어 있었다. 몸에는 나이에 걸맞도록 살이 올라 있었고, 이마가 다소 벗겨져 있었다. 서로 만나지 못한 지난 수십 년 세월이 한 순간 바깥으로 물러나 앉았다. 벗과 나는 마치 엊그제 만난 사람들처럼 격의 없이 악수를 나누었다.

오늘 가게 일이 너무도 바빠서 벗은 가게 일을 좀 더 보기로 하고, 대신 벗의 부인이 나를 데리고 뉴저지의 한인타운에서 가장 커다란 규모의 레스토랑으로 가서 푸짐한 저녁을 대접해 주었다. 맨하탄의 야경과 허드슨 강의 밤 풍경이 은은하게 보이는 창가에 자리를 잡으려 하였으나 그곳은 예약이 없이 불가능하다고 해서 다른 곳에 앉았다.

뉴욕의 한국 교민들 자녀의 결혼식은 대개 저녁에 한다고 한다. 왜냐하면 모두들 일터에서 바쁘니까 조용한 시간이 저녁이나 밤뿐이라는 것이다. 모든 것에 납득이 간다. 마침 내가 가던 날 저녁에도 마침 결혼식을 마치고 가족사진 촬영을 하는 어느 교민들의 모습을 보았다. 하객들도 물론 정장을 차려 입고 저녁 혼인식장에 하나둘 나타났다.

　벗은 열 시가 넘어서 먼저 집으로 돌아와 있었다. 벗의 가게에서 갖고 온 이탈리아산 포도주 한 병을 나누어 마시며 벗과 나는 이런 저런 옛 이야기에 빠져들었다. 저녁 식사 때엔 소주 한 병을 다시 청해서 마셨다. 이날 저녁 우리는 몹시 취하였다.

　다음날 아침, 벗의 부인은 팬케이크를 구워서 샐러드와 함께 아침 식사를 대접한다. 벗의 아들 지환군. 그는 현재 하버드 대학의 음대 작곡과 재학생이다. 맨하탄의 극장 무대에서 자신의 음악을 발표하는 모임에 참가하고 있다고 했다. 몸이 가늘고 날렵하며 눈에 총명한 재기가 느껴진다. 고교 졸업 후에 비로소 음악이 자신이 걸어갈 평생의 운명이라는 사실을 알았다고 말한다.
　나는 지환의 방에 노크를 하고 일부러 들어가 보았다. 하버드 대학 학생의 방은 과연 어떻게 다른가를 보기 위해서이다. 나의 이런 말에 지환은 기분 좋게 웃으며 기꺼이 자신의 방을 구경시켜 주었다. 밝고 명랑한 감성의 청년이다. 지환은 네 살 때부터 줄리어드 음악학교에서 피아노를 연습해 왔다고 한다. 떠나기 전에 지환의 피아노 연주를 몇 곡 들었다. 연주 솜씨가 썩 훌륭하고 가슴속에 감동이 전해져 왔다. 하지만 자신은 연주보다 작곡을 더욱 중요한 분야로 생각하게 되었노라고 말했다.

지환의 연주가 끝나고 나는 벗과 작별을 했다.

떠나기 전에 기념사진을 한 장 찍었다. 벗의 부인이 내가 길을 잃어버리지 않도록 95번 남쪽 도로의 입구까지 일부러 차를 몰고 앞장서서 안내해 주었다.

고마운 사람들!

뉴저지 주의 한 중심을 따라서 남쪽으로 내려간다.

기온은 점점 올라가고 창문으로 들어오는 바람도 열기가 느껴진다. 휴게소에 자동차를 잠시만 세워 두어도 뜨거울 정도로 자동차가 달아오른다. 하지만 에어컨이 고장이 났는지 시원한 바람이 전혀 나오지 않는다. 내 짐작에는 냉방기의 프레온 개스가 모두 소모가 되어서 그런 것이 아닌가 짐작되었다.

뉴아크 공항을 지나고, 피스카타웨이와 벨밋 마을이 그다지 멀지 않은 곳을 지날 때 나는 수년 전 이곳에 사는 친구 태호의 집에 왔던 일들이 생각이 났다. 이제 벗은 한국으로 옮겨가고 없고, 친구의 부인만이 두 딸을 데리고 여전히 그곳에서 살고 있을 것이었다. 그냥 지나치는 것이 미안한 생각이 들었지만 어쩔 도리가 없었다.

어틀랜틱시티로 이어지는 76번 고속도로로 가는 길목에서 나는 더 참지 못하고 주변의 작은 소읍으로 빠져 나와서 에어컨의 개스를 주입했다. 일요일이라 대개 정비소가 쉬는 곳이 많았는데 마침 한 군데 열어놓은 곳이 보이기에 너무나 반갑게 그곳을 찾아 들어갔다. 정비소의 젊은 기술자는 나에게 〈당신은 행운아야〉라고 말했다. 왜냐하면 이미 가게문을 닫을 시간이 지났는데도 자기가 나의 고통을 생각해서 에어컨을 고쳐 주고 있다는 이유 때문이었다. 에어컨을 틀어 놓고 달리니 시원한 바람도 나오고, 기분이 한결 좋아졌다.

## 어틀랜틱시티

찌는 듯한 더위에 등이 축축하도록 흘렸던 땀도 어느덧 식었다.
필라델피아를 우회하여 대서양 동쪽 끝 애틀랜틱시티에 도착했을 때 시간은 이미 해가 뉘엿뉘엿하였다. 뉴저지 주의 가장 남부. 대서양 연안의 모래 벌판에 세워진 도시다. 인구는 4만7천 정도에 불과하지만 가을이면 미스아메리카 선발대회가 이곳에서 열리게 되므로 꽤 알려진 도시이다. 카지노를 비롯한 각종 오락시설이 많이 열려서 동부 해안의 라스베이가스라고 불리기도 한다.
적절한 곳에 임시 주차를 해두고 빠른 걸음으로 걸어서 애틀랜틱시티의 편린이라도 느낄 요량으로 다녔다.
바닷가의 보도는 온통 나무 판자로 13킬로미터나 길게 깔아서 산책하기 좋은 길로 만들어 둔 것이 매우 인상적이었다. 관광객들이 몹시 붐비었으며 특히 카지노와 슬롯 머쉰을 즐기려는 단체관광객들이 버스에서 줄지어 내리는 광경들이 보였다. 여기 저기 카지노를 알리는 네온사인이 휘황하였으며 대서양의 저녁바람은 몹시 시원하고 쾌적한 느낌이 들었다.
나는 발길 닿는 대로 한 곳을 찾아 들어갔다. 수백 대의 슬롯 머신 앞에서 남녀노소를 가리지 않고 동전을 넣고 보턴을 누르는 단순한 작업들에 골몰하고 있었다. 여기저기에서 코인 떨어지는 소리들이 와르르 들려왔다. 다른 한쪽에서는 정통 카지노를 하는 사람들이 트럼프를 익숙한 솜씨로 돌리는 여직원 앞에서 심각한 표정으로 진지하게 돈들을 걸고 있었다. 어깨가 튼튼하고 검은 양복을 입은 건장한 흑인들이 사이사이에 서서 수상한 사람들을 감시하고 있는 듯 했다. 나는 10달러 정도의 돈을 동전으로 바꾸어 슬롯 머신을 즐겨볼 생각을 했다. 코인을 넣고 단추를 누르고 하는 단순 동작을 계속하는데 뜻밖에도 내가 놀고 있던 기계에서 무려 278개의 코인이 와르르 쏟아졌다. 꿈결같은 일이 벌어진 것이다. 나는 이 돈을 주머니에 모두 쓸어 담고 건물을 나왔다. 동전의 무게가 묵직하게 느껴져서 걸음을 걷기가 힘겨울 정도였다. 여행 경비에 보탤 돈을 애틀랜틱시티에서 마련하다니. 야릇한 기분이 들었다.

　일확천금을 기대하는 인간의 도박심리란 것이 이렇게 해서 확대 증폭되어 가는 것인 줄 새삼 짐작할 수 있겠다. 좀더 해보면 새로운 결과를 얻을 수 있으리란 미련이 줄곧 남았다. 하지만 거기서 계속 했더라면 가진 돈을 모두 털고 돌아서야 했을 것이다. 아무튼 나는 애틀랜틱시티에서 두 시간 가량 머물며 즐길 만큼 충분히 즐겼다고 생각한다.

이미 어둑어둑해져 오는 애틀랜틱시티를 뒤로하고 떠돌이 나그네의 본모습으로 돌아온 나는 오늘밤의 임시 숙영지를 찾아서 떠나간다. 오늘 저녁은 뜻밖에 돈을 따서 기분도 좋고 하니 야간운전으로 아무쪼록 많이 달려가 보는 것이 좋겠다는 생각이 들었다. 그래서 달리고 달리다가 어느 한적한 지역이 보이기에 그곳에 들어가 일단 저녁을 지어먹기로 했다.

지역으로는 아직 뉴저지, 오션 시티라는 곳이었으며 일요일 저녁이라 몹시 한적하고 인적이 없는 병원 뒤뜰이었다. 가로등이 환하게 밝혀진 곳에 주차하고 주위를 둘러보니 야외탁자까지 설치되어 있는 것이 눈에 띠었다. 모처럼 느긋한 기분으로 식사를 하고 뒷정리를 하는데 병원의 직원으로 여겨지는 한 사람이 자동차를 타고 옆으로 스치듯 지나가서 병원 건물 안으로 들어가는 것이 보였다. 그의 눈에는 내가 몹시 수상한 사람으로 여겨졌을 것이다.

잠시 뒤에 병원 건물 전체에 모두 불이 켜지고 어쩐지 그가 나를 자꾸만 살피는 것 같다는 생각이 들었다. 일이 일단 그렇게 되자 나는 한시도 그곳에 머물러 있기가 싫어졌다. 혹시라도 그가 나를 수상한 사람으로 신고해서 경찰이 불시에 들이닥칠지도 모른다는 생각을 하니 더욱 그러했다.

날은 이미 캄캄하게 저물어 지척을 분별하기 어려운데 나는 도로의 표지판만 보면서 막무가내로 앞만 보며 달려간다. 밤바람이 꽤나 시원했지만 그렇게 유쾌한 기분이 아니었다. 밤 운전으로 95번 고속도로의 표지가 보이는 곳까지 도달했을 때 이미 새벽 한 시가 가까웠다. 메릴랜드 주의 볼티모어가 여기서 별로 멀지 않은 곳에 위치해 있음을 알겠다. 나는 더 이상 주행하기가 어려웠다. 몸과 마음이 지칠 만큼 지쳐 있었다. 드디어 첫 휴게소가 나타나기에 그곳에 들어가 적당한 곳에 주차를 해두고 파김치처럼 늘어져서 잤다.

내가 델라웨어 휴게소에서 하루를 묵었다는 사실을 다음날 아침 화장실에 가서 지도를 보고서야 비로소 알았다. 나는 어느 틈에 훌쩍 남쪽으로 떠나와 있게 된 것이다.

## 워싱턴 디씨

해가 중천에 뜨도록 늦잠을 자다가 깨었다. 몹시 곤했던가 보다.
어제 밤 한시가 훨씬 넘어서 잠자리에 들었으니까 당연한 현상이다. 다시 출발하여 달리고 달리다가 드디어 오후 두 시경에 워싱턴 디씨로 접어들었다.

국제 정치와 외교의 중심지라 불리는 곳. 미국의 패권주의가 이곳에서 전 세계를 향해 뻗어나가고 집중된다. 1790년 초대 대통령인 조지 워싱턴에 의해 지정된 미국의 수도이다.

시내까지는 일단 진출하였는데 그 다음부터가 문제다.

날씨는 덥고 주차할 곳은 없고, 화장실은 가고 싶고… 참다못해 나는 코인을 넣는 유료주차공간에 차를 세워두고 가까운 건물 안을 찾아 들어가기로 하고 애써 건너갔지만 문 앞에서 통과의 제지를 받았다. 내가 찾아간 그곳은 다름 아닌 미국의 보건복지부 건물이었던 것이다. 미국의 수도에 위치한 공공건물인지라 출입감시와 통제는 무척 삼엄하다는 느낌이 들었다.

테러에 대한 위험 때문인가.

하는 수 없이 나는 비상용 응급수단으로 자동차 안에서 세수 대야에다 생리적 현상을 해결하여 가까운 풀밭에 버렸다. 체면이고 무엇이고 가릴 틈이 없었다. 워낙 불같이 급한 생리현상 앞에서는 이것저것을 가릴 겨를이 없었던 것이다.

워싱턴을 한 동안 다녀 보았지만 이곳은 다른 지역에 비해 별로 매력이 없는 도시라는 생각이 든다. 왜냐하면 미국이라는 지구를 거의 장악하고 통제하는 현대판 세계대제국의 수도답게 권세와 위엄을 잔뜩 부리느라 거의 모든 건물들을 돌로써 지어놓았으나 그것이 오랜 역사를 지닌 유럽과는 달리 벼락부자의 과도한 치장을 보는 듯해서 오히려 경박스러워 보였다. 그 다음으로는 관료주의적 권위와 경직성이 느껴지는 건물들의 지나치게 각이 진 모습들이 마음에 편하게 느껴지질 않았다. 하지만 워싱턴 디씨까지 와서 그냥 갈 수는 없다고 생각해서 나는 네 시간 짜리 시내 투어 관광을 하기로 결정했다. 관광버스가 떠나는 유니온 역에 자동차를 주차시키고 막상 갔더니 낮 코스는 이미 마감이 되었고, 야간 투어밖에 없었다. 하는 수 없이 그것이라도 예약을 해두고 나는 다시 자동차 있는 곳으로 와서 일단 저녁을 지었다. 밥이 만들어지는 동안 문을 조금 열어놓고 버너와 가스를 결합하여 국을 끓였다. 주변의 자동차들이 수시로 빠져나가고 새로 들어오고 하는 통에 몹시 신경을 써야만 했다. 게다가 이곳

이 자동차 밀집지역이라 위험 부담이 전혀 없는 것도 아니었다. 잔뜩 신경을 써서 밥을 하는데 갑자기 코피가 쏟아졌다. 식사 후에 한참 쉬니까 곤두서 있던 신경도 가라앉고 차츰 평정을 되찾게 되었다.

저녁 6시 반부터 나이트 투어가 시작되었다. 유리창을 모두 올린 버스에 약 서른 명 가량의 관광객들이 타고 있었는데 동양인은 나 하나 뿐이었다. 국회의사당, 농업부, 국무부, 한국전쟁 참전 기념비, 무명용사의 비, 알링턴 국립 묘지 주변을 한바퀴 돌아보았다. 링컨 기념관과 제퍼슨 기념관, 워싱턴 기념탑도 돌아보았다. 어두워오는 저녁 하늘을 배경으로 이오지마 메모리얼의 동상이 인상적인 명암으로 부각되었다. 해병대원들 여러 사람이 산봉우리의 정상에다 성조기를 함께 꽂는 광경을 재현해 놓은 것이었다.

나는 포토맥 강에서 저무는 저녁 해를 바라보았다. 강물은 몹시 조용하였고, 느닷없이 지나가는 여객기 한 대가 도시의 정적을 깨뜨렸다.

미국대통령이 집무한다는 백악관 앞을 건성으로 슬쩍 지나쳐서 돌아오니 밤 아홉 시가 넘어 있었다.

아무리 좋게 봐주려 해도 워싱턴은 별로 마음에 들지 않는 곳이라는 생각에 변함이 없었다.

이곳을 빨리 빠져 나가버리자.

이 매력 없는 도시에 한시라도 더 머물고 있을 필요는 없다!

나는 밤이 깊어 가는 워싱턴을 뒤로하고 마치 달아나듯 그곳에서 빠져 나와 버렸다.

## 버지니아주로 들어서다

도로변의 키 큰 가로수를 스쳐오는 밤바람이 한결 시원하였다.

또다시 밤 운전을 계속하였다. 달리고 달리니 오래지 않아서 버지니아주의 경계로 접어들었다.

휴게소가 몹시 반가웠다.

하지만 버지니아주의 휴게소에는 두 시간밖에 머물지 못한다는 경고문이 붙어 있었다. 이런 경고문은 마치 나그네를 그곳에서 험상궂게 밀어내는 듯한 느낌마저 주었다. 코네티컷주에서 보았던 표지판도 바로 이러한 내용이었었지.

잠시 쉬다가, 발로 밟으면 시원한 물이 콸콸 쏟아져 나오는 휴게소의 식수나 실컷 마시고 나는 또다시 그곳을 떠났다. 깊은 밤 고속도로를 오고 가는 대형 화물차들이 너무도 많았다. 운전을 하면서도 나의 기분은 계속 불안하였다.

일단 국도로 빠져서 잘 곳을 살폈지만 보이지 않았고, 리치몬드로 향하는 국도를 한참 달리다가 다시 고속도로로 접어들었다. 버지니아의 도로들은 양쪽 가에 우거진 숲들이 너무도 무성하고 보기에 좋다. 우선 시원한 느낌이 들었고, 낮에는 그늘도 좋을 것이다.


아름다운 순간


내가 창가에 다가서면
나무는 초록의 무성한 팔을 들어
짙은 그늘을 드리워준다

내가 우거진 그늘을 답답해하면
나무는 가지 틈새를 열어
찬란한 금빛 햇살을 눈이 부시도록 보여준다

나무는 잠시도 가만있질 않고
바람과 일렁일렁 무슨 말을 주고받는데 이럴 때
잎들은 자기도 좀 보아달라고
아기처럼 보채며 손짓하고
다람쥐는 가지 사이를 통통 뛰고

방금 식사를 마친 깃털이 붉은 새들은
나무 등걸에 부리를 정하게 닦고
세상에서 처음 듣는
어여쁜 소리를 내고 있다

 밤이 아주 깊어졌다.
 나는 길거리에 자동차가 뚝 끊어진 미국 버지니아주의 국도를 창문을 열어놓고 시원한 밤바람을 마시며 달리고 달렸다.
 자동차의 스피커에서는 이난영이 부르는 〈목포의 눈물〉이 저 혼자 목이 메이고 있었다.
 버지니아주의 이난영!
 나의 입가에서는 웃음이 저절로 실실 흘러 나왔다.
 이미 자정이 훨씬 지났으므로 나는 적당한 곳에서 잠을 자지 않으면 안 된다.
 그래서 빠져 나온 곳이 프레데릭스버그라는 작은 마을의 입구였다. 그 부근에 위치한 식당 버거킹의 주차장 한 모퉁이에 차를 세워두고 물에 젖은 솜처럼 지친 심신을 눕히었다. 잠이 눈사태처럼 무겁게 쏟아지고 있었다.

## 윌리암스버그의 닳은 상혼

여행 떠난 지 오늘로 꼭 보름이 되는 날이다.

심신이 알맞게 지치었지만 나는 그때마다 새로운 기분으로 어떻게든 신선한 심리적 상태를 유지하려고 애쓴다. 아침에 일어나 보니 간밤에 내가 숙박한 곳이 화물차들이 주로 많이 주차된 바로 옆 공터였던 가보다.

아침 햇살이 차창 앞으로 곧장 쏟아져 들어와 자동차를 다시 조용하고 그늘진 곳으로 옮기었는데 어떤 가동하지 않는 공장의 뒤편 인적이 드문 곳이었다. 마침 공장 벽에 수도꼭지가 있어서 틀어보니 물이 콸콸 나온다. 나는 긴장된 마음을 끌러놓고 세수도 하고 발도 씻으며 마치 물을 처음 본 사람처럼 마음껏 썼다. 침낭의 먼지도 말끔히 털어 내었다.

그런데 이게 웬일인가?

안보이던 트럭들이 자꾸만 들어와 옆을 지나칠 뿐 아니라 흑인 기

사들이 이상한 눈으로 흘끔거리는 것이다. 그 한적한 지역에서 왠지 기분이 좋질 않았다. 나는 서둘러 그곳을 벗어났다. 간밤에 잔 곳 부근으로 다시 돌아가 거기서 겨우 아침식사를 하고 출발하였다.

리치몬드에서는 다시 64번 도로로 갈라져서 달리다가 238번 출구로 빠져서 윌리암스버그를 찾아간다. 이곳은 내가 수년 전에 와 보았던 일종의 민속촌 비슷한 곳. 당시 좋았던 인상을 갖고 있어서 다시 와볼 생각으로 찾아온 것이다. 하지만 지난번의 좋았던 느낌이 이번에는 전혀 들지 않았다.

입장료도 터무니없이 비쌀 뿐 아니라 모든 것이 상업주의로만 일관된 얄팍한 연출들이 역겹게 느껴졌다. 그냥 거죽만 대충 보고 그곳을 떠났다.

## 버지니아비치

이제 나의 목적지는 노포크 바로 옆 대서양 연안에 위치한 버지니아 비치이다. 이번 첫 번째 여정 중에서 바다를 볼 수 있는 마지막 기회이다. 마침 그곳에 유스호스텔이 있었으므로 나는 그곳을 찾아가려는 것이다.

체사픽 베이 연육교(連陸橋)가 있는 방향으로 차를 몰아서 갔는데 그쪽 도로로 접어들어 달리다 보니 마침 신호등에 빨간 불이 들어왔다. 내 자동차에 가속도가 붙어있었던지라 다소 급하게 브레이크를 밟았는데 뒤따라오던 노란 트럭 한 대가 맹렬한 속도로 뒤따르다가 나의 차를 피하려고 급브레이크를 밟았다. 끼익하는 굉음과 함께 타이어 타는 냄새가 코를 찔렀다. 매운 먼지가 일시에 쏟아져 들어왔다. 참으로 아찔했던 한 순간이었다.

수염이 더부룩하게 난 젊은 트럭 기사는 아슬아슬하게 내 차를 피하여 옆 차선으로 바꾸어서 급정거했다. 나는 넋이 나간 듯 벙벙한 얼굴로 그들을 보았고, 그들도 혼이 빠져나간 듯 무표정한 얼굴로 나를 내려다보았다.

후유!

하마터면 큰일을 당할 뻔했다.

두근거리는 가슴을 진정하고 나는 재빨리 감사 기도를 했다. 항상 나의 안전을 담당하는 수호신의 힘이 필시 위기의 일발 직전에서 구원해 주셨을 것이란 생각이 들었다.

체사픽 다리는 여전하였고, 나는 대서양 연안에 길게 뻗어나가 있는 다리 위의 전망대에서 놀란 가슴을 겨우 쓸어 내릴 수 있었다. 다리 위의 레스토랑에서 해산물로 만든 튀김 요리를 주문했다.

버지니아 비치의 유스호스텔을 찾는 일은 쉬웠다. 아담한 해변 가에 지어진 건물 안은 비교적 넓었고, 이층 침대가 놓인 광경은 유스호스텔의 어디나 마찬가지였다. 화장실과 욕실이 방안에 있는 것이 좋았다. 접수를 맡은 금발의 관리자 청년은 얼굴에 웃음이 없고 무표정한 것이 마치 밀랍으로 만든 조각처럼 보였다. 그는 자신이 어떤 사태에 처해도 감정의 변화를 전혀 표출하지 않겠다는 듯, 쓸모 없는 결연함 따위를 갖고 있는 듯이 느껴졌다.

아직 해가 떨어지지 않은 시간이라, 나는 빨래보퉁이를 들고 빨래방을 찾아가서 밀린 세탁물들을 깨끗이 해결했다. 그리고 저녁 식사 후에는 밤이 깊은 버지니아 비치를 천천히 거닐며 모처럼 만에 느긋한 휴식을 즐길 수 있었다. 밤이 깊어가면서 대서양 쪽에서 불어오는 바람은 꽤나 시원하였다. 바닷가를 한참 거닐다가 들어와 나는 깊은 잠에 빠져들었다.

## 유스호스텔에서 만난 두 노인

아침에 일어나 보니 같은 방에 미국인 노부부가 함께 들어와 자고 있었던 것을 뒤늦게 알았다. 간밤에 내가 코를 몹시 골았을 터인데. 뒤늦게 미안한 마음이 들었다. 하지만 이제 와서 어쩌리. 나는 시치미를 뗄 수밖에 없다.

화장실에 가서 양치질을 하는데 앞에 어떤 접시가 놓여 있기에 무심코 열어 보았더니 어떤 불그레한 물체에 쇠 가시가 박혀 있는 것이 눈에 띄어서 깜짝 놀랐다. 알고 보니 틀니였다. 일흔이 훨씬 넘은 나이에도 그 늙은 부부는 먼 남쪽 플로리다에서 이곳에 사는 친구네 집을 방문하기 위해 일부러 차를 몰고 올라 왔다는 것이다.

아침 바람이 시원하게 불어오지만 버지니아의 햇살은 점점 따가워온다. 한낮이 되면 참기 어려울 만큼 무척이나 더웁다. 이 불볕을 머리에 온통 그대로 맞고 다니면 머리가 이상해질 것이란 생각이 들었다. 그만큼 낮과 밤의 기온 차이가 무척 심한 곳이 버지니아이다.

아침 식사를 준비하려고 부엌에 갔더니 어제 마당에서 잠시 마주친 아일랜드 노인이 반색을 하며 인사한다. 낙천적인 영감님이다. 그도 역시 일흔이 훨씬 넘었음에도 불구하고 반바지차림으로 가벼운 티셔츠를 한 장 걸치고 토스트 한 쪽, 사과 한 알, 반숙 계란 하나가 전부인 아침 식사를 하고 있다. 줄곧 말을 걸고 호의적인 태도로 나에게 이것저것 물어온다. 아일랜드 노인은 아침 식사 후에 곧 자신의 점심 식사용 토스트를 굽는 작업을 시작했다. 별 것도 아닌 일을 하면서도 주방에서 혼자 큰 소리로 후랑크 시나트라가 불렀던 〈마이 웨이〉를 비롯해서 여러 곡들의 노래를 부를 뿐 아니라 점점 신이 났는지 휘파람까지 불어대면서 점심 준비를 했다. 그의 점심 준비는 낮에 돌아다니다가 혼자 먹을 자신의 도시락인 셈이다. 할머니는

일찍 세상을 떠났는지도 모를 일이다. 같은 방에 투숙한 플로리다의 노인과 아일랜드 노인 등과 함께 기념촬영을 했다.


한 청년에 대한 이야기

이른 아침 빈 부엌에서
기껏해야 빵 한쪽 계란 하나를 구우며
휘파람 노래까지 부르는
한 아일랜드 영감님을 만났습니다
버지니아의 어느 旅宿
지난밤 세면기 앞에 뽑아둔 틀니의 주인공이었지요
올해 일흔 넷
할머니는 수년 전에 돌아가고

영감님 혼자서 햇볕 밝은 곳을 찾아다닌다며
생의 고독도 슬픔 따위도
그와는 전혀 무관한 듯 보였습니다
몇 시간 뒤 바다로 가는 길로 가고 있는데
마주 오는 청년이 있었습니다
날씬한 반바지 산뜻한 모자에다 멋진 색안경
활짝 웃으며 악수를 청하는데
가까이 보니 바로 그 영감님이었지요
하지만 그의 등 뒤 배낭 속에는
그 동안 몰래 감추어둔 노년기의 쓸쓸함이
고개를 쏘옥 내밀고 있었습니다

식사 후 외출 준비가 끝나자 영감님은 모자를 눌러 쓰고, 색안경을 끼고, 마치 천진한 소년처럼 가볍고 팔랑거리는 걸음걸이로 버지니아 비치를 향해서 씩씩하게 나아갔다. 그는 이번 여행길에 만났던 여러 사람들 중에 가장 인상적인 인물로 기억될 것이다. 해가 밝아서 나는 해변가로 걸어나갔는데 도중에 아일랜드 노인을 두어 번 마주쳤다. 영감님은 그때마다 매번 손을 번쩍 들어서 반가움을 표시했고, 길조심 하라는 말을 했으며, 또 즐거운 여행이 되라고 축복까지 해주었다.

## 버지니아 주의 58번 국도

버지니아 비치를 뒤로하고 나는 드디어 58번 국도를 따라 하루 온종일 달리는 여정을 시작했다. 58번까지 접어드는 일도 막상 쉬운 것이 아니어서 몇 번이나 길을 물어서 찾아가야만 했다. 그러다 보니 노포크를 빠져서 본 도로까지 접어드는데 오전 시간을 모두 허비해야만 했다. 수년 전에 와 보았던 올드도미니언 대학은 가볼 생각도 내지 않았다.

일단 58번으로 접어드니까 길을 잃어버릴 위험은 전혀 없었다.

뿐만 아니라 이 도로는 고속도로에 비해 너무도 아름답고 주변 풍경들이 이채로웠다. 높게 때로는 낮게 이어지는 구릉들, 그 위에 지어진 아담하고 예쁜 집들, 그 사이 사이로 끊임없이 펼쳐지는 짙은 수풀들은 대단히 인상적이었다.

중간에 지나친 마을들의 이름은 프랭클린, 엠페로이아, 사우스힐, 보이드튼, 버팔로 정션, 사우스 보스톤, 댄빌, 마틴스빌, 스펜서, 스튜아트 등이다.

마틴스빌을 지날 때 어느덧 해가 빠지기 시작하고 산중에 일몰이 왔다.

더 어두워지기 전에 저녁을 지어먹으려고 도로 한 켠의 공터에다 차를 세우고 자동차 안에서 밥을 짓고 국을 끓였다. 바로 옆이 대삼림으로 이어진 곳이라 수풀에서 나는 특유의 향기와 서늘한 공기가 온몸에 느껴졌다. 이윽고 밥이 다 되어 식사를 할 때는 사방이 어두워져서 지나가는 자동차의 헤드라이트만 비칠 뿐이었다. 자동차 바로 앞에 발을 디디는 것조차 두려웠고, 혹시라도 산중에서 곰 따위의 큰 짐승이 나타날 것만 같은 불안감에 휩싸였다. 아무리 좋아도 이렇게 쓸쓸하고 외진 곳에서는 밤을 지나기가 어렵다고 여겨져서 나는 서둘러 짐을 챙기고 그곳을 떠났다.

가도 가도 끝이 없을 듯한 높고 낮은 산길의 연속이었다.

칠흑 같은 어둠 속을 뚫고 자동차는 달린다.

어느 고갯길을 오를 때쯤 앞에서 느리게 가는 커다란 화물자동차를 한 대 만났다. 내 차가 바로 그 뒤를 따르고, 다시 그 뒤로 여러 대의 자동차가 줄을 꼬리를 물었다. 앞차의 매연을 그대로 마시며 천천히 가는 것이 몹시 불안하고 불편했다. 산길은 점점 높아 가는 듯 했다.

높은 언덕에 있다고 해서 이름조차 힐스빌인가? 차가 이 마을로 접어들 때는 시간도 이미 이슥한 한밤중이요, 워낙 작은 마을이라 희미한 불빛들만 몇 점 깜빡이고 있을 뿐 인적이라곤 전혀 보이질 않았다. 적막한 산간 마을이었다.

너무 적적하여 이곳에서도 편하게 잠들 수 없을 것 같았다. 나는 다시 자동차를 몰았다. 힐스빌에서 얼마 달리지 않으니까 곧 77번 고속도로로 연결되었다.


**애팔래치아 산맥 위의 위더힐 휴게소**

붐비는 자동차의 행렬, 사람의 번잡한 자취가 느껴지는 곳이라야 마음의 안정이 유지되는 것은 무슨 까닭인가? 그만큼 찌들린 속세의 삶에 익숙해 있다는 말도 될 것이다. 이따금 사람이 몹시 싫어지다가도 어떤 경우에는 마냥 사람이 그리워질 때도 있다.

77번 고속도로에서 처음 만나게 되는 휴게소에서 일단 잠을 자기로 작정했다.

그곳이 바로 위더힐이라는 이름의 휴게소였다. 많은 자동차들이 머물러 있었고, 그 틈바구니의 적당한 곳을 골라서 나는 드디어 편하게 등을 붙일 수 있었다. 이곳은 내가 만난 여러 휴게소들 중에서 가장 느긋하고 마음 편하게 여겨지는 곳이었다. 칫솔을 물고 세면하러 가는 사람, 타월을 목에 걸고 돌아다니는 화물차 기사, 장거리 여행용 자동차를 몰고 다니는 노부부, 그 중에는 중풍이 든 늙은 부인과 함께 여행용 버스를 몰고 다니는 체구가 너무도 허약해 보이는 영감님도 보였다. 잠깐 머물다 가는 사람도 있고, 아예 숙박을 위해 들어온 사람도 있었다.

이미 애팔래치아 산맥은 시작되고 있었다. 힐스빌 마을을 올라올 때부터 커다란 산맥의 초입이라는 느낌이 들었었다. 고단하였지만 오늘 하루는 즐겁고 신나는 여행의 일과였다는 생각이 든다. 얼른 잠이 들 것 같지 않았다. 잠의 신이 어느 틈에 나를 보듬어 안고 자기들의 나라로 들어갔는지 나는 그것을 전혀 알지 못한다.

여행 떠난 지 17일째 되는 날이다.
아침에 일어나서 보니 내가 잔 곳은 애팔래치아 산맥의 중턱 연푸른 초록으로 뒤덮여 있는 밋밋한 언덕이었다.
차안의 잠자리는 더없이 편안했다.
버지니아 비치의 후덥지근하고 땀이 끈적이는 날씨와는 매우 대조적이다.
이래서 바다보다 산이 훨씬 좋은 것인가.
미국 여행의 첫 번째 여정도 어언 마무리를 지으려 하고 있다.
자동차에 기름을 넣고 출발하여 오늘 하루도 줄곧 돌아가는 여정의 숨가쁜 시간이다. 운전에서 운전으로 날이 저문다. 버지니아를 다 빠져나가고 웨스트버지니아로 이어지는 동안 끊임없이 길고 긴 산맥의 연봉들이 이어지고 있다. 크게 높고 우뚝한 산은 없으나 전반적으로 높고 평평하며 밋밋한 형태로 양 켠에 보인다. 숲은 우거지고, 신록은 무성하며, 그 사이 사이로 아름다운 집들이 세워져 한가롭다.
찰스턴을 지나서 헌팅턴에서부터는 64번으로 바꿔 달려야 한다.
　중간에서 잠시 고속도로를 빠져나가 이름을 기억하지 못한 한 시골 마을에서 점심을 하려고 찾아 들었는데 작은 식당 하나조차 발견할 수 없을 정도로 궁벽하고 적막하게만 느껴진다. 다시 좀더 달리다가 한 곳을 찾아 들어갔는데 롱죤 실버라는 이름의 미국 전역에 체인망으로 연결된 식당이었다.
　내가 들어갔을 때 마침 시골 사람들 몇이 식사를 하고 있었다. 해산물을 주재료로 쓰고 있었는데 모든 것을 튀기는 방법 일색으로만 만들어 오는 통에 나는 아주 질려버리고 말았다. 여행 중 굶으면 안 되는 지라 억지로 삼켰는데 생트림이 자꾸 나고 먹은 음식이 소화가 되질 않았다.


## 캔터키 주의 루이빌

　또다시 달려서 오하이오 주 아래쪽에 위치한 헌팅턴, 렉싱턴 등을 지났다.
　자동차는 석양 무렵에 캔터키 주의 루이빌로 들어선다.
　루이빌을 꼭 보고 싶었던 것은 아니지만 캔터키 주가 지니고 있는 분위기의 일단을 느껴보고 싶었던 터라 막상 들어가긴 했지만 왠지 친근한 느낌이 들지 않는다. 길가의 행인으로는 거의 흑인들만 두드러지게 많아 보인다. 이방인을 힐끔거리고 보는 눈빛들이 곱지 않다.
　날이 더 어두워지기 전에 고속도로로 다시 올라왔다.
　캔터키 주의 아래쪽과 일리노이 주의 아래쪽은 서로 맞붙어 있다. 아주 캄캄한 밤이 되어서 표지를 금방 식별하기 어려웠으므로 몇 군데의 휴게소를 놓쳐 버렸다. 도로는 포장 공사를 새로 하는 지역이 많아 운전하기가 아주 나빴다. 넓은 4차선이 2차선으로 갑자기 줄어들어 한참이나 그 상태로 달려가야만 하는 구간이 차츰 많아졌다. 밤 열 시가 넘어서 한 휴게소를 찾아 들어갔는데, 그곳에는 화물차만 잔뜩 보였지 승용차는 전혀 보이지 않았다.

## 다시 일리노이 주로

　화장실 안내판에 붙어있는 지도를 보니 아! 일리노이 주로 들어오는 경계를 막 넘어선 지점에 나는 와 있는 것이다.
　일리노이란 글자를 오랜만에 대하니 왜 그리도 친근감이 드는지. 이건 참 우스운 일이다. 이곳은 내가 태어난 곳도 아니고 다만 잠시 다니러 와 있는 곳이다. 그런데도 마치 태어난 고향을 되찾아 오기라도 한 듯 감격스러움마저 느껴졌다.
　이 휴게소는 숙박을 하기가 왠지 적막한 기분이 들고, 또 다른 곳을 찾아가려니 밤이 너무 깊었다. 손을 씻고 세수를 하고 나서 다시 일리노이 전도를 자세히 들여다보니 내가 가려는 마운트 버논 지역의 57번 고속도로는 스프링필드를 가기에는 오히려 휘돌아 가는 셈이었다. 그리하여 새로 짜낸 궁리가 스프링필드로 곧장 치고 올라가는 도로를 찾는 것이었다. 마침 나의 계획대로 130번 국도가 있었다. 직선 거리로 달리면 고속도로보다 훨씬 가깝게 시간을 단축하여 도착할 수 있을 것 같았다. 시간상으로 계산을 해 보니 새벽 두 시경이면 스프링필드에 도착할 수 있을 것 같았다. 나는 궁리 끝에 이 밤을 새더라도 단축 코스를 선택하기로 하였다. 약간 나른하고 졸음도 왔지만 새로 힘을 내어 빨리 출발하려고 마음을 굳게 다짐했다.

 곧 고속도로를 빠져 나와 일리노이를 아래쪽에서 치고 올라가는 국도로 달려가기 시작하였다. 열 한시가 조금 지난 무렵이어서 간간이 오가는 자동차들이 보였다. 하지만 자정을 넘으면서 길가에 자동차는 완전히 두절되었다.

 일리노이의 밤, 기나긴 국도에 나 혼자만 자동차에 불을 켜고 적막하게 달려가는 것이었다. 아니 이 지구 위에 오직 나 혼자 뿐인 듯한 고독감이 엄습해왔다.


### 외로운 나무

나무는 쓸쓸하였다
하루 온종일 그 자리에 서 있기만 하였다
누가 말이라도 걸어주었으면 싶었다
바람이 어깨를 슬쩍 부딪치며 언덕 너머로 불어갔다
그 조용한 오후
나무는 한 쪽 팔을 옆 나무쪽으로 슬그머니 내뻗어 보았다
가만히 보니 그도 외로운 얼굴이었다
내가 다가가는 만큼 그도 나에게 조금씩 다가오고 있었다
그로부터 몇 달이 지났을까
서편 하늘이 활활 타오르는 어느 저녁
두 나무의 몸은 비로소 가까이서 만나게 되었다
한 나무가 다른 나무의 어깨 위에 가만히 머리를 기대었다
또 한 나무는 다른 나무의 볼을 손바닥으로 부드럽게 쓸어 주었다
그들 사이로 바람이 무슨 말을 속삭이며 불어갔다

알아들었다는 듯 두 나무는 고개를 끄덕였다
나무는 더 이상 외롭지 않았다

습기를 머금은 밤바람은 서늘하였고, 달무리를 두르고 있는 보름 가까운 달이 희끄므레하게 떠 있었다. 일리노이 대평원의 너른 들판이 한밤에도 아련하게 보이었다. 주변 풍경들이 제법 괜찮을 것 같았지만 깊은 밤이어서 뚜렷한 형태를 분간하기가 어려웠다. 이따금 토끼와 너구리로 보이는 산짐승들이 국도를 가로질러 황급히 건너가는 광경이 눈에 띄었다.
중간에 경유했던 지명들은 대체로 이런 곳들이다. 64번 고속도로에서 와바쉬 강을 건너 그레이빌 쪽으로 빠져 나와 알비온, 올니, 뉴톤, 챨스턴, 빌라 그로브, 필로 등등. 갑자기 피로와 졸음이 한 순간에 몰려와서 나는 챨스턴의 공터에 자동차를 잠시 세워두고 가면상태에 빠졌다. 하지만 아무도 기다리지 않는 집에 빨리 돌아가고 싶은 마음에 다시 자동차를 몰아서 달린 지 서너 시간이나 되었을까?
드디어 스프링필드라는 표지가 보이기 시작했다.
조금만 더 힘을 내어서 가자.
나는 내 스스로를 격려하면서 끝까지 경계심과 긴장을 풀지 않고 야간 운전을 계속했다.
드디어 새벽 두 시.
나는 스프링필드의 아래쪽 필로 로드를 따라서 서서히 진입하여 평소에 내가 자주 다니던 카운티 마켓 앞을 지나 컬비 로드를 경유하여 오챠드 다운으로 들어섰다. 늘 다니던 주차장의 차선 안에 익숙하게 자동차를 갖다 넣었다.
이로써 첫 번째 여행의 성공이었다.
오래 비웠던 집의 문을 여니 집에 배어 있던 코에 익은 한국 음식의 향기가 마치 나를 반기듯 물씬 풍겨 온다. 자동차 안의 짐들을 모두 정리하여 옮겨다 놓고 잠자리에 든 시간이 새벽 세 시는 되었을 것이다.

참으로 행복하였다. 얼마만의 화평인가?

숙소를 떠난 지 어언 17박 18일째 되는 날이었다.

원래는 스무날 정도를 예정했었는데 결과적으로 이틀 내지 사흘을 절약한 셈이 된다. 모처럼 길고 깊은 잠을 편안히 잘 수 있게 되었다. 몸은 비록 고달팠으나 조금 앞당겨 숙소에 돌아오길 잘 했다는 생각이 들었다. 가슴 끝까지 차 오르는 성취감과 행복감에 잠이 쉽게 들지를 않았다. 자축(自祝)의 의미로 종이팩 소주를 컵에 모두 부어서 한 잔 마시고 잠자리에 들었다.

## 조용한 일요일

조용한 일요일이다.

윗집 아르헨티나 유학생 뚜벅이네도 내가 여행 다녀온 뒤로 줄곧 어디론가 떠나서 돌아오지 않고 있다. 옆집 인도네시아 유학생 판카위자네 가족들도 귀국해 버렸다.

### 밤 이사

날도 이미 저물었는데
문밖에 무엇이 이다지 소란스러운가
창문 틈으로 살며시 내다보니

어제 졸업한 옆집 유학생 판카위자가 이삿짐을 꾸려서
트럭에 옮기는 중이다
어찌 이렇게 황급히 떠나는가
빨리 돌아가야만 할 불같은 일이라도 생겼는가
하지만 곰곰이 생각해보면 그는 가난한 나라에서 온 유학생
하루라도 빨리 살림을 정리해야만
생활비가 절약되는 것이다
그리고 기왕에 계속 못할 학업이라면
미련 없이 서둘러 떠나는 것도 하나의 방법
두 팔을 걷고 짐을 어깨 위에 지고 나르는 판카위자
일을 도우러 온 같은 나라 친구들
꾸려놓은 옹색한 이삿짐에 기대어 술병을 기울이며
이따금 크게 웃는 소리가 들려오는 걸 보면
이별의 서운함을 일부러 웃음으로 감추려는 것이리라
돌아가도 마땅한 일자리 하나 없지만

새로 태어날 아기의 맑은 눈을 생각해서라도
판카위자여 힘을 내어라
드넓은 타국 하늘에 차디찬 보름달만 둥실 떴다



이층 옆집 카메룬에서 온 흑인 교수 시모봅다만 혼자 남아서 어쩌다가 모습을 보인다. 그 때문에 1806호 건물은 더없이 조용하다.
  시간이 너무도 무료하여 나는 시내를 걸어보기로 했다.
  그래서 찾아간 곳이 메인 스트리트. 스프링필드에서도 가장 오래된 역사의 숨결이 얼마간 남아있는 곳이다. 아트 극장 주차장에 차를 세워 놓고 메인 스트리트의 좌우 편 도로를 한참 걸었다.
  마이어 상점의 벽에는 1908년에 찍은 메인 스트리트의 풍경이 있는데 지금도 그 사진 속의 건물들 중 일부가 남아 있다. 무려 일백 년 전의 분위기를 느끼게 하는 건물의 일부가 아직도 남아 있었다. 거의 대부분은 개조되거나, 파괴되었거나, 외부는 살리고 내부만 현대식으로 고친 건물들이 남아있었다.
  마침 골동품 가게가 하나 보이기에 들어가 보았다. 나의 관심은 오직 유성기 음반이다. 한쪽 구석에 쌓아둔 것이 눈에 띤다. 수백 장은 실하게 넘을 것 같은 분량인데, 한 장 한 장 라벨을 확인해 가는 작업이 무척 흥미롭고 신이 난다. 수 십장 씩 무릎에 올려놓고 조심조심 백여 년 전의 물건들을 매만지고 있다.
  아코디언 솔로 음반이 보이고, 스토코프스키가 직접 연주하는 음반이 눈에 띤다. 아르헨티나 연주단의 탱고 음반도 있고, 카루소의 성악도 있다. 샬리야핀의 것은 안타깝게도 깨져 있어서 아쉬운 마음으로 쓰다듬기만 했다. 미샤 엘만의 바이얼린 솔로도 있었고, 미국의 전형적인 폭스 트로트 음반도 더러 보였다. 도리스 데이의 대중

가요가 있었고, 그밖에 옛 가수들의 바리톤, 소프라노, 테너 음반들이 더러 보였다.

일요일인데도 고서점 늙은 주인은 찾는 손님이 전혀 없는 조용한 가게 앞에 나와서 공연히 팔을 앞뒤로 흔들며 심심한 얼굴로 어슬렁거리다가 나를 보고 반가운 웃음을 짓는다. 메인 스트리트의 뒤편 길을 걷다가 다시 돌아 나와서 처치 스트리트의 공원에 가서 벤치에 앉아 있다가 왔다.

날은 흐리고 공원의 분수는 빈약한 물줄기를 흘리고 있다.

분수대에는 완전히 박멸된 인디언의 쓸쓸한 모습이 우뚝 서서 공허한 하늘을 향해 손을 들고 서 있다. 분수대의 벽면에도 우울한 인디언의 얼굴이 부조되어 있다. 흐린 날씨를 배경으로 그것들의 광경은 더욱 적적해 보인다. 저녁에 가랑비가 뿌렸다.


## 다시 떠남을 위하여

이른 아침에 시카고로 출발하였다.

오늘은 시카고에서 약 여덟 달 동안 살게 될 집을 확정해야 하는 날이다. 그 어느 때보다 마음도 가볍고 흐뭇하다.

그런데 캔카키를 막 지난 다음이었다.

휴게소에서 빵으로 점심식사를 하고 있는데 검은 구름으로 뒤덮인 하늘이 기어이 탈을 부린다. 엄청나게 두꺼운 비구름 층이 일리노이의 중 북부 상공을 지나가고 있는 것이다.

내 자동차는 정확하게 그 아래편에 앉아 있었던 것이다. 환하던 대낮이 아주 캄캄한 어둠으로 뒤덮이더니 사방에서 번갯불은 수초 간격으로 번쩍거리고 천둥은 간담을 서늘하게 한다. 무시무시하다. 주먹 같은 소나비가 지상을 때린다. 나는 황급히 자동차를 향해 뜀박질로 달려들어간다.

신발을 들고 차안으로 들어가니 빗줄기는 자동차를 사정없이 때려부수기라도 할 듯이 퍼붓는다. 드디어 숨을 돌리고 차안에 앉아 창밖의 광경을 보노라니 천지는 잠시 칠흑이요, 지구를 온통 흑운(黑雲)이 지배하는 것 같다.

하지만 이런 현상도 조금만 더 높은 곳에서 바라보면 지극히 작은 일부분에 지나지 않을 것이다. 이렇게 숨을 죽이고 밖을 바라보고 있는데 곧 서녘 하늘이 밝아온다. 비구름은 동쪽 하늘을 향해 빠른 걸음으로 지나가고 있는 것이다.

금방 빗줄기가 가늘어지고 다시 밝은 세상이 회복되었다.

검은 구름 떼가 떠나가는 뒷모습이 동녘 하늘 저 편 끝으로 보인다. 바람의 위력을 실감한다. 시카고에 당도하니 그곳은 비가 그리 많이 오지 않은 것 같다.

적절한 곳에 자동차를 세워 놓고 하우징 오피스의 셀리 할머니를 찾아갔다. 지난번에도 나를 위해 많은 수고를 했었는데 이번에 다시 노고를 끼치게 되었다. 학기 중이라 내어놓은 집이 별로 없었지만, 값이 싸고 호안 도로가 가까운 곳에 마침 집이 하나 났다는 소식을 주었다. 가서 보니 원룸인데 별로 크지 않아서 좋고, 바닥에 카펫이 깔려 있는 것도 좋았다. 11층인데 창문으로 보이는 전망은 가로 막혀 있었고, 다만 한쪽 고개를 돌려서 보면 겨우 귀퉁이로 손수건 크기만한 푸른 호수가 조금 보이었다. 매달 550달러. 그러니까 한국 돈으로는 약 56만원 가량이다. 비교적 값이 저렴하고 위치도 좋다.

이제 하루만 자고 나면 스프링필드를 떠나서 시카고로 이사하는 날이다.

이삿짐이라고 해보았댔자 몇 개의 가방에 불과하지만 어언 넉 달 가까이 살던 집을 막상 떠난다고 하니까 모든 것이 새삼스럽고, 정겹게 느껴진다. 내가 북아메리카 대륙으로 와서 거의 맨몸으로 이곳 생활을 시작하게 되었을 때 첫 번째의 보금자리가 아닌가. 이곳은 나로 하여금 시도 수십 편이나 쓰게 하고 자연에 대한 깊은 사색과 교감을 하도록 공간을 베풀어준 아름다운 터전이다.

오전에는 짐을 꾸리고 오후에는 집안 대청소를 해야만 한다. 한국의 이사 풍습은 이사가는 사람이 살던 집을 청소하지 않고 그냥 가야 지 이후에 잘 살아가게 된다는 야릇한 관행이 있다. 하지만 미국의 경우는 먼저 살던 사람이 반드시 집을 깨끗하게 청소하고 떠나야만 한다. 그렇지 않으면 입주 보증금에서 청소비를 공제 당하게 된다.

막상 스프링필드를 떠나려고 하니까 가장 아쉽고 서운한 것이 창문 앞을 온통 초록 휘장처럼 드리우고 있는 상수리나무의 광경이다. 또한 그 밑에서 끼니때마다 나무에서 내려와 풀숲 바닥에 깔려 있는 도토리를 찾아내어 야금야금 갉아먹고 있는 다람쥐 녀석들이다. 넓고 시원한 잔디밭도 아쉬웁고, 가까운 메도브룩 공원의 호젓한 산책로와 초저녁부터 그곳에서 펼쳐지는 반딧불의 축제도 아쉽게 정겹게 느껴진다.

내가 옮겨가게 될 시카고는 오대호와 지척에 위치해 있는 11층 아파트이다. 하지만 창 밖으로는 앞 건물의 콘크리트만 을씨년스럽게 보이고 호수는 그 틈으로 조금 밖에 보이지 않는다. 호숫가에 가고 싶어도 일일이 아파트의 엘리베이터를 타고 내려와야 하며, 출입구의 흑인 경비원과 일일이 눈을 마주쳐야 한다. 해만 기울어지면 흑인 불량배에 대한 두려움에 걸음을 빨리 해서 숙소로 올라가야만 하고, 남을 쉽게 믿지 못하는 불신의 눈동자가 짙게 깔려 있는 도시 지역인 것이다.

하지만 그곳도 거기 나름대로의 멋과 정취가 분명히 있으리라. 특히 다운타운인 루프지구에 남아 있을 미국 옛 도시로서의 시카고를 나는 흠씬 경험하고 싶다.

오늘도 오크나무 아래로 바람은 불어가고 나는 북아메리카 광대한 벌판의 어느 한 곳에서 이 저녁 가슴의 등불을 반짝이며 호젓이 앉아 있다. 방구석에는 이삿짐 보퉁이가 나를 바라보고 있다.

제2부

# 바다가 되고 싶었던 호수
## 미국 중서북부 일대

일리노이주 시카고 → 위스콘신주 밀워키 → 미네소타주 세인폴 → 미니아폴리스 → 덜루스 → 노쓰다코다주 파아고 → 글렌다이브 → 몬타나주 빌링스 → 와이오밍주 옐로스톤 국립공원 → 리빙스톤 → 뷰테 → 미술라 → 아이다호주 글레이셔 국립공원 → 스포케인 → 워싱턴주 시애틀 → 타코마 → 오레곤주 포틀랜드 → 크레이터 호수 → 엘크톤 → 리스포트 → 밴든 → 오레곤코스트 → 레드우드 국립공원 → 캘리포니아주 유리카 → 소살리토 → 샌프란시스코 → 버클리대학 → 새크라멘토 → 요세미티 국립공원 → 네바다주 카슨 시티 → 타호 호수 → 리노 → 유타주 솔트레이크 시티 → 와이오밍주 록스프링스 → 샤이엔 → 아이오와주 오마하 → 디모인 → 데이븐포트 → 일리노이주 라쌀 → 시카고

### 새 보금자리, 플라밍고아파트

   시카고로 거처를 옮겼다.
   남부 하이드파크의 55번가. 미시건 호수가 바로 지척에 있는 낡은 아파트이다.
   플라밍고 아파트는 1926년에 지어진 집이다. 무려 74년이 넘었다. 나는 이곳의 작은 방 하나를 임대했다. 풀장도 있어서 더운 여름을 지내기에 좋게 느껴졌고, 시설은 빈약하지만 실내 운동기구가 있는 공간도 마련되어 있었다.
   미국에서는 한 칸 짜리 방을 보통 에피션시라고 부르는 이곳을 여기서는 〈스튜디오〉라는 용어로 쓰고 있었다. 이삿짐 운반전용 엘리베이터로 짐을 나르고 있는데 장대같은 비가 쏟아진다. 마지막으로 자동차의 의자를 실내로 옮기다가 손가락이 심하게 긁히는 상처를 입었다. 짐도 별로 없는데도 오늘따라 지치고 힘에 부친다. 밤늦게까지 짐을 정리하고 제 자리에 놓았다. 방이 별로 크지 않고 아담스럽다. 창문을 열어놓으니 호반도로의 자동차 지나가는 소음이 예상외로 대단하다. 미시건 호수가 옆 건물에 가려서 손수건 크기만큼 바다 보인다. 시야가 모두 답답한 건물로 가려져 있는 상태보다는 얼마나 다행인가.

## 한국이 그리우면 찾아가는 시카고의 〈중부시장〉

　시카고의 한인시장을 찾아갔다.
　중부지역의 킴볼이란 곳에 위치해 있는 이곳의 입구에는 〈중부시장〉이라는 간판이 크게 써 붙여져 있었다. 한국의 각종 식품들이 무척 많이 구비되어 있었고, 가격도 비교적 저렴했다.
　쌀, 오뎅, 무우, 상추, 시금치, 배추, 대파, 가랑파, 당근, 양파, 계란, 오이, 말린 토란, 고사리, 콩나물, 숙주나물, 양념갈비, 쇠꼬리, 양지머리, 풋배추 김치, 국수, 대구머리와 몸통 한 토막, 생선가루로 만든 비빔밥 재료, 인절미, 찰떡, 도라지, 튀밥, 각종 김치, 건어물, 바다 회, 한국산 사과와 배, 고춧가루, 부추나물, 쇠꼬리, 곰탕용 쇠뼈, 조기 등등.
　한국의 시장에서 보던 거의 모든 것들이 구비되어 있다. 공연히 이것저것 들고 상표를 읽거나 냄새도 맡아보며 한국에 대한 향수를 달랜다.


　　鄕愁

　　만리도 더 떨어진 낯선 타국에서

푸른 바다 건너 아득한 고국이 왈칵 그리워질 때
나는 시카고의 킴볼 거리에 있는 〈중부시장〉이란 데를 찾아가
공연히 그곳을 거닐며 이것저것 모국어로 쓰인 물건을 집어 이름을 읽어보며
여기저기서 두런두런 들려오는 고향 말소리에 귀를 기울여도 보는 것이다
말랑말랑한 인절미랑 김이 설설 나는 시루떡이랑 말린 토란 줄기랑
잎이 포릇한 열무랑 어린 아욱이랑 토실토실 살이 오른 미나리 다발이랑
이런 이름들이 왜 이리 살뜰히도 그리운 것인지를 한참 생각해 보는 것이다

나는 간고등어 한 마리를 샀다.
후라이판에 구워서 아침 반찬으로 먹을 것이다. 아파트에는 느닷없는 간고등어 냄새가 시카고의 아침 하늘로 요란하게 퍼져나가리라. 비리고 짭쪼름한 간고등어 특유의 내음새. 이웃집 미국인들의 아침이 괴로우면 어쩌지. 벌써부터 걱정스럽다.


간고등어

바다 같은 호수가
일회용 반창고만큼 비좁게 내다보이는
창문 앞 식탁에 앉아
나는 접시에 담아온 간고등어 구이를 먹습니다
이 머나먼 미국 땅까지 건너와서도

간고등어는 여전히
등 푸른 생선의 얼룩무늬와 함께
비릿하고 짭쪼름한 냄새를 풍기는 간고등어입니다
숟가락의 하얀 쌀밥 위에
간고등어 살점 하나를 사뿐히 얹고
그것을 시퍼런 김치 잎으로 싸서 입에 넣으면
슬프게 살아온 겨레의 고단했던 시간이 온몸으로 느껴집니다
내 어린 날의 흑백사진들이 떠오릅니다
왠지 서러운 눈물이 핑 돌아서
나는 추억의 간고등어를 우적우적 씹다 말고
망연히 호수만 내다봅니다

그곳에서 멀지 않은 로렌스 거리는 온통 한국인들이 운영하는 상점들이 즐비하였다. 설렁탕 집, 안마시술소, 목욕탕, 여행사, 한의원, 점치는 곳 등등. 모조리 한글 간판이었다. 어떤 곳은 〈히팅〉〈쿨링〉이란 말을 한국어로 써 붙여 놓은 것이 있었다.


## 바다가 되고 싶었던 호수, 오대호

워낙 물이 크고 보면 고기도 황소 만한 것들이 물밑을 기어다닐 것만 같았다.
아침에 미시건 호의 물굽이와 수면의 바람자국을 보면서 그런 생각을 했다. 하기야 얼마전 이 호수에서 불과 한 마장 떨어진 킴박 거리에서 웬 흑인이 너댓살 먹은 아이의 몸통 만한 고기를 두 팔에 안고 사진을 박고 있는 광경을 보기도 했지만, 이런 놈을 잡으려고 물

가에서 종일 낚시하는 꼴들을 볼 수가 없다.
　물가에는 그저 서로 부둥켜안고 애무하는 연인들의 광경만 눈에 띨 뿐이다.
　큰 고기를 잡으려면 적어도 호심(湖心)으로 다가가야 하리라.
　도서관에 갔다가 53가로 걸어오는데 거리의 공원에서 노랫소리가 들린다. 아마 라디오를 틀어놓은 것일 테지. 그런데 가까이 다가가 보니 사람들은 벤치에 앉아서 제각기 자기 볼일들을 보고 그 가운데에서 반짝이는 검은 옷을 입은 한 중년 여인이 썬글래스를 끼고 마이크를 들고 재즈를 부르고 있다.
　자기를 열광하며 바라보는 사람도 없는데 그녀는 혼신의 힘을 다해 노래를 부르고 있었다. 가만히 서서 지켜보았더니 둘레에 앉아 있는 사람들은 자기 일들을 하면서도 가수의 재즈를 유심히 엿듣고 있음이 확실했다. 가수는 자신이 시카고의 시립 재즈 팀의 멤버라고 스스로를 소개했다.

　아침에 창 밖을 보니 하늘이 파아랗고 맑다.
　오대호도 청정한 푸른빛으로 저 멀리 수평선 끝까지 보인다.
　구름은 수평선 끝 수면 위로 낮게 한일자로 드리워져 있다.
　바람이 제법 있는 편이고 호수의 표면에 가서 뒹굴며 다니느라 물결이 일렁이는 광경이 보인다.
　햇살은 그 위에서 반짝인다.
　호수의 수면은 불그레한 기운을 머금고 환한 얼굴로 반짝인다. 수평선 끝이 선명하지는 않고 무슨 회청색 두툼한 띠를 두른 듯 수면과 묘한 빛깔의 대조를 이룬다.
　호수의 물밑 바닥에 꽂혀 있는 줄과 연결되어 있을 부표는 수면 위에 떠서 마치 어디론가 떠나가는 몸짓을 하고 있지만 아무리 시간이 지난 다음에 보아도 여전히 제 자리에 놓여 있다. 물결 속에서 흔들리는 자세가 그런 착시를 불러오는 것이다. 부표는 비가 오나 바람이 부나 항상 제 자리를 이탈하지 않고 자맥질로 흔들린다. 저 놈은 자기 자리를 지키며 이따금 수영하는 사람들이 너무 먼 곳으로 나가지 않도록 경계심을 주기도 하고, 또 요트를 타는 사람들이 너무 뭍 가까이 다가오지 않도록 알려주기도 한다. 뭍 가까운 쪽으로 돌연히 두 척의 보트가 나타나더니 순식간에 사라졌다.

완전히 녹음이 우거진 물가의 나무들은 호수에서 불어오는 바람을 마치 자기들이 막고 있다는 것을 자랑스럽게 보여주기라도 하려는 듯 잠시도 쉬지 않고 가지를 흔들고 있다. 그 나무들 사이로 난 호반 도로를 자동차들은 어디를 그처럼 정신 없이 질주하는지 바람을 가르는 소리를 내며 달려간다.

호숫가로 나갔다. 호반에는 혼자 의자에 앉아서 이상한 모양의 나무 북을 치고 있는 사람이 있었다. 아프리카 원주민들의 악기라고 했다. 내가 가까이 다가가서 관심을 보이니까 그는 자신의 악기를 연주

해 보이며 자세한 설명을 들려주었다.

날더러 어디서 왔냐고 묻기에 한국이라고 했더니 문득 가방에서 피리를 꺼내어 한국 민요 아리랑을 비롯하여 기타 내가 잘 모르는 민요풍의 한국노래를 몇 곡 연주해 보였다.

자기는 과거 베트남 전에 참전했던 미국군인의 한 사람으로 한때 한국군 부대와 혼합 근무를 한 적이 있었는데 그때 한국군인으로부터 배웠다고 한다. 한국의 맥주와 김치 맛도 그때 익혔다고 한다. 내가 그곳을 떠난 뒤에도 줄곧 나무 북소리가 들렸다. 혼자 앉아서 나무드럼을 치고 있는 광경이 그렇게 쓸쓸해 보일 수 없었다. 바로 그 부근에는 흑인 학교의 학생들이 피크닉을 나와서 고기를 굽고 자기들의 장기자랑을 하고 있었다. 또 그 부근에는 젊은 흑인 남녀가 서로 부둥켜안고 줄곧 키스를 하는 현장도 보였다. 수영복 차림으로 일광욕을 하는 백인 할머니와 가까운 물가에서 수영을 하는 몇몇 사람들도 눈에 띄었다.

호수는 오늘따라 맑고 파아랗고 물새들이 활개를 치며 날아다니고 있었다.

하얀 뭉게구름덩이가 수면을 뒤덮어 있었고, 바람은 낮고 잔잔하며 시원하게 불고 있었다.


미시건 호수의 아침 얼굴이 오늘따라 자못 비장하다.

가을 아침처럼 처연하고 쓸쓸하기까지 하다.

어쩐 일일까?

새벽부터 바람이 제법 많이 불고 구름이 많이 왕래하고 있어서 그런가 하였다. 수면은 다른 어떤 날보다도 청결하게 느껴졌고, 구름의 그림자가 비치는 곳은 검은 색으로 길게 이어져 있었다. 이런 곳이 광활한 수면 위 여러 곳에 산재해 있으니 그것도 이곳 아니고선

보기 어려운 장관이라면 장관이었다.

　구름은 드넓은 호수의 수면 위에 내려가 뒹굴며 즐편히 두 다리를 뻗고 누워보기도 하고, 엎드리기도 하고, 찰랑거리는 물결과 하나가 되어 가벼운 자맥질을 하기도 한다. 그런 광경이 온갖 형태의 그림을 그리는 듯 기기묘묘한 형상으로 나타나고 있었다. 수평선 저 끝은 눈부신 은빛으로 반짝이고 뭍이 가까운 모래톱에서는 흙탕물이 누렇게 일어서 어떻게든 뭍으로 기어올라 보려고 몸부림치는 듯하였다. 시야는 아주 먼 곳까지 선명하게 보일 정도로 더없이 맑아서, 호수 건너편 공장과 가뭇한 건물들이 또렷하게 보이었다.

　아침 호숫가에는 조깅하는 사람들이 많다. 더러는 개를 데리고 나와 운동을 하는 이들도 있다. 개가 뒤를 보면 곧 비닐 주머니로 뒤처리를 하는 광경이 보였다. 개들은 집안에서 주인과 함께 뒹굴며 자라서인지 대부분 살이 뒤룩뒤룩 찐 놈들이 많았다.

　한 청년이 데리고 나온 개는 그레이하운드 품종으로 보였는데 어떤 사고를 겪었는지 뒷다리가 하나 없이 힘겨운 보행을 하고 있었다. 체중이 뒷다리 쪽으로 너무 많이 쏠리는 것을 염려해서 주인은 하나뿐인 개의 뒷발에다 붉은 천을 감아 놓았다. 개는 걷는 것도 귀찮은 듯 혀를 빼물고 헉헉거리며 가다가 쉬며 가다가 쉬며 하는 짓을 반복하고 있었다.

　짐승이 불구인 것을 보는 기분은 즐겁지 않다.

　물가에는 아침 풍경과 흡사하게 개를 몰고 나온 사람, 작살을 들고 잠수하는 사람, 수영을 하는 사람, 요트를 타고 먼 곳으로 떠다니는 사람, 수상오토바이를 타고 요란한 물보라를 날리며 쏘다니는 청년, 물가에서 둘이 꼭 부둥켜안고 서로의 얼굴을 들여다보며 입을 맞추거나 몸을 쓰다듬는 흑인 남녀, 공연히 물가를 어슬렁거리는 불량기 많은 흑인 청소년 등등. 많은 사람들이 차량의 소음 속에 오가고 있었다.

아파트로 돌아오는 길에는 터널이 하나 있다.

그 굴다리 안에서 한 흑인 사내가 혼자서 색스폰을 불고 있다. 애조를 띤 금관 악기의 소리는 굴다리 안에서 독특한 공명 효과를 나타내어 멀리까지 아련하게 들렸다.

간밤에 바람이 몹시 심하게 불었다.

잠자리에 들어서 〈전봉준 공초문(供招文)〉을 읽고 있는데 창 틈으로 들어오는 바람 끝이 너무도 쌀쌀하고 몸서리 쳐졌다. 그야말로 '바람의 도시' 시카고의 면모가 고스란히 느껴진다. 잠결에 간간이 들으니 밤새도록 불었고, 그 세력 또한 잠시도 꺾이지 않았다.

아마도 깊은 새벽이었을 것이다.

〈너는 어디로 가는가〉라는 구절과 〈너의 호주머니엔 무엇이 들었는가〉란 두 구절이 마음속에 내내 떠올랐다.

잠자리에서 일어나 불을 켜고 시를 쓸까 생각하였으나 잠자는 것이 더 좋아서 그냥 잤다.


바람에게


너는 어디로 가는가
그것보다도 너는 어디에서 왔는가
가슴속에 무슨 풀지 못한 사연 그리 많아
너는 이 도시의 상공을 지나가며
밤새도록 울부짖는가
왜 그냥 가지 않고
가로수의 머리를 풀어 흔들어대는가

너는 누구인가
무엇 때문에 잠시도 쉬지 않고
달리기만 하는가
아마도 너의 안주머니엔
그 누군가에게 황급히 전해주어야 할
어떤 密書라도 품었나보다
말해다오
너는 어디로 가는가
그것보다도 너는 어디에서 왔는가

아침에 일어나서 바로 노트북에 전원을 넣고 미시건 호수를 내다보았다.
엄청난 물너울이 육지를 향해 줄곧 밀려드는 광경이 바다와 다를 바 없었다. 나는 미시건 호수를 바다를 닮으려다 실패한 호수라 하였는데 오늘 아침의 호수는 그야말로 성난 바다의 얼굴과 같았다. 물너울 사이에서 이따금 허연 물결의 이빨도 보였다. 그 위를 구름의 그림자가 그늘을 드리우며 지나간다. 하늘은 청명하다.

## 시카고의 흑인문화

하이드 파크 53가의 화랑에 어제 오후 퇴근길에 들어가서 구경을 했다.
예상대로 흑인 구역에 위치한 화랑이라 모든 그림들이 흑인 화가의 작품이요, 또 흑인의 생활을 담은 것이었다. 그 중의 상당수는 흑인의 짓밟히는 인권을 담은 것이 많았다. 길거리 쪽 진열장에 전시되어 있던 흑인 예수 그림이 며칠 전부터 보이지 않기에 실내로 옮겨 두었는가 해서 유심히 찾아보았지만 아마 누가 사간 것이 분명해 보였다. 그 흑인 예수의 그림이 나에게 깊은 인상을 주었다. 그래서 이 며칠 동안 줄곧 그 잔상을 시로 만드는 일을 고민하고 있었던 것이다.

### 흑인 예수

늘 혼자인 그분을
아침 공원에서 만났다
간밤에 덮고 잔 누더기를 깔고 앉아
오고 가는 사람들을
하염없이 깊고 슬픈 눈으로 바라보고 있었다
자전거를 밟는 여인
롤러 스케이트를 탄 청년
많은 사람들이 총총히 앞을 지나쳐갔으나
누구 하나 그분을 알아보지 못했다
세상의 바람은
천년 전과 마찬가지로 차가웠다
그분은 쓸쓸한 얼굴로 주머니를 뒤져서
찾아낸 담배꽁초에 불을 붙였다
서러운 이마에 맺힌
땀방울이 굴러서 땅에 떨어졌다

길거리에서 마주치는 흑인들은 그 느낌이 왠지 불안하기만 하다. 노인들과 중년 여성들은 그래도 대하기가 편하지만, 젊은 사람들은 남녀를 막론하고 깊은 불만과 원한에 찬 얼굴들을 하고 있다. 사뭇 거칠고 무표정하다. 꼭 무슨 폭탄을 가슴에 잔뜩 안고 가는 사람들처럼 그저 조마조마하기 짝이 없다. 그들과 눈조차 마주치는 것이 두렵게 느껴진다.

어떻게 해서 그들은 그런 얼굴을 하게 되었을까? 곰곰이 생각해볼만한 일이다. 55가로 걸어가다가 굴다리의 벽화를 유심히 보았다. 여러 가지 형태의 아기 예수와 성모상이 그려져 있었는데 하나같이 흑인으로 표현되었다는 점이 독특하였다. 얼마나 백인중심주의에 혐오가 들었으면 이런 그림을 그렸을까 라는 생각을 해보았다. 과도한 백인중심주의도 비판받아 마땅하지만, 이에 맞서는 방법이 오직 흑인중심주의 일색으로만 펼쳐진다면 그것도 또한 전체주의적 발상이 아닐 수 없다.

### 글다리 벽화

철로 밑 황량한 굴다리에
누가 그려 놓았나 울긋불긋한 채색의 벽화를
두 손은 사슬에 묶이고
내려치는 채찍에 온몸은 멍들어
고개 숙이고 묵묵히 끌려가는 흑인 노예들
저 하늘에서 그들을 내려다보는
슬픈 눈의 아기 예수도
성모님도 흑인
지금은 거친 바람에 칠 벗겨지고
누군가 흰 페인트로 몰래 지운 곳도 있지만

나는 알겠구나
이 굴다리에 와서 물감 통 들고
처음으로 벽화 그리던 사람의 심정을
비 오는 날 여기 지나다가
현대판 동굴 벽화를 가만히 보고 있노라면
어디선가 가느다란
울음소리 들린다

　오늘은 시카고의 날씨가 유난히 덥다.
　이렇게 더운데 길에서 마주치는 흑인 청년들의 행태가 지극히 불쾌하고 불량스럽다. 53가의 주차장에서 내가 자동차를 뒤로 빼는데 웬 흑인 청년은 조금도 기다리지 아니하고 자기 자동차를 거칠게 몰아 돌진해 왔다. 하마터면 들이받을 뻔했다. 또 굴다리를 지나서 플라밍고로 돌아오는데 교차로에서 내가 횡단보도를 건너가게 되었다. 이럴 때 자동차는 응당 일단정지를 해서 보행자가 길을 건너 갈 때까지 기다려야만 하는 것이 미국의 교통법규이다.
　그런데 한 흑인 청년이 이를 전혀 무시하고 멈칫거리더니 그대로 내 앞을 스치듯이 통과해 지나갔다. 못된 녀석! 만약에 자동차가 기다려 주는 줄 알고 방심한 채로 길을 건넜더라면, 나의 발등은 그 녀석의 차바퀴 밑에 깔렸을 것이다. 마침 길 건너에는 시카고의 경찰이 신호 대기를 하고 있었지만 이런 일에 전혀 관심조차 없었다. 왜냐하면 그도 흑인 경찰이었기 때문이다.
　시카고에서는 삶의 안전을 내 스스로 지켜야만 한다. 그리고 어떤 경우에도 일상의 경계를 풀지 말아야 할 일이다.
　이른 새벽인데도 어떤 녀석인지 재즈 음악을 지나치게 큰 볼륨으로 틀어놓고 있다. 하이드 파크의 흑인가에서 젊은 흑인 청년들이 자동차의 음악 볼륨을 최대로 틀고 다니는 광경을 더러 보는데, 이런 혐오를 뛰어넘는 것이었다. 한국에도 이런 녀석들이 더러 있지. 이것은 결코 배우지 말아야할 흑인문화 중의 하나이다.

자동차의 소음은 잠시의 소란에 불과하였으나 저 녀석은 새벽 네 시부터 현재까지 무려 네 시간 이상을 괴롭힌다. 모두 혐오의 부류에 속할 것이다. 상스럽고 야비하며 무식의 극치를 보여준다 하겠다. 잠옷 바람으로 아파트의 통로를 두 번이나 나가서 소음의 근원을 찾아보려 하였으나 실패하였다. 아마도 그 소리는 벽을 타고 보다 아래쪽에서 올라오던지 아니면 위에서 내려오는 것이 아닌가 하였다.

드디어 8월도 마지막 날이다. 여름은 어느덧 떠나가고 있는 것이다.

별로 청량하지도 않은 시카고의 매미소리가 창 밖에서 줄곧 들려온다. 그 소리가 오늘따라 더욱 칙칙하게 다가온다. 바다가 되고 싶었던 미시건 호수는 언제나 변함 없이 제 자리에 묵묵히 누워 있다.

53가의 상점 앞 통로에서 음악 소리가 들리기에 가 보았더니 흑인 4인조 밴드가 연주를 하고 노래를 부른다.

드럼 하나에 기타가 셋. 나이들은 거의 40대가 넘은 것 같다.

가만히 들어보니 연주 솜씨들이 보통이 아니다.

특히 드럼의 북채를 사람의 얼굴 표정과 리듬에 흠뻑 몰입해 있는 그의 연주 자세가 깊은 인상을 주었다. 땀이 번들거리는 검은 얼굴에 콧수염을 기르고 두툼한 색안경에 두툼한 입술에 맥고모(麥藁帽) 하나를 비뚜룸히 눌러쓰고 자신의 연주 리듬에 따라 일정한 율동에 맞춰 머리를 살랑살랑 흔들어대는 것이었다. 그는 시종일관 무표정하고 쓸쓸해 보였다. 그런 그의 모습을 한참 바라보고 있노라면 처절했던 아메리카 흑인생활사가 자꾸만 애잔하게 떠오르는 듯했다.

그들이 연주하는 동안 주변의 몇몇 흑인들이 음악에 맞춰 그 자리에 선 채로 몸을 흔들어대는 광경을 보는 것도 재미있었다. 두 사람의 중년 흑인 남녀가 서로 손을 잡고 즉흥적으로 추어대는 막춤도 보기에 즐거웠다. 스프링필드의 술집에서 보았던 백인 부부의 세련된 춤보다도 한층 서민적인 맛이 있었고, 삶의 체취가 무르녹아 있는 춤이었다.

그로부터 한 주일 뒤에 나는 53가의 공원에서 다시 그 재즈 밴드의 야외공연을 보았다. 지난번에 이곳 부근에서 한 차례 보았던 바로 그 멤버들인데, 오늘은 기타 연주자가 바뀌었다.

새로운 곡이 연주될 때마다 공원 벤치에 앉아 있는 흑인 남녀들이 흥에 겨워 몸을 흔들어 대거나 더러는 일어나서 춤을 추어댄다. 그 광경이 참 보기에 좋다.

맥도날드에서 일하는 중국인 할머니도 오늘은 처녀처럼 예쁘게 차리고 뒤에 서서 흐뭇한 표정으로 음악을 듣고 있다.

호반도로 옆 풀밭 길을 따라서 산책하는 기분으로 천천히 걸어서 돌아왔다.

입구 현관에서 일하는 경비 흑인 아줌마는 언제 보아도 상냥하다. 체구도 가늘고 자그마한 그녀는 나만 보면 반색을 하며 웃는다. 나도 마주 웃으며 인사한다. 미시건 호수 위로 저녁이 바람에 불려서 걸어온다. 나는 플라밍고에 올라와서 조용한 저녁을 맞이한다.

### 시카고의 차이나타운

시카고의 차이나타운에 가 보았다.

중국인들의 이민 역사는 일백 오십여 년을 거슬러 올라간다고 한다.

맨하탄의 차이나타운에 비해 규모는 훨씬 작았지만, 중국인들의 정착 규모를 짐작하게 해주는 지역이었다. 먼저 중국인 그로서리에 가서 필요한 식품 몇 가지를 구입했다. 가격이 매우 저렴한 편이다. 하지만 실내가 지저분하고 역한 냄새가 견디기 힘들었다. 주로 돼지고기, 생선 등에서 나는 냄새가 아닌가 했다.

한 음식점을 들어가서 요리 몇 가지를 시켰다.

속이 비어있다고 해서 공심채(空心菜)라는 이름이 붙은 푸른 야채 볶음 요리와 고춧가루를 넣고 튀긴 게 요리, 닭고기와 미국 콩을 함께 넣고 볶은 요리, 새우 튀김 등을 각각 한 접시씩 주문했다. 비싼 가격에 비해 음식의 질은 보잘 것이 없었다. 게다가 팁을 주지 않았다고 여자 종업원이 무서운 얼굴로 다가와 소리를 질러대는데 아주 기분이 상해버렸다.

중국인들은 시카고를 자기들의 언어로 지가가(芝加哥)라고 부른다. 중국어 발음으로는 〈치카끄〉이다. 차이나타운을 화부(華埠)라고 일컫는다. 식사를 마치고 해 저문 차이나타운의 야경을 바라보며 천천히 골목길을 걸었다.

空心菜

텅 빈 속을 감추고 너는 내 앞에 왔다
아직 더운 김이 피어오르는 진초록 대궁을 들여다보다가
젓가락으로 한 줄기 집어 천천히 입에 넣으면
어금니 밑에서 와삭와삭 느껴져 오는 허무의 내음
먼 옛날 깊은 산 속에서 고사리 캐먹고 살았다는 선인들 생각이 난다

芝加哥의 차이나타운에 은은한 등불이 하나 둘 켜지고
낯선 땅에서 격정의 세월을 살아온 중국인의 말소리가 들려오는 이 저녁
바람 쐬러 나온 노인들이 먼저 떠난 벗의 생애를 추억할 때
나는 쓸쓸한 심정이 되어 이 푸른 나물만 씹고 있다


〈네이비 피어〉

　시카고의 호반도로를 타고 북쪽으로 달리다가 무작정 들어간 곳이 〈네이비 피어〉란 곳이었다. 오대호를 끼고 있는 자리에 위치한 해군 군항이었다는데 지금은 시카고 시민들의 대표적인 휴식공간이 되었다. 무수한 요트와 유람선이 먼 호수로 나가고 들어오곤 하였다. 돛을 단 범선들도 더러 보였다.

　파지장은 아예 갈매기들의 쉼터였다.
　이곳에서 시카고의 중심가 빌딩군을 바라보는 것도 일품이요, 제각기 멋을 내며 걸어가는 인파의 행렬을 보는 것도 흥취가 있었다. 멋스럽게 만든 조각 작품이 군데군데 전시되어 있었고, 유람객들은 노천

카페에 앉아서 식사를 하거나 맥주를 마시고 있었다. 뱃고동 소리가 들렸다. 남쪽 끝으로 아련하게 하이드 파크 쪽이 바라다 보였다. 하늘에는 경비행기가 한 대 떠서 어떤 내용의 광고 표지를 뒤에 길게 끌어가고 있었다. 길게 이어진 회랑식의 건물 내부에는 온갖 기념물품을 판매하는 상점들이 줄지어 있고, 통로 사이에는 노점상들이 많은 물건들을 잔뜩 실어다 놓고 호객하고 있었다.

비교적 넓은 공간에는 얼굴에 피에로의 분장을 한 사내가 우스꽝스러운 마술을 코믹한 동작으로 엮어서 보여주고 있었고, 그것이 끝나자 또 다른 사내가 나타나서 로보트의 기계적인 동작을 본떠서 재미있는 연출을 이끌어가고 있었다. 시카고가 배출한 유명한 농구선수 마이클 조던의 생애를 필름으로 찍어서 보여주는 영화관도 있었고, 어떤 곳에 이르니 8명 정도의 남녀가 재미있는 복장을 하고 뮤지컬을 엮어서 보여주고 있었다. 대중적 공간에서 즉석 연출로 보여주는 그들의 최선을 다하는 노력이 크게 돋보였고, 미국 대중문화의 어떤 진면목을 느끼게 해주는 듯한 향취를 맛볼 수 있었다. 건물밖에는 오후의 비가 쏟아지고 있었다. 줄줄 내리는 비를 그대로 맞으면서 희희낙낙하는 사람들도 있었다.


## 고풍한 시카고대학

시카고 대학의 건물은 록펠러재단의 출연금으로 1920년대부터 집중적으로 건설되기 시작했다고 한다. 그래서인지 거리에서 만나는 웬만한 건물들이 모두 7,80년 된 건물들이다. 문 입구의 어느 한 켠에는 반드시 건물이 세워진 연도가 돌에 새겨져 있는데 주로 1926년으로 표시된 집들이 가장 많았고, 더욱 오래 된 것은 1900년도에

지은 건물도 간혹 있었다.

거의가 돌을 깎아서 바로크 양식의 중세풍으로 쌓아올린 아름다운 건물들이었다. 기기묘묘한 조각들을 문 입구나 첨탑 둘레로 섬세하게 비치해 놓아서 자세히 보면 꽤나 볼만한 것들이 있었다. 그 때문에 시카고의 관광버스들은 남부의 하이드 파크 지역, 특히 시카고 대학 캠퍼스를 순회하는 코스를 반드시 일정에 넣고 있었다. 나도 지난번 시카고 투어때 대학 캠퍼스 내부를 버스가 지나가는 것을 보고 새삼 놀란 적이 있었다.

### 미국에서 보낸 6·25

오늘은 한국전쟁 발발일.
티비의 역사 다큐멘타리 채널은 하루 온종일 한국전쟁의 기록필름들을 보여주고 있다.

헐벗은 한반도의 산과 들.
집중 포화에 아주 초토가 되어버린 마을과 도시들.
거리를 울려 헤매는 아이들.
시체 옆에서 땅을 치고 통곡하는 흰 옷 입은 어머니와 할머니들.
북으로 북으로 진격하는 미군병사들.
포로가 된 인민군 병사와 중공군 병사들의 겁에 질린 표정들.
동상 걸린 발이 썩어 들어가는 포로들.
미국 땅에서 이렇게 만나게 되는 코리아의 얼굴은 이렇듯 참혹하고 수치스러운 것들뿐이었다.
전쟁의 시작에서부터 중간 과정, 중공군의 참전, 일사후퇴, 인천 상륙작전과 맥아더의 지휘 등이 고스란히 방영되고 있었는데 이것을 보다가 어느 틈에 새벽 두 시가 넘은 것도 몰랐다.
미국에서 제작한 필름인지라 아무래도 미군들이 중심이 된 관점으로 편집되었고, 부상과 전사를 한 미군, 전쟁터에서 휴식중인 미군, 공산군에게 포위되어 고립상태로 고생을 겪다가 구사일생으로 살아난 미군 등등 한국전쟁에서 미군의 노고가 얼마나 많았던가를 주로 보여주려고 하였다. 하지만 가만히 생각해보면 미국이 비록 세계평화와 민주주의 수호라는 이름을 앞세우고 한반도로 들어왔지만 지구 전체를 관장하는 주인의식을 지니고 자기들의 정치적 이익까지 고려한 결정이었음을 부인할 수는 없다. 미군들이 압록강 부근 초산 지역까지 밀고 올라갔을 때 나는 연거푸 하품이 나고 눈시울이 무거워졌다.
더 보고 싶은 생각은 있었으나 불을 끄고 잠자리에 들었다.
오, 불쌍한 한반도여!
너는 언제까지 강대국의 손에 놀아나고 있을 것이냐?
과거에는 섬나라 왜놈들이 보호라는 명분을 앞세우고 들어와 거의 사십 년 이상을 유린하였고, 해방 후에는 미국과 소련이 제각기 이데올로기의 수호라는 구실을 앞세우고 들어와 또다시 한반도는 피로 얼룩진 무대가 되어버렸구나.


### 불과 얼음

미국에서 6·25 다큐를 보는 심란한 저녁
양심은 총탄을 맞아 벌집이 되고
진리는 헐벗은 채 비렁뱅이 몰골이 되었는데
아기 업은 미래가 겁에 질린 얼굴로 울면서 뛰어간다
정의는 부서진 철교의 난간에 허옇게 눈을 뜬 채 거꾸러져 있다
다리 부러진 시간이 목발을 짚고 절뚝이며 걸어가고
사랑은 시체더미 앞에서 땅을 치며 통곡한다
청춘이 동상에 걸려 문드러진 자신의 발을 보여주며 괴로운 할 때
도덕과 윤리는 낯선 주둔군의 품에 안겨 춤을 추는 중
불쌍한 한반도가 찢어진 흑백필름으로 이불을 만들어 덮고
사지를 떨며 누워있다
사계절이 바람에 떠밀려 몇 십 년을 흘러갔어도
하늘에는 불, 땅엔 여전히 얼음


저녁에는 시카고 대학 구내의 한 건물에서 줄곧 영화 프로그램을 상영하는 곳을 찾아갔다.
제목은 〈만추리안 캔디데이트〉
1950년대에 제작된 흑백영화로 프랭크 시나트라가 무명 시절에 출연했던 영화였다. 1952년 한국전쟁에 참전한 미군병사들 중 전쟁

포로가 되었던 사람들의 상당수가 전쟁공포증의 한 증세로 나타내는 후유증을 미소간의 냉전 관계와 함께 엮어서 다루고 있는 소재였다.

관객들의 99%는 미국인인데 내가 유일한 동양인이자 한국인이었다.

이 영화는 한국전쟁의 원인이라든가 전쟁에 대한 비판의식 등은 전혀 찾아볼 길이 없고, 다만 참전 미군병사들이 얼마나 정신적 후유증에 시달리는가가 가장 중요한 관심거리였다. 작품 속에 잠시 등장하는 한국인의 표상은 너무도 조악스럽고 가증스런 존재였을 뿐 아니라, 초반에서 미군의 품에 얼싸 안겨 술을 따르는 한국인 양공주의 광경이 무척 흉물스러웠다.

작품의 전개과정도 전쟁 광상증을 표현하는 경로에서 지나친 비약과 과장을 드러내고 있었다. 이데올로기 문제도 맹목적 반공의식만 반영되어 있었고, 등장인물의 전반적 역할과 위치도 지극히 비현실적인 경향으로 흐르고 있었다. 영화를 보고 난 소감은 한 마디로 매우 불쾌하고 굴욕적인 느낌뿐이었다.

다만 한 가지 소감을 덧붙이자면 한국전쟁을 미국인들이 어떻게 의식하고 있는지 그 한 단면을 엿볼 수 있었다는 점이다. 영화가 진행되는 동안 미국인 관객들은 별 것 아닌 내용에도 큰 소리로 킬킬거리고 웃었는데, 그 동물적으로 방자한 웃음소리가 내 귀에는 몹시 거슬리는 느낌으로 다가왔다.

## 셰드 아쿠아리움

41번 호반도로를 달려 셰드 아쿠아리움을 찾아갔다. 입장료는 원래 15불인데 시카고 주민이라 해서 5불을 할인 받았다.

이곳은 시카고가 자랑하는 수족관이다. 전세계의 어류들을 모두

한 곳에서 볼 수 있는 곳이다. 셰드라는 어느 부호가 1930년대에 자기 유산을 모두 기증하여 이 수족관을 열었다고 한다. 아마존강 유역, 나일강 유역, 아시아, 미시시피 유역의 고기들이 특별 전시되어 있다. 바다고기, 민물고기가 한 곳에 있는데, 가장 인기가 있고 볼만했던 것은 돌고래 쇼였다. 대형 수조에 돌고래를 넣어두고 오랜 훈련을 시켰을 것이다. 십여 마리의 돌고래들이 조련사의 손짓에 따라 서서 헤엄치기, 누워 헤엄치기, 점프하기 등의 묘기를 보여주었다. 주로 어린이와 가족 단위의 관객들이 관람하면서 묘기가 펼쳐질 때마다 박수를 쳐주었다. 또 한 곳에 다다르니 엄청나게 큰 수족관 안에 금발의 여인이 잠수복을 입고 들어가 고기들에게 직접 먹이를 나누어주면서 하나 하나 설명을 하고 관중들로부터 즉석 질문을 받고 대답도 해주는 장면이 있었다.

## 아들러 천문대

셰드 수족관 바로 옆에 아들러 천문대가 있다.

이곳은 우주천문과 관련한 다양한 정보를 실물화시켜서 보여주고 즐기게 하는 장소이다. 이런 저런 것들이 대체로 과학박물관에서 본 것들보다 좀더 정교하고 과학적 배열인 듯하였고, 가장 압권이라 할 수 있는 것은 스카이 극장에서 상영하는 영화였다. 천정의 돔 전체를 스크린으로 꾸며서 마치 커다란 철개미처럼 생긴 영사기가 수십 개의 렌즈를 몸에 달고 시시각각 변화를 느끼게 하는 영상들을 보여주고 있었다.

밤하늘의 별들과 은하수를 그대로 축소해서 보여주었는데 조명을 끄고 고개를 뒤로 젖혀서 바라보는 밤하늘의 광경은 장관이었다. 너무도 실감이 나는지라 한참보고 있으려니 내 몸의 생리가 정말 밤이 온 줄 알았는지, 스르르 잠이 쏟아지기 시작했다.

별도 하나의 유기체처럼 태어났다가 젊은 시절을 보내고 늙어서 소멸하는 과정이 있다는 사실을 처음으로 알았다. 인간이 알고 있는 태양계의 우주는 전체 우주의 작은 일부에 지나지 않는다는 이야기도 배웠다.

인간이라는 존재는 얼마나 미미하고 먼지처럼 하찮은 것인가?

욕망과 성취라는 것도 곰곰이 헤아려 보면 얼마나 덧없는 것인가?

아들러 천문대 앞 호숫가에는 마치 가을이 온 듯 서늘한 바람이 불고 있었다.

무수한 갈매기들이 풀밭 위에 모여 서서 사람들이 던져주는 과자 부스러기를 서로 먼저 차지하려고 와글거리며 싸우고 있었다. 작은 것을 재빨리 부리로 하나 집은 녀석은 다른 녀석들에게 빼앗기지 않으려고 필사적으로 달아났다. 그것을 한사코 빼앗아 보려고 뒤따라가는 놈들도 있었다.

인간 사회의 모습도 저런 광경과 꼭 같은 경우가 많으리라.

조무래기 아이들은 과자를 풀밭에 뿌려놓고 갈매기들이 모이기를 기다리다가 일제히 함성을 지르며 갈매기들이 놀라 황급히 달아나는 것을 즐기고 있었다.

  시카고 부유층들의 요트가 정박 중인 부둣가에서 가난한 흑인 청년들 몇이 지렁이를 꿰어서 한가롭게 낚시하고 있는 광경이 보였다.

### 미시건 호반에서

  미시건 호숫가로 산책을 나갔다. 바람은 여전히 차가웠으므로 나는 바람막이 옷을 입고 나갔다. 보통 때는 잘 가지 않던 수영장 쪽으로 가보았는데, 그곳 부근의 제방에 부서지는 파도의 위세를 보고자 함이었다. 한여름에는 수영장 모래밭 위에 흑인 일가와 아이들로 붐비었는데, 찬바람이 불기 시작하면서 인적은 거의 끊어지고 적적함마저 느껴진다. 파도가 세어서 거친 물살에 모래톱 위로 떠밀려온 각종 쓰레기가 물가에 지저분하게 널려 있다. 주로 물 속에서 마시고 버린 캔이 가장 많았고, 더러는 잃어버린 신발 한 짝, 어느 아이가 잃어버렸을 물안경, 닭 뼈, 깨진 유리병 따위 더러운 물에서 번식한 퍼런 물이끼 종류와 함께 물가로 밀려나와 있다. 사람들이 빠뜨린 이 쓰레기에 대하여 저 호수는 그 동안 몹시도 언짢았던가 보다. 거친 물살을 일으켜 모조리 물가의 모래톱 위로 밀어내어 버린 것이다. 그 주변을 갈매기들이 요란한 소리를 내며 앉아 있다. 나는 수영장 오른편 제방 가까운 곳으로 걸어가 본다. 그곳은 밀려온 파도가 더 갈 곳이 없어서 마냥 파지장에 온몸을 부딪치며 깨어진다. 한 놈이 깨어진 곳에 다른 파도가 다시 전속력으로 부딪쳐 온다. 오늘 파도가 마치 바다의 파도를 연상케 한다. 산책하는 미국인이 데리고 나온 개 한 마리가 물 속으로 뛰어 들어가 파도를 즐기고 있다. 녀석의 온몸은 물에 흠뻑 젖었다. 바람은 여전히 차다.

동쪽 하늘이 환히 밝아온다. 아직 해의 모양은 나타나지 않았다. 하지만 저 해도 수평선 너머에서 돋아 오르는 작업을 암암리에 하고 있고, 나도 이 새벽에 일어나 나의 일을 하고 있다. 이것은 천지 순환의 이치와 같다. 내가 한 사람의 시인으로서 마땅히 시 쓰는 일에 골몰하는 것만큼 행복한 일이 어디 있겠는가. 머리도 맑고 투명한 시의 세계도 어렴풋이 보이는 것 같다. 어깨에 싱싱한 힘이 솟는다. 오전 내내 쉬지 않고 시 쓰는 일에 몰두하였다. 손을 대면 댈수록 형상의 부조가 이루어지는 것 같아서 즐겁다.

## 두 번째의 대장정

2000년 7월25일 화요일.

원래는 이 날이 내가 미국의 서북부 지역을 다녀오려고 계획한 두 번째 대장정의 출발 날짜이다. 여러 가지 준비의 차질 때문에 하루 연기했으나 왠지 몸이 좋지 않고 기분도 개운하질 않다. 긴 여행의 첫 출발이 이렇게 시작되어선 안 된다. 여행을 갈까 말까 몇 번이나 망설이다가 나는 드디어 결단을 내어서 여행 준비를 시작하였다. 꾸린 짐을 내리고 있으니까 아파트의 흑인 청소원 영감이 놀란 얼굴로 나를 보았다. 그는 내가 갑자기 이사라도 가는 줄 알았던 모양이다.

자동차에 물건을 모두 싣고 출발한 시간이 정오를 넘어서 오후 한 시!

하이드 파크의 맥도날드에서 점심 끼니를 때우고 90번 고속도로 위에 오르니 오늘따라 웬 자동차들이 그리도 많은지. 평소 중부시장으로 달려가던 길에는 더욱 많은 자동차들이 밀려 있었고, 대부분 거칠고 험한 운전으로 나를 위협하는 듯 하였다. 나는 잔뜩 긴장하여 핸들을 꽉 잡고 있었다.

오랜 신고 끝에 밀워키 쪽으로 가는 방향으로 접어들어 드디어 안심을 하고 달리려는데 자동차들이 갑자기 거북이 운행을 한다.

요란한 사이렌 소리와 함께 구급차와 경찰차가 길가로 달려가는 걸 보면 앞에서 필시 사고가 발생한 것임에 틀림없다. 조금씩 서행하는 앞차를 따라 사고 현장에 도달해 보니 한 자동차가 가드레일을 들이박고 배를 하늘로 보이고 있다. 흡사 누워서 제 힘으로 일어나지 못하는 풍뎅이처럼 뒤집혀 있었다.

경찰관이 고속도로 바닥에 엎드려서 자동차의 운전자에게 무엇이라 큰 소리로 위로를 하고 있는 광경이 보였다. 그걸 보면 운전자의 생명에는 지장이 없는 듯하였다. 운전자의 몸이 완전히 구겨진 자세로 뒤집혀 있는 것이 언뜻 보였다. 다른 경찰관은 붉은 연기가 나는 연막탄을 사고 현장 주변에 여러 개 설치하여 다른 자동차들의 접근을 막고 있었다. 그 사고 현장에서 조금 떨어진 곳에서는 급정거한 충격에 못 이겨 앞차를 들이받은 자동차 한 대가 앞이 온통 구겨진 몰골로 정지해 있었다. 아수라장이었다.

긴 여행을 떠나려는 즈음에 처참한 사고 현장을 목격하게 된 것은 분명히 어둡고 우울한 그늘임에 틀림없다.


### 맥주의 고장 밀워키

90번 고속도로의 북쪽으로 올라갈수록 자동차의 통행량은 점점 줄어들고 그제야 운전의 심리적 부담은 줄어들었다. 이번 여행의 첫 번째 목적지인 밀워키의 표지가 나타나기 시작했다. 나는 지도를 꺼내어서 밀워키로 들어가는 길을 확인하였다.

밀워키는 독일계 이주민들이 많이 살고 있는 곳. 그래서 맥주 산업이 발달하여 밀러맥주를 비롯한 유수한 상표의 맥주회사들이 자리 잡고 있는 곳이다. 하지만 이 밀워키를 자세하고 꼼꼼하게 들여다볼 시간은 없다. 나는 다만 밀워키 시가를 한번 슬쩍 거쳐서 가고 싶은 것이다.

남쪽의 외곽지에서 중심가로 거쳐갈 요량으로 들어갔더니, 거리의 주택들이 확실히 독일풍의 분위기를 지니고 있다. 미시건 호의 북쪽 연안을 끼고 발달된 도시로 시카고보다는 한결 호젓하고 조용한 분위기를 보여주고 있었다. 호숫가에는 길가 동네의 노인들과 아이들이 나와서 더러는 바람을 쏘이거나, 낚시질하는 광경도 보였다. 나는 호수 위로 멀리 바라다 보이는 밀워키 중심가의 빌딩들을 바라다보았다. 산업도시여서 그런지 석탄을 많이 쌓아놓은 곳도 보였고, 철강산업의 흔적도 더러 보였다. 오래된 교회 건물과 돔형의 분위기 있는 중세풍 건축물들도 가끔 보였다.

밀워키의 남쪽 주택가에서 길을 잃어버리고 헤매다가 오토바이에서 막 내리는 한 남자에게 다가가서 길을 물었다. 그는 매우 친절하게 종이에다 일일이 써서 길을 가르쳐 주었다. 나는 저무는 밀워키를 빠져 나와서 다시 90번 웨스트로 접어들었다.

곧 날이 어두워졌다.

위스콘신주의 밀스턴 휴게소에서 적절한 위치를 골라 이번 여정의 첫 밤을 묵게 되었다. 휴게소는 넓고 크고 빈 공간이 많아서 자리를 잡기에 편했다. 천둥이 치고 번개가 요란히 번쩍이더니 굵은 소나기가 쏟아지기 시작했다. 자동차 위에 쏟아지는 빗방울 소리는 몹시 크게 들렸다. 하지만 기분은 아늑하고 편안하였다.

다만 자동차가 약간 아래로 기울어서 누워있는 몸이 쏠렸다. 그래서 잠이 여러 번 깨었다.

## 위스콘신주의 들판 풍경

　시원하고 편안히 자고 난 아침은 상쾌하다.
　고속도로 휴게소에는 바람이 가을처럼 서늘하게 불어온다. 자동차에서 아침밥을 지어먹고 여행 둘째 날의 길을 떠났다.
　길가 주변으로 보이는 산들이 나지막한 비산비야의 연속이다.
　밋밋한 구릉들이 마치 한국의 전라도 산처럼 부드럽고 완만하다. 가다가 소나기와 천둥을 다시 만났다. 들판의 소들은 이렇게 비가 쏟아지는 데도 자기네들끼리 모여서 풀밭에 엎드린 채 그대로 비를 주룩주룩 등에 맞고 있다. 오히려 비를 맞는 것이 시원하게 느껴지는지도 모르겠다.
　비도 피할 겸 메노모니 휴게소에 잠시 들러 점심을 먹고 쉬는데, 어느 틈에 비가 개이고 뜨거운 8월의 태양이 바늘처럼 따갑게 내려쪼인다. 이제 조금만 달리면 미네소타주의 경계로 접어든다.
　이윽고 미시시피 강줄기가 보이는가 했더니 꽤 커다란 도시 하나가 나타난다.
　세인트폴이란 이름의 도시다.
　고풍한 건물이 꽤나 많이 있다. 우선 이 도시로 빠져나가 주유소에서 기름을 넣고 두루 둘러본 다음 다시 미니에폴리스로 들어간다.
　세인트폴과 미니에폴리스 두 도시는 한국에서 마산과 진해처럼 미시시피강을 중심으로 서로 붙어 있는 쌍둥이 도시이다. 규모는 미니에폴리스가 훨씬 크게 느껴졌으나 도시의 분위기는 세인트폴이 더욱 고풍한 느낌이 들었다. 중심가를 지나치면서 보니 세인트폴 대

성당이 무척 인상적이었다. 마치 로마의 성베드로 대성당을 그대로 옮겨 놓은 듯한 느낌을 주었다. 이 도시는 위치와 분위기가 비교적 아름다운 정서를 짙게 함유하고 있었다. 교육과 문화 예술의 수준도 꽤 높다고 한다. 이 세인트폴은 인구 28만명의 미네소타주 주도로 행정과 상공업, 문화의 중심을 이루는 지역이다. 도시 내부에 무려 30개가 넘는 호수가 있어서 아름다운 호반도시의 면모를 뽐내고 있다.

미니에폴리스는 미네소타 주 최대의 도시로서 현재 약 40만 가까운 인구가 살고 있다고 한다. 곡물집산지이며, 세계 굴지의 제분공장이 있고, 식품, 농기계, 전기기계, 인쇄, 종이제품, 의류 등의 제조업이 발달한 상공업의 중심지이다. 세인트폴은 하지만 이 도시들은 내가 오래 머물러 탐사할 대상은 아니다. 그냥 겉으로 지나치며 표면적인 분위기만 감상하면 그것으로 족하다.

## 석탄의 도시 덜루스

　미니에폴리스를 통과하고 곧 35번 도로로 접어들어 미국의 미시건 호 최북단에 위치해 있는 덜루스를 향해 출발한다.
　중간에 구스 크리크 휴게소에서 잠시 쉬면서 휴게소 주변의 식물들을 자세히 들여다보는데 처음 보는 종류들이 많다. 소나무 숲이 매우 울창하고 보기에 좋다. 재목으로서도 대단히 쓸모 있는 상품이라 여겨진다.
　여기에 비하면 한국의 산야에 빽빽이 들어찬 숲의 나무들은 너무도 쓸모 없는 잡목들의 군집이 아닌가. 과거 박 정권 시절, 민둥산에 푸른 옷을 입힌 공로는 일단 인정하되 그 조림 품종 선택의 단견에는 커다란 아쉬움이 느껴진다. 당시에 좋은 나무를 심었다면 지금쯤 얼마나 풍부하고 쓸모있는 재산이 형성되어 있을 것인가. 다시 자동차는 달리고 달려서 해가 기울 때쯤 덜루스 시내가 모두 원경으로 바라다 보이는 휴게소에 도착하였다. 전망대 안에는 커다란 전망창으로 시내 전체의 윤곽이 그대로 조망이 된다. 세인트루이스 강이 덜루스를 넉넉한 품으로 안고 휘돌아 흐르고 있었다.
　재미있는 것은 그 스카이라인 아래에다 길다란 책상을 설치하고 그 위에다 도시 전체의 개념도를 그림으로 그려서 표시해놓은 것이었다. 그러니까 실물 전경을 보고 개념도를 통해 확인하면 처음 도착한 사람도 그곳이 어디인가를 곧바로 알아챌 수 있도록 해둔 것이다. 세계 최대 규모의 석탄 도크가 있다고 해서 유심히 찾아보았더니 과연 엄청난 저탄장이 눈에 들어온다.
　나는 전망창 밖으로 나가서 덜루스의 전경을 카메라에 담았다.
　마침 바퀴가 달린 산소통을 직접 끌고 다니는 한 여인이 힘겹게 전망창 밖으로 나오기에 문을 쉽게 빠져 나오도록 도와주었다. 그는 아마도 심한 기관지천식 환자인 듯 여겨졌다. 잠시도 산소를 흡입하지 않으면 생명을 부지할 수 없는 상태인 것 같았다.

해가 저물어 가는 덜루스 시내로 접어들어 부두 가로 다가가 보았다.

갈매기들도 지쳐서 나래를 접고 부리를 죽지에 파묻고 있었다. 저무는 저녁 햇살은 아주 산그늘에 가려졌고, 그래서인지 덜루스 시내는 몹시 쓸쓸하고 황량한 기운이 감돌았다. 낯선 곳에 와서 갈 곳 없는 나그네의 적적한 심사가 새삼스럽게 가슴을 파고들었다.

부두 가에는 한 흑인이 넋을 놓고 앉아서 바다를 바라보다가 갑자기 나타난 동양인을 뚫어져라 보고 있었다. 나는 부두를 배경으로 사진을 한 장 찍고 곧 그곳을 떠났다. 덜루스는 나를 더 이상 따뜻하게 받아들일 심사가 아닌 듯 하였다. 엄청나게 많은 석탄을 적재한 저탄장, 석탄을 실어 나르던 녹슨 열차들의 정지한 행렬, 어느 공장에서 내뿜어져 나오는 흰 구름 같은 김의 분량! 이런 것들이 미국 북부의 공업도시 덜루스를 매우 황량하고 낯선 곳으로 만들기에 충분했다.

이미 해가 진 덜루스를 나는 뒤도 돌아보지 않고 미련 없이 떠났다.

## 다시 서쪽으로

이번 여정에서 덜루스까지는 북행이었으나, 이제부터는 오로지 서쪽으로만 향하여 간다. 35번 도로를 타고 남쪽으로 내려오다가 210번 국도의 표지가 나타나는 곳에서 서쪽으로 꺾어서 접어드는 것이 바로 그 노선이다.

분기점의 입구에 한 호텔이 네온사인을 번쩍이며 서 있다.

이름하여 블렉 베어 호텔.

그야말로 어둔 밤을 배경으로 검은 곰처럼 서 있다.
카지노라는 표시도 있어서 화장실도 갈 겸 무심코 건물 안으로 들어가 보았더니 완전히 불야성이다. 남녀노소가 모두 카지노에다 슬롯머신을 즐기느라 여념이 없다. 주로 노인들이 많이 눈에 띠었는데, 가장 인상적인 장면은 두 맹인 여성이 함께 나란히 앉아서 슬롯머신에 골몰하고 있는 광경이었다. 안구가 없이 푹 꺼진 눈은 어디를 지향하고 있는지 의미 없이 끔뻑이고 있는데, 그녀의 발 밑에는 쓸쓸한 표정의 맹도견이 바닥에 엎드려 지루한 인고의 시간을 묵묵히 참고 있었다.
블랙 베어 호텔 앞 광장에서 부리나케 서둘러 저녁 식사를 준비하였다. 해가 지고 캄캄한 자동차 안에서 불도 제대로 켜지 못한 채 혼자서 우울한 저녁식사를 하였다. 모기가 워낙 많아서 모기를 쫓는 향을 피웠건만 모기란 놈은 틈을 주지 않고 잽싸게 달려들어서 온몸의 여러 곳이 해충에게 피를 빨려서 무척 가려웠다. 미국의 모기에게 내 피가 유난히 달게 느껴지는 것인가.
대충 설거지를 마치고 난 다음 다시 어두워진 길을 떠났는데, 저녁의 국도는 한결 고즈넉하였다. 자동차의 통행량도 별로 많질 않았다. 뜨거운 한낮의 태양에다 소나기도 한 차례 뿌린 뒤끝이라 길에는 하얀 안개가 피어나고 있었다.


## 안개의 성

도로 양 켠의 크고 작은 소택지들에서도 많은 안개들이 일시에 만들어져 도로 한 가운데로 슬금슬금 기어 나오고 있었다. 안개가 워낙 자욱해져서 나는 자동차의 속도를 한껏 낮추고 잔뜩 앞을 경계하지 않으면 안되었다. 하지만 길가의 나무숲이 안개에 휩싸여 나무의 끝만 살짝 살짝 고개를 내밀고 있는 광경과 장엄한 최후를 마친 고사목들이 밤 안개 속에 잠겨 있는 광경은 가히 감추어진 비경이었다. 이런 때 이런 곳이 아니면 쉽게 대면하기 어려운 아름다운 장면들이었다.

안개 낀 저녁 으스름에 실낱같은 초승달이 하나 하늘에 쓸쓸하게 떠 있었다.

한참을 달리다 보니 안개가 유난히 짙은 지역이 있고, 또 그렇지 않은 지역이 나뉘어져 있음을 알았다. 이대로 그냥 맹목적으로 안개 속을 달리는 밤 운전은 위험천만하고 무모하기 짝이 없는 짓이었다.

이미 달려온 길도 길다면 길었지 아니한가.

나는 무심결에

〈낮에는 태양이 밤에는 안개가 세상을 지배하는구나〉

라고 중얼거리고 있었다.

### 안개

안개는 고속도로 위에서
세상이 언제까지나 자기들 것인 줄만 알았습니다
사람들은 안개 속에서 자동차의 등불을 켜고
거북이처럼 엉금엉금 기어갑니다
안개는 우선 제 알몸이 그대로 드러나는 것이 부끄러워
그저 몸둘 바를 몰라합니다
그토록 도도하던 안개가
이렇게 쩔쩔매는 광경을 나는 처음 보았습니다
황금빛 햇살 앞에서 맨손으로 겨우 앞만 가린 채

저희끼리 까륵 까르륵 비명을 지르며 이리저리 몰려다닙니다
햇살은 이런 안개의 틈을 비집고 다니며
마치 새우를 먹는 흰수염고래처럼
거대한 입을 벌리고 닥치는 대로 안개를 빨아들입니다
안개는 이 세상에서 최소한의 저항도 못해보고
다만 우왕좌왕하다가 눈앞에서 덧없이 사라져버립니다
이제 누가 햇살의 입 속으로
사라져버린 안개 따위를 기억이나 하겠습니까
사람들은 드디어 안도의 한숨을 내쉬며
새로운 세기를 향해 자동차의 속도를 냅니다

맥그리거라는 산간 마을에 도착하여 드디어 자동차의 엔진을 쉬게 하였다. 대니 퀸이라는 이름의 식당 옆의 공터에다 주차를 하고 본즉 그곳은 바로 작은 저수지가 있는 앞쪽이었다. 이상한 소리가 들려서 바라보니 타조처럼 생겼지만 타조보다는 덩치가 작은 에뮈란 놈이 두 세 마리 철망 뒤쪽에 나타나서 자신의 성대로 야릇한 소리를 질러대는 것이었다. 그곳은 이런 동물을 키우는 우리였던 것이다. 나는 자동차 안에 자리를 깔고 하루의 피로한 몸을 눕히었다.

아침에 눈을 뜨고 보니 자동차는 완전히 안개 더미에 갇혀 있다. 그래서 침구에 비스듬히 누운 채로 김호동 교수의 기행 수필을 읽었다. 『황하에서 천산까지』라는 책인데 의외로 재미가 있다. 여행 중에 읽는 기행문은 또 다른 맛이 느껴진다. 글쓴이의 필치와 문장은 정확하고 박진감이 있다.

밤새도록 소택지(沼澤地)에서 생산된 그 많은 안개는 온통 대지를 가득 채우고 하늘의 태양마저 아주 차단시켜 놓았다. 하지만 햇살이

안개의 천적임을 나는 안다. 이렇듯 안개가 번성한 듯 위세를 떨치지만 그 위세가 이제 얼마나 갈 것인가. 자동차의 유리에도 안개가 매달려 물방울로 대롱대롱 맺혀 있다. 희뿌연 안개 속으로 간밤의 저수지 풍경이 어렴풋이 내다보인다.

나는 안개 속에 안전하게 숨어서 저수지 쪽으로 오줌을 한 바탕 누었다. 에뮈란 놈이 여전히 가까이 다가와 나의 행동을 유심히 살피고 있다. 자세히 보니 물위에는 오리들도 떠다니고, 개구리들이 풍당거리는 소리도 들린다.

드디어 아침 일과를 서두르며 쌀을 씻어서 불리고, 국을 끓인다. 이부자리를 개고 실내를 정돈한다. 막상 자리에서 눈을 떴을 때는 온 몸이 뻐근하고 일어나기가 힘들지만 일단 일어나서 주위를 잠시만 걷다보면 곧 몸이 풀려서 정상적인 가동이 된다. 이것은 여행의 긴장 속에 몸과 마음이 어느 틈에 먼저 준비를 하고 있다는 표시이기도 하다. 물론 이렇게 해서 누적되는 피로가 완전히 풀리지는 않는다.

새벽 안개 속에서 밥을 지어 멀건 즉석 재첩국을 곁들여 조반을 먹다. 봉지를 뜯으니 작은 덩이로 건조시켜 만든 재첩국이 보인다. 어찌 이것을 제대로 된 재첩국이라 할 것인가? 그냥 시늉일 뿐이다. 하지만 나는 그릇에 뜨거운 물을 붓고 거기에 건조한 재첩국 덩이를 넣는다. 네모난 덩이가 끓는 물에 녹아서 사르르 풀린다. 제법 섬진강 재첩국의 냄새가 난다. 보잘 것 없는 인스턴트 국에 불과하지만 국그릇 바닥에는 잘디잔 조개껍질이 가라앉아 있다. 나는 그 조개껍질들을 맥그리거의 풀밭에다 버렸다. 내가 지나간 흔적을 패총처럼 남기기라도 할 요량이 순간적으로 작용했었는지도 모르겠다.

그렇게 견고하게 끼어서 태양까지 차단하고 있던 아침 안개가 덧없이 한쪽 귀퉁이에서부터 허물어지기 시작한다. 파아란 하늘이 보이기 시작하자 어디론가로 허둥지둥 달아나는 안개의 당황한 꼴들이 눈에 들어온다. 식사를 마치고 설거지까지 끝냈을 때 안개의 성채는 이미 붕괴되고 무너진 고성처럼 흔적만 겨우 남아서 땅바닥에 깔린 연기처럼 굴러다닐 뿐이었다. 해는 서서히 달아오른다.

## 하느님의 술병마개

나는 정확히 아홉 시 사십 분에 행장을 꾸려서 길을 떠났다.
간밤에는 어둠과 안개에 가려서 아무 것도 내다보이지 않던 것이 오늘은 눈부시게 드러난다.
둥글게 감아놓은 건초더미들이 꼭 같은 크기로 도로변에 질서정연하게 놓여있다. 나는 그것을 가만히 바라보다가 〈하느님의 술병마개〉라고 이름을 붙였다.
설명인즉 하늘나라에서 몹시 심심해지신 하느님이 이 한적하고 조용한 시골에 포도주 병을 안고 내려와서 코르크로 만든 술병마개를 뽑아서 버린 것이라 감히 외람된 해석을 한 것이다.
동그란 건초더미가 밭 한가운데에 즐비한 곳을 지날 때면
〈아이구, 하느님! 언제 이곳까지 오셔서 술을 들고 가셨나요?〉
라고 중얼거렸다.
이런 재담은 모든 여행자들의 피곤한 심신을 산뜻하게 되돌려 놓는 데에 썩 도움이 된다는 사실을 나는 안다.
하늘엔 새털처럼 가벼운 구름들이 둥실 떠있고, 차안에는 대낮부터 고복수의 슬픈 선율이 흐르고 있다. 고복수의 노래는 유랑이라는 주제를 담아내기에 알맞은 성음이다. 하지만 너무 오래 듣고 있으면 야릇한 무력감에 빠지게 되고, 그저 비극적 세계관에 젖어들게 되는 흠이 있다.

애트킨에서 자동차에 주유를 한 뒤 다시 달리고 달려서 프레찌이 휴게소에 도착하여 도중에 사온 빵으로 점심 식사를 하였다. 국도에 시설이 잘 갖춰진 휴게소가 있다는 사실은 놀랍다. 워낙 국도의 길이가 길고 지루하기 때문에 나그네를 위하여 이런 시설은 반드시 필요하다.

이 휴게소는 워낙 조용하고, 한가롭지만 한 가지 나쁜 것은 휴게소의 물맛이다. 철분이 워낙 많아서 물맛이 찝찔하고 시원하지도 않다. 수도의 주변 땅바닥에는 온통 붉은 기운이 감돌 정도이다. 한국의 약수터를 방불하게 한다. 한낮의 햇살이 워낙 강렬하여 나는 자동차의 앞 뚜껑을 열어 놓고 한적한 풀밭으로 들어가서 새소리를 들으며 한참 쉬었다.

## 한국전쟁 참전 미군병사를 만나다

그늘에는 산들바람이 불어와서 한결 시원하였다.
칠십대로 보이는 한 미국 노인이 다가와서 말을 걸었다. 그는 이 더운 날에 자동차의 본넷을 열어두는 것은 운행에 유익하지 않다고 충고를 해주었다. 이렇게 해서 그 영감님과 자연스럽게 몇 마디 이야기가 오고 갔다.

내가 한국에서 왔다고 하자 그는 갑자기 어깨를 으쓱거리며 자신이 한국전쟁에 참전했던 미군병사였다고 말했다. 그때까지 괜찮았던 분위기가 왠지 썰렁하게 바뀌었다. 그는 내가 한국인이라는 사실을 알고서부터 노골적으로 시혜자의 태도를 보였다. 내가 냉담한 태도를 보이자 그는 곧 자리를 떠났고, 나는 그 한국전 참전병사에 대해서 아무런 미련을 갖질 않았다. 가련한 한반도에 대해서 항상 시혜자의 자세를 가지는 상당수의 미국 참전 병사들! 이런 경우를 미국에 와서 벌써 몇 번이나 보고 겪었다.

### 늙은 미군 병사

자신의 한국전쟁
참전 시절을 떠올리는
저 아메리카 노인의 표정은 야릇하다
당시 전쟁의 포화 속에서 태어난 아기가
어느덧 장년이 되었다고
내 소개를 하는데
그는 내 말은 귀담아 듣지도 않는다
그 해 겨울 눈보라 속을 진격해 올라갔다는
먼 북쪽 원산 청진이란 곳의
춥고 몸서리치던 기억만
고개를 가로 저으며 떠올린다
한반도여, 내 조국이여
이 늙은 미군 병사의 추억 속에서
너는 여전히 가난하고 불쌍한 나라이구나
세월이 강처럼 흘러갔어도
너는 여전히 전쟁의 그늘 속에
허우적거리고 있구나

드디어 오후 세 시경!
나는 파아고에서 94번 고속도로와 합류했다.

어느 틈에 자동차는 노쓰다코다 주로 접어들었다.
북아메리카 인디언들의 총본부가 있었다고 하는 노쓰다코다.
가도 가도 휴게소는 나타나질 않고, 태양은 점점 뜨겁게만 달아오른다. 이곳은 아직도 고속도로 수리공사가 한참 진행 중이다. 매우 긴 구간을 비좁은 2차선 도로로 달리는 중에 나는 차창 밖으로 너무도 아름다운 저녁 황혼을 만나게 되었다.
비스마르크가 가까운 곳에서 하나의 휴게소를 만나 그곳에서 하룻밤을 지내기로 했다. 산들의 흔적은 거의 없고, 광대무변한 벌판에 집도 절도 하나 찾아보기 어렵다. 이런 빈들에 지어진지 얼마 되지 않아 보이는 휴게소는 참 깨끗하다. 이곳 부근을 달리는 자동차들도 그다지 많질 않다.
라면을 끓여서 저녁을 대신하였다.
풀밭의 모기가 얼마나 맹렬한 지 잠시만 방심하여도 아랫도리를 온통 꼭꼭 찔러댄다. 어떤 놈은 내가 손바닥으로 천천히 때릴 때까지 찌르고 있던 바늘을 뽑지 않고 있다가 그냥 죽고 만다. 반바지 차림의 다리는 모기가 빨던 피로 벌겋게 물들었다. 방심하지 말아야지.
휴게소의 유리창 문에는 바깥에서 불켜진 실내로 들어오려는 모기들이 매달려서 하염없이 바둥거리고 있다. 나는 아득한 노쓰다코다의 무연한 벌판을 오래 오래 넋을 놓고 바라보다가 잠이 들었다.

## 노쓰다코다의 쓸쓸한 들판

노쓰다코다의 황량한 벌판 위에 해가 둥실 떠서야 잠이 깨었다.
휴게소의 청소 담당 일꾼이 와서 무표정한 얼굴로 유리창 앞의 죽은 모기들을 쓸어낸다. 덧없는 주검들이다.

아침에 보니 휴게소의 건물은 빨간 철골 구조로 지어진 예쁜 건축이다.

감자와 어묵을 넣고 국을 끓여서 아침 식사를 했다.

그리고 정각 9시20분 경에 출발했다.

나는 노쓰다코다의 한 중간을 가로질러서 마냥 서쪽으로 서쪽으로 달려갔다. 아무리 달리고 달려도 지도상의 거리는 별반 줄어들 기미를 보이지 않는다.

아득한 벌판이지만 그래도 밀이 누렇게 익어 가는 들판은 반갑게 느껴진다.

노쓰다코다 주에는 한 가지 특이한 것이 있다. 그것은 석유를 생산하는 유전을 자주 볼 수 있다는 점이다. 그것도 아랍 지역처럼 대형 유전이 아니라 밭 한 가운데에 우물처럼 유공(油孔)을 파고 거기에 박아놓은 착유기(窄油機)가 시름없이 움직여서 하루 온종일 기름을 퍼 올리고 있다. 이렇게 자아올린 석유는 마치 우유를 모아가듯이 석유를 모아 가는 차가 있어서 집하장으로 옮겨가는 것이다.

이런 벌판을 끝없이 나는 달려간다.

벨리 시티, 제임스 타운, 비스마르크, 딕슨을 거쳐서 달려가도 몬타나 주의 빌링스까지는 아직도 398마일이 남았다고 표지판은 알려준다. 드디어 노쓰다코타를 벗어나게 되자 점차 산언덕들은 일시에 다 사라지고 봉긋하고 밋밋한 흔적들만 약간 남아 있을 뿐이다.

가도 가도 끝없는 벌판의 황량함.

그 어디에도 마음을 붙이기 힘든 광막한 자연의 서먹함만이 벌판을 채우고 있을 뿐이었다. 이런 곳을 달리다가 만약 자동차에 고장이라도 나게 된다면 어찌될 것인가. 생각만 해도 아찔할 뿐이다. 다만 나의 자동차가 문제없이 잘 달려주기만을 속으로 고대할 뿐이다.

어제 벌판을 보았던 〈하느님의 술병마개〉들이 몬타나에도 어김없이 널브러져 있다. 하나님은 이 황량한 몬타나까지도 오셔서 포도주를 과음하신 것이로군! 나는 워낙 심심해서 혼자 이런 말을 자꾸만 덧없이 중얼거린다.

## 루즈벨트 국립공원

디킨슨을 지나서 프라이버그 부근으로 접어들자 하나의 안내 표지가 보였다.

데오도르 루즈벨트 국립공원.

반가움에 못 이겨 자동차를 세우고 나가보니 아, 광막한 벌판에 난데없이 험상궂은 골짜기가 한도 없이 펼쳐져 있는 것이 아닌가?

미국식 캐년이란 것이 바로 이런 광경을 말하는 것인가 하였다.

평지에서 완전히 푹 꺼져서 형성된 골짜구니에는 사막형 식물들이 듬성듬성 군락을 이루고 그 사이로는 아주 황폐한 골짜기가 연이

어질 뿐이었다. 계류는 아주 말라붙어 있었고, 더운 사막의 열기가 계곡 안을 가득 메우고 이글이글 달아오르고 있었다. 설명서를 읽어 보니 이런 황폐한 골짜기에도 여우와 토끼 등의 동물들이 살고 있다는 것이 신기하기까지 하였다.

 이런 곳을 등산 장비를 걸러 메고 하루만 헤맨다고 하여도 그 어떤 즐거움이 있을 것 같지 않았다. 그저 죽음의 기운만이 가득할 뿐이었다. 이런 골짜기를 지금으로부터 70여 년 전, 대통령을 지낸 루즈벨트가 청년 시절에 이곳을 말을 타고 다니며 사냥을 즐겼다고 한다.

 루즈벨트 국립공원이라는 이름도 그 때문에 붙여진 것이라 한다. 안내소의 기념품 판매소에 붙어 있는 사진으로 보자면 이 죽음의 계곡 한 가운데로 미주리 강이 흐르고, 아름다운 절경의 지역도 여러 군데라고 한다. 나는 처음 보는 이 신기한 광경을 사진기에 담느라 여념이 없었다.

 휴게소 나무 그늘에 앉아서 루즈벨트 계곡을 내려다보며 나는 아침에 맥도날드에서 사온 빵으로 식사를 때웠다.

  그곳을 다시 떠나서 정확히 오후 두 시경 나는 몬타나 주로 진입하였다.

## 몬타나주의 살인적인 열풍

  몬타나 주로 접어들면서 열기는 가히 살인적이다.

  노쓰다코다 주보다도 기온은 한결 뜨겁고, 숨이 막힐 듯한 열풍이 확확 불어온다. 온도계로 기온을 측정해 보니 섭씨 40도에서 43도까지 치밀어 오른다.

  바깥 풍경은 거의 죽음의 지대. 말 그대로 살풍경이다.

  밋밋한 구릉과 야산의 연속인데 사람 사는 집은 한 채도 보이질 않는다.

  하기야 이런 곳에 어찌 사람이 살 수 있으리오. 확확 달아오른 나의 얼굴은 잘익은 복숭아처럼 상기되었다. 자동차에 무리를 주지 않으려고 냉방기 가동시키는 것도 중지를 해서 몬타나의 열풍은 더욱 견디기 어렵다.

  그 어떤 곳을 둘러보아도 그늘이 있는 곳이라곤 없다.

  빌링스 가까운 어느 휴게소에 잠시 들러서 나는 넋을 놓고 앉아서 열기가 맹렬하게 달아오르는 들판을 바라본다.

  몬타나의 휴게소는 시설이 아주 엉망이었다. 물이 몹시 인색할 뿐만 아니라, 그 물도 미지근하기 짝이 없다. 어떤 곳은 심지어 수도꼭지마저 고장이 나 있다. 풀밭에는 작은 실뱀이 출몰한다는 표지마저 붙어 있어서 오히려 그런 안내 때문에 등골이 더욱 오싹해질 뿐이었다.

오후 8시경, 드디어 나는 빌링스 가까운 휴게소에 도착하였다.

이곳도 덥기는 마찬가지였지만 나는 곧 몬타나 주를 빠져나갈 수 있다는 기대에 들떠서 일단 가공할 만한 살인적 더위를 느긋하게 참아보기로 하였다.

한더위에 푹 잠겨있는 빌링스를 지나서 나는 옐로스톤으로 빠지는 212번 국도의 어느 멕시컨 식당 옆 주차장에 잠시 차를 대고 뜨거운 열기 속에서 라면을 끓였다. 조촐한 늦은 저녁이다. 남의 집 식당 앞마당이라 드나드는 사람들의 눈치를 보면서 자동차 문을 거의 닫고 라면을 끓이는데 그 뜨거움을 참기란 정말 힘겨웠다.

이곳에도 모기는 독하게 들끓어 내가 잠시 풀밭 옆에 서 있는 동안 모기들이 아랫도리에 새까맣게 달려드는 광경을 보고 나는 나도 모르게 비명을 질렀다. 어떤 놈은 피를 빨다가 그대로 맞아서 죽었다. 물린 자리는 퉁퉁 부어 올랐다. 노쓰다코다의 모기보다도 더욱 극성스러웠다. 재빨리 모기향을 피웠는데, 그것이 약간의 보탬이 되었다. 어느 정도 모기들을 물리칠 수 있었다.

이윽고 밤이 되었다.

나는 자동차의 기름을 보충하고, 그대로 조금 더 달리다가 마땅한 잠자리를 찾아볼 생각이었다. 주유소의 주인은 마치 소피아 로렌처럼 걸걸하게 생긴 여장부형의 오십대였다. 주유가 제대로 되지 않는다고 호소하자 그녀는 피우던 담배를 손가락에 그대로 끼우고 주유현장 가까이로 와서는 담배를 약 2미터 가량 떨어진 땅바닥에 놓아두고 걸어왔다. 하지만 그 광경은 참으로 아슬아슬한 것이었다. 아무리 애연가라 하여도 화재의 위험을 생각할 때 이런 행동은 매우 무모하고 무식한 짓임에 틀림없었다. 머리끝이 오싹해졌지만 그녀에게 내색하지는 않았다.

시간을 물어보았더니 시카고와는 한 시간 가량 시차가 있었다. 그러니까 시카고보다 한 시간 늦은 것이었다. 갑자기 한 뭉치의 시간을 새로 얻은 것 같았다. 하지만 돌아갈 때는 이와 정반대의 현상이 생길 것이다.

거기서 좀더 달리자 곧 국도 변의 조용한 휴게소가 하나 나타났다. 워낙 한적하여 불안스럽긴 했지만 이제 몸과 마음이 지치고 더 달릴 수도 없어서 오늘밤은 그냥 그곳에서 자기로 했다.

시간은 이미 자정 가까운 밤 열시 반!

휴게소 화장실 수도에 가서 손과 발을 깨끗하게 씻고 잠자리에 들었다.

옐로스톤으로 가는 차량과 오토바이들이 밤새껏 달려가는 소리가 귀에 들려왔다. 가까운 곳에 개울이 있는지 물 흐르는 소리도 들려왔다.

## 옐로스톤 국립공원

아침에 웬 자동차가 나의 차 옆에 주차하였다. 차창으로 내다보니 키가 커다란 젊은 아버지와 아이들 셋이 함께 숲 속으로 낚싯대를 들고 들어가는 모습이 보였다. 그로부터 한 두어 시간 가량 있다가 돌아오는데 제법 고기를 많이 잡은 것 같았다. 그들은 아침 식사를 위한 신선한 재료를 시냇물에서 건져 오는 것이었다. 낚시를 한다면 틀림없이 송어를 잡아오는 것이리라.

자동차밖에 나와서 주변을 둘러보니 먼 곳으로 제법 산다운 산들이 눈에 들어왔다. 이곳까지는 몬타나 주였으나 옐로스톤 국립공원이 위치한 곳은 거의 모두 와이오밍 주라는 사실을 아는 사람은 많질 않다. 건조시켜 분말로 만든 일본 미소된장국을 끓여서 조반을 먹고 출발했다.
 드디어 옐로스톤의 서쪽 입구로 서서히 접어들기 시작하였다.
 오래지 않아 엄청난 높이의 고산 거악이 눈앞을 가로막고 만년설이 원경으로 펼쳐지는데 그 감동은 참으로 숨이 막힐 지경이었다. 이런 감동을 맛보기 위해 노쓰다코다와 몬타나의 그 살인적 더위를 뚫고 지나왔던 것이 아니던가.
 산정으로 올라가는 도로는 잘 정비되어 있었다. 군데군데에 자동차를 세우고 주변의 경치를 조망할 수 있도록 전망대가 만들어져 있었다. 나는 자주 차를 세우고 극히 아름다운 곳에서는 감탄사를 연발하며 옐로스톤 입구의 풍광을 마음껏 즐겼다.
 한 곳에서는 옐로스톤 입구로 들어가는 산악 지역의 풍광을 조망하기에 좋도록 능선 끝 쪽으로 길을 만들어 둔 곳도 있어서 나는 그 곳으로 따라 걸어갔다. 한국 다람쥐보다 몸집이 작고 동작은 훨씬 날쌘 북아메리카 산악다람쥐가 사람을 겁내지 않고 발 앞을 쏘다녔다. 그 녀석의 꼬리는 턱없이 가늘고 털도 적은 것이 직각으로 곧추 세워져 있어서 한국 다람쥐의 멋스러운 꼬리보다는 훨씬 못 미치는 듯하였다. 자동차가 이윽고 산정에 도착하자 하나의 넓다란 고원지대가 나타났고, 나는 드디어 만년설을 바로 지척에서 만져볼 수 있는 한 지점에 다다랐다. 지난겨울에 내린 눈이 녹을 만큼 녹고 남은 것이 그대로 얼음으로 바뀌어져 있었다. 나는 만년설 위를 조심조심 걸으면서 눈이 얼어붙은 것을 손으로 떠서 뭉쳐보기도 했고, 뭉친 눈을 멀리 절벽 아래로 던지는 장난을 치기도 했다. 구경꾼들은 일제히 탄성을 질러댔다. 이제부터 만년설은 너무도 가까운 곳에 있었다.
 어떤 놈은 길가에 흘러나와 얼어있었고, 또 어떤 놈은 길에서 조금 떨어진 곳에서 호기심을 잔뜩 가진 인간들에게 다가오라는 손짓을 하고 있었다. 또 어떤 놈은 아주 높은 벼랑 끝에 매달려서 접근을 허용하지 않는 고고한 녀석도 있었다. 온통 사방이 만년설로 즐비하였다.

 옐로스톤 서편 입구 쪽의 큰 산허리를 하나 넘어서자 그야말로 신선의 영역과도 같은 아름다운 호수가 나타났다.

 그 둘레에 우거진 온갖 어여쁜 야생초!

 그리고 호수의 수면에 거꾸로 비친 이마에 만년설을 얹은 높은 산들의 모습!

 이런 것들은 보는 사람의 넋을 홀리기에 충분하고도 남음이 있었다.

 나는 어느 호숫가의 작은 공터에 자동차를 대고 꿈결과도 같은 그 장소에서 밥을 짓고 된장국을 끓였다. 어떤 사람들은 아예 자동차를 길가에 세운 채 의자를 갖고 나와 거기에 앉아서 엽서의 그림과도 같은 아름다운 풍광을 오래 오래 감상하기도 하였다. 성능이 좋은 오토바이에 각종 야영장비를 싣고 사랑하는 이와 둘이서 이곳저곳을 떠돌아다니는 폭주족들도 있었다.

 식사 후에 호숫가로 걸어가 보니 발에 밟히는 풀밭 아래에서 물이

찌걱찌걱 올라오고 있었다. 말하자면 이 풀밭이 오랜 세월이 흐르는 동안 호숫가에 늪처럼 서서히 형성된 사실을 말해주는 것이었다.

나는 이곳이 본격적인 옐로스톤이라고 생각했었는데 그것은 착각이었다. 한참을 달리니 쿠크 시티라는 곳이 나타났는데 이곳이 옐로스톤 서쪽 지역 어구의 마지막 마을이었다. 마을 전체가 온통 관광객들을 대상으로 기념품을 팔고, 숙박시설을 제공하고, 때로는 말도 빌려주는 듯하였다. 물가는 상상외로 비쌌으며, 인심도 각박한 듯하였다. 주변 환경도 과히 깨끗해 보이지는 않았다.

이곳에서 다시 얼마를 달려가니 옐로스톤 국립공원의 서쪽 통제소가 보였다. 입장료로 20불을 지불하자, 창이 넓고 둥근 초록색 모자를 쓰고 국립공원 근무자 제복을 입은 금발머리의 여성 관리원은 나에게 옐로스톤 소식이 담긴 신문과 야생동물을 만났을 때의 주의문 한 장, 그리고 옐로스톤과 그랜드 티턴의 지도가 담긴 자료 하나를 건네주었다.

이 옐로스톤은 1872년에 세계 최초로 지정된 국립공원이라고 하였다. 전체 면적이 무려 9.852㎢나 된다고 한다. 대부분 와이오밍 주에 있으나 북으로는 몬태나 주, 서쪽으로 아이다호 주에 걸쳐서 위치해 있으므로 사실상 세 주에 걸쳐서 있다. 이곳에서 주로 볼만한 것은 여기저기서 만나는 간헐천, 원시림에 둘러싸인 호수, 계곡 중간에서 느닷없이 나타나는 폭포 등이다. 버팔로, 파이슨, 잿빛곰 등의 야생동물들이 서식하는 지역이라 운만 좋으면 그들을 쉽게 만날 수 있다고 한다.

빽빽이 우거진 숲과 맑은 시냇물을 바라보며 좀더 달려들어가니 이윽고 하나의 분기점이 나오는데, 이곳이 타워정션이라는 곳이다. 루즈벨트가 묵었다는 통나무집이 있다는 곳이 바로 여기다. 루즈벨트는 20세기 초반기에 북아메리카의 명승지를 찾아서 여러 곳을 찾

아다닌 모양이다. 명문가에서 태어나 부와 명예를 마음껏 누린 사람의 흔적을 지명에서 발견할 수 있다.

　이곳에서 나는 오른쪽 길로 접어들어 매머드 쪽을 먼저 가기로 했다. 길은 여전히 쭉쭉 곧은 수림으로 우거지고 온갖 기화요초들이 언덕 위에 만발해 있었다. 부유층의 한 무리들은 여러 가족들이 함께 어울려 자신들이 몰고온 준마를 타고 방금 옐로스톤의 승마 전용로를 출발하려는 광경도 눈에 띄었다. 십 세 미만의 어린 소녀도 커다란 말 한 마리를 당당하게 타고 앉아서 고삐를 쥐고 있는 품이 말에 대해서 아주 익숙한 듯이 보였다.

　한참을 달려가니 매머드가 보였다.

　이곳은 옐로스톤의 동쪽 입구에 있는 마을이었다. 주유소와 병원, 숙박시설과 학교도 보였고, 시간이 오후인데 한 신혼부부가 방금 결혼식을 마치고 사진을 찍는 광경이 눈에 들어왔다. 매머드에서 자동차에 기름을 넣다가 관리직원에게 물었더니 이곳이 유황온천으로 유명한 곳이라 한다. 과연 땅속에서 흘러나온 유황덩어리가 폭포를 이루듯 그대로 굳어서 생긴 높다란 언덕이 바로 눈앞에 보였다. 그것은 유황 특유의 빛깔로 온통 누렇고 불그레하였다.

　나는 옐로스톤의 전체 관광을 최소의 시간에 최대의 성과를 거두겠다는 심정으로 임하려 하였다. 그래서 옐로스톤 지도를 펴놓고 아라비아 숫자로 8자 형태로 되어있는 도로를 두 개의 S자로 나누어서 절반씩 보기로 하였다. 그렇게 해서 달려간 것이 옐로스톤의 허리께에 위치한 노리스를 거쳐서 캐년을 통과하여 피싱 브리지, 위스트 텀으로 빠져 내려서 곧바로 그랜드 티턴으로 달려가 거기서 하룻밤을 지내고 오는 경로를 택하였다.

　매머드에서 노리스까지 가는 동안에 내가 일차로 보게 된 것은 길가에서 한가로이 풀을 뜯고 있는 야생의 사슴이었다. 사람들은 일제히 차에서 내려 카메라의 셔터를 눌러대느라 정신이 없었다. 이 광경을 찍어대느라 자동차의 행렬은 길게 늘어졌다. 그 다음으로는 캐년에서 피싱 브리지로 가는 동안에 보았던 광경들이다. 유황이 솥에서 부글부글 죽처럼 끓기도 하고 때로는 솟구치기도 하는 기이한 현장

을 보았고, 또 어떤 개울 한 가운데서는 차디찬 개울바닥에서 뜨거운 온천수가 부글부글 솟아나는 광경도 보았다.

## 내 앞을 질러간 신령스런 버팔로떼

이제 나는 이번 옐로스톤 여행에서 가장 감격적인 경험 중의 하나를 기록해야만 하겠다. 그것은 아메리카 들소인 버팔로의 행렬이 나의 자동차 앞을 떼를 지어서 통과해간 몸 떨리는 감동이다. 옐로스톤을 다녀가는 사람들이 먼 곳에서 풀을 뜯고 있는 버팔로를 원경으로 바라보는 일은 쉽다고 한다. 하지만 이처럼 자동차 바로 앞을 수십 마리가 떼를 지어서 몰려가는 광경은 경험해보기란 매우 드문 일이라고 하였다. 이런 희귀한 경험을 오늘 나는 직접 생생하게 겪었던 것이다.

버팔로는 과거 아메리카 인디언들이 자신들의 삶을 지켜주는 신령스런 존재로 경배되었던 대상이었다. 하지만 이 때문에 버팔로는 숫자가 기하급수로 불어나 한때 이주민들에 의해 무차별 포살 대상이 되었던 비운의 야생동물이다. 지금은 그 숫자가 극히 제한되어 옐로스톤을 비롯한 몇 몇 국립공원 안에서만 서식하고 있는 희귀한 동물이 되고 말았다.

덩지가 매우 커다란 버팔로 숫놈이 당당한 걸음으로 터벅터벅 걸어서 내가 탄 자동차 앞으로 지나갔다. 녀석은 자동차를 인간이 만든 문명적 찌꺼기쯤으로 비웃는 듯 전혀 아랑 곳 하질 않고 온몸의 검은 털을 출렁거리며 도로 한 가운데를 뚜벅뚜벅 걸어갔다. 아마도 이 녀석이 버팔로의 우두머리가 아닌가 하였다.

대장이 지나가자 눈치를 보고 있던 다른 버팔로들이 일제히 도로

한 가운데를 가로질러서 일부는 산기슭으로 올라가고, 더러는 시냇가로 우루루 먼지를 피워 올리며 걸어 내려갔다. 어미로 여겨지는 버팔로도 여러 마리 보였고, 아직 송아지 상태를 벗어나지 못한 어린 버팔로의 모습도 있었다. 이 광경이 바로 나의 자동차 앞에서 일어난 일이었다. 앞에서 마주 오던 자동차들은 차를 길가에 그대로 세우고 모두들 촬영에 여념이 없었다. 어느 트럭의 운전자는 차 위에 올라가 캠코더의 렌즈를 부지런히 들이대고 있었다.

또 어느 지점에 다다르니 버팔로 한 마리가 땅에 누워서 뒹굴며 진흙 목욕을 하는 장면이 눈에 들어왔다. 버팔로가 바로 때맞추어 앞을 가로 질러간 사실을 두고 나는 어떤 감격적인 일이 나에게 일어나고 있다는 징표라 의미부여를 하였다.

아무튼 이것은 감격적인 경험임에 틀림없었다. 또 어느 지점에는 수백 마리로 추정되는 버팔로 무리가 한가로이 풀을 뜯고 있는 광경도 보였다. 그 모든 것이 깨끗하고 아름다운 대자연의 감동적인 모습이 아닐 수 없었다.

줄곧 자동차를 타고 달려가니 거대한 옐로스톤 호수가 눈앞에 펼쳐졌다. 고원 지대에 위치한 호수로서는 미국 최대라고 한다. 해발 2400미터로 빽빽한 침엽수림에 둘러싸여 있다. 수심은 100미터이고 둘레는 160km나 된다고 한다. 호수 주위에는 하얀 펠리컨과 백조가 살고 있다 하였으나 빠른 시간에 주변을 통과해 달렸으므로 그들을 보지 못하였다.

낚시 장비를 챙겨서 송어낚시를 하는 사람, 보트나 요트를 호수 위에 띄우고 뱃놀이를 하는 사람이 많이 보였다. 그들은 옐로스톤에서 주로 물을 즐기기 위해 오는 사람들처럼 보였다.

## 처참한 산불의 흔적

광대한 옐로스톤의 대삼림들은 앙상하기 짝이 없었다. 지난 80년대 후반에 큰 산불이 휩쓸어서 흉한 몰골을 드러내고 있는 광경이 자주 보였다. 당시의 산불은 저절로 일어난 자연적 발화였다고 한다. 내 생각에는 옐로스톤 일대의 기운에 화기가 무척 승해서 산불이 자주 일어나는 것이 아닌가 하였다.

하지만 산불이 지나가고 굵은 아름드리 고목들이 쓰러진 사이사이로 어린 나무들이 파릇하게 자라 오르는 광경은 가슴이 애처로웠다. 이른바 소나무 사회의 세대교체인 것이다. 낡은 세대는 자연법칙에 의해 떠나가고 새로운 세대가 얼굴을 막 나타내는 참이다. 인간의 삶도 바로 저러한 순환논리에 길들여 있으리라.

한참을 달리고 달려서 콜터 베이라는 곳에 도착하니 모텔도 보이고, 통나무집으로 지은 숙박소도 있었다. 하지만 가격은 무려 일백 달러에 가깝다. 단지 하룻밤을 잠시 자는 가격으로는 너무도 비싼 느낌이 들었다.

그 안쪽에 캠핑 지구가 있다는 안내가 보여서 그곳을 찾아 들어가니 숲 사이사이에 번호를 붙여 놓은 공터가 보였다. 이미 상당수의 캠핑족들이 들어와 자리를 잡고 일부는 텐트를 치고 일부는 자신들이 끌고 온 캠핑용 자동차 안을 들락거리며 저녁 식사준비에 바빴다. 나도 어느 한 지점에 자리를 잡고 곧 저녁 준비를 하였다. 화장실과 세면장이 갖추어진 그곳은 가격도 하룻밤에 15불 정도에 불과하여 나에겐 매우 적절한 장소였다.

곧 날이 어두워져서 밤하늘의 별들이 쏟아질 듯 초롱초롱하게 보였다. 경산의 시골집에서 보이던 북두칠성이 여기에서는 매우 가까운 위치에서 커다랗게 보였다. 기타를 치면서 노래하던 청년들의 패

거리도 잠이 들고 사위는 괴괴할 정도로 고요하였다. 한밤에 곰들이 출몰하여 쓰레기통을 뒤지거나 사람들이 갖고 온 음식을 찾으려고 소동을 부리는 경우가 자주 있으니 음식물 단속을 각별히 하라는 경고문이 도처에 붙어 있었다. 쓰레기통도 힘센 곰들이 결코 꺼내지 못하도록 특별히 설계하여 투입구가 비좁게 만들어졌고, 아래의 몸통과 위의 뚜껑 부분이 단단하게 결합되어 있었다.

오늘밤은 미국의 옐로스톤 국립공원 구역 내로 들어와 그랜드 티턴 가까운 곳에서 크고 높은 산의 품에 안기어 단잠을 자게 되었다.

## 그랜드 티턴의 위용

생선 어묵으로 국을 끓여서 조밥 한 그릇을 뚝딱 해치웠다. 워낙 빈약한 식탁이라 오히려 그랜드 티턴 지역의 달고 깨끗한 공기를 반찬 삼아 식사를 하였다는 편이 옳다. 그만큼 이 지역의 아침 공기는 신선하고 아름답다.

캠핑 지역을 빠져나갈 때 국립공원 직원들이 나와서 사용료를 받고 있었다. 나는 기쁜 마음으로 하룻밤의 비용을 지불하였다. 이제 그랜드 티턴 골짜기로 깊숙이 들어가 보는 일과가 남았다.

많은 미국인들이 자신들의 해이해진 삶의 긴장을 추스리기 위해 한번씩 찾아온다는 그랜드 티턴! 안골짜기로 접어들수록 티턴의 위용이 서서히 얼굴을 나타내기 시작했다.

이곳은 영화 〈셰인〉의 마지막 장면에서 배경으로 등장한 뒤로 더욱 유명해졌다.

그랜드 티턴이란 해발 4,197미터의 가장 높은 주봉인 바위산을 중심으로 무려 열 두 개의 높은 준봉들이 거인처럼 나란히 줄지어 서 있는 늠름한 장관을 연출해 보여주고 있는 지역이다. 주변을 구불구불 사행천(蛇行川)으로 흐르는 스네이크 강, 잭슨 호수 따위와 어울려서 더욱 장관을 연출한다.

　나는 마운트 모란과 그랜드 티턴 앞에 차를 세우고 그 산봉우리의 신령을 향해 기도하는 듯한 심정으로 산의 위용을 올려다보았다. 산봉우리는 만년설을 얹은 채 은빛 이마를 햇살에 반짝이고 있었다. 이 산의 위용을 보름날 밤에 달빛 속에서 보면 더욱 환상적이라 했다. 하지만 아쉽게도 나는 이른 아침에 그랜드 티턴을 보았으므로 보름날 밤의 풍경은 상상으로 떠올려야만 했다.

　한 젊은 미국인이 자신들의 가족 사진을 찍어달라고 부탁했다. 가장인 듯 보이는 그 남성은 어제 자기 혼자서 그랜드 티턴의 바로 턱 밑에까지 등산을 하고 돌아왔노라고 자랑을 했다. 그랜드 티턴의 맨 아랫쪽 출입구 관리지역인 잭슨까지 갔다가 자동차를 돌려서 다시 왔던 곳을 되돌아오기 시작했다.

　이제부터는 티턴을 빠져 나와서 옐로스톤을 어제 거치지 않은 지역을 중심으로 S자의 역방향으로 다녀보려고 한다. 티턴의 위용을 뒤로하고 다시 한참을 달려서 웨스트 텀까지 오니 곧 쇼숀 간헐온천 웅덩이가 나타난다. 전체 웅덩이가 펄펄 끓는 유황온천수로 가득 넘실거리고 있다. 더운 김이 하늘 중천에까지 피어오른다. 가까이 접근한 즉 뜨거운 열기가 얼굴에 확 끼얹어진다. 마치 천연 증기탕에라도 들어온 것 같다. 물빛은 매우 아름답고 신비한 청옥빛이다. 그 후로도 올드 페이스풀을 비롯한 여러 개의 간헐온천 웅덩이가 나타났는데, 어떤 곳은 땅 구덩이 속에서 허연 증기를 내뿜고 있었고, 또 어떤 곳은 깊은 땅 구멍에서 요란한 소리를 내기도 하였다. 또 어떤 곳은 진흙반죽이 거품을 튀기며 부글부글 끓어오르기도 하였고, 또 어떤 곳은 수백 도의 뜨거운 온천수가 수십 길 씩 솟구쳐 오르기도 하였다. 이런 용출 에너지는 지구가 존재하는 한 영원히 계속될 것이 아닌가? 그 광경들은 참으로 엄숙하고도 장렬한 광경이었다. 지구의 한 중심에는 여전히 펄펄 끓는 불덩이가 깃들여 있다는 말이 그대로 사실인 것이다. 인간도 자신의 가슴 한 구석에 남 모르는 불덩이를 지니고 살아가야만 할 것이다. 나는 내 가슴속의 불덩이를 과연 어떤 방식으로 유지하고 있는가? 과연 뜨거운 불덩이가 들어있기나 한 것인가? 옐로스톤에서 치솟는 유황온천수를 바라보면서 나는 내 가슴속의 현황을 곰곰이 반성하고 있었다.

일명 〈파운틴 페인트통〉으로 알려진 용출수를 뒤로하고 메디슨과 노리스를 거쳐서 캐넌 쪽으로 다시 빠져 나와 타워 정션을 향해 달리기 시작했다. 자동차는 서서히 높은 고개를 오르기 시작한다. 이곳이 던레이번 패스라고 알려진 곳이다. 여기서는 눈에 덮인 와시번 산이 멀리 바라다 보인다. 이 코스에는 주상절리로 형성된 빗살 형태의 암벽도 보이고, 또 엄청난 낙차로 떨어지는 천 길 폭포와 대협곡의 위용도 나타난다. 이제는 옐로스톤의 온갖 위용과 아름다움에 충분히 젖을 만큼 젖었다. 어여쁜 야생초의 군락이 나타날 때마다 탄성이 저절로 터져 나왔다. 매머드에 도착했을 때 해가 뉘엿뉘엿 기울고 있었다.

옐로스톤을 이대로 곧장 빠져나간다면 얼마나 서운한 일이 될 것인가? 가만히 돌아보니 나는 은연중에 옐로스톤에 대해 일말의 미련을 갖고 있었던 것이다. 매머드의 주유소에서 다소 비싼 느낌이 드는 기름을 자동차에 가득 채워 넣고 돌아서 빠져 나오려는데 문득 야생 사슴의 한 떼가 매머드 마을 중심에 나타나서 잔디밭의 풀을 뜯고 있다. 약 서른 마리 이상은 넘어 보인다. 이 녀석들은 풀밭에 무릎을 꿇고 앉아서 보드라운 풀들을 앞니로 맛있게도 뜯어먹는다. 풀 뜯는 소리가 가까이로 사각사각 들려온다. 이 녀석들 사이에도 어떤 규율이 있는 듯 하였다. 대장인 듯 보이는 가장 커다란 수놈이 일어나서 자리를 이동하자 다른 사슴들이 모두 자리를 부시시 일어나 뒤를 따라 이동하였다. 어떤 놈은 두고 가는 어린 풀들이 못내 아까운 듯 몇 번 더 뜯다가 일어났다. 어떤 어린 녀석은 어미의 젖꼭지를 입에 문 채로 어미의 배 밑에 바싹 붙어서 걸어가고 있었다. 또 어떤 놈은 걸어가면서 도로 한 중간에 물찌똥을 찔끔찔끔 흘리며 갔다. 나는 이 광경이 그렇게도 통쾌할 수가 없었다. 인간의 조작과 터치란 것은 이 사슴들의 무한한 자연성 앞에서 얼마나 덧없고도 보잘 것 없는 것인가. 해가 기우는 옐로스톤은 자신에게 미련을 갖고 있는 나에게 마지막 연출을 보여 주고 서서히 저물어갔다.

옐로스톤 서북쪽 마을인 코윈 스프링에서 나는 저녁 식사를 하고 떠나기로 결정했다. 한 레스토랑에 들어갔는데, 아주 시골스럽고 호젓한 분위기가 그런 대로 마음에 들었다. 식사 내용은 보잘 것 없었으나 일하는 뚱보 여성의 진지하고도 살뜰한 안내와 친절한 자세가 썩 마음에 들었다. 그는 나에게 맥주 한 병을 슬쩍 더 갖다 주면서 부담 없이 즐기라고 말했다. 인심 좋은 시골 아줌마의 모습 그대로였다. 나는 그녀에게 엄지손가락을 들어 보였다. 옐로스톤의 우람한 위용이 깊은 어둠에 잠겨들고 있었다.


## 보즈만에서 쉬다

해가 아주 저물어서 나는 그곳을 떠났다. 곧 간이 휴게소가 한 군데 나타나서 그곳에서 숙박하려 했다. 하지만 그곳은 마음이 편치 않았다. 그래서 그냥 좀더 달리기로 하였다. 어둠이 가득한 들판에 자동차가 휘청거릴 정도로 커다란 돌풍이 불었다. 빗방울도 뿌렸다.

어두워진 도로 위를 유유히 가로질러 가는 사슴의 모습이 헤드라이트 불빛에 들어왔다. 내가 자동차에 좀더 속도를 내었더라면 녀석은 내 차에 치었을 것이다. 조심해야지. 나는 주행 속도를 더욱 낮추기로 했다. 그런데도 대부분의 자동차들은 전속력으로 한밤의 도로를 질주해 갔다. 곧 내 앞에는 죽은 지 얼마 되지 않는 사슴 한 마리의 처참한 주검이 목격되었다. 조금 전에 앞서간 자동차에 얼마나 심하게 부딪쳤는지 목이 떨어져 나가고 길바닥에는 선혈이 흥건히 깔렸다. 낮에 자신들을 보며 사진을 찍고 즐기던 인간들이 한밤에는 이처럼 잔인한 흉물로서 사슴을 깔아뭉개고 있는 것이다. 나는 이렇게 불쾌한 기분으로 한밤의 89번 국도를 달려갔다.

몬타나주의 리빙스턴에서 잠자리를 찾으려 했으나 적절하지 않아서 다시 90번 고속도로 위로 자동차를 올려서 한참을 더 달렸다. 심신이 피로하고 고달파서 더 이상 주행하기에 힘이 들 때 길가에서 맥도날드의 표지를 발견했다. 나가보니 보즈만이란 곳이었다. 그곳 주차장 한 켠에다 주차를 하고 고단한 심신을 눕히었다. 바로 앞쪽에 라마다를 비롯한 여러 모텔들이 즐비하였으나 나는 그냥 자동차 숙박으로 만족하고 말았다. 바로 고속도로의 가녘에 위치해 있어서 밤새도록 커다란 자동차의 지축을 울리며 주행하는 소리가 잠결에도 들리었다. 죽은 사슴을 보아서인지 자면서도 줄곧 불안으로 가슴이 두근거렸다.

### 교수대의 13계단

이것저것 정리를 한 뒤에 보즈만을 출발한 것이 오전 열 시나 되어서였다. 자동차의 소음이 대단했던 그곳을 빠져나가니 일단 마음이 편안했다. 하지만 나는 또다시 몬타나의 열풍 속을 뚫고 나가야만 했다. 이미 몬타나의 더위를 한 바탕 겪고 난 뒤라 그저께처럼 고통의 극치를 느끼지는 않았지만, 역시 몬타나의 열악한 자연적 조건은 견디기 힘든 것이었다.

짜증나는 벌판을 달리고 또 달리다가 디어 롯지라는 곳으로 일단 들어갔다. 왜냐하면 기름도 떨어졌을 뿐더러 엔진 오일을 교환할 시기가 되었기 때문이다. 디어 롯지라는 곳은 몬타나의 한적한 소읍으로 역시 전형적인 열풍 속에 조용히 누워서 꿈틀거리고 있었다. 길거리를 걸어다니는 사람은 하나도 보이지 않았다. 텅 빈 거리엔 실지렁이 같은 열기가 꿈틀거리며 이글이글 피어올라 한 바탕 군무를 이루고 있었다. 주유소와 자동차 정비를 겸하고 있는 어느 상점으로 들어갔는데 주인은 나비 같은 콧수염을 달고 있는 사십대 전후의 사내였다. 내가 시카고에서 왔다니까 자기도 과거 한때 시카고에서 일한 적이 있었다고 하며 반기는 기색이다. 디어 롯지를 그냥 빠져나가기가 서운해서 둘러보았더니 올드 프리즌 뮤지엄이라는 곳이 눈에 띤다. 과거 연방 형무소가 있었던 자리를 헐어내지 않고 박물관으로 개조하여 관광객들에게 개방하고 있다는 것이었다. 호기심도 들고 해서 입장권을 끊어 들어가 보았더니 죄수들이 떠나고 없는 빈 건물임에도 불구하고 그 을씨년스러움은 여전하다. 이곳에서 고통의 피눈물을 흘려야 했던 죄수들의 탄식과 한숨이 그대로 느껴지는 듯했다. 워낙 불길하고 흉한 음기에 가득 찼던 공간이라 저절로 우울한 표정이 되고 말았다. 죄수들의 독방과 4인용 감방, 더러운 화장실, 식구통, 샤워장, 지저분한 침대 등은 참으로 구역질나는 것이었다. 가장 참기 어려웠던 것은 입구 쪽 옆 건물에 보관되어 있었던 사형 집행의 교수대였다. 외부에는 형무소의 극장이라는 표지가 붙어 있었으나 내부에는 온갖 허섭쓰레기와 함께 지금은 떠돌이 비둘기들의 집으로 바뀌어져 있었다. 건물 바닥은 온통 비둘기의 분비물과 지저분한 깃털로 뒤덮여 있었고, 그 한 가운데에 이 교수대는 침울하게 놓여 있었다. 높다란 누대 위로 올라가는 계단은 정확히 열세 개였다. 이른바 서양인들이 극도로 혐오하는 죽음의 13계단을 그대로 연출해 놓은 것이었다. 저 계단을 걸어 올라가서 교수대의 굵은 밧줄에 목을 걸고 죽어간 사형수들의 원혼이 이 주위에 득시글거리는 것 같았다. 불길하고 흉한 기운이 온몸을 엄습하는 듯하였다.

마침 이곳에는 그들이 수집해 놓은 골동화된 초기 자동차들의 실물과 사진, 세계 각지의 인형들이 함께 전시되어 있어서 형무소를 보고 난 뒤의 어둡고 우울한 기분을 어느 정도 상쇄할 수가 있었다.

## 몬타나의 산불 구경

디어 롯지를 떠나서 나는 다시 몬타나의 열풍 속을 달려갔다.
얼마를 달렸을까?
미솔라가 얼마 남지 않았다는 표지판이 보였다.
그런데 앞에 가던 자동차들이 멈추어 서고 고속도로 바로 옆쪽 산등성이에서 자욱한 연기가 뭉글뭉글 피어오르고 있었다.
자세히 보니 불이었다. 제법 큰 산불이었다.
몬타나의 산들은 대개 민둥산이어서 잡초들만 무성하였기에 망정이지 빽빽이 우거진 수림이었다면 대형 산불로 진화하기 어려웠을 것이다. 차를 타고 가던 사람들은 일제히 구경꾼들이 되어서 자동차 밖에 나와 넋을 놓고 구경을 하였다. 어떤 이는 좀더 자세히 보려고 쌍안경으로 들여다보았다. 나도 길가에 차를 세우고 사진을 찍기 시작했다. 단지 풀만 타는 산불임에도 불구하고 화염이 제법 붉은 혀를 내름거리며 가뜩이나 더운 하늘 위로 치밀어 올랐다. 헬기 한 대가 가까운 계곡에서 연신 물을 퍼 날라 현장에다 뿌려대었지만 그것으로는 역부족이었다. 드디어 경비행기가 출동하여 야릇한 산불 진화용 특수 액체를 산기슭을 중심으로 뿌려대었다. 두 대의 비행기들이 잠자리처럼 날아다니며 연분홍 꽃물 같은 액체를 좌르르 뿌려대는데 그 광경은 흔히 보기 힘든 것이었을 뿐 아니라 또한 재미도 있는 것이었다. 하지만 줄곧 그 광경만 보고 있을 수는 없는 노릇이어서 나는 또다시 가던 길을 서둘러 떠났다.

글레이셔 국립공원

이제 나는 미솔라에서 93번 북쪽 일반국도로 빠져서 캐나다와의 접경지대에 위치한 미국의 국립공원 글레이셔로 올라가야만 한다. 이곳은 로키산맥 깊숙이 숨어있는 웅대한 산들의 향연이 펼쳐지는

곳이다. 지도상으로 보면 얼마 안 되는 거리가 직접 달려보면 왜 그리도 멀고 먼 것인지. 아무리 헤아리고자 해도 결코 단순하게 헤아릴 수 없는 것이 아메리카의 땅 넓이인 듯하다.

세인트 이그네티어스, 로난을 지나 폴손에 다다르니 플래티드 호수가 보이기 시작한다. 글레이셔 국립공원으로 가는 길목에 위치한 제법 커다란 호수이다. 하지만 나는 이곳에 머무를 생각은 추호도 없었다. 레 사이드의 그늘에 잠시 앉아 자동차의 달아오른 엔진도 식힐 겸 휴식을 취했다. 햇살은 여전히 따갑지만 호수에서 불어오는 바람이 제법 시원하다. 드디어 중간 전환지점인 칼리스펠에 다다라서 길가의 도로 표지판을 따라서 2번 국도로 바꾸어 달린다. 컬럼비아 폴스란 지명이 보이고, 헝그리 호스란 마을을 지나니 드디어 무성한 숲들이 길가에 펼쳐진다.

말이 났으니 말이지 지금까지의 미국 여행을 통틀어 가장 재미있는 지명 하나를 손꼽으라면 나는 주저하지 않고 〈헝그리 호스〉를 대겠다. 필시 여기엔 어떤 유래가 얽혀 있을 터이겠지만 그런 것까지 조사할 시간적 여유가 없어서 그냥 이 마을을 지나쳤다. 그곳에는 굶주린 말과 관련된 어떤 흔적도 발견할 수 없었다. 다만 어느 식당 앞에 비루먹은 말 한 마리를 매우 코믹한 만화로 그려 놓은 것이 눈에 띄어서 이곳이 〈헝그리 호스〉인가 짐작할 뿐이었다.

웨스트 글레이셔에 도착하니 이미 태양은 기울고 있었다. 깊은 산속에 저녁 산그리매가 짙게 덮여서 어두운 밤중 같은 무거운 분위기를 보여주고 있었다. 하지만 깨끗한 수풀을 스치고 불어오는 바람은 몬타나의 열풍에 지친 나의 폐부를 시원하게 씻어 주었고 더욱 한기마저 느끼게 하였다. 이스트 글레이셔까지 달려오는 동안 글레이셔의 여러 준봉들이 이마에 만년설을 얹은 채 석양에 빛나는 환상적인 광경들을 자주 보았다. 골짜기의 평지에는 이미 해가 빠졌으나 높은 산정에는 여전히 햇빛이 걸려 있었기 때문이다. 이 깊은 산중에도 철도가 부설되어서 산악도로 한 쪽 옆으로 열차가 나와 함께 나란히 달려가고 있었다.

 글레이셔 국립공원의 원래 이름은 워터톤 글레이셔 국제 평화공원이다. 북쪽의 워터톤 호수는 캐나다 지역 소속이고, 남쪽의 글레이셔 지역이 미국의 영역이다. 이 둘을 모두 합쳐서 워터톤 글레이셔 공원이라고 부른다. 하지만 나는 이번 여정에 캐나다 지역까지 진출할 시간적 겨를이 없어서 글레이셔만이라도 자세히 보려고 했다. 원래 이곳은 미국의 원주민인 쿠테나이 족과 블랙피트 족이 격심한 영토 전쟁을 펼쳤던 곳이라 한다. 현재 그들은 서쪽과 동쪽 지역을 각각 나누어서 평온하게 살고 있다고 했다. 그들이 그처럼 다투던 땅은 백인들의 소유로 편입되고 말았으니 새삼 세월의 아이러니를 느끼게 한다.

 밤 9시30분 정각에 이스트 글레이셔에 도착하여 유스호스텔을 수소문하였더니 작은 마을이라 의외로 찾기가 수월하였다. 통나무집으로 지어진 2층 건물로 아래층은 모두 식당과 빵 제조 주방, 슈퍼마 등으로 되어 있고, 투숙객들이 자는 곳은 모두 이층이다. 복도를 걸을 때마다 나무의 삐걱거리는 소리가 들렸지만 그것이 듣기에 별로 싫지 않았다. 오히려 옛스런 정취마저 느껴졌다. 방을 배정 받고, 자동차에 나와 늦은 저녁밥을 지어먹고 나니 밤하늘의 별들이 마치 손에 잡힐 듯 가까이 다가와 초롱초롱 하였다. 떠날 때 실낱같던 초승달도 이젠 제법 차있었다. 맑고 서늘하고 깨끗한 밤 공기가 너무도 좋아서 나는 고즈넉한 이스트 글레이셔 마을 주변의 어두운 도로를 혼자 걸어보았다. 어디선가 개 짖는 소리가 아련하게 들려왔다. 한 떼의 젊은이들이 자기들의 타고 온 자동차의 뒷문을 열고 나와 앉아서 맥주를 마시며 떠들고 있었다.

 모처럼 만에 샤워꼭지 밑에서 온몸을 씻고, 상쾌한 기분으로 유스호스텔 침대 위로 올라가 다리를 쭉 펴고 누웠다. 스르르 졸음이 몰려오고 곤한 수면의 여신은 곧 세상 모르게 잠든 나를 두 팔에 안고 훨훨 날아가 버렸다.

 오늘은 온종일 글레이셔 국립공원에 내 몸을 푹 잠그고 쉬는 날이다.
 유스호스텔에서 밥을 지어 된장국과 함께 간단히 조반을 해결하고 길을 떠났다. 유스호스텔에 투숙한 사람들은 대부분이 미국 내국인들이었고, 기타 유럽 쪽에서 온 사람들도 많은 듯하였다. 왜냐하면 말소리를 통해서 그것을 짐작할 수 있다. 내가 워낙 고단하여 간밤에 코를 몹시 골았을 것으로 짐작이 되고, 또 이것이 같은 방 사람들에게 미안스런 생각이 들어서 이른 아침에 눈을 뜨자 말자 가만히 바깥으로 나와 버렸다.
 먼저 들른 곳이 투 메디신 호수였다. 호수의 이름이 다소 묘하다는 생각이 들었지만 너무도 아름답고 신선의 경지를 방불하게 하는 광경에 온통 넋이 달아나 버렸다. 투 메디신 호수는 주변에 해발 7500피트에서 9500피트에 이르는 높은 산들이 만년설을 정수리에 얹은 채 호수 주위에 병풍처럼 둘러 쳐져 있어서 그야말로 환상적인 분위기를 연출하였다. 산도 호수도 너무나 깨끗하여 이런 곳에 속세의 인간이 오래 앉아 있기가 송구한 느낌이 들 지경이었다. 흔히 어여쁜 서구 풍의 엽서나 달력의 그림에서 보아온 풍경이 지금 눈앞에 그대로 펼쳐져 있는 것이다.

호수 안을 한 바퀴 순회하는 유람선이 있었으나 나는 그것을 타지 않고 주변의 등산로 입구를 조금 걸어보기로 하였다. 지도상에 투 메디신 패스라고 알려진 그 등산로의 입구는 이미 많은 사람들이 다닌 듯 발자국이 반들반들하게 나 있었다. 처음 보는 야릇한 고산식물들이 등산로 양 켠에 무성하게 낮은 수풀을 이루고 있었다. 워낙 이 지역에 곰이 많은지라 등산을 하다가 정말 곰이라도 느닷없이 나타나면 어쩌나 하는 염려에 가득 차게 되었다. 이제 방금 등산을 시작한 한 떼의 사람들이 도란도란 이야기를 하며 아래쪽에서 올라오고 있었다. 이대로 끝까지 가고 싶다는 등산 충동이 왈칵 일었으나 초입에서 서성거리는 것으로 일단 아쉬운 만족을 하고 도로 내려오고야 말았다. 이 아름다운 광경을 눈에 가슴속에 깊이 깊이 담아 두자는 생각으로 절경을 보고 또 보곤 하였다.

돌아 나오는 길에 하나의 폭포가 있다는 표지가 보여서 잠시 수풀 속을 걸어서 찾아가 보았다. 런닝 이글스 폴이라는 이름의 그 폭포는 그야말로 날개를 펴고 막 땅을 박차고 날아오르는 형상을 하고 있었다. 땅속에서 솟구쳐 나오는 물이 그대로 폭포를 형성하고 있는 매우 특이한 폭포였다. 높이는 별로 없었으나 뿜어 나오는 수량과 형태가 워낙 기이하여 한참을 바라보았다. 그곳에서 좀더 올라가다 보니 세인트 메리라는 이름의 호수가 다시 그 전경을 나타내었는데, 이 호수는 투 메디신보다 규모는 크게 느껴졌으나 신비스런 느낌은 전자보다 덜한 느낌이 들었다. 하지만 이곳에서부터는 9천 피트에서 1만 피트를 넘는 고산 준봉들이 우람한 얼굴로 갑자기 나타나서 보는 이를 놀라게 하였다.

그 후로는 줄곧 이런 봉우리들과 호수의 연속이었다. 같은 산봉우리도 서로 다른 방향에서 바라보는 모양과 분위기가 모두 달라서 가는 곳마다 원경을 조망하는 장소가 마련되어져 있었다. 맥도날 호수라는 이름도 보였다. 맑고 정갈한 록키산맥 주변에 형성된 글레이셔 국립공원의 여러 절경들. 만년설과 우뚝한 바위 봉우리들과 쭉 쭉 뻗은 송림들, 또 그 사이를 졸졸졸 흐르는 맑은 계류들, 엄청난 수해(樹海)!

이런 감격적인 장면들을 어찌 잊을 수 있으리. 앞으로 내가 살아가는 시간 속에서 힘들고 지칠 적마다 조금씩 꺼내어 보면서 삶의 피로를 씻는 귀한 치료제로 쓰게 되기를 마음속으로 갈망하였다.

## 스포케인을 향하여

오후 세시 반경에 나는 글레이셔에 대한 아쉬움을 뒤로 남겨두고 다시 길을 떠났다. 어제 내가 거쳤던 헝그리 호스를 지나 칼리스펠까지 와서는 이제 다른 방향으로 길 머리를 잡고 있다. 오로지 2번 국도로만 달려서 스포케인 쪽을 향해 달려갔다. 길은 조용하고 한적하였으나 몸은 지치고 나른하여서 운전이 쉽지 않았다.

매리온, 리비, 본너스페리, 샌드포인트를 거쳐서 뉴포트까지 힘겹게 달려왔다. 리비를 지나자 곧 몬타나 주를 벗어나서 아이다호 주와의 경계지점이 나타났다. 오늘따라 밤 운전이 특히 힘이 들었다. 해도 이미 빠져서 캄캄한 국도를 달리는 일이 위험하고 고통스런 일이었다. 아이다호 주를 밤중에 통과하여 도착한 뉴포트는 행정구역상 워싱턴 주의 소속이었다.

　나는 어느 틈에 미국의 가장 먼 서쪽 끝 지역까지 달려온 것이다. 생각해 보니 꿈같은 일이었다. 하지만 낭만적인 생각에 잠길 겨를도 없이 나는 뉴포트에서 하룻밤을 쉬고 가기로 작정하고 잠잘 곳을 찾았으나 마땅한 곳이 나서질 않았다. 전국적인 슈퍼마켓 체인점인 IGA 건물이 보이고 불빛이 휘황하여 거기다 차를 세우고 자려 했으나 어쩐지 내 자동차만 덜렁 놓여 있는 것이 불안스러웠다. 그래서 다시 찾아든 곳이 어느 새로 지은 아파트의 분양 사무실 앞 주차장이었다. 이미 주차되어 있는 자동차들 사이에 차를 세우고 잠잘 준비를 하는데 수시로 옆 사무실로 드나드는 사람들이 있었다. 관리인이 찾아와 나가라면 쫓겨날 각오를 하고서 잠자리에 들었다. 금방 잠이 들지 않아 이리 저리 뒤척이다 잠이 들었다.

　금방 잠이 들었는가 했는데 눈을 뜨니 어느 틈에 이른 새벽이었다. 자동차 앞 유리 와이퍼에 어떤 종이 하나가 끼어져 있었다. 황급히 나가서 뽑아 읽어보았더니 불법 주차에 대한 경고장이었다.

　　　이 차는 현재 주차위반을 하고 있습니다. 계속 이 자리에 머물
　　　러 있으면 관계기관에 긴급히 연락하여 견인하게 될 것입니다.

　라고 인쇄된 내용이 쓰여져 있었다. 내가 잠든 틈에 관리인이 나와서 나의 자동차와 번호판을 찬찬히 살펴본 모양이다. 하지만 그는 나를 깨우질 않고 자체적으로 만든 경고장을 부쳐놓은 것이다. 나는 관

리인이 그 정도로 그친 처사에 대하여 오히려 감사할 따름이었다. 세수도 하지 않은 채 곧 자동차의 시동을 걸어 가까운 IGA 옆 공터로 차를 옮겨다 놓았다. 그곳에서 세수도 하고 밥도 지어먹고 온갖 볼일을 두루 보았다. 그리곤 풀밭을 향해 오줌을 누었다. 비로소 안도의 한숨이 나오고 속이 시원하였다.

　미국이란 곳이 땅덩이 넓기가 세상에서 둘째가라면 서러워 할 나라이지만, 이처럼 혼자서 떠돌아다니며 여행을 하는 나그네들이 어디 한 곳 마음 편히 머리를 눕힐만한 장소도 흔하지 않은 것이다. 이를 보면 미국이 땅덩이 좁은 한국보다도 나에겐 오히려 불편하기 짝이 없다는 생각이 든다. 이런 미국에서 떠돌이 여행을 하기 위해서는 무엇보다도 뻔뻔하고 담대한 마음 자세가 필요하다. 이런 눈치 저런 눈치를 모두 보다 보면 단 하루 밤도 잘 곳이 없는 것이다.

　간밤 내가 경고장을 받으며 나그네의 고달픈 잠을 자고 나서 또다시 지향해간 곳은 스포케인이었다. 스포케인은 제법 큰 도시였다. 오전 10시20분 경에 도착하니 시카고와는 이미 두 시간의 시차가 있었다. 나는 감쪽같이 두 시간을 잃어버린 것이다. 이곳에서 자동차도 잠시 쉴 겸 스포츠 용품 판매점으로 들어가서 캠핑용 부탄가스를 두 통 구입했다. 아무래도 준비해온 연료가 조금 부족할 것으로 여겨졌기 때문이다. 이런 중요한 필수품들은 상점이 눈에 띌 때 재빨리 구입해두는 것이 상책이다.


### 옥수수를 싣고가는 화물차

　스포케인에서는 다시 모처럼 만에 90번 고속도로와 연결되었다. 옥수수를 화물차로 한 가득 싣고 가는 트럭들이 눈에 많이 띄었다.

가끔 가다 그런 자동차를 주차시켜 놓고 앞문에서 뒤를 돌아다보는 기사들은 꼭 옥수수자루처럼 길쭉하게 생겼다. 거대한 트럭에서 내리는 사내들은 어김없이 자신의 트럭과 닮은꼴들을 하고 있다.

나는 자주 휴게소에 들러서 자동차를 쉬게 하였다. 내가 이토록 피곤하면 자동차는 나보다 훨씬 더 피곤할 것이다. 자동차가 고장이라도 나게 된다면 이것이야말로 큰 일이 아닐 수 없다. 나는 자동차를 위한 염려를 더욱 극진히 한다. 심지어는 자동차의 핸들을 마치 아기를 쓰다듬듯 어르고 달래며 위로를 해준다. 이런 일은 자신의 심적인 평온과 안정을 위해서도 필요한 일인지 모른다. 하지만 감정이 없는 자동차를 위해서도 결코 무리를 하지 않는 것이 순탄한 여정을 위해서 유익한 일임에 틀림이 없다고 생각한다.

워싱턴 주의 휴게소를 몇 군데 다녀 보았는데, 비교적 깨끗하고 관리가 잘 되어 있다는 인상을 받았다. 여러 주를 다니다 보니 공공시설에서 그 주의 인심을 엿볼 수 있다. 또한 시골로 갈수록 모조리 백인들뿐이라는 사실도 알았다. 흑인들은 도회지의 주변인으로서 살아가는 경우가 대부분이다.

리츠빌을 지나고, 모세의 호수라는 이름의 마을을 거쳐서 엘렌버그와 노쓰벤을 통과하자 갑자기 고속도로의 심한 교통체증이 시작되는 것이 아닌가. 휴게소가 하나쯤 나타나기를 고대하였으나 전혀 만나지 못했고, 나는 다만 시름없이 느림보 차량의 행렬에 뒤섞여 앞을 향해 느린 전진을 해갈뿐이었다.

## 시애틀에 가다

이렇게 하기를 두어 시간 다행히 어느 지점에 이르자 체증이 서서히 풀리더니 느닷없이 자동차는 시애틀로 접어들었다. 달려온 시간도 많긴 하지만 아무런 마음의 준비도 없이 대뜸 시애틀로 접어들게 된 것은 여행자를 몹시 당황하게 하는 일이다.

시애틀은 서쪽으로 올림픽 산맥, 동쪽으로는 캐스케이드 산맥을 바라보며 엘리엇 만에 걸쳐 있는 미국 서해안의 중요 도시이다. 인구는 50만 명 정도이며, 워싱턴 주 최대의 도시라고 했다. 도시 안의 상당한 면적이 모두 호수로 되어 있어서 일명 물의 도시라고도 한다. 이곳 역사를 더듬어 보면 1851년으로 거슬러 올라간다. 이주민 다섯 가족이 이곳에 터를 잡고 살았는데, 우호적인 인디언 추장의 이름이 시애틀이었고, 그의 이름을 따서 마을 이름을 붙였다고 한다. 금광이 발견되면서 도시의 규모는 급속도로 발전하기 시작했고, 1962년에는 세계박람회가 이곳에서 열리기도 했다.

복잡한 시내로 접어들어 나는 다운타운 가까운 곳으로 빠져서 어느 운동경기장 부근 주차장에 차를 세웠다. 날씨는 더웠지만 바람이 제법 선선하게 불어서 이곳이 태평양 연안 지역의 도시임을 실감하게 하였다. 지도를 자세히 들여다보니 이곳이 시애틀 대학 부근이었음을 알겠다. 비록 더듬거리고 어색하지만 그 동안 뉴욕의 맨하탄과 보스톤, 와싱턴 디씨 등을 지도에 의존해 거쳐온 경험이 있는 터라 나의 독도법은 스스로 생각해도 차츰 실력이 늘어가는 듯했다.

시애틀 시내의 운전에서 초행자들이 가장 난처한 것은 도시의 곳곳에 높게 경사진 도로가 많이 있다는 점이다. 어디선가 시애틀에 관한 이런 정보를 들은 기억이 어렴풋이 나긴 했지만 막상 닥치니 당황한 운전이 되기가 십상이다. 그런 와중에서도 어찌 어찌 해서 비교적 수월하게 위터프론트로 가는 길을 찾아내어 유료주차장에 자동차를 집어넣을 수가 있었다.

시애틀의 도로는 좁고 가파른 곳이 많았으며, 오래된 건물도 자주 눈에 띄었다. 마켓 플레이스라는 곳으로 접어들자 많은 인파로 붐비었으며, 생선을 경매하는 상점에서는 방금 일과를 끝내고 물청소를 하고 있었다. 마켓 플레이스를 잠시 걸어보았는데, 동남아시아 사람들이 주로 운영하는 듯이 보이는 꽃가게가 즐비하였고, 중국인들의 제과점, 식당, 야채와 과일가게 등이 흔하게 보였다. 주석으로 만든 등신대의 돼지 한 마리가 있는 지점에서 나는 워터 프론트로 가는 길을 물었다. 워터 프론트는 시애틀 앞 바다로 길게 가로로 설치되어 있는 상점들의 긴 군락을 말한다.

마켓 플레이스에서 워터 프론트로 내려가는 계단은 그야말로 미로를 방불케 할 정도로 꼬불꼬불하였고 가파른 곳이 많았다. 그 계단으로 내려가자 곧 워터 프론트의 여러 상점과 식당들이 눈앞에 펼쳐졌다. 자질구레한 소품 장신구를 들고 와서 팔고 있는 라틴아메리카 사람들, 악기를 연주하며 푼돈을 구걸하는 거리의 악사들, 노천 식당에서 음식을 사기 위해 줄지어 있는 사람들, 공연히 이리 저리 서성이는 관광객과 걸인들이 한데 뒤섞여 워터 프론트는 붐비었다. 여기에다 시애틀 앞 바다를 주요 거점으로 살아가는 태평양 갈매기들의 요란한 아우성까지 보태어서 워터 프론트는 그야말로 시장 바닥을 방불케 하였다.

## 이 올드 큐리오시티 상점의 미이라

이곳 저곳을 구경하던 끝에 해변가 도로 한 켠에서 이(Yi) 올드 큐리오시티 상점을 만나게 되었다. 그곳은 미국을 소개하는 관광 안내 책자에까지 소개가 되어 있는 시애틀의 명물이다. 이곳은 워터프론트에서 가장 오래된 상점이다. 입구에 들어서면 꼭 박물관에 들어온

듯한 착각을 느끼게 된다. 세상의 별별 진기한 물건들을 모두 수집하여 진열해 두고 더러는 직접 판매하기도 한다고 되어 있다.

이 상점에 들어가면 그 오래된 수집 명물들을 모두 천정에 매달아 놓거나 진열해 놓았다. 주로 인디언이나 이누잇의 공예품이 많았다. 식인상어의 턱뼈, 효수된 남아메리카 어느 원주민 부족의 건조된 머리, 1895년에 발견되어 상태가 거의 원형 그대로 보존된 남미의 미이라 두 개와 어린이 미이라 한 점 등을 직접 볼 수 있다.

나는 이 미이라의 형태와 분위기가 너무도 신기해서 그 앞을 떠나지 않고 골똘히 들여다보고 있는데 주변 사람들은 비위가 상해서 얼굴을 찡그리고 그곳에서 일부러 멀리 떨어진 다른 곳으로 피해서 갔다. 미이라는 어느 여성의 시신이었다. 이목구비가 또렷할 뿐만 아니라 입은 옷까지 그대로 갖추어져 있다. 물론 아랫도리의 중요부분은 새로 옷을 지어서 입혀 놓았다. 피부와 몸의 털까지도 그대로 보존이 되어서 미이라는 마치 살아있는 사람처럼 자신의 불행했던 시대를 증언하고 있는 듯하였다. 그 옆의 미이라는 흑인 남성의 시신이 건조된 것인데 여성의 미이라보다는 보관 상태가 좀 떨어졌다. 피부의 잔주름까지도 온전히 보존된 것을 보고 있으면 징그러운 생각보다도 인간의 존재와 삶의 의미가 다시금 엄숙하게 되새겨지는 것이다. 진열장 안의 어린이 미이라는 쪼그리고 앉아서 죽은 어느 아이의 시신인데 사고로 죽은 것인지 보존상태가 별로 좋질 않았다. 표정도 무척 괴로운 얼굴을 하고 있었다. 아무튼 이 미이라들은 이 상점이 시애틀에 존재하는 한 비치되어 있을 것이다.

시애틀에서

춘원 이광수의 손녀가
이곳 어딘가에
산다는 이야기를 들었건만
나는 그냥 지나쳤다
그 대신
워터프론트 거리에 있는
어느 상점에 가서 오래된 미이라를 보았다
죽어서 그의 육신이
한 줌 흙으로 못 돌아가고
마른 북어처럼 구경꾼 앞에 서 있는
이 수치와 혐오의 시간을
그는 언제까지나 계속할 것인가
춘원이여
우리의 문학사에서
뗄 수도 안을 수도 없는 그늘이여

엉거주춤 그대를 껴안은 채
온몸에 생기 있는 피를 돌리지 못하는
우리의 가련한 문학사여
나는 워터프론트의 미이라 앞에 쪼그리고 앉아서
그대가 두고 간 사랑과 조국과
이름의 덧없음에 대하여
슬픔에 잠긴다

    그밖에도 이 상점에는 눈길을 끄는 진기한 것들이 많았다. 이를테면 줄곧 톡톡 소리를 내며 튀는 콩이 있었는데 이 놈들은 멕시코에서 왔다고 한다. 점원에게 물어보니 약 석 달간 이 콩들은 활동을 한다고 했다. 손만 대면 깔깔거리고 웃는 고양이 장난감도 있었고, 고생대의 삼엽충처럼 생긴 벌레를 모래 속에 건조시킨 것이 있는데, 이를 물 속에 담그면 살아나서 알도 까곤 한다는 것이다. 알이 들어있는 모래를 다시 건조시켜서 오랜 시간이 지난 후에 다시 물에 담그면 또다시 생명체로 왕성하게 활동한다는 도무지 믿기 어려운 설명을 들었다. 벌레도 처음 보는 분홍빛의 야릇한 생명체였지만 그것이 건조된 후 오랜 시간이 지나서 다시 살아난다는 것도 참으로 이상하였다.
    다른 여러 가지 신기한 것들이 많았으나 모두 들여다보고 있을 시간이 나에겐 없었다. 나는 아쉬운 마음으로 그곳을 빠져 나와 저무는 워터 프론트를 다시 한번 휘돌아 구경한 뒤에 마켓 플레이스 쪽으로 올라왔다. 떠나기 전에 주석 돼지 위에 올라가서 기념사진을 한 장 찍었다.
    나는 곧 자동차를 몰아서 시애틀을 떠났다.
    5번 고속도로를 남쪽으로 달리다가 적절한 곳으로 빠져 나와 어느 식당 옆 공터에 잠잘 곳을 정했다. 저무는 태평양 쪽의 서편 하늘이 너무도 환상적으로 아름답게 물들었다.

마침 나의 자동차 앞에 주차하고 있는 캠핑 카에서 한 노인이 강아지를 데리고 산책 나오는 모습이 보이기에 나는 그에게 다가가서 안전성 여부를 확인하였다. 그 노인은 땅 임자가 마침 자기 친구이며 이곳은 염려가 없으니 머물러도 괜찮을 거라고 말했다. 늘 싣고 다니는 물로 세수를 하고 등도 닦고 잘 준비를 모두 마친 후에 모처럼 편안한 기분으로 잠자리에 들었다.

포틀랜드의 장미꽃

이른 아침에 잠이 깨어 급히 조반을 지어먹고 길 떠날 차비를 차렸다.

길 위의 나그네는 잠시도 마음을 놓을 수 없다. 1920년대 한국의 시인 공초(空超) 오상순(吳相淳)의 시 「방랑의 혼」의 한 구절처럼 나는 현재 〈흐름 위에 보금자리를 친〉 상태로 하루 일과를 아슬아슬하

게 보내고 있는지도 모른다.

여행을 다니며 나의 몸과 마음이 무척이나 지치고 피곤할 때에 오상순의 이 시 구절은 너무도 가슴속에 깊이 각인되어 절절하게 다가왔다. 없는 힘을 새로 자아내어 하루 일과를 시작한다. 공초는 매일 저녁 잠자리에 들 때면 '오늘밤도 죽어보자' 라고 하였고, 또 아침에 눈을 뜨면 '오늘 새로 살아 볼까나' 하면서 일어났다고 한다. 등도 아프고 온몸이 쑤시지만 나는 다시금 힘을 내어 길을 떠나야만 하였다. 햇볕에 검게 탄 얼굴의 피부는 가루처럼 분말이 되어서 풀풀 벗겨진다.

이제 나의 지향 목표는 오리건 주의 포틀랜드이다. 포틀랜드는 와싱턴 주와 오리건 주의 경계 지점에 위치해 있다. 인구는 약 40만. 오리건 주 최대의 상업도시라 한다. 윌러메트 강 양쪽으로 펼쳐져 녹음이 짙게 우거진 도시였다.

길을 잘못 들어서 포틀랜드 변두리의 공단지구를 한참이나 헤매다가 다운타운 쪽으로 방향을 되찾았다. 미리 자료에서 본 대로 이곳에서는 워싱턴 파크에 꾸며져 있다는 일본 정원과 장미 정원을 보려고 한다.

산언덕 사이로 난 길을 따라 올라가서 입장권을 끊어 들어간 일본 정원의 규모는 엄청난 것이었다. 미국의 한 도시에서 나는 완전한 일본의 분위기를 느끼고 말았다. 일본적 감각과 취향이 그대로 살아있는 일본 정원에는 온갖 물줄기, 깊은 숲의 분위기, 고요한 찻집의 아늑한 분위기 등을 그대로 연출해 놓아서 마치 내가 일본의 어느 정원 속에 들어와 있는 듯한 착각을 하기에 충분하였다. 마침 일본식 건축물이 하나 있었는데 그곳에서 북동쪽으로 해발 4,394미터의 레이니어 산이 아련히 바라다 보였다. 정수리에 만년설을 하얗게 얹고 있는 모습이 어찌 그리도 일본 후지산의 용모를 쏙 빼어 닮았는지. 어쩌면 포틀랜드의 이러한 지형적 분위기를 일본인들이 적절하게 이용하였는지도 모를 일이다.
 장미 정원은 세계 각지에서 자라고 있는 온갖 종류의 장미를 모두 한 자리에 모아 놓은 곳이라 하나, 나는 장미꽃에 별반 취미를 갖지 않은 터라 그냥 건성으로 그곳을 잠시 걸어다니며 만발한 장미꽃에서 물씬 풍기는 향기를 즐기었을 뿐이다. 워낙 장미를 많이 가꾸어서 포틀랜드 전체를 장미의 도시라고도 할 만큼 시를 상징하는 대명사가 되었다. 장미정원 입구에서는 한 무명악사가 양금(洋琴)을 앞에 놓고 진지한 표정으로 연주를 하고 있었다. 만발한 장미 화원으로 번져 가는 맑고 상큼한 양금소리가 싱그럽고 기운차게 들렸다.
 포틀랜드를 떠나서 다시 5번 고속도로를 타고 내려오는데 마침 점심때가 한참 지나서 시장기를 심하게 느끼었다. 우선 미시가루로 대충 허기를 달래어 놓고 곧 카이저라는 작은 시골 마을로 들어가서 적당한 레스토랑을 찾았다. 장미꽃을 많이 심어 놓은 한 곳이 보이기에 무작정 그곳을 들어가 스테이크를 시켰다. 식사 후에는 세일럼을 지나고 알바니라는 곳을 거쳐서 유진까지 왔다. 그곳에서는 크레이터 호수를 보러가기 위해 58번 국도 쪽으로 바꿔 타고 달려야 한다.
 이미 날은 저물고 서서히 어둠이 땅바닥에 깔린다.
 캄캄한 국도변에 무성한 수풀은 계속 이어지고 이대로 더 달리는 것이 부질없는 일이란 판단을 하였다. 오크릿지라는 작은 산간 마을의 어느 식당 앞에 주차를 하고 고단했던 하루를 정리하였다. 이 마을은 산간 휴양지로 오고 가는 중간 요충 지역으로 보잘 것 없는 숙박 시설과 소박한 그로서리가 있을 뿐이었다. 자동차 바로 옆으로는 캄캄한 숲이 이어져서 마치 곰이라도 출몰하면 어쩌나 하는 걱정도 들지 않는 것이 아니었다.
 워낙 날이 어두웠고, 산중의 밤 공기가 차가워서 나는 준비해 온 깔개와 덮개를 모두 펴서 깔고 덮고 했지만 바깥에서 들어오는 냉기를 막아내기엔 역부족이었다. 몸을 잔뜩 오그리고 이불을 당겨서 코를 덮고 겨우 잠이 들 수 있었다.

## 애견과 둘이서 다니는 쓸쓸한 방랑자

아침 6시40분에 눈을 뜨자 마자 곧장 출발하였다. 왜냐하면 이곳이 남의 식당 바로 앞이었고, 또 오가는 사람들이 자주 눈에 띄었기 때문이다. 눈을 뜨자마자 곧바로 나는 자동차를 몰아서 97번 국도를 달려갔다.

아침의 서늘한 냉기가 자동차 안으로 들어와 싱그러운 느낌도 있었지만 그보다는 온몸을 엄습하는 한기에 몸이 저절로 떨렸다. 곧 깊은 삼림이 우거지고 거대한 국유림 지대로 접어드는 듯하였다. 한참을 달리다가 국도에 설치된 휴게소가 보이기에 편안한 마음으로 그곳에 주차를 하고 조반 지을 준비를 했다.

마침 내 자동차 옆에는 몹시 낡은 붉은 색 밴 한 대가 주차해 있었고, 자동차 뒤에는 역시 자동차만큼이나 낡은 자전거 한 대가 매달려 있었다. 수돗물을 뜨러 가다가 슬쩍 자동차 안을 들여다보았더니 사십 줄은 되어 보이는 한 사내가 남루한 차림으로 앞 의자 위에 앉은 채로 잠이 들어 있었고, 꽤 커다란 개 한 마리가 주인에게 기대어 함께 자고 있었다. 나도 혼자 다니는 처지이지만 그 광경이 그렇게도 쓸쓸하게 보일 수 없었다. 인간에게 깊은 절망을 겪은 사람은 충직하면서도 말이 없는 애견이 차라리 훨씬 미덥고 동무가 될 수 있을 것이란 생각이 들었다.

낡은 차, 낡은 자전거, 그리고 개 한 마리!

그는 내가 아침 일과를 모두 마치고 뒷정리를 할 때쯤 부시시 일어나서 기지개를 켜고 자동차 유리를 거울삼아 빗으로 긴 머리를 한 차례 빗고 나서 개를 데리고 산기슭으로 올라가 잠시 운동과 배변을 시켰다. 그리고 앞자리에 앉은 채로 무슨 잡지인가를 한참 골똘히 읽더니 이윽고 차를 몰고 천천히 그곳을 떠나갔다.

멋있고 쓸쓸한 떠돌이의 잔영이 왜 그리도 아련하게 내 가슴속에 여운으로 남는지 모르겠다.

### 장엄한 크레이터 호수

한참동안 표지판 따라 달리다 보니 곧 크레이터 호수의 안내가 나타났다.

국립공원이라 여전히 입장료를 받고 있다. 통제소에서 조금만 달려가면 비교적 넓다란 사막지대가 펼쳐지고, 그곳에서 좀더 위로 올라가면 하나의 푸른 둥근 옥구슬과도 흡사한 호수가 눈에 들어온다.

이곳은 첫눈에도 한국의 백두산 천지와 너무나도 흡사하다는 인상을 갖게 된다. 그곳이 천지와 꼭 같은 칼데라 형태의 호수이기도 하지만 화산이 폭발한 다음에 형성된 화구에 물이 고여서 호수가 되었다는 점도 꼭 같다. 다만 중간에 섬이 하나 있다는 사실이 천지와는 다른 모양이다.

캐스캐이드 산맥 안에 위치한 깊고 푸른 눈! 그곳이 바로 크레이터 호수이다.

호수의 가장 깊은 곳은 1800미터나 된다고 한다. 나는 미국의 크레이터 호수에 와서 백두산 천지를 느끼고 있었던 것이다. 호수의 주위를 한 바퀴 일주하면서 백두산 천지도 이처럼 마음대로 휘돌 수 있다면 얼마나 좋을까 하고 생각하였다.

하지만 천지는 아쉽게도 절반이 중국에게 양도되었지 아니한가? 역사적 증언에 의하면 과거 김일성이 중국의 모택동에게 한국전쟁 참전의 대가로 천지를 절반 잘라서 넘겨주었다 하니 이것이 사실이라면 한민족 전체에게 두고두고 지탄을 받을 일이다.

나는 자동차를 천천히 몰아서 크레이터 호수를 천천히 일주하였다. 전망대의 곳곳에서 보는 모양들이 모두 다른 분위기로 다가왔다. 짙은 잉크빛 호수와 조용하게 불어오는 바람, 그리고 그 아래에 다소곳이 피어있는 형형색색의 어여쁜 야생초의 군락들! 나는 마즈마산 화구벽의 어느 한 곳에 자동차를 대고 그곳에서 창문을 열어 놓은 채 시원한 바람을 맞으며 짧은 낮잠을 한 숨 잤다.

미국의 국립공원 화장실은 모두 좌식 변기만 하나 덩그렇게 올려 놓은 재래식이다. 뚜껑만 열어젖히면 한국의 재래화장실과 전혀 다를 바 없다. 미국인들이 이런 화장실을 설치해 두는 이유는 단 한 가지. 환경오염을 방지하려는 것이 가장 커다란 이유이다. 수세식을 설치해 놓으면 깨끗하고 편리한 것을 누가 모르겠는가? 하지만 그런

시설은 아무래도 폐수가 주변으로 누출될 위험이 있는 것이다. 이런 화장실은 시멘트 독이 깨어져서 새는 일이 없도록 주의해야만 할 것이다. 만약에 시멘트가 갈라져 내용물이 새어나간다면 이런 화장실을 설치한 아무런 이유가 없게 된다.

내가 보았던 또 하나의 감동적인 장면은 한겨울 눈보라에 적응하려고 바람이 불어 가는 방향으로 가지가 자라고 있는 크레이터 화구벽 주변의 소나무들이다. 어릴 때부터 그렇게 자란 나무는 천수를 다한 뒤에도 여전히 바람에 쓸리며 하얗게 사그라져 가고 있었다. 나는 기념품 가게에 잠시 들렀다가 곧 크레이터 호수를 떠났다. 살아있는 자연이야말로 가장 훌륭한 볼거리라는 말이 새삼 느껴졌다. 참으로 아름답고 신비스러웠던 크레이터의 푸른 얼굴을 다시 한 번 등뒤로 돌아보았다. 오후 세시 반이었다.

### 아름다운 오레곤 주의 대삼림

구불구불한 산길을 따라서 내려오는 미국의 오레곤 주 138번 국도변 대삼림 지역은 정말 아름답다. 옆으로는 수량이 제법 많은 강물도 흘러서 나는 조용한 공터에 차를 세우고 물가로 조심스럽게 내려갔다. 그곳에서 머리도 감고 세수도 하고 모처럼 흐르는 물에 한국식의 고전적인 탁족을 하였다. 그 상쾌함이란 이루 형언할 길이 없었다. 하지만 너무도 주변이 너무 고요하였을 뿐 아니라 혹시라도 삼림감시원이 오지는 않을까 조바심을 내었던 나머지 곧 자동차를 몰고 떠날 수밖에 없었다. 가도 가도 끝이 없을 것 같은 오레곤 주의 대삼림 지역을 드디어 다 빠져나간 지점에 로즈버그란 마을이 있었다. 마침 시장기도 느껴지고 좀더 길을 달리기 위해선 밝은 시간에 저녁을 해결해 두는 것이 좋을 것 같다는 판단 하에 나는 어느 식당을 찾아 들어갔다. 그곳은 중국식당이었는데 꽤나 많은 사람들이 가족 단위로 찾아와 음식을 먹고 모두들 손에 남은 음식을 싸들고 가는 광경이 보였다. 이리도 음식을 시켜서 기다렸는데 잠시 후에 나오는 것을 보았더니 입이 딱 벌어질 지경이었다. 음식의 양도 혼자서 먹기엔 지나치게 많을 뿐만 아니라 재료도 다양하고 풍성하였고, 맛도 썩 훌륭하였다. 시골 식당에 그처럼 많은 인파가 몰리는 것을 보면 내가 우연히 좋은 식당을 찾아 들어갔었다는 사실을 미루어 알겠다. 적당한 양을 충분히 먹고 나서 나도 다른 사람들이 그렇게 하듯이 남은 음식을 종이 팩에 싸들고 그곳을 나왔다. 몹시 기분이 유쾌하였다. 왜냐하면 내일 아침에도 맛있는 음식을 먹을 기대로 가득차 있었기 때문이다.

나는 다시 길을 떠나서 138번 국도를 서쪽으로 질주하였다. 서덜린에서 리즈포트까지 이어지는 138번 국도는 내가 본 미국의 국도 중에서 가장 아름다운 곳으로 추천할 만하다. 그야말로 대자연의 멋스러움과 풍치를 만끽할 수 있는 곳이 아닌가 한다. 한국으로 비교하자면 강원도 정선 지역 부근의 아름다운 자연과 좋은 대조가 되는 도로망으로 생각되었다.

오레곤 주의 도로망 정비는 다른 주에 비해서 매우 뛰어나다고 할 수 있다. 깔끔하고 잘 정비된 도로 안내 표지와 안전하고 푸근하게 느껴지는 분위기며, 도로 주위의 잘 정돈된 풍치도 단연코 두드러진다. 중간에 안개가 멋스럽게 끼어 있는 강변이 보였으나 좀더 느긋하게 쉬어갈 시간적 여유가 없었던지라 그냥 떠나온 것이 못내 아쉽게 느껴진다.

### 밤에 도착한 태평양 연안 항구 리스포트

리즈포트에 도착하니 이미 캄캄한 밤이었다.
이곳은 항구이지만 한밤중이라 부두로 나가는 길이 어디인지를 알 수 없었다.
작은 마을이었지만 환한 불빛의 상점들과 식당들이 보였다.
나는 늘 해오던 방식대로 맥도날드 앞 주차장에 차를 대고 주변을 살폈다. 공동세탁실이 바로 뒤에 있었고, 식당 앞보다는 뒤쪽이 더 나을 것 같았다. 오늘밤은 맥도날드의 〈앞〉이 아니라 〈뒤〉에서 잠자리에 들었다. 기실 따지고 보면 인간의 삶에서 〈앞〉이나 〈뒤〉가 무슨 상관인가? 그런데 우리는 그 〈앞〉과 〈뒤〉에 지나칠 정도로 집착하며 살아갈 때가 있다.

일찍 잠이 깨었다.
여행 중에는 잠이 들고나서도 긴장을 풀 수 없게 된다. 정각 여섯

시만 되면 저절로 눈이 뜨인다. 두 시간의 시차가 느껴지긴 하지만 빨리 현지 시간에 맞추도록 노력해야지.

뒷자리에 침구가 펼쳐져 있는 채로 나는 차를 몰아서 부두 쪽을 찾아서 갔다. 부두는 내가 머문 데서 아주 가까운 거리에 있었다. 부두이긴 하지만 고기잡이 어선도 보이질 않고, 주로 부자들의 요트만 한가득 정박해 있었고, 아침 강풍에 흔들거리고 있었다. 사람들은 별로 눈에 띠질 않았고, 낚시하는 사람들이 이따금 오고 갈 뿐이었다. 나는 바닷가 넓은 주차장의 한 곳에 주차를 했다. 그곳은 세면장과 화장실이 아주 가까운 곳으로 조반을 해먹고 물을 뜨기에 좋은 곳을 일부러 골랐다고 하는 편이 적절할 것이다.

자전거를 타고 아침 운동을 하는 처녀, 서로의 손을 꼭 잡고 아침 산책을 하는 노년의 부부가 보였다. 먼바다 쪽으로는 안개가 잔뜩 끼어서 마치 초저녁 무렵의 미명을 연상케 하였다.

아침 정리를 끝내고 나는 곧 리즈포트를 떠나서 101번 국도의 남쪽을 따라 내려갔다. 101번 국도는 미국의 오레곤 주에 있는 태평양 연안지역의 남북으로 걸쳐 있는 도로를 말한다. 호젓하고 경치가 좋은 곳이 많이 있어서 일명 오레곤 코스트란 이름으로 불리는 유명한

지역이다. 나는 곧 노쓰베이를 통과하였고, 오레곤 삼림지역에서 벌채된 통나무를 해외로 수출하는 쿠스베이를 지나갔다. 쿠스베이에서는 곳곳에 엄청난 굵기의 통나무가 바닷물에 잠겨 있는 광경이 눈에 들어왔다. 벌채한 목재가 틀어지고 원형이 변하는 것을 막기 위해 저처럼 소금기 많은 바닷물에 잠기도록 넣어둔 것이리라. 커다란 통나무 떼가 바다 위에 가볍게 둥실 떠서 굴러다니는 광경을 보는 것은 상쾌하고 즐거운 일이었다.

### 밴던에서 처음 들었던 霧笛

쿠스베이의 남쪽 항구는 밴던이다.
오레곤 코스트의 전형적인 시골 마을 중 하나이다. 코킬 강이 바로 옆으로 흐른다. 바위와 모래사장이 참으로 아름다운 곳. 이곳은 참 오래된 포구의 분위기를 간직하고 있는 곳이다. 온몸이 구릿빛으로 검게 탄 사내가 마도로스 모자를 쓰고 바쁘게 일하는 식당도 있고, 배의 앞뒤에 붙이는 온갖 우스꽝스런 모양의 바람개비를 판매하는 상점도 있다. 낡은 선구가 부둣가에 방치되어 있는 광경도 보기에 좋고, 그 위에 갈매기들이 앉아서 슬픈 소리를 내고 있는 모습도 보기에 좋았다.
밴던의 한쪽 가녘을 돌아서 가보니 아주 절경이라 할만한 경관이 펼쳐져 있었다. 거친 파도가 휘몰아치는 절벽이 보였고, 그 위로는 희뿌연 물보라가 사운대고 있었다. 거칠 것 없는 바닷가의 하늘로 연을 띄워 올려서 무료한 시간을 보내는 늙은이도 보였고, 파도타기의 작은 쪽배를 옆구리에 끼고 모래밭을 달려가는 패기만만한 청년도 보였다. 그 옆에는 겨우 걷는 자신의 병든 부인을 부축해서 조심조심

걸음을 옮기는 영감님도 있었다. 꽁지머리를 하고 혼자 거친 바다를 향해 돌아앉아서 잡히지도 않는 고기를 기다리는 외로운 낚시꾼의 뒷모습도 보였다.

그리고 그 무엇보다도 밴던의 부두를 고적한 정서적 공간으로 만들고 있는 것은 단연코 무적(霧笛)이다. 무적이란 바닷가에 등대처럼 세워놓은 건조물로써 안개 낀 바다를 위험하게 항해하는 선박들에게 계속 신호음을 발사하여 항로를 알려주는 역할을 한다. 거친 방파제 끝에 설치된 별로 키가 높지 않은 이 무적은 8음계 중에서 〈시〉음에 해당하는 단음을 일정한 간격으로 줄곧 안개 자욱한 텅 빈 바다를 향해 보내고 있는 것이었다. 무적의 쓸쓸한 음향을 가만히 듣고 있노라면 야릇하게도 여수에 젖어서 목이 메이곤 하였다.

### 슬픈 霧笛

霧笛은 초저녁 안개 속에서
그리운 이름들을 부르느라 목이 메인다
그것이 끝나면 霧笛은
젊어서 다녔던 항구의 이름을 하나씩 말하고
그곳의 쓸쓸한 분위기를 들려준다
그것도 바닥이 나자 霧笛은
자기가 지금 왜 고향을 멀리 두고
한 자리에 발 묶인 채 오도가도 못하는지
그 슬픈 사연을 말해준다
가끔은 끼어 들어 내 이야기를 들려주고 싶지만
霧笛은 줄곧 제 이야기만 한다

밤새도록 가슴속의 매듭을 풀어내느라
   나를 돌아보지도 않는다

　그 어떤 인생의 고적함이랄까, 애처로운 손짓이나 하염없는 기다림, 불러도 불러도 대답 없는 반향 따위가 주마등처럼 눈앞을 스쳐가는 것은 어쩐 일인가.
　나는 이곳 미국의 밴던에 와서 무적이란 것을 처음으로 보고 들었다. 그리고 그 무적을 단번에 사랑하게 되었다. 김승옥의 소설 「무진기행」의 느낌과 이 무적 소리의 아련함은 서로 적절히 어울릴 듯하다.
　바다 위에 솟아 있는 기이한 바위와 아름다운 해안의 연속인 오레곤 코스트를 줄곧 구경하면서 감탄사를 연발하다가 포트오 포드에 위치한 휴게소 전망대에서 점심식사를 겸한 휴식을 하였다. 오레곤 코스트는 태평양에 연한 해안으로 무려 400마일에 이르는 해안선과 깎아지른 듯한 절벽, 하얀 모래사장, 바닷가까지 펼쳐진 숲 등등으로 유명하다.
　광활하게 펼쳐진 모래사장에는 태평양의 거친 파도가 세차게 밀려오고 있었고, 굵은 다시마가 뿌리뽑힌 채로 모래밭 기슭으로 흘러와 강렬한 태양에 건조되고 있었다. 투명한 해파리들도 물가에 떠밀려와 더 이상 움직일 수 없는 상태로 마치 바람에 날리는 비닐 조각처럼 볼품 없이 되어 있었다.
　나는 맨발로 모래밭을 걸어갔다. 햇살에 달구어진 모래가 너무도 뜨거워 발바닥이 아플 지경이었다. 두 발을 절뚝거리며 겨우 바닷가로 걸어나가 휩쓸려 오는 바닷물에 발목을 잠그고 탄성을 질렀다. 이미 여러 사람들이 바닷물에 첨벙거리며 다니고 있었다. 파도가 밀려오면 뒤로 달아나고, 다시 파도가 쓸려 나갈 때면 바다 쪽으로 한참을 들어가는 장난을 계속하다가 기어이 파도에 바지 아랫단을 흠뻑 적시고야 말았다. 모래톱의 까만 조약돌을 몇 개 기념물로 주워서 자동차로 돌아왔다. 이어서 그 아래쪽의 골드비치, 브루킹 등의 아름다운 해안들도 보았다.

솟구쳐 오르는 물보라, 바다에서 만들어져 저희끼리 떼를 지어 산허리를 넘는 물안개가 있었다. 오레곤 주의 이 아름다운 해안을 어찌 잊을 수 있으리.

### 캘리포니아 주로 넘어가다

정확히 오후 네 시경에 오레곤 주와 캘리포니아 주의 경계선을 넘었다.

유럽에서 국경을 넘듯이 이곳 경계 지점에는 엄중한 통제선이 설치되어서 캘리포니아 농산물 검역소 직원들이 철저한 검색을 하고 있었다. 캘리포니아는 전체 미국을 비롯한 세계 각지에 자체에서 생산된 우수한 농산물을 수출하고 있는 곳으로 널리 알려진 곳이다. 그래서인지 유난히 검역은 까다롭다. 길게 늘어진 자동차의 행렬이 서서히 줄어들어 자동차의 차례가 되자 공무원 복장을 한 뚱뚱한 사내가 무뚝뚝한 표정으로 특별히 갖고 오는 농산물들이 있느냐고 묻는다. 그래서 내가 오렌지를 구입한 것이 있다고 말했더니 보여달라고 요구한다. 그래서 보여 주었더니 검색원은 싱긋 웃는 얼굴로 통과해도 좋다고 말한다. 왜냐하면 내가 보여준 오렌지가 바로 캘리포니아주에서 생산된 것이었기 때문이다. 자기들의 농산물 품종관리를 위해서 이렇게 할 필요가 있다고 생각한다. 그렇지 않으면 다른 주에서 이상한 품종이 들어와 주체성이 교란될 우려가 있기 때문이다.
 이제부터는 캘리포니아 지역이다.
 오레곤 주와는 도로의 분위기부터 판이하게 다르다. 오레곤 주의 깨끗하고 정갈한 느낌을 이곳에서는 찾아볼 수가 없었다. 어딘지 모르게 어수선하고 산만한 느낌을 준다. 그만큼 오레곤 주의 도로망은 잘 정돈되어 있었다는 이야기다.


## 레드우드 국립공원

 스미스 리버를 지나고, 크레센 시티를 거치자 곧 레드우드 삼림지역이 나타난다. 레드우드란 미국의 삼(杉)나무를 말하는 것으로 쭉쭉 곧은 이 나무의 군락이 줄곧 계속되는 지역을 뜻한다. 연방정부에서는 이 지역을 중요국유림으로 지정해서 관리하고 있다고 한다. 이 지역의 삼나무는 곧기만 한 것이 아니라, 그 굵기가 워낙 엄청나서 나무의 수령이 2000년이 넘은 것도 수백 그루나 발견이 되었다고 한다. 대체로 500년에서 800년 묵은 것들이 보통이다. 나무의 키도 거의 대부분 100미터를 훨씬 넘었다.
 서늘한 기후 조건에서 길가에 우뚝 서있는 레드우드의 광경은 그것이 나무가 아니라 마치 오래된 산신령의 현신(現身) 같은 생각이 들 정도였다. 굵은 레드우드가 밀집한 지역을 지날 때면 숲에서 전달되어 오는 이상한 영적인 기운에 소름이 오싹 끼쳐질 정도였다. 그래서 캘리포니아를 레드우드 제국이라 부르는구나.
 날은 서서히 저물고 레드우드가 하늘빛을 가려서 수풀 속은 아주 캄캄하다. 이런 상태로 클레마스, 트리니다드란 곳을 통과하였는데, 한 목각장식품을 판매하는 곳은 아예 살아있는 굵은 레드우드의 속을 파서 방을 만들어 놓고 거기에 불까지 희미하게 켜놓았다. 마치 서양 전설 속에 나오는 숲 속 신령들의 집처럼 묘한 분위기를 연출하였다.

해 저문 유리카를 지나 가버빌, 레게크란 마을을 지나는데 이 밤중에 한 마을이 온통 대낮처럼 전등이 환하게 켜져 있고, 자동차와 사람이 인산인해이다. 마을을 온통 빌려서 야간 축제가 펼쳐지는 가보다. 주로 청소년 세대로 보이는 사람들이 길가에 나와 앉아서 술병을 들고 마시며 젊음을 구가하고 있다.

무슨 축제인가?

순간적으로 나의 호기심은 강렬하게 발동했지만 나의 갈 길은 바쁘고, 이곳에 느닷없이 시간을 빼앗길 수는 없는 노릇이다. 그리고 그들 사이에 끼어서 어슬렁거릴 만큼 나는 이미 젊지 않다는 생각이 들었다.

## 깊은 밤 멋모르고 통과한 1번 국도

그곳을 지나치자 다시 길은 야밤의 어둠으로 휩싸였다.

눈앞이 아득하여 아무 것도 보이질 않는다.

이 깊은 밤중에 나는 한번도 가보지 않은 1번 국도로 접어든다.

101번에서 다시 갈라지는 1번 국도는 샌프란시스코로 통하는 태평양 연안도로로서 아주 가파른 바위 절벽을 타고 나 있는 구간이 많다. 아직 본격적인 해안길이 나타나질 않고 다만 깊은 산 속 아득한 숲길을 휘돌아 달리는 것이다. 엄청난 나무와 나무의 바다를 마치 터널을 빠져나가듯이 조심스럽게 통과해간다. 조금만 방심해도 자동차는 한쪽 길가로 처박히게 될지 모른다.

이 깊은 밤에 나는 도로를 가로 질러가려는 사슴 한 마리를 보았다. 녀석은 멈칫 하다가 길가의 나무 뒤로 몸을 감추었다. 머리에 뿔이 없는 것으로 보아 암놈인 듯 하였다.
 깊은 수림이 너무도 오래도록 계속되어서 나는 다소 지루한 느낌마저 들었다.
 언제 이 숲 속을 빠져나가게 되나.
 과연 이 길고 긴 수풀에도 끝이 다가오기는 올 것인지.
 이 밤중에도 험한 구간을 나처럼 야간 운행으로 통과해 가는 차량들이 가끔씩 보였다. 그런 자동차의 불빛을 만나면 오히려 반가운 생각마저 든다. 나는 오래지 않아서 파도 소리가 들리는 바닷가로 빠져 나오게 되었다. 안개는 점점 짙어 오고 지친 심신은 이제 그만 쉬라고 휴식을 요구한다.
 오른쪽에 캠핑 그라운드가 있다는 안내 표지가 보여서 나는 그곳을 따라 천천히 차를 몰고 들어갔다. 워낙 넓은 지역이라 아직도 빈 공간은 더러 있는 듯하였고, 나는 비교적 호젓한 한 곳을 골라서 드디어 자동차의 시동을 끌 수 있었다. 지도를 보니 웨스트포트라는 이름의 작은 마을 부근에 설치된 캠핑그라운드였다.
 내가 자동차 안을 정리하고 잘 준비를 하고 있는데 나보다 뒤늦게 들어온 사람도 보였고, 또 차 옆에 불을 밝히고 텐트 치는 작업을 하는 사람도 보였다. 주변의 조명이 전혀 없었던 탓에 밤하늘의 별들이 바로 머리 위에까지 내려 와 있는 것처럼 밝고 크게 보였다. 태평양의 파도소리가 거칠고 크게 들려 왔으며, 밤 안개가 차츰 짙게 깔리고 있는 것이 느껴졌다. 기온이 차가워서 나는 문을 꼭 닫고 이불깃을 여미면서 잠자리에 들었다.

### 안개 낀 웨스트포트의 아침 풍경

　아침에 일어나서 주변을 둘러보니 눈에 보이는 것은 아무 것도 없고, 짙은 안개가 한 치 앞을 볼 수 없도록 모든 것을 가려 버렸다. 그 층층한 안개 속으로 파도 소리가 맹렬하게 들려왔다.
　웨스트포트의 바닷가 언덕 위에서 내가 캠핑을 하는 동안 바다는 밤새도록 안개를 생산해 내어서 주변의 풍경들을 아주 지우고 말았다.
　안개는 매우 기세등등한 모습으로 여기 저기를 날아다닌다.
　양배추 김치가 시어진 채로 남아있던 것을 마저 넣어서 김칫국을 끓였다. 멸치볶음 남은 것도 여기에 넣었다. 감자도 조금 썰어 넣었다. 그런 대로 먹을 만한 음식이 되었다. 뜨거운 국을 훌훌 불어가면서 떠먹는데 안개가 자동차의 유리창 밖에서 나의 쓸쓸한 모습을 들여다본다.
　안개는 마치 차안으로 들어오고 싶어하는 아이와 같은 얼굴을 하고 있다. 하지만 안개는 차안으로 성큼 들어오지 못하고 유리창 표면에다 물방울만 송글송글 땀처럼 맺히게 한다.
　나의 옆자리에서 캠핑을 한 일가족이 바닷가로 내려가 전복을 잡아왔다고 한다. 일부러 구경을 가 보았더니 정말 커다란 전복이다. 크기가 넓은 접시만큼 크다. 한국의 제주도에서 보았던 대형 전복과 비슷한데 다만 껍질의 모양이 조금 다르다. 한국의 전복은 껍질 표면이 거칠고 굴곡이 많은데, 미국 전복은 밋밋하고 약간 불그레한 빛깔을 띠고 있다. 전복의 살은 꼭 같이 생겼다. 값으로 쳐도 상당할 것이다. 이런 전복을 바닷가에서 쉽게 잡아 올린 것을 보면 이 부근이 과연 청정해역임을 알겠다. 한국에서는 이런 전복을 만나기도 어려울 뿐더러 깊은 바다로 잠수해 들어가야만 잡아올 수 있다.

해가 이미 중천에 떴건만 짙은 안개는 해가 지상에 비칠 틈을 쉽게 내주지 않는다. 어쩌다 해가 마치 달빛처럼 은은하게 비치다가 곧 안개에게 자신의 미약한 세력을 빼앗기고 만다. 그러나 제아무리 안개가 강성하다 해도 어찌 태양을 감당할 수 있으리오. 안개는 점점 엷어지고 슬금슬금 꼬리를 감추기 시작한다. 이 때를 놓칠 새라 나는 서둘러 짐을 챙겨서 웨스트포트를 떠났다.

과연 캘리포니아의 1번 국도는 만곡부가 많고 위험하기까지 하다. 간밤에 나는 이 코스를 위험을 무릅쓰고 돌파했던 것이다. 그만큼 경치가 뛰어난 곳도 많았고, 다채로운 얼굴을 보여주었다.

도중에서 승마를 즐기고 있는 한 떼의 사람들을 보았고, 멋진 바다를 배경으로 나지막이 앉아 있는 어여쁜 마을도 보았다. 피티아레나, 괄라라, 올레마 등을 지날 때까지 바닷가 벼랑길로 길게 이어진 1번 도로의 주행은 힘들고 지겹기까지 하였다. 바다 쪽으로 연한 도로변에 가드레일을 설치하지 않아서 심하게 구부러진 도로에서는 자동차가 마치 절벽 아래로 굴러 떨어질 것 같은 아슬아슬한 착각에 빠지기도 했다.

한 시도 긴장을 늦추지 못하다가 다시 어제 달려온 101번 도로와 합류되는 지점에서야 비로소 안도의 한숨을 크게 내쉬었다. 이제 머지않아 샌프란시스코이다. 그런데 자동차의 행렬이 몹시 거북이 걸음을 하고 있다.

왜 이런 것일까. 앞에 무슨 사고라도 난 것일까?


### 소살리토에서 금문교를 건너다

그냥 서 있기가 너무도 지루해서 나는 골든 게이트 브리지, 즉 금문교 앞에 펼쳐진 예술가들의 마을인 소살리토를 향해 차를 몰았다. 예정에 없던 선택이다.

　이곳은 샌프란시스코의 북부에 있으며 해안과 마주하는 작은 항구도시이다. 아름다운 중세풍의 작은 마을들과 대부분의 주택들은 가파른 벼랑 위에 지어져 있었다. 지중해의 분위기가 물씬 풍긴다. 태평양 연안을 중심으로 하는 광대한 삼림지대에 속해 있다. 이곳에 예술가들이 모여들었다고 한다. 내가 소살리토에 가던 날도 아트 페스티발이 열린다는 광고가 도시 곳곳에 붙어 있었다.

　항구에는 온갖 요트들이 정박해 있다. 소살리토의 앞 바다에서 멋있는 샌프란시스코의 원경이 아련히 보이기 시작한다. 말 듣던 대로 아름다운 항구임을 알겠다. 샌프란시스코를 배경으로 얼마나 많은 노래와 시작품들이 출현했던 것인가?

　소살리토에서 샌프란시스코로 빠져 나오는 길은 더욱 정체가 심하다. 아예 자동차의 행렬은 길바닥에 고정되어 있다. 다시 오던 길을 빠져 나와 고속도로로 올려보니 조금 나은 듯하다가 금문교(金門橋)가 가까울수록 점점 정체는 심하다.

　나중에 알고 보니 금문교를 통과하면서 시 당국에서 차량마다 다리 이용료를 걷어들이느라 이처럼 심한 정체를 조성하고 있는 것이다. 미국처럼 효율성과 현대적 문명의 속도를 즐기는 나라에서 이것은 너무도 원시적이고 비효율적이며 시대에 뒤떨어진 낡은 방법이다. 이 때문에 얼마나 많은 사람들이 시간에 쫓기고 생활에 심한 불편을 겪어야만 하는가? 하지만 나는 이 금문교를 잠시 통과하고 마는 관광객! 샌프란시스코 시민들의 불편에 비하면 아무 것도 아니다.

　금문교를 지나가면서 다리의 생김새를 자세히 둘러보니 거대한 금속의 덩어리로 만들어진 철골과 휘늘어진 적교(吊橋)의 선들이 모두 금속이었으나 워낙 우아한 곡선과 아치형태를 잘 배합하여 그것이 금속의 딱딱한 느낌을 거의 상쇄시키고 있었다. 또한 금문교 전체를 칠한 선정적인 붉은 색조가 짙은 여운을 던져주어서 이 다리가 샌프란시스코의 상징으로서만이 아니라 세계적으로 널리 알려진 유명한 교량임을 새삼 느꼈다. 1933년에 착공되어 5년 동안 건설되었다. 전체 길이는 2789미터. 폭 27미터, 높이 224미터이며 매일 10만여 대의 자동차가 왕래한다.

### 다리

끊어진 그 무엇을 잇기 위하여
너는 차디찬 바다 물에 두 발을 담그고 서 있는가
늘 다른 곳으로 가고 싶어하는
그 누구를 실어 나르기 위해
너는 고단한 등을 구부리고 있는가
비가 오고 눈이 오고
태풍의 손톱이 마구 긁어댈 때도
너는 입을 한일자로 굳게 다물고 고통을 견딘다
일평생 지녀온 소통의 꿈
바다 저 편을 그리워하는 사람들
소가 지나가고
닭털을 날리며 닭장차가 지나가고
할머니를 뒤에 태운 할아버지의 자전거가 지나가고
반신불수의 사내가 안간힘으로 발길 옮기다가 걸음을 멈추고
물끄러미 바다를 바라볼 때도
너는 높다란 쇠 난간 꼭대기에서

묵묵히 그들을 굽어본다

자료를 보면 이 다리에서 자살을 시도한 사람이 교량 건설 이후로 약 700여명이 넘었다고 한다. 상당수의 사람이 한 차례의 다이빙으로 자신의 시도가 미수에 그쳤다고 하지만, 이 멋있는 다리에 와서 죽음을 생각하는 사람들의 비관주의적 관점과 그 배반성을 나는 크게 중시하고 싶질 않다. 다만 가장 아름다운 공간의 극치에서 자신의 삶의 엑스타시를 경험하려는 심리가 들어있는 것은 아닌지 모르겠다. 죽음으로서 어떤 극치에 대해 맞서려는 인간 심리의 묘한 부분을 이해할 수 있을 것 같다.

### 아름다운 도시 샌프란시스코

미리 지도를 잘 읽어 두었던 터라 시내 지리를 파악하는 데에 별

어려움은 없었다. 두 차례의 여행 경험을 통하여 확실하게 발전한 것은 미국의 지도를 환하게 읽어내는 감각이다. 어느 한 지점에서 도로의 가로 세로 표지를 읽고 난 다음 시내 지도와 대조하여 방향을 찾아가면 목적지를 쉽게 찾을 수 있다.

샌프란시스코는 1769년 에스파니아 사람들에게 발견되었는데, 처음에는 예일바니브란 마을 이름이었다고 한다. 샌프란시스코란 이름이 붙은 것은 1847년부터이다. 멕시코 지역이던 이곳이 미국과의 영토 분쟁 이후 미국에 편입되었다. 겨울은 따뜻하고 여름에는 시원하여 사람이 살기에 쾌적할 뿐더러 세계에서 가장 아름다운 항구의 하나로 손꼽힌다.

한국인들에게도 이곳은 익숙하다. 우리는 옛날 식 지명으로 상항(桑港), 혹은 성항(星港)이라고 불렀다. 주로 상항이란 말을 많이 쓰는데, 샌프란시스코에 뽕나무가 많아서 그리 된 것은 아닐 것이다. 다만 중국식 음역으로 〈샌〉을 〈쌍〉으로 읽어서 붙여진 이름으로 추측된다. 성항도 마찬가지가 아닌가 한다. 버클리 대학의 한국인 고참 사서인 팔순의 주용규 노인도 40년 가까이 이곳에서 살아왔지만 아직도 〈상항〉이란 말을 그대로 쓰고 있었다.

상항 시내를 운전하면서 내가 가장 놀라고 당황했던 것은 시내의 일정 지역이 너무도 가파르고 높은 고갯길로 되어 있다는 점이다. 거의 40도나 되어 보이는 가파른 언덕길을 올라갔더니, 앞 바다 항구 쪽이 한 눈으로 시원하게 모두 들어왔다. 하지만 경치에 감상하고 있을 겨를이 없다. 언덕길을 올라왔으니 이제 그만큼 가파른 내리막길을 내려가야만 한다. 겁이 약간 났으나 브레이크를 줄곧 밟고 내려가지 않을 수 없다. 이 가파른 언덕 위에 빌딩들은 어찌 그리도 촘촘히 잘 지어져 있는가. 이런 언덕이 샌프란시스코에는 모두 43개가 있다고 한다.

언덕길에 주차해 놓은 많은 자동차들은 거의 전부가 앞바퀴를 한쪽으로 틀어서 차가 쏠려 내려가지 않도록 하고 있다. 샌프란시스코 시민들에겐 이러한 주차 방법이 하나의 기본 상식일 것이라 여겨진다.

그 숨가쁜 긴장 속에서도 주변을 둘러보니 건물들이 모두 예쁘다. 우선 도심지의 빛깔이 시카고처럼 우중충하질 않고 밝은 색조에다 산뜻한 느낌을 준다. 그러니까 사람들의 표정도 한결 밝아 보인다. 상항의 가파른 언덕길 도로는 상항 만의 고유한 특징이라 할 수 있다. 시애틀도 시내의 언덕길이 많았으나 샌프란시스코만큼 각도가 가파른 편은 아니었다. 하지만 나는 시애틀에서 첫 번째로 놀랐고, 상항에 와서 아연실색하고야 말았다.

포트 메이슨 지역에 있는 유스호스텔을 어렵지 않게 찾아서 갔더니 아담한 단층 건물이다. 하지만 출입자들이 워낙 많아서 당일 숙박은 단번에 거절당하고 말았다. 성수기라서 예약은 불가능하고, 내일 아침 일곱 시까지 와서 그때 접수를 시켜보라는 이야기만 들었다. 그러나 나는 오히려 다행으로 여겼다. 이 유스호스텔 주변이 아주 조용한 서민아파트 지역이라 주차공간도 많았고, 또 시원하였다는 점이다.

샌프란스시코는 한여름인데도 마치 초가을처럼 시원하고 더러는 한기까지 들 정도였다. 나는 포트 메이슨 지구 안에서 적절한 곳을 찾아 그냥 자동차 안에서 하룻밤을 보내기로 하였다.

멀지 않은 곳에서 무적 소리가 은은하게 들려왔다. 밴던에서 들었던 무적 소리와는 조금 느낌이 다른 상항의 무적은 훨씬 규모도 큰 듯 하였고, 음색 자체도 〈솔〉 정도에 해당되는 비교적 낮은 음계였다. 그 소리가 상항의 드센 바람소리에 뒤섞여 흩날리며 약 1분 간격으로 연이어 울려오는 것을 듣고 있노라니 문득 고적한 기분이 들었다. 더불어 인간적 삶의 어떤 본질 따위를 일깨워 주는 묘한 느낌으로 다가왔다.

나는 문득 술이 한 잔 하고 싶어졌다. 하지만 술이 없었다.

나는 자동차 안에서 이불을 덥고 잠이 들 때까지 상항의 슬프고 쓸쓸한 무적 소리를 혼자서 생짜로 삭여야만 했다. 눈물이 왈칵 쏟아질 것 같았다.

간혹 빗방울도 후두둑거리며 자동차의 표면을 때리는 듯 하였다.

## 유스호스텔에서 만난 자원봉사자 죠

이른 아침에 유스호스텔 프론트 앞에서 아직도 잠이 덜 깬 얼굴로 서서 차례를 기다린다. 차디차고 자신의 직분에 대해서만 몹시 충실한 듯이 보이는 젊은 직원은 연신 시계를 들여다보다가 정각 일곱 시가 되자 그제야 접수를 시작한다. 나는 10호실을 배정 받았다. 가격도 만만치 않다. 보스톤에서도 뉴욕에서도 그랬지만 상항도 마찬가지다. 대도시의 유스호스텔은 그만큼 인간미가 떨어진다. 대신 세계 각지에서 찾아온 많은 청년들을 만날 수 있는 장점도 있다. 과연 여기 저기서 들려오는 말들이 불어, 독일어, 이태리어, 서반아어 등으로 다채롭다. 그 중에 아시안 계열의 청년들은 극히 드물다. 일본 대학생으로 여겨지는 한 사람을 잠깐 보았을 뿐이다.

아침에 모처럼 샤워를 한 바탕 하고 나니 한결 시원하고 개운하다. 지정된 주차장에 자동차를 옮기고 나서 유스호스텔에서 마련해 주는 식사를 했다. 식사라고 해야 서양 깨가 뿌려진 딱딱한 베이글 빵 한 개에 버터와 잼을 발라서 주스, 커피와 함께 먹는 것이 고작이다. 하지만 이런 친절을 보여주는 곳도 상항의 유스호스텔이 처음이다.

불과 3달러에 도보로 걸어다니는 시내관광을 할 수 있다는 안내 노인의 설명을 듣고 일단 신청을 해 두었다. 잠시 서서 기다리니 전문 안내인이 왔는데 약간 벗겨진 이마에 노란 턱수염을 기르고 가벼운 청바지를 입은 30대 후반의 미국인 청년이다.

그는 샌프란시스코를 알리는 자원봉사자라고 자신을 소개하였다. 이름은 죠.

줄곧 재담과 익살로 일행을 웃기며 마음을 편하게 하는 그는 현재 상항 시내에서 코디네이터 일을 돌보고 있다고 하였다. 자신의 젊은 시절 유스호스텔을 다니며 많은 여행을 하였고, 유스호스텔의 정신을 너무도 사랑하고 있다고 한다. 그래서 한 달에 두어 번 가량 스스로 이곳에 나와 샌프란시스코를 보려는 사람들의 안내를 맡고 있다는 것이다. 그의 기질은 한 마디로 아주 리버럴리즘의 신봉자로 여겨졌으며 그 어떤 제도와 속박도 기꺼워하지 않는 근원적 자유주의자로 보였다.

도보 관광을 신청한 사람은 나까지 모두 일곱 명. 호주에서 왔다는 오십대의 풍뚱한 두 여성, 입술이 정열적으로 두툼한 오스트리아 여대생, 카자흐스탄의 금발머리 여대생 둘, 스웨덴에서 왔다는 키가 2미터도 넘어 보이는 꺽다리 청년, 그리도 한국인인 내가 오늘의 전체

구성원이다. 죠는 시종일관 앞에서 나를 웃겨가며 상항을 소개한다.
 죠는 유스호스텔의 뒷길로 내려가 바닷가 쪽으로 난 길을 따라서 우선 상항의 명물인 케이블 카를 타러 간다. 케이블 카란 상항의 그 언덕길을 미리 설치된 궤도를 따라 쉽게 오르내리도록 되어있는 상항 특유의 교통 기관이다. 땡땡 종소리를 울리며 몇 개의 언덕을 오르내리는 장면은 영화에서도 많이 등장했다. 전차의 원리와 꼭 같지만 전차와는 운행 방식이 다르다. 앞뒤가 그대로 개방되어 있어서 관광객들은 손잡이에 매달린 채로 거리를 조망할 수 있을 뿐 아니라 어디서나 쉽게 타고 내릴 수 있다. 시민들보다도 주로 관광객들이 이 시설을 이용한다. 나는 시발점에 서서 케이블카의 차례가 오기를 기다렸다.
 지정된 시간이 되자 노란색과 빨간 색 페인트로 장식된 귀여운 케이블카가 종을 땡땡 울리며 나타났다. 시발점에서 케이블카를 돌리는데 제복을 입은 늙수그레한 근무자 전원이 내려와 일부는 앞에서 케이블카의 방향을 회전축을 사용하여 반대로 밀어서 돌리고 또 일부는 뒤에서 그 작업을 보조해 준다. 모두 사람의 힘으로 움직이는 그 광경이 신기하여 관광객들은 사진을 찍고 재미있는 구경거리로 삼는 듯 일제히 미소를 지으며 바라본다. 케이블카의 근무자들도 자신들의 작업이 관광객들에게 신기한 볼거리를 제공한다는 사실을 알고 있다는 듯이 한 바탕의 익숙한 이벤트처럼 보여준다. 이윽고 종을 땡땡 치며 흑인 기사가 육중한 운전키를 더러는 밟고 더러는 당기며 힘들어 보이지만 익숙한 솜씨로 전진해 나아간다. 차 위의 관광객들은 거리의 광경을 담고, 거리를 걸어가는 관광객은 케이블카의 모습을 서로 담느라 여념이 없다.
 어느 가파른 고갯길에서 우리 일행은 죠를 따라 내렸다.
 그리고 죠가 먼저 안내해간 곳이 어느 호텔 로비를 통과하여 올라간 건물의 옥상 전망대였다. 그곳에서는 좁은 거리의 한 편으로 멀리 항구의 편모가 보였다. 거기서 다시 가파른 언덕길을 걸어 올라가 고풍한 성당 건물로 들어갔다.

　일행은 다시 유니온 스퀘어로 내려가 함께 사진을 찍고 잠시 한담들을 나누었다. 모두 선량한 기질의 소유자들이어서 서로 곧 친숙해졌다. 유니온 스퀘어 야자수와 잔디로 둘러싸인 작은 광장으로 다운타운의 중심지가 모두 이곳에서부터 시작이 된다. 하지만 웬 노숙자들이 그렇게도 많은지 밝고 명랑한 분위기의 샌프란시스코 거리가 온통 노숙자들로 가득 찬 듯하였다. 옆구리에는 남루한 이불을 말아서 끼고, 때묻은 행색으로 앉아서 동전을 요구하는 것이었다. 그들의 처량한 눈빛은 참으로 애처로워 보였다. 하지만 미국의 거지들은 한국의 경우와 사뭇 다르다는 것을 어디선가 들은 적이 있다. 그들은 연금도 받을 뿐 아니라 우선 지나치게 게으른 생활습관 때문에 거지 생활을 하고 있으므로 자신의 삶을 전혀 비관하지 않는다고 하였다. 이 거지들을 구원하자며 거리에서 열렬히 외치며 다니는 빈민운동가들도 더러 보였다.

### 죠의 사무실에서 열린 국제 친선 세미나

　거기서 마켓 스트리트 쪽으로 걸어가던 죠는 어떤 건물의 이층으로 일행을 안내하였다. 알고 보니 그곳은 자신의 코디네이터 사무실로 실내는 매우 깨끗하게 정돈되어 있었다.
　회의용 탁자와 의자가 갖추어진 공간에서 죠는 자신의 명함을 모두에게 한 장씩 나누어주었고, 자연스럽게 자신들의 조국과 고향에 대한 소개를 하도록 이끌었다. 작은 지구본(地球本)을 들고 와서 자기 나라의 위치를 손가락으로 짚어달라고 부탁하였다.

 호주에서 온 여성들 중 한 사람은 자기가 유태인이라고 소개하였는데, 그의 성격은 매우 밝고 쾌활하며 너무도 큰 소리로 잘 웃는 모습을 보여서 유태인답지 않은 정감이 들었다. 미술교육 쪽에서 일하는 사람인 듯 보였다. 또 한 호주 아줌마도 역시 쾌활 명랑한 성격으로 자신의 집 앞마당으로는 캥거루가 뛰어다니는 광경을 흔하게 바라볼 수 있다고 하였다. 카자흐 공화국에서 온 여대생은 얼굴이 귀염성스럽게 생기고 체구도 아담하였는데, 그녀는 미국인 남성과 결혼을 하려는 계획을 갖고 있으며 현재 미국의 여러 지역을 여행중이라는 이야기를 하였다. 오스트리아 여대생은 자신의 평범한 일상을 소개하였고, 일행 중 가장 말수가 적은 꺽다리 스웨덴 청년은 담담하게 자신의 나라에 관한 소개를 하였다.

 마지막으로 나의 차례가 되었다. 한국에서 현재 시를 쓰고 있으며 여러 권의 시집을 내었다고 하자 카자흐스탄 여대생이 먼저 탄성을 질렀다. 그녀는 나의 시 창작 작업이 많은 사람들에게 깊은 감화를 줄 수 있는 활동이 되기를 바란다고 말했다.

 죠는 자신의 차례가 되자 스스로를 달나라에서 왔다고 말하면서 익살을 떨었다. 그는 원래부터 샌프란시스코의 토박이로서 할아버지에서부터 부모 모두가 법률가의 집안이었다고 했다. 가족들은 죠에게도 법률가의 길을 가기를 원했지만 근원적 자유주의자의 기질을 지닌 죠는 지질학을 전공하였고, 세계 여러 나라를 여행하면서 더욱 큰 보람을 느꼈다고 말했다.

 서로 담소를 나누다 보니 어느덧 시간이 세 시가 넘었다. 죠는 자신의 사무실에서 가까운 한 인도인의 식당으로 일행을 안내하였다. 거기서 모두는 늦은 점심 식사를 하였다. 물론 비용은 각자 부담. 호주에서 온 아주머니는 줄곧 콧물을 훌쩍였다. 식사를 마치고 난 뒤에도 죠는 일행의 요청으로 시립도서관과 시청 건물로 우리를 안내했다. 모든 시설이 썩 훌륭하였으며 특히 시청 건물은 각종 조각과 그림으로 장식된 화강암과 대리석으로 지어져 천만년 앞의 세월까지 이어지도록 건설한 듯 하였다.

시청 건물을 보고 나오다가 카자흐 여대생이 가로등의 금속 기둥에 이마를 심하게 부딪쳐 부상을 입는 사고가 발생하였다. 다친 곳에 피멍이 들고 빨갛게 부어 올랐다. 너무도 고통스런 나머지 눈물을 주르르 흘리는 그녀가 몹시도 애처로워 보였다. 혼자 다니는 여행은 이처럼 서러웁기 짝이 없는 것이다. 시청 건물 앞에서 일행과 헤어져 나는 드디어 호젓한 걸음을 하게 되었다.

### 상항의 중국인 거리

나는 마켓 스트리트를 천천히 걸어서 샌프란시스코의 차이나타운 쪽으로 걸어 올라갔다. 이곳의 규모가 구미 최대라 하지만 내가 보기에는 뉴욕 맨하탄의 차이나타운보다 훨씬 작은 규모인 듯하였다.

기념품 가게도 들어가 구경하였고, 또 미국 안내 자료에 소개된 금락반점(金樂飯店)이란 곳을 찾아가 게 요리를 시켜 보았다. 하지만 그 요리는 가격에 비해 내용이 너무도 보잘 것 없었다. 카메라의 필름을 판매하는 상점이 보이기에 들어가 샀는데, 실제 가격보다 훨씬 비싼 바가지 요금이었다. 이태리나 멕시컨 계열의 점원은 매우 거칠고 능청스러웠다.

저무는 샌프란시스코를 터벅터벅 걷고 걸어서 피셔맨 훠프까지 당도하였다. 이곳은 상항의 북쪽 바닷가에 위치한 상가 밀집 지역으로 온갖 기념품 가게, 식당, 과일상점 등이 즐비하였다. 한 곳에는 창틀에 비누방울을 날리는 인형을 설치해 놓아서 바람결에 줄곧 비누방울이 날려서 골목으로 날아 떨어지고 있었다.

 한 곳에 사람들이 몰려 있어 가보니 나무판을 바다물 위에 띄워 놓은 그곳은 바다사자의 서식 지역으로 수백 마리의 바다사자들이 나무판 위에 올라와 더러는 그 소란 중에도 깊이 잠든 놈, 또 더러는 깨어서 서로를 밀어서 바닷물 속에 빠뜨리거나 줄곧 괴성을 질러대는 놈으로 시끌벅적하였다. 하지만 그곳은 바다사자의 몸에서 풍겨오는 누릿한 비린내가 몹시 비위를 상하게 하였다.

 제법 밤이 이슥한 시간이었으나 피셔맨 훠프는 많은 인파로 붐비었고, 그야말로 불야성을 이루고 있었다. 이곳은 원래 이탈리아인 어부들의 선착장이었다고 한다. 연안어업이 성하였으므로 해물요리 전문점과 소극장 등이 많이 몰려 있다.


## 한국 해외독립운동사의 발자취

 샌프란시스코는 우리 민족에게 있어서 잊을 수 없는 항구였다.

 19세기 후반부터 상항으로 불리었던 이곳은 일찍이 구한말부터 하와이의 노동 이민을 거쳐온 사람들과 유학, 행상 등의 여러 경로로 진출한 한인 이주민들이 집단으로 거주하던 지역이었다. 그들의 정착지는 바로 내가 지금 서 있는 이곳 페리 부두를 중심으로 그 인근 지대에 형성되었다고 한다.

 1903년에 상항친목회가 워싱턴 스트리트의 차이나타운에 있는 식당 〈광덕원(廣德苑)〉에서 결성되었고, 퍼시픽 스트리트에는 공립협회 본부가 설립되어서 이 지역의 교민언론인 〈공립신보(共立新報)〉가 발행되기도 하였다.

하지만 이들보다 훨씬 중요한 것은 1908년 3월23일에 페리 부두 앞 광장에서 미국 교민 청년 장인환, 전명운 두 의사가 일제침략의 앞잡이로 활동하던 미국인 더햄 스티븐스를 권총으로 격살한 역사적 사건이다. 이 스티븐스란 인물은 일본에 고용되어 일제의 한반도 침략을 외교면에서 충실히 방조해준 악질적 주구의 역할을 하였다. 이 스티븐스가 상항의 페어먼드 호텔에 나타나 미국 언론에 떠벌린 말들은 참으로 가증스런 것이었다.

한국은 황제가 암매하고 정부관리들이 백성을 학대하여 민원이 심하다. 또한 백성이 어리석어서 독립할 자격이 없으니 일본의 보호가 아니면 러시아에 빼앗길 것이다. 다행히 한국에 이완용 같은 충신이 있고, 이토 히로부미 같은 통감이 있으니 한국의 다행이요, 동양의 다행이다.

스티븐스는 세계의 양심을 위해서 처단되어야 할 인물임이 분명했다.

이 두 의사의 의거 직후에 우리 교민들은 단합의 절실함을 느끼고 드디어 페리 스트리트에서 대한인 국민회의 발족을 보게 되었다. 이곳에서 〈공립신보〉 이후의 본격적인 정론지인 〈신한민보(新韓民報)〉를 줄기차게 간행하여 항일 민족주의의 논조를 지켜 왔다.

오늘 내가 걸었던 샌프란시스코의 거리들은 과거 전명운, 장인환 두 의사가 조국의 처지를 고뇌하며 걸었던 길들이요, 해외에서의 민족언론운동에 헌신하던 여러 동포들이 힘겨운 발걸음을 옮기던 바로 그 장소였던 것이다.

가만히 생각해 보니 나는 아직 저녁을 먹지 않았다. 저녁도 거른 채 무작정 걷고 있었던 것이다. 갑자기 시장기가 몰려와서 가까운 맥도날드로 들어가 늦은 저녁 식사를 위해 쌀을 씻었다. 맥도날드의 청소와 정리를 담당하는 종업원 하나는 제법 나이가 든 장애인으로 그의 걸음걸이는 엉금엉금 기는 듯 하였다. 그처럼 불편한 걸음걸이로도 실내의 여러 곳을 부지런히 다니며 치우고 닦고 정리하는 손길이 바지런하였다. 자리에 앉으니 그제서야 발바닥이 아프고 피로가 몰려온다.

　가만히 헤아려 보니 오늘 하루종일 걸은 걸음의 수가 아마도 3만 보를 넘을 것 같다. 나는 오늘 정말 많이 걸었다. 발가락의 몇 개는 벗겨지고 진물이 나왔다. 통증은 모든 발가락에서 느껴졌다.

　포트 메이슨까지는 아직도 한참을 더 걸어가야만 한다.

　이미 캄캄한 밤이 되었고, 저문 샌프란시스코의 주택가를 지친 걸음으로 걸어서 유스호스텔로 돌아왔다. 샤워를 한 바탕 하고 나니 비로소 지친 몸이 풀리는 듯하다. 호주 아줌마 중 자신을 유태인으로 소개한 부인이 나를 멀리서 보고 마치 다정한 친구를 만난 듯이 소리

를 지르며 달려와 얼싸안고 반가움을 표시한다.
 얼마나 격의 없는 모습인가?
 이층 침대 위에 누워서 길게 다리를 뻗으며 눈을 감으니 샌프란시스코의 무적 소리가 바람결 속에 은은히 들려온다. 이 밤에도 저 무적 소리는 바다 멀리로 외롭게 퍼져나갈 것이다. 무적 소리의 간격을 헤아리며 서서히 잠으로 빠져든다.


## 버클리대학과 주용규 선생

 다소 늦잠을 잤다. 어제 그만큼 피로했던 탓에 몸이 곤했던 것이다.
 오늘은 버클리 대학을 방문하는 날이다.
 조반을 지어먹을 겨를이 없어서 유스호스텔 식당에서 어제 아침처럼 빵에 버터를 발라먹고 떠나기로 했다. 식사 요금이 4달러이니 저렴한 편이다. 음료수를 한 잔 더 마시려면 25센트 짜리 쿼터 한 개를 더 지불해야 한다.
 80번 고속도로를 타고 동쪽으로 달려서 샌프란시스코를 빠져나가면 곧 버클리에 당도한다. 주용규 선생이 미리 일러준 대로 버클리 대학은 쉽게 찾을 수 있었고, 또 주차장까지 발견하여 자동차를 댈 수 있었다. 주차요금은 주차장 입구에 마련된 쇠로 만든 사각형 통에다 직접 투입하게 되어 있는데 그 방법이 처음 보는 것이라 너무도 이상스럽다. 무엇이냐 하면 달러 지폐를 여덟 번으로 반듯하게 접어서 그것을 자기 번호의 비좁은 틈새로 힘겹게 밀어 넣는 것이다.
 버클리 대학으로 가는 길은 온갖 잡상인들로 북새통을 이루고 있었다. 작고 조잡한 기념품, 목걸이, 반지 등의 모조 장신구, 카드와 문방구 등의 물품들을 길가에 늘어놓고 판매하는 노점상인들이 거의 도로를 점유하고 있었다.

　버클리 대학의 캠퍼스는 한국의 대학들과 흡사한 분위기이다.

　대학의 건물들이 모두 한 울타리 안에 밀집해 있는 것이 그렇고, 대학의 구성 방식도 행정부를 중심으로 주변에 방사상(放射狀)으로 확산되어 있는 모델도 그렇다. 이런 캠퍼스가 산밑에 빼곡이 들어차 있다. 높은 시계탑 건물이 사진에서 본 낯익은 건물임을 쉽게 알겠다. 이 대학은 1960년대 후반 미국 학생운동의 발상지였다고 한다.

　동아시아 도서관 건물은 별로 크지 않은 이층 건축으로 출입 통제선을 지나서 서고의 안쪽에 주용규 사서의 사무실이 있었다. 주 선생은 고희를 훨씬 넘어 거의 팔순이 가까운 함경도 출신의 재미교포로서 미국에 건너온 지 어언 40년이 넘었다고 한다. 그를 만나서 준비해온 약간의 선물을 전달하고 담소를 나누었다. 푸근한 동네 할아버지 같은 인상이다. 대학 정문에서 그다지 멀지 않은 한 식당으로 함께 가서 주 선생과 점심을 같이 나누었다. 한국인이 경영하는 일식집으로 음식의 내용이 비교적 괜찮았다. 노인의 단골집인 듯 보였다.


桑港에서

고향은 함경도이지만
버클리에서 50년 세월이 흘러갔다는
주 노인을 따라 나는 언덕길을 내려간다
그는 샌프란시스코를

줄곧 상항이라고 부른다
　　상항이라는 말에는
　　왠지 구한말의 정취가 스며있다
　　이름대로 정말 뽕나무 가로수라도 있는가 해서
　　나는 사방을 두리번거린다
　　몸은 늙었어도
　　낙타처럼 잘 걸어가는 주 노인의
　　어깨는 구부정하다
　　그의 굽은 등 너머로 안개 속에 잠긴
　　붉은 금문교가 흐릿하게 보인다
　　어디선가 霧笛이 운다

　식당에 앉아서 지난 세월을 헤아리는 주 선생의 얼굴 표정이 어린 아기처럼 천진스러운 데가 있다. 주로 버클리 대학 도서관에서만 40년을 일해 왔다고 하니 버클리 대학에서는 살아있는 대학사의 증인이기도 할 것이다.
　도서관에는 그분의 손길이 일일이 가지 않은 책들이 없을 정도로 한국 관련 서적들은 잘 정돈이 되어 있었다. 하지만 막상 내가 찾고자 하는 북한 관련 자료는 제한된 공간을 아무리 둘러보아도 그리 흔하게 눈에 띠질 않는다. 그 이유를 물었더니 중국도서와 일본도서의 집중적 공세에 밀려서 한국도서는 원래 있던 자리를 쫓겨나 또 다른 서적 보관 창고로 들어가고 있다는 했다. 상당수의 한국 도서들이 그렇게 밀려나 있다는 것이다. 설령 목록에서 원하는 도서를 발견했다 할지라도 서가에는 그것이 비치되어 있지 않는 경우가 허다하다고 한다. 이를 보기 위해서는 특별한 부탁을 해서 주문을 해도 여러 날이 되어야 책을 손에 잡아 볼 수가 있다.

동아시아에서도 한국의 정치적 위상을 도서관 쪽에서 눈으로 직접 보는 듯해서 입맛이 씁쓸했다. 또 버클리 대학의 한국 도서의 현재 위치는 이미 노쇠하고 무력해진 한국인 사서의 현재 위치를 말해 주는 것이기도 하다.

비록 제한된 공간이나마 약 대여섯 바퀴를 순회하면서 그나마 북한에서 발간된 문학평론 자료를 세 권 정도라도 발견할 수 있었던 것은 하나의 소득이다. 안함광이 한국전쟁 직후 평양에서 대표책임자로 발간한 『문학의 전진』이라는 비평선집을 만난 것이 가장 커다란 기쁨이었다. 그밖에도 문학의 종자론(種子論)을 해설한 비평집과 해방 후 북한의 현대시사를 다룬 류만의 저서 등을 입수하여 복사하였다. 버클리 대학의 도서관 이용시간이 오후 다섯 시로 한정이 되어 있어서 나는 황급히 그 자료를 대출하여 대학 정문 앞으로 가서 복사 전문 업소에서 직접 카피를 하였다. 그것이 비용도 저렴하고 또 빨리 문제를 해결할 수 있었기 때문이다.

자, 이제는 버클리 대학을 더 이상 머물 필요가 없어졌다.

원하는 자료도 몇 권 구했지만 무엇보다도 현재 비치된 자료는 워낙 분량이 적어서 아무리 둘러보았댔자 더 찾아낼 별다른 것이 있을 수 없었기 때문이다. 원래 계획은 버클리에서 한 수삼일 머물면서 다량의 자료를 확보하고자 하였으나 막상 이곳에 와서 도서관의 현황을 보니 나의 그런 계획은 수정되어야만 했다.

미국에서 가장 많은 한국학 관련 자료를 소장하고 있는 곳은 역시 하버드 대학의 옌칭 도서관임이 확실해졌다. 하지만 주용규 선생에게는 미안한 일이었다. 그분에게 짧은 메모 한 장을 남기고 캠퍼스를 벗어났다. 버클리를 떠난다고 생각하니 갑자기 기분이 밝아졌다.

### 한국인 유학생 풍경

이미 해가 저물고 있었기에 나는 버클리 대학 앞으로 가서 일단 저녁 식사를 하고 떠나기로 했다. 한국인이 경영하는 어느 간이 식당으로 들어가 비빔밥을 시켜서 맛있게 먹고 양념고추장도 조금 담아왔다.

식사를 하다가 보니 옆자리에는 두 사람의 한국인 여대생이 마주 앉아서 무엇인가를 열심히 토론하고 있었다. 한 사람은 미국에 온 지 얼마 되지 않은 유학생인 듯 여겨졌고, 또 한 학생은 미국에서 태어난 재미교포 2세인 듯 보였다. 교포여학생의 나이가 유학생보다 한참이나 어려 보였다. 어떤 영문 자료를 앞에 놓고 두 사람은 무엇인가를 토론하는데 가만히 들어보니 교포 2세가 유학생을 마구 핀잔조로 책망하며 매우 신경질적인 어조로 나무라는 것이 아닌가?

워낙 소리가 커서 주변에서 식사하던 많은 사람들이 그들의 모습을 옆 눈으로 지켜보았다. 아마도 영어에 자신이 없는 유학생이 영어에 유창한 2세와 더불어 무엇인가를 배우고 있는 과정인 듯 여겨졌는데, 2세의 그 오만불손하고 경박하기 짝이 없는 태도를 보다못해 내가 분노를 느낄 정도였다.

아무리 명문 버클리 대학을 다닌다 할지라도 인품이 저런 모습으로 성장해서는 과연 어디에 쓸 것인가? 민주적 사고와 따뜻한 인격은 적어도 그녀와 무관한 듯 보였다. 지식이 인간의 모습을 저렇게 이끌어가서는 아니 될 것이란 생각을 했다.

### 새크라멘토

그 길로 바로 버클리를 떠나서 일단 요세미티 국립공원 쪽으로 방향을 잡기로 했다. 저무는 석양이 동쪽 산기슭을 빼곡이 메우고 있는 주택들의 유리창을 비쳐서 매우 눈부신 광채가 났다.

리치몬드, 파피일드, 딕슨 등을 거쳐서 나는 이미 해 저문 새크라맨토에 도착하였다. 샌프란시스코의 북동쪽 약 143km 지점인 센트럴 밸리에 자리잡고 있는 새크라맨토는 원래 황량한 벌판이었다. 하지만 금광의 발견으로 갑자기 번성한 도시가 되었다고 한다. 1839년에 캡틴 존 서터라는 사람이 이곳을 발견한 이후 미국 서부개척사상 중요한 의미를 지닌 지역이 되었다. 시내는 별로 크지 않았으나 밝은 네온사인이 번쩍이고 있어서 여전히 양호한 경기를 말해주고 있었다. 가로수는 주로 동백나무와 종려나무였는데, 이것이 도시의 분위기를 더욱 이국적으로 꾸며주고 있었다.

나는 차를 타고 도심지를 경유하는 것으로 대충 새크라맨토를 보기로 했다. 하지만 시내에서 80번 이스트로 나가는 도로의 입구를 찾지 못해서 한참이나 헤매야만 했다. 한 경찰관의 도움으로 겨우 길을 찾았다.

저문 고속도로를 조금 더 달리다가 오번이란 곳에서 16번 국도로 바꿔서 달렸다. 초행 길인데다가 고갯길과 내리막 산길이 연이어 나타나자 밤 운전에 자신이 없어지고 심한 긴장이 느껴졌다.

## 유령의 마을 콜로마

쿨과 콜로마를 지나 플레이서빌이란 곳에서 넓은 주차공간을 발견하고 그곳에 들어가 하룻밤을 지내고 가기로 했다.

콜로마는 미국 안내 책자에도 나오는 곳으로, 이곳은 1849년 황금광 시대에 금광 러시를 타고 몹시 호황을 누리던 것이었다고 한다. 하지만 지금은 그 호황이 완전히 사라지고 광산 노동자들이 살다가 떠난 빈집들이 도로변에 즐비하다고 했다. 그것을 고스트 타운, 즉 유령의 마을이라고 부른다는 것이다. 야밤이어서 그 빈집들은 눈에 띠질 않았으나 고스트 타운 이야기만으로도 을씨년스런 기분이 들었다.

한적한 산간 도시 플레이서빌의 어느 한 귀퉁이에 차를 세우고 주민들의 눈에 띠지 않도록 조심스러운 동작으로 나는 잠자리에 들었다.

## 〈흐름〉위에 친 보금자리

나는 흐름 위에서 잠을 자고, 흐름 위에서 밥을 먹고, 흐름 위에서 하루해를 보내고 있다.

흐름은 현재 내가 심신을 의지하고 있는 보금자리이자 터전이다.

이 흐름 위에서 나의 심신은 고달프고, 쓸쓸한 나그네의 심사에 젖기도 하며, 혼곤한 독백을 나누기도 한다.

흐름이야말로 미국의 여러 곳을 떠돌아다니고 있는 나 같은 고독한 여행자들에게 가장 다정한 안식의 공간이다.

그러므로 흐름은 나의 집이요, 우주이다.

이 흐름의 멋과 매력을 깨달아서 알게 될 때쯤 나는 이미 전문적 여행가의 수준으로 성큼 올라서 있을 것이다.

흐름은 나에게 플레이서빌이라는 미국의 낯선 마을에서 하루를 잠재워 주고, 다시 나를 깨워서 다른 곳으로 이동하도록 은근히 권한다.

잠이 덜 깬 눈으로 내가 아침 도로를 달려서 잭슨이라는 곳까지 떠나왔다.

아침의 국도는 상쾌하였고, 햇살에 정갈하게 얼굴을 씻은 대자연은 맑고 산뜻한 표정을 지었다. 중로에 많은 트럭들이 굵은 목재를 싣고 어디론가 수송해가고 있었다.

과거 서부영화에서 본 것 같은 자연의 모습들이 자주 펼쳐지고, 그 사이에 앉아 있는 마을들도 마카로니 웨스턴에서 존 웨인이 등장하는 마을의 모습과 흡사한 건물들이 자주 눈에 띠었다. 지명들도 엘도

라도, 쉐난도 등이었는데, 이것은 남부 지역에 그 원래의 장소가 있기 때문에 이곳은 단순히 같은 지명을 공유하는 곳일 뿐이었다. 그럼에도 불구하고 미국의 서부 지역 특유의 분위기를 여전히 지니고 있는 느낌이 역력했다.

## 소노라에서 만난 장애인 청년

가는 도중의 소노라라는 곳에서 브레이크 라이닝의 상태를 점검했다.

시골 마을의 자동차 정비소였는데 친절하고 꼼꼼하게 돌보아 주었다. 그런데 가만히 보니 정비소 직원은 말을 하지 못하는 장애인 청년이었다. 얼굴 표정이 매우 선량하고 성실해 보이는 그 청년은 종이에다 자신이 어린 시절 목소리를 잃어버렸다는 사실을 써서 나에게 보여주었다. 애처로운 느낌이 들었지만 청년은 너무도 차분하고 씩씩하게 자신의 일을 수행하고 있었다.

내가 물통을 들고 화장실 수도 쪽으로 들어가자 청년은 짧은 휘파람을 불어서 나에게 바깥 수도의 위치를 알려 주었다. 화장실 세면기의 물은 식수로 적합하지 않다는 것을 일러주는 친절한 배려였다.

인종을 초월해서 무언중에 전달되어 오는 은근한 정!

## 요세미티 국립공원

오래지 않아서 나는 제임스타운, 그로브랜드를 거쳐 드디어 요세미티 국립공원으로 진입하였다.

샌프란시스코의 동쪽 320km 지점. 시에라네바다 산맥의 중앙에 위치한 산악 국립공원으로 총면적이 3,079㎢ 나 된다고 한다. 이곳에서 가장 볼만한 것들은 세계 제2위의 낙차를 자랑하는 요세미티 폭포와 하프 돔, 수직으로 바위가 서 있는 엘 캐피탄, 기타 빙하 계목과 기암 괴석, 호수 등이 한데 어우러진 장관이라 한다.

요세미티란 이곳에서 원주민으로 살던 인디언의 언어로 회색빛 곰을 뜻하는 말이었다고 한다. 그만큼 이 지역에는 곰의 출몰이 많아서 공원입구의 통제소에서 나누어주는 경고문엔 곰에 대한 주의사항이 자세하게 적혀 있었다.

얼마 달리지 않아서 엄청나게 크고 높은 바위산이 보이기 시작했다.

돔을 절반 잘라 놓은 것 같다고 해서 하프 돔이라 이름 붙여진 암봉이 나타났다. 그 옛날 빙하가 이곳을 거쳐 지나간 다음에 이처럼 기묘한 형상의 암산들이 형성되었다고 한다.

〈신부의 베일〉로 이름 붙여진 폭포는 바위산의 꼭대기 틈에서 물줄기가 날아 떨어졌다. 바람이 불 적마다 그 물줄기가 휘날려서 물보라가 흩어지는 광경이 마치 신부의 베일 같다고 해서 이런 이름이 생겼다. 숲 사이로 바라보이는 그 폭포는 여러 가지 신비한 광경을 연출하다가 다시 정상의 원형을 되찾곤 했다. 폭포의 낙차는 189미터로 비교적 소규모이지만 안개처럼 피어나며 떨어지는 폭포의 모습이 시비스러웠다.

요세미티 빌리지가 있는 곳까지 산중 도로를 따라 한 바퀴 휘돈 다음 나는 글레이셔 포인터로 방향을 돌렸다. 30분 가량을 달리자 글레이셔 포인트가 나타났다. 이곳은 7200피트가 넘는 높은 곳에 위치해 있는 요세미티의 남쪽 전망대로 대표적인 산봉우리들의 우뚝한 모습이 모두 한 눈에 조망이 되었다. 계곡과의 고도 차이는 992미터나 된다고 한다. 머세드 강이 발 아래로 아련히 보였고, 요세미티 계곡의 장관도 조그맣게 보였다. 가슴이 온통 시원하고 마음 속 저 깊은 곳에서부터 어떤 웅대한 포부가 솟구쳐 오르는 것이 느껴졌다.

### 산정의 숲에서 만난 이리

한 사십대의 남자는 자신의 부친으로 보이는 노인을 휠체어에 태우고 밀어서 이 높은 전망대까지 올라왔다. 여든은 훨씬 넘어 보이는 병약한 노인은 흐릿하고도 흐뭇한 표정으로 휠체어 위에 가만히 앉아서 자신의 생애에 마지막 조망이 될지도 모르는 요세미티 연봉들을 잔잔하고 그윽하게 바라보았다.

나는 기념사진을 찍은 후 그곳을 떠났다. 그런데 자동차가 갑자기 밀려서 움직이질 않는다. 한참을 기다리는데 서서히 차가 움직여서 나아가 보니 바로 길 가 숲 속을 배회하고 있는 이리 한 마리가 눈에 들어오질 않는가. 몸집이 그리 크지 않은 녀석은 아마도 암컷으로 보였으며 배가 홀쭉한 상태로 어딘가를 향해 가려고 도로를 막 건너려는 참이었다. 그런데 자동차들이 길을 가로막고 있었으므로 길을 건너지 못하고 당황한 기색으로 도로 가장자리를 따라 걸어가고 있었던 것이다.

사람들은 차를 멈추어 선 채로 카메라의 셔터를 눌러대고 법석을 떨었다. 나도 사진기를 재빨리 꺼내어 그 귀한 야생 이리의 모습을 포착하였다.

돌이켜 보니 옐로스톤에서는 버팔로와 야생 사슴을 보았고, 요세미티에서는 이리를 만났다. 나는 이러한 것이 모두 여정의 앞길에 다가올 길조라 해석하였다.

## 2700살 된 나무 할아버지

시간이 이미 많이 경과하였고, 산중에서는 해가 기울어 어둑어둑 해지는 곳도 있었다. 하지만 나는 다시 자동차를 몰아서 수령이 2700살도 더 된다는 메타세콰이어 나무가 있는 마리포사 그로브를 향해 남쪽으로 차를 달렸다. 60킬로미터가 훨씬 넘는 원거리에 있었음에도 불구하고 주저하지 않고 찾아갔다. 왜냐하면 지금 몸과 마음이 다소 고생스러워도 이때 보질 안으면 금생(今生)에 두 번 다시 찾아와 보기 어려울 것 같았기 때문이다.

꼬불꼬불한 산길을 넘고 돌아서 약 50분 정도 달리니 마리포사 그로브의 표지가 보였다. 이곳이 프레스노 국립공원임을 알려주는 안내판도 보였다.

그야말로 세상에서 처음 보는 굵기의 엄청난 나무숲이 눈 앞에 모습을 나타내었다. 그것을 바라본 첫 느낌은 단지 나무가 아니라 하나의 살아있는 신이 아닐까 하는 실감이었다. 이런 나무들이 인근 일대의 1km²에 걸쳐 200그루나 자라고 있다고 한다. 약 십 여명의 어른들이 두 팔을 벌려서 서로 손을 잡고서야 비로소 밑동을 감을 수 있는 굵기라고나 할까. 가장 잘 생긴 나무 가까이는 사람들이 다가가는 것이 금지되어 있었다. 주변의 다른 세콰이어 옆에는 출입이 허용되는 곳도 있었다.

그곳으로 다가가 두 팔을 벌려서 나무를 가슴에 안아 보았다. 내가 나무를 안은 것이 아니라 2000살이 넘은 나무의 품에 내가 잠시 안겼다고 해야 옳겠다. 나무에서 수 천년 세월의 어떤 신령스런 기운이 마치 전류처럼 가슴으로 전달되어져 왔다. 어떤 나무는 지름 11미터, 높이 64미터, 수령 2700년이라 표시된 나무도 있었다.

날은 이제 저녁 어둠이 깔리고 산중의 어떤 곳은 밤의 시간으로 접어드는 곳도 있었다. 나는 급히 서둘러 요세미티를 떠나려 하였다.

왔던 길을 다시 달려 하프 돔 부근의 요세미티 빌리지를 돌아 계곡 옆을 빠져 나오는데 왼쪽으로 맑은 계곡이 눈에 띠었다. 아무리 바쁘지만 물에 내려가 몸을 잠시 씻고 갈 생각을 했다. 날이 어두워 다소 불안한 느낌이 들었으나 나는 물가로 내려가 세수를 하고 발을 담구었다. 그 시원하고 상쾌한 기분이란 이루 형언할 길이 없었다. 이제 몸 씻는 일을 요세미티 계곡에서 모두 마쳤으니 잠잘 곳을 찾아서 하루를 편안하게 쉬는 일만 남았다. 바로 뒤쪽이 엘 캐피탄이었다. 계곡에서 수직으로 솟아있는 최대의 절벽으로 높이는 무려 1,000미터나 된다고 한다. 미국 최고의 난코스로 일컬어지는 화강암 수직 암벽을 몇 사람의 산악인들이 올라가고 있다. 그들은 자일에 몸을 묶고 이미 어둑어둑한 절벽을 한 걸음씩 더듬어 올라가고 있다. 더 이상 올라갈 수 없을 때는 자일에 매달린 채 잠을 잔다고 했다. 대단한 모험가들이다.(그들이 한국인이었다는 사실을 알게 된 것은 한국에서 보내온 어느 잡지의 화보를 통해서였다)

나는 느긋한 기분으로 요세미티 산길을 달려간다. 크레인 플랫에서 120번 국도를 달리기 시작했는데, 밤은 칠흑같이 어둡고 이따금 마주 오는 자동차의 불빛에 깜짝 놀란다. 산 짐승이 도로 위로 나타나면 어쩌나 우려했지만 앞서가는 자동차들이 있었으므로 나의 걱정은 기우에 지나지 않았다.

깊고 깊은 숲길의 연속이었다.

한낮에 보면 더욱 장관이었을 이 길을 나는 깊은 밤중 캄캄한 어둠에 완전한 포로가 되어서 마냥 달려간다. 어둠은 나를 휘감아서 꽁꽁 결박지으려고 사방에서 달려들지만 나는 자동차의 속력을 더욱 내서 어둠의 포위를 결사적으로 빠져나가려고 발버둥친다. 가도 가도 이 어둠의 세력에서 벗어나기는 힘들 것 같다.

## 험준한 타이오가 고개를 넘으며

11900피트가 넘는 아멜리아 이어하트란 산언덕을 넘어왔다. 이 고개는 타이오가 로드라 불리는 요세미티의 동서관통 도로이다. 변화무쌍한 능선이 계속된다고 자료에 나와 있으나 밤이어서 캄캄한 수풀 밖에 아무 것도 볼 수 없었다. 워낙 눈이 많은 지역이라 겨울로 접어들면 통행이 금지된다고 했다.

9945피트의 타이오가 고개를 넘어오니 드디어 하나의 호수가 달빛에 반짝이고 있었다. 테나야 호수였다. 달은 제법 차서 반달을 벗어난 상태였다.

호숫가 언덕에 자동차를 세우고 바깥에 나가보니 밤 공기가 겨울처럼 차가웠고, 바람이 세차게 불고 있었다. 하늘의 별 떨기는 너무도 가까운 곳으로 다가와 손에 잡힐 듯 느껴졌고, 언뜻 고개를 들면 와르르 소리를 내며 그대로 쏟아질 것 같았다. 이미 여러 대의 자동차들이 호숫가에 머물러 있었으므로 나는 안심을 하고 자동차를 주차시켰다. 이 별빛 속을 걸어서 어디선가 곰이라도 성큼성큼 나타날 것만 같았다. 나는 찬란한 달빛과 별빛이 밤새도록 나를 지켜 돌보아 주는 산중 호숫가에서 경건한 마음으로 잠자리에 들었다.

다음날 아침에 일어나서 주변을 둘러보니 호숫가의 주변에는 매우 크고 높은 산이 둘러 있었다. 마치 금방이라도 흘러 내려올 듯이 만년설이 이마에 얹혀 있었다. 아침 냉기는 초겨울을 연상케 할 만큼 추웠다. 밤에도 몹시 추워서 몸을 오그리고 잤다. 배추된장국을 끓여서 따뜻한 국물을 마시니 한결 몸이 녹았다.

투올름 초원이라 불리는 광대한 초원도 내려다 보였다. 주변의 풍광은 대단히 아름다웠으며, 이미 호숫가에서 밤을 지낸 사람들은 푸른 호수 위에 보트를 띄우고 성급하게 뱃놀이를 즐기는 광경이 보였다.

준비를 마치고 길을 떠나니 얼마 지나지 않아서 리바이닝 휴게소가 나타나고, 그 옆으로는 매우 커다란 모노 레이크의 푸른 수면이 보였다. 호수 가운데는 작은 섬도 있었다. 햇살이 떠오르자 피부에 와 닿는 일광의 감촉이 따뜻하였다.

이제부터는 395번 국도를 타고 북쪽으로 올라가는 일이 남았다. 브리지 포트를 지나 한참을 달려가니 캘리포니아 주와 네바다 주의 경계지점이 나타났다. 네바다 주로 진입하였을 때는 이미 점심 시간이 훨씬 지나 있었으므로 나는 가드너빌이란 곳에서 자동차의 달아오른 엔진도 휴식할 겸, 식사를 하고 가기로 했다. 마침 중국음식 전문점이 하나 보이기에 들어갔더니 친절과 맛을 겸비한 식당이다. 몽골리안 비프 요리를 주문해서 점심을 먹고, 또 다른 음식 한 가지를 시켜서 아예 저녁 준비로 싸들고 나왔다. 이렇게 가격과 서비스가 적절한 식당을 만나게 되는 것은 여행 중에 겪는 즐거운 경험이다.

## 타호라는 이름의 호수

다시 북쪽 도로를 달려서 칼슨 시티를 들어서기 전에 레이크 타호 쪽으로 진입하는 도로의 표지가 보였다. 50번 도로였다.

초입부터 가파른 도로를 구불구불 오르기 시작하는데 주변은 황량하고 을씨년스런 네바다주 특유의 풍경을 보여주고 있었다. 한참 후에 타호의 푸른 얼굴이 산정에서 조망이 되어 나는 내리막길을 부리나케 달려 내려갔다.

타호는 네바다와 캘리포니아의 두 주에 걸쳐 있는 거대한 내륙 담수호이다. 새크라멘토에서 동쪽으로 약 200km 지점에 위치해 있다.

호수의 청정 상태가 매우 탁월할 뿐더러 물빛의 아름다움이 세계에서 세 번째라고 한다. 타호에 가까이 다가가 보니 과연 물빛이 신비스럽다. 호수의 가운데와 가장자리, 또 그 사이의 물 빛깔이 모두 다르고, 환상적인 아름다움을 지니고 있었다. 나는 맨발로 햇살에 달구어진 모래밭을 걸어서 타호의 가장자리로 다가갔다. 찰랑이는 타호의 물결이 발목을 간질였다.

하지만 그후 나는 이곳에서 판단착오를 저질렀다. 그냥 타호를 한 바퀴 돌아서 보고 다음 코스로 진행할 것인가, 아니면 타호의 유람선을 타고 호수를 일주해 볼 것인가를 한참이나 고민하였다. 비록 단조롭고 평면적인 호수이긴 하지만 글레이셔 파크의 투메디신 호수에서 유람선을 타지 못한 아쉬움을 갖고 있는 나로서는 이번 여행 일정 중 호수로선 마지막인 이곳에서 유람선을 한번 타보고도 싶었다. 그런데 그것이 잘못된 결정이었던 것이다.

제법 커다란 대형 유람선을 타는 비용으로 나는 20불이나 지불하였다. 배를 타기 위해 줄을 지어 서 있는데 유람선 회사의 여직원이 승객들의 보행을 강제로 막고 한 사람씩 기념 촬영을 강권한다. 물론

 나는 거절하였지만 여기서부터 나의 기분은 이미 상하였다. 빨리 타호를 보고 길을 떠나야할 터인데 그로부터 약 세 시간 가까이 배 안에서 발이 묶여 꼼짝달싹을 할 수가 없었던 것이다. 유람선 회사의 운영 형태는 얄팍하고 지나친 상업주의로 치우쳐 있었다. 승객들이 배 위에 오르자 말자 곧 승무원들이 음식이나 음료수의 주문을 받기 시작했으며, 선박회사 측에서는 기나긴 시간 동안 승객들에게 아무런 볼거리 하나 제공하지 않았다.
 관광객들은 처음엔 호기심을 갖고 뱃전에 나아가 주변 풍경도 바라보곤 하다가 바람이 세차게 불어서 모두들 선실로 들어왔다. 그런 상태로 한 시간 이상이 지나자 여기저기서 하품들을 하고 심지어는 무료함을 이기지 못해 엎드려 잠든 사람도 보였다.
 이런 어정쩡한 분위기 속에서 승선결혼식을 하는 재혼부부가 보였다.
 말이 혼인이지 그들의 나이는 모두 쉰이 가까워 보이는 사람들로 거의 장성한 자녀가 둘씩이나 있는 재혼부부였다. 이탤리언 혈통으로 보이는 신랑은 무슨 까닭인지 줄곧 착잡한 표정을 지었으며, 몹시 뚱뚱하고 성격이 거칠어 보이는 신부는 큰 소리로 웃고 술을 마셨다. 담배도 거의 줄담배였다.

 신부의 친구로 보이는 사람은 줄곧 많은 양의 술을 마셔대어서 마치 알콜 중독자처럼 보였다. 신랑과 신부의 늙은 모친들은 서로 멀리 떨어진 거리에 앉아서 한 마디 말도 없이 냉랭한 표정으로 앉아 있었고, 어떻게든 이 즐겁지 않은 행사가 빨리 끝나기를 기다리는 것처럼 보였다. 이런 야릇한 결혼식 풍경은 처음 보았다. 결혼식을 마치고 나서 그들의 행복은 왠지 그리 오래 갈 것 같지 않은 느낌이 들었다.

 나는 완전히 탈진이 되어서 허탈한 심정으로 배에서 내렸다. 비싼 돈을 지불하고 일부러 배 위에 포로가 되어서 갇혔다가 석방되는 기분이 들었다. 날이 거의 어두워져서 나는 타호를 떠났다. 타호에서의 불쾌한 승선 기억 때문에 타호가 전혀 정겨운 생각이 들지 않았다. 나는 무엇보다도 내 스스로에게 화가 나고 짜증이 돋아서 얼굴 표정이 굳어 있었다.


## 네바다주의 도박 바람

 애초의 계획은 네바다주의 리노에서 슬롯머신을 한 차례 경험하고 가려 했으나 나는 리노를 그냥 통과해 버리고 말았다. 리노는 라스베이가스와 함께 네바다 주의 대표적인 카지노 도시이다. 1868년 대륙횡단철도의 부설과 때를 같이 하여 발달된 도시라고 한다. 거리의 중심을 흐르고 있는 것은 크러키 강이다. 저녁 무렵인데 낚시하는 사람이 더러 보인다.

 카지노의 광고로 요란한 불빛 번쩍이는 리노를 분연히 지나쳤다.

날은 완전히 저물어 밤으로 돌입하고 있었다.

80번 고속도로를 동쪽으로 달리기 시작했는데 어느 틈에 밤이 왔다. 그래서 운전은 여간 조심스러운 것이 아니었다. 말없이 앞만 보고 달리는 운전에 가슴속은 무겁고 답답하였다. 드디어 펀리라는 작은 도시로 들어가 맥도날드 앞에 자동차를 멈추었다. 황량한 모래바람이 몰아치는 네바다의 소읍 펀리라는 곳에서 하룻밤의 고단하고 쓸쓸한 나그네의 잠을 재웠다.


## 고마운 네바다 사람들

드디어 여행은 마무리 단계에 접어들고 있다.

이제 유타주의 솔트레이크만 지나면 오로지 돌아가는 일만 남아 있다.

그런데 이게 웬일인가?

아침에 잠자리에서 눈을 뜨니 이상한 소리가 들려온다. 귀뚜라미라든가 무슨 벌레가 내는 소리 같기도 하다. 이것 저것 확인을 해보다가 혹시 자동차에 이상이 생겼나 해서 시동을 걸어보는데 이게 웬일인가. 자동차의 잠금 장치가 전혀 반응이 없을 뿐만 아니라 운전석 아래쪽 어디에선가 지지지 하는 가느다란 소리가 계속 들려온다. 자세히 귀를 대고 들어보니 정말 나의 차에서 나는 소리다. 배터리와 연결된 전선 이음부가 합선이 되어 타는 소리 같기도 하도 아무튼 심상치 않은 소리다. 자동차의 앞 뚜껑을 열고 살펴보아도 확인할 길이 없다. 두근거리는 마음으로 시동을 걸었으나 역시 걸리지 않는다. 밤사이에 배터리가 모두 방전이 되어 버린 것이다.

나는 몹시 당황하고 긴장이 되어 혼자서 어찌할 바를 몰랐다. 그러나 이런 방전 현상이 다행스럽게도 상가 밀집 지역에서 발생하여 주변 사람들에게 도움을 청할 수가 있을 것 같았다. 흙먼지 나는 도로에 물을 뿌리고 다니는 살수차(撒水車) 기사가 마침 가까운 곳에서 물을 받고 있기에 가서 도움을 청하였지만 그는 냉정하게 고개를 흔들며 거절하였다.

그래서 하는 수 없이 길 건너편에 텍사코 주유소와 식품판매점으로 건너가서 그곳 여직원에게 내가 처한 형편을 호소하고 도움을 청하였다. 다소 나이가 들어 보이고 뚱뚱한 체격의 그 여성은 시종 무표정하면서도 곤경에 처한 이웃은 도와야 한다면서 마침 자기에게 점프 케이블이 있으니 아무 염려 말라고 도리어 나를 위로해 주었다. 이렇게 해서 그녀의 부탁으로 내 자동차까지 와준 사람은 그 가게로 물건을 공급하러 왔던 톰 버너라는 청년이었다.

그가 자기 차를 몰고 와서 점프 케이블을 내 차와 연결하자 곧 시동이 걸렸다. 이 기쁨! 이 감격!

나는 톰 버너에게 진심으로 감사하였다.

톰 버너는 배터리를 점검하고 교환할 수 있는 곳을 상세히 약도까지 그려서 알려 주었다. 그제서야 시장기가 느껴졌다. 혹시라도 시동이 꺼지면 어쩌나 하는 두려움에 자동차의 시동을 그대로 켜둔 채 맥도날드에서 아침 식사를 간단히 해결하고 나는 버너가 가르쳐준 정비소로 찾아갔다.

그곳의 정비기사는 자그마한 체구에 얼굴에는 수염을 잔뜩 길러서 입이 아예 덮여버린 초로의 남자였다. 그는 배터리를 교환하기 전에 먼저 계기를 들고 와서 자세한 점검을 해 보았다. 그러더니 내 자동차의 배터리는 아직도 사용에 전혀 이상이 없다고 말한다. 그렇다면 간밤에 갑작스런 방전이 되어버린 것은 무슨 현상이었던가? 아무튼 기계로 정확한 점검을 받은 뒤라 나의 마음은 한결 개운하였다.

그에게 커피라도 사겠다고 제의하였으나 털보 영감은 수염 위의 작은 눈을 즐겁게 찡긋 해 보이면서 그 마음만으로도 고마움을 느낀다고 오히려 나에게 농담을 걸었다.

내가 이번 미국 여행길에서 만난 친절하고 인상 깊은 미국인들의 목록에 그는 앞서의 톰 버너와 함께 오래 기억될 것이다. 이제는 침착하게 배터리 방전의 이유에 대하여 겸허하게 생각해 보아야겠다. 그토록 멀고 먼 길을 달려 왔는데도 자동차는 아무런 탈을 부리지 않았었다.

곰곰이 생각해 보니 지난밤에 다소 가혹하게 차를 몰았던 것이 원인이었던 것 같다. 자동차가 만약에 몬타나라든가 유타주의 사막지대 한 중간에서 갑자기 멈추어 서버렸다면 속수무책이었을 것이다. 이런 일은 상상하기조차 끔찍스럽다.

예비타이어도 없는 내가 타이어에 관한 걱정도 많이 했는데 다행히 오늘까지 아무런 탈이 없는 것이 고마울 뿐이다. 자동차를 구입할 때 타이어가 비교적 교환한 지 얼마 되지 않은 상태여서 그것을 나는 기뻐하였다. 하지만 기나긴 대륙 여행에서 타이어의 표면은 마모가 꽤나 진행되었다. 3차 여행에서는 예비 타이어를 꼭 갖고 가야할 것 같다는 생각이 든다. 자동차와 운행의 안전을 위하여 나는 아침마다 얼마나 속으로 간절히 기도하였던가. 여러 가지 상태를 모두 확인한 뒤여서 나의 기분은 후련하였다.

다시 네바다의 80번 고속도로를 타고 동쪽으로 줄곧 달리는데 중간에 온천이 자주 보였다. 뜨거운 사막의 한 가운데에서 더운 김이 중천에까지 피어오르고 온천수도 치솟는 듯하였다. 아무튼 희한한 자연의 조화라 아니할 수 없다.

이렇게 호젓한 기분을 즐기며 달리고 있는데 갑자기 자동차의 계기 판에 체크 엔진의 붉은 표시등이 들어온다. 이것은 정말 큰일이 아닐 수 없다. 속도를 크게 낮추어서 그때부터 맨 처음 만나는 마을을 찾아서 빠져나갔다.

윈에무카란 특이한 이름의 소읍이다.

아마도 인디언들의 언어 흔적이 아닌가 여겨졌다. 이곳에서 몇 군데 정비소를 찾아다니다가 드디어 수소문해 간 곳이 다행스럽게도 내 자동차의 제조회사인 다지(DODGE)의 지점이었다. 이 정비소의 심덕이 좋아 보이는 나이 많은 기사는 이미 이런 경험을 여러 차례 해본 듯 세정액과 작은 걸레를 아예 들고 따라와 자동차의 가솔린 주유 마개를 먼저 열었다. 그리고는 마개의 잠금 부분의 틈새에다 세정액을 뿌리고 걸레로 깨끗이 닦아내었다. 그곳이 때가 끼고 결합이 느슨한 상태일 때 체크 엔진에 불이 들어온다는 설명이었다. 그러면서 그는 주유소에서 기름을 넣은 뒤에 마개를 꼭 잠글 것을 당부하였다. 워낙 장거리 주행을 하는 중일 때는 기름통 안에서 발생한 휘발 가스가 압력이 생겨서 마개를 느슨하게 풀어놓을 수도 있다고 말한다. 상당히 전문적 설명이 아닐 수 없다. 다시 시동을 켜보았더니 체크 엔진의 경고등은 감쪽같이 소멸되고 나타나지 않았다. 자동차에 어떤 큰 문제가 생긴 것이 아닌가 하고 염려하다가 뜻밖에 너무도 쉽게 문제를 해결하였다.

## 윈에무카에서의 짧은 휴식

윈에무카 시내를 돌아다니는데 빨래방 한 곳이 눈에 띠었다. 그곳을 보는 순간 휴식도 할 겸 그 동안 밀린 빨래를 하고 갈 생각을 하였다. 미국의 빨래방은 보통 기계만 있고 관리인이 없는데, 이곳은 깐깐하고 신경질적인 중년 여성이 하나 지키고 있으면서 출입자를 일일이 확인한다. 빨래가 진행되는 동안 나는 빨래방 앞 주차장에 세워 둔 자동차 안에서 나는 밥을 짓고 국을 만들었다. 시간이 흘러서 빨래도 끝내었고, 점심식사까지 대충 마쳤다.

그 다음에는 빨래방 뒤의 시원한 나무 그늘 밑으로 가서 자동차 내부의 먼지와 흙가루를 청소기로 빨아내었다. 그리곤 주유소에 가서 기름까지 넣었으니 윈에무카에서 해결한 볼일들이 얼마나 여러 가지인가?


## 웨스트웬도버의 불야성

나는 다시 길을 떠났다.

네바다의 한 허리를 모두 달려서 유타주와의 접경 지역에 있는 네바다주의 마지막 도시 웨스트 웬도버에 도착하였다.

밤중이긴 했지만 성업중인 카지노의 안내 불빛이 대낮처럼 휘황하여 불야성을 이루었고, 온갖 기교를 다 부려서 행인들을 유혹하는 네온사인들이 보였다. 벌써 속마음은 이곳에서 슬롯머신을 좀더 놀아본 다음 여기서 하루를 자고 가자고 속살거린다. 하지만 깊은 밤이었고, 바깥에 나가 돌아다니기엔 너무 늦은 시간이어서 그냥 자기로 했다.

밤바람이 몹시 심하게 불었다. 사막의 밤바람은 시원하면서도 열기가 느껴졌다. 맥도날드 가까운 주차장에 차를 세우고 잘 준비를 서둘렀다. 차창 밖으로 보이는 네바다의 달밤이 고적한 정취가 느껴진다. 사막 한 가운데에 건설된 도시에서 보는 달인지라 물로 씻어낸 듯 청명하다.

네바다의 달밤!

그 무슨 사연이라도 있을 법한 제목이건만 이 밤은 서늘한 바람만 불어오고, 피로한 심신은 빨리 잠을 자게 해달라고 보챈다. 주변의 자동차는 거의 네바다 주의 자동차들이지만 사이사이에 다른 주에서 온 자동차들도 적지 않게 눈에 띠었다. 그만큼 네바다 주의 카지노 산업은 주 정부 차원에서 적극적으로 장려하고 있었다. 리노 시내에는 카지노 지구가 별도로 설치되어 있을 정도이다. 원체 사막의 황량한 자연적 조건과 열풍 속에서 네바다 주가 이룩할 수 있는 특별한 산업기반이 따로 없었던 것이다. 그래서 착안한 것이 카지노 산업이었으리라. 이런 도박시설을 다양하게 해놓으면 자연히 많은 관광객들이 제 발로 찾아오게 되고 수입 재정도 그만큼 많이 늘어나게 될 것이 아닌가? 네바다 주 정부의 계획은 일단 성공하였다고 볼 수 있다.

현재 네바다 주의 전체 도시들이 모두 카지노 산업에 나서고 있으며 하다 못해 고속도로의 작은 휴게소조차 슬롯머신을 여러 대씩 갖다 놓고 지나는 길손을 유혹하는 것이다. 슬롯머신 한 대에서 가령 1000불의 수입이 생기게 되면 75%는 일단 사용자의 분배 몫으로 남겨두고, 나머지 25%를 운영자의 수입과 주 정부의 세금으로 가져간다는 것이다. 그리고 슬롯머신의 설계자는 확률적으로 한 대의 기계가 64회의 코인을 투입한 뒤에 얼마간의 돈이 쏟아지도록 설계하였다고 하니 기계 앞에서 일확천금을 노리기 위해 줄곧 붙어 앉은 사람들은 마침내 빈털터리가 되어 그곳을 떠날 수밖에 없는 것이다.

이 원리를 모르고 참으로 많은 사람들은 슬롯머신 앞에 붙어 앉아 밤을 새는 경우가 허다하다. 연금을 받아서 생활하는 노년층, 앞서 보았던 지체장애자들까지 슬롯머신 앞에 붙어 앉아 있을 정도이니 우선 네바다 주의 주민들이 정신건강적 측면에 몹시 불건강한 환경 속에 노출되어 있음이 확실하다. 노름과 도박에 모든 재산을 다 날린 주민들이 수두룩하다고 한다.

네바다 주는 세계적으로 유명한 도박의 도시 라스베가스, 리노를 비롯한 모든 중소도시들을 포함하여 아주 작은 단위의 마을에서조차 카지노를 운영하는 곳이 있다고 하니 그 열풍은 정말 대단하다.

아침에 일어나니 네바다의 햇살이 바늘처럼 따갑게 내려 쪼인다. 삽시간에 사막의 뜨거운 기운이 차안에 가득 차서 나는 자동차를 맥도날드 뒤편 그늘 쪽으로 돌려서 세웠다. 그리곤 차안에서 밥을 지어 즉석 짜장밥을 만들었다.

자, 그러면 이대로 네바다를 떠나기가 어딘지 서운한 구석이 있질 않은가?

간밤에 그 휘황찬란하던 조명이 바로 여기였구나. 나는 〈레인보우〉라는 이름의 카지노 업소로 마치 흡입기에 빨려 들어가듯 이끌려갔다. 오전 시간인데도 많은 사람들이 동전 통을 옆에 끼고 오락 기계 앞에 붙어 앉아서 슬롯머신과 카지노에 열중하고 있었다. 무엇인가 좋은 조짐이 있을 것만 같았다. 도박에 참여하는 모든 사람들이 이런 생각들을 가지고 기계 앞에 붙어 앉았다가 돈을 날려 버렸을 것이다. 슬롯머신에서 떨어지는 코인 소리는 지금 생각해도 즐겁게 느껴진다. 인간에게는 원래 도박의 본능이 주어져 있는 것일까. 하지만 이 모든 것을 여행 중의 한 재미로 즐겨야 하지 여기에다 나의 사활을 걸게 된다면 그야말로 절망적인 노름꾼의 길로 접어들게 된다. 나는 조금 즐기다가 분연히 일어섰다. 그리곤 이런 환락의 네바다를 달아나듯 빠져 나와 유타 주로 접어들었다.

### 유타 주의 가마솥 더위

불타는 듯이 이글거리는 태양은 거의 평평한 사막지대만 계속되는 유타 주의 들판을 더욱 뜨겁게 달구었다. 가만히 들판을 응시하고 있노라면 아지랑이처럼 활활 피어오르는 열기가 너무도 선명하게 눈에 들어온다. 마치 불 위에 올려진 솥뚜껑 위에서 모락모락 피어오르는 열기와도 같다.

이런 들판에 마련된 첫 번째의 휴게소에 들렀다.

자동차도 심한 열기에 헐떡이는 듯하다. 사막 지대인 휴게소에는 나무 한 그루 자랄 수 없는지라 시멘트 시설물로 자동차의 그늘을 만들어 놓았다.

유타 주의 사막 지역의 폭양 속에서는 살갗이 불에 덴 듯이 뜨겁다. 하지만 일단 그늘로만 들어서면 시원한 바람이 슬슬 불어오고 큰 더위를 느끼지 않는다. 이것은 대기 중에 습도가 적기 때문이다. 만약에 습도까지 높다면 참으로 견디기에 어려웠으리라.

휴게소 뒤쪽으로 별로 크지 않은 호수가 하나 보이기에 강렬한 일광의 폭포를 걸어서 호숫가로 가 보았다. 그런데 호수의 가장자리가 하얀 결정체로 뒤덮여 있었다. 돌처럼 딱딱한 그것을 손톱으로 긁어내어 맛을 보니 그야말로 짜디짠 맛이 소금덩어리였다. 자세히 보니 호수의 바닥도 온통 소금으로 형성되어 있었다. 어떤 물 바닥은 소금의 탑이 층을 이룬 곳도 있었고, 물 바닥이 거의 희뿌연 소금 빛이었다. 휴게소의 물맛도 찝찔하기 짝이 없는 것이 소금기가 진하게 느껴졌다. 솔트레이크, 즉 염호(鹽湖)란 말이 조금도 과장이 아니란 사실을 나는 이곳 유타주에 와서 똑똑히 알았다.

눈에 보이는 산이란 산은 온통 불그레한 민둥산에다 나무 한 그루 풀 한 포기 없는 듯이 보였고, 들판은 거의 죽음의 사막지대로 황량하게만 보였다. 하지만 우뚝한 산들은 그런 대로 웅장한 느낌이 있어 보였다. 그러한 들판에 가끔 거대한 흰 빛깔의 무더기가 보였는데, 그것이야말로 땅바닥의 소금을 긁어 모아놓은 진풍경이었다. 고속도로 가장자리로 줄곧 철망을 쳐놓았는데, 그 철사가 거의 소금기에 녹아서 사라진 곳들이 많이 보인다. 가도 가도 끝없는 사막과 그 위의 하이얀 소금으로 뒤덮인 지표면의 야릇한 빛깔만이 펼쳐진다. 한참 달리다 보면 마치 내가 눈 덮인 땅을 달리는 듯한 착각에 빠지기도 한다.

### 솔트레이크의 하얀 소금

솔트레이크가 가까울 때쯤 그야말로 이름 그대로의 그레이트 솔트레이크가 나타났다. 일반 호수와 모양은 같지만 물빛이 어딘지 모르게 맑고 푸른 빛깔이 아니다. 이런 곳에도 갈매기가 날고, 어떤 날새들이 끼룩거리며 날아다니는 광경이 보인다. 황막하기 짝이 없는 사막을 지나 헐벗은 붉은 산 아래쪽에 유타 주의 대표적인 도시 솔트레이크가 있었다. 그 헐벗은 붉은 산이란 다름 아닌 워새치 산맥이었다. 이 도시는 해발 고도 1300미터에 위치해 있다.

지도에서 익혀둔 대로 템플 스퀘어가 가까운 곳으로 찾아 들어갔다. 한낮의 도심지는 무척 더웠으며 나는 어느 오르막 길가 나무 그늘 밑에 자동차를 세웠다. 차의 엔진이 있는 앞쪽에서 뜨겁게 달아오른 열기가 후끈하게 느껴졌다. 사람도 지친 만큼 자동차도 쉬게 해주어야 한다.

몰몬 교도들의 사원이 있는 템플 스퀘어는 자동차를 세워둔 곳에서 그리 멀지 않은 곳에 있었다. 미국에서 생겨난 몰몬교는 금욕을 삶의 실천 미덕으로 삼는 변형 개신교 중의 하나이다. 원래 몰몬교는 일리노이주의 나부라는 곳에서 초기 과정을 거쳤다. 죠셉 스미스란 사람이 초대 교주였지만 현지에서 반대파들에 의해 암살을 당하고

말았다. 브리검 영이란 사람이 두 번째 교주의 자리를 이어받아 갖은 박해를 무릅쓰고 활동했지만 그 악조건을 참아내기 어려웠다. 그리하여 브리검 영은 박해를 피하여 128명 정도의 지지파를 이끌고 오하이오 주와 네브라스카 주를 거쳐서 마침내 유타 주에까지 다다르게 되었다. 그것이 1847년이었다. 폭설과 추위, 폭염과 병충해 등이 그들을 괴롭혔지만 끝내 유타주의 솔트레이크 주변에 자리를 잡고 농사를 지으며 정착의 터전을 닦아가기 시작했다. 1869년 대륙횡단 철도의 개통 이후에는 약 8만5천명으로 신도의 숫자가 늘어났다. '일하는 벌'이라는 별명을 듣는 몰몬 교도의 근면성은 이미 유명하다. 현재 솔트레이크 시내의 약 반 수 가량이 몰몬 교도들이라 하니 그 세력은 대단하다고 하겠다. 이처럼 유타 주와 솔트레이크는 온통 몰몬 교도들에 의해 개척이 되었다는 피 어린 역사가 군데 군데 서려 있다.

    템플 스퀘어는 이런 몰몬 교도들의 대사원과 토론실, 각종 기념 건축물들이 한 곳에 집중적으로 모여 있다. 브리검 영이 살았다는 집과 묘지, 몰몬 교도들의 집회소, 비하이브 하우스, 유타대학, 주 의사당 등이 주요 참배 코스이다.

  세계 각지에서 온 관광객들이 이곳을 찾고, 또 몰몬교의 선교사들이 그들을 친절하게 안내해 다니며 건물들에 얽힌 사연들을 설명하고 있다. 한 무리의 한국 관광객을 인솔해 다니며 확성기를 들고 한국어로 설명을 하고 다니는 한국선교사의 모습도 눈에 들어온다. 세계에서 가장 대형이라는 파이프 오르간도 보았지만 큰 감동으로 다가오지는 않았다. 이곳의 파이프 수는 무려 10,814개나 된다고 한다. 마치 한국의 통일교 같은 종파가 한 도시를 완전히 그들만의 세력으로 장악하고 있는 듯한 느낌이 들었다.

  동쪽으로는 덴버, 서쪽으로는 리노를 거쳐서 샌프란시스코로 이어진다. 남쪽으로는 라스베이가스를 거쳐서 로스앤젤레스까지 연결된다. 북쪽으로는 옐로스톤으로 곧장 이어지는 중요한 교통의 요충지 역할을 한다.

솔트레이크 시내를 한 바퀴 돌아서 〈챨리쵸우〉라는 이름의 중국 식당에서 저녁 식사를 마친 후 나는 그레이트 솔트 레이크, 즉 염호의 주변에서 하룻밤을 쉬어가기로 하였다. 이곳을 이번에 떠난 후로 언제 또다시 솔트레이크를 일부러 찾아올 수 있을 것인가?

## 앤틸로우프 섬

지도를 보고 염호 안에 있는 섬인 앤티로우프 아일랜드를 찾아서 밤길을 더듬어 나갔다. 하지만 막상 앤티로우프 섬 입구에 도착하자 통제소의 직원은 나의 입장을 거절하였다. 왜냐하면 이곳이 야간에는 출입금지 지역이라는 것이다. 입구 바깥에 있는 주차장에서 밤을 보내려 했으나 그곳에서조차도 쫓겨나고 말았다. 그래서 몹시 참담한 기분으로 나는 조금 더 떨어진 곳에 위치한 어느 작은 시골 식당의 주차장에 차를 대고 서글픈 하룻밤을 보내게 되었다.

하늘에 둥실 보름 가까운 달이 떠올랐다. 네바다에서도 달밤을 보았거니와 유타의 달밤은 더욱 쓸쓸하다. 밤바람은 제법 서늘하였고, 염호에서 불어오는 눅눅한 소금기가 다소 느껴졌다. 이런 밤, 어찌 한 잔의 술이 없을 수 있으리. 종이팩 소주를 보물처럼 꺼내어 컵에 조심스럽게 부었다. 괴괴한 밤, 나는 불꺼진 마을의 하늘 위를 환하게 비추고 있는 유타 주의 달빛을 한참 바라보다가 이윽고 잠자리에 들었다.

이른 아침, 나는 앤틸로우프 섬 입구의 통제소 앞으로 가서 출입 허용 시간을 기다렸다. 그런데 꽤 여러 사람들이 자전거를 타고, 혹은 자동차로 그냥 들어가는 것이 아닌가. 나도 용기를 내어 통제소 앞을 통과했는데, 직원은 아직 출근하지 않은 상태였다.

드디어 섬으로 연결된 도로를 달려가는데, 수천 마리의 갈매기들이 짜디짠 염호 주변의 모래톱과 도로 한 가운데를 점령하고 앉았다가 내가 가까이 다가가자 일제히 놀라서 비명을 지르고 달아나는 광경이 보인다.

나는 자동차에서 내려 일부러 물가로 걸어가 보았는데 예상 밖으로 물은 지저분하였고, 연둣빛 이끼들이 물가에 떠밀려 와서 그곳에 그 수를 헤아릴 수 없는 작은 파리들이 붙어 알을 슬고, 또 부화를 하곤 하는 것이었다. 그 많은 파리들이 일제히 날아 붙어서 나의 팔과 다리에 붙는 것이 몹시 불쾌감을 주었다. 아마도 방조제처럼 흙으로 메워서 섬과 육지가 연결된 도로를 내느라고 이처럼 물길의 자연 이동을 막고 있는 것이 아닌가 하였다. 그래서 도로 주변 염호의 물이 부식하는 현상이 생긴 것이리라. 왜냐하면 섬 안쪽의 호숫가는 그곳보다 훨씬 깨끗하고 파리도 별로 눈에 띠지 않았기 때문이다.

나무가 한 그루도 없고, 오로지 누렇게 마른풀들만 돋아 있는 앤티

로우프 섬을 도로를 따라 일주를 하는데 그 탁 트인 시야와 시원한 바람이 주는 상쾌함은 이루 형언할 길이 없었다.

섬의 한 곳에 이르니 버팔로가 서식하는 지역이 있었다. 하지만 옐로스톤의 버팔로에 비해 숫자도 턱없이 부족할 뿐만 아니라 섬의 관리자가 버팔로의 이동 구역을 통제해 놓아서 왠지 모르게 초라하고 쓸쓸해 보였다. 이 비좁은 구역에서도 버팔로는 흙 목욕을 하느라 요란한 먼지를 피워 올리고 있었고, 묵묵히 풀을 뜯기에 여념이 없었다.

## 염호에서의 수영

앤티로우프 섬의 동쪽으로 돌아서 서부 지역을 휘돌아오는데 넓은 모래사장이 나타났다. 거기엔 몇몇 사람들이 수영복을 입고 염호에 들어가 소금물에 몸을 담그고 있었다. 마침 물가에는 샤워 시설과 화장실도 잘 구비되어 있어서 나는 용기를 내어 물 속으로 첨벙첨벙 걸어 들어갔다. 입구 쪽보다는 훨씬 깨끗하였으나 이곳에도 파란 물이끼가 수면에 둥둥 떠 있는 곳이면 어김없이 잘디잔 파리란 놈들이 붕붕거리며 날아다녔다.

나는 가급적 그곳을 피해서 한참이나 물 속을 들어가 보았다.

물 바닥은 돌 하나 없는 모래밭으로 되어 있었고, 깊이는 가장 깊은 곳이 허벅지까지 잠기는 정도에 불과하였다. 나는 과거 초등학교 시절, 국정교과서인 자연 책에서 보았던 삽화의 주인공처럼 소금 호수에 나의 몸이 둥실 뜨는가를 실험해 보았다. 당시 삽화의 주인공은 사해(死海)에 둥실 뜬 채로 독서에 열중하고 있었다.

염도가 약 25% 정도나 된다는 이 솔트레이크의 물은 이스라엘의

사해보다는 소금 농도가 적어서 그렇게 몸이 둥실 뜰 정도는 아니었다. 하지만 바닷물보다는 훨씬 잘 뜨는 듯하였다. 숨을 들이마시면 둥실 떠 있다가 내쉬면 이내 가라앉곤 하였다. 하지만 염호에서 수영을 해 보았다는 사실에 나는 못내 가슴 뿌듯하였다.

### 샤이엔을 향하여

자, 이제는 머나먼 시카고를 향해서 기나긴 출발의 시작이다.
깨끗이 샤워까지 마쳤으니 몸과 마음이 얼마나 가뿐한가.
달리고 달리다가 에반스톤이란 곳에서 맥도날드로 점심을 먹었고, 리만이란 이름의 휴게소에서 한참을 쉬었다. 탑처럼 층이 져있고, 기이하게 생긴 붉은 산의 연봉들이 한참 이어지더니 드디어 와이오밍 주로 진입하였다. 옐로스톤의 기억이 새롭게 떠올랐다. 내가 감동적으로 보았던 옐로스톤은 바로 와이오밍 주 소속이 아니던가. 그곳을 본 뒤 서부를 휘돌아 시카고로 가는 길에 나는 다시 와이오밍 주의 구역 안으로 들어오게 된 것이다.
아직도 갈 길은 아득하기만 하다.
와이오밍으로 들어오니 올 때 보았던 둥근 건초더미를 또다시 만나게 되었다. 내가 〈하나님의 술병 마개〉로 이름지었던 그 건초더미를 여러 날 만에 다시 보게 되니 일면 반갑기도 하다. 고달픈 여정의 피로에 지친 나의 몸은 그만큼 돌아간다는 사실 자체가 즐거운 것이다. 그린 리버와 롤린스를 지나서 이름도 특이한 라라미를 거쳐 샤이엔 휴게소에 접어든 시간은 밤 11시가 조금 지난 무렵이었다.
나는 무려 4백마일 이상을 정신 없이 달려온 것이다.
기나긴 주행의 진동에 온몸은 젖은 솜처럼 고단하고 무겁다. 노중에는 집도 절도 하나 없는 벌판에 주유소만 하나 당그렇게 서 있는 곳도 있었고, 어두워오는 산등성이에 풍력발전을 하는 바람개비 시설물이 높다랗게 장치되어 있는 광경도 보았다. 와이오밍 주의 남부 지역은 참으로 기묘한 바위산들의 연속이었다. 그 산들을 내다보기도 하면서 통과해온 와이오밍 주는 그다지 시선이 심심할 사이가 없었다. 샤이엔은 와이오밍 주의 동남부 끝에 위치한 매우 커다란 규모의 도시였다.

비록 시내로 진입하진 않았지만 멀리서 바라다 보이는 도시의 야경이 놀라웠으며 밤에도 휘황찬란하기 그지없었다. 샤이엔 휴게소는 도시의 변두리 주거 지역으로 한참을 들어간 곳에 위치해 있어서 나는 표지판을 따라 서서히 그곳으로 진입하였다. 이미 여러 대의 자동차들이 밤을 보내기 위해 주차 중이었고, 4시간 이상 주차를 하지 못하도록 경고문이 붙어 있었건만, 나는 과감히 그곳에서 하룻밤을 자고 가기로 결정했다.

오늘 하루의 주행 거리는 대단히 길었다.

자동차도 몹시 힘겨웠을 것이다. 지도를 펴보니 시카고까지는 멀고 아득하기만 하다. 현재까지 이번 여행의 주행거리는 통산 6,000마일이다. 킬로 수로 환산하면 무려 1만 킬로미터를 달려온 것이다. 휴게소의 풀밭에는 야생토끼들이 제법 많이 다닌다. 이 녀석들은 낮에는 숨어 지내다가 밤이 되면 제 세상을 만난 듯 이슬 젖은 싱싱한 풀들을 뜯고 다닌다. 어느 뚱뚱한 사내는 자신이 몰고 온 소형 트럭의 짐칸 위에 누더기 같은 이불을 펴고 그 위에서 누워 잘 준비를 한다. 새벽 이슬이 내리면 어떻게 하려나. 그도 아마 나처럼 외로운 나그네 신세인 것 같다.

바람도 시원하고, 오늘밤은 잠이 잘 올 것이다. 와이오밍 주의 샤이엔 부근에서 이리 뒤척 저리 뒤척 하다가 어느 틈에 잠이 들어버렸다.

간밤에 무척 고단한 잠을 잤던가 보다.
눈을 뜨니 해가 이미 하늘 가운데로 둥실 솟아 있었다.
휴게소의 국기게양대에는 성조기와 함께 나란히 와이오밍 주의 깃발이 의기양양하게 바람에 펄럭이고 있다. 와이오밍주의 깃발은 버팔로이다. 남색 바탕에다 버팔로의 형상을 하얗게 도려낸 도안이 바로 그것이다.
깃발 속의 버팔로는 아메리카의 아침 바람을 맞으며 소리를 펄럭 펄럭 낸다.
잠을 많이 잤는데도 어깨와 등이 쑤시고 결린다.
온몸이 뻐근하다.
자동차를 너무 오래도록 타서 그럴 것이다.
가까운 맥도날드에서 쓸쓸한 조반을 위해 앉아 있다. 많은 미국인들은 맥도날드의 식사를 무척 즐긴다. 값싸고 간편할 뿐더러 미국인들의 식성에 맞아서 그런지 이 맥도날드는 현재 미국 전역에서 성업 중인 것처럼 보인다.


## 뜨거운 네브라스카를 지나다

다시 80번 고속도로를 동쪽으로 진입하여 한참을 달려서 오전 10시 30분 경에 드디어 네브라스카 주로 들어섰다. 시카고의 안내 표지가 나와서 반갑기는 했지만 막상 거리는 900마일, 아직도 1,400킬로가 남았다는 내용을 보니 어깨에 힘이 쑥 빠진다.
어떻게 저 먼길을 가나.

과연 도착할 수 있기는 한 것인가.

나는 완전히 마음을 비우고 그냥 묵묵히 달리기 시작했다.

이대로 가다 보면 언젠가는 도달하는 시기가 다가올 것이란 생각으로 말이다. 킴볼에서 오마하까지도 아득하다. 400마일이 훨씬 넘는다. 나는 모든 것을 체념한 자세로 오직 묵묵히 달리기만 하였다.

네브라스카는 넓은 평지와 얕은 구릉의 연속이었다. 가끔씩 석유를 생산하는 현장이 보였다. 이곳도 노쓰다코다처럼 대량 착유가 아니라 소형 유전에 착유기를 박아서 우물을 긷듯 조금씩 시름없이 길어 올리고 있는 것이다.

땅은 거의 쓸모 없는 황폐한 곳이 많아서 농사도 적절하지 않아 보였다.

여기에다 네브라스카의 한여름 평균 최고 기온은 섭씨 44도까지 올라간다. 시카고에서 서부로 오는 길에 몬타나를 통과하면서 심한 열풍과 더위를 겪었는데, 그때의 고온은 섭씨 41도 정도였다. 그런데 네브라스카의 황야에서는 그보다 훨씬 더 높은 폭염이니, 이로 인한 고통이 얼마나 심했는지 상상조차 하기 싫다. 얼굴은 또다시 벌겋게 달아오르고 숨쉬기조차도 힘이 든다. 자동차의 실내가 더워서 문을 열어놓으면 황야의 열풍이 그대로 확확 얼굴을 끼얹는다. 하지만 운행을 쉴 수도 없고, 이 고통의 구간을 숙명처럼 받아들이며 오직 앞으로 앞으로 달려가고 있다. 아무쪼록 자동차에 탈이 없기만 빌고 또 빈다.

이렇게 고통스러운 중에 차안에 들어와 있던 파리란 놈이 자꾸만 날아서 운전석 앞으로 성가시게 날아다닌다. 나는 드디어 짜증이 나서 길가에 차를 세우고 운전석 뒤로 가서 이놈들을 소탕하기로 작정하였다. 신문지를 도르르 말아서 이놈들이 어딘가에 내려앉기만을 기다렸다. 그 다음에는 정확히 겨냥해서 한 마리씩 퇴치하였다. 미국 각주의 파리가 모두 나의 자동차에 무임승차로 들어왔다가 다른 주로 슬그머니 이동하는데, 어느 주의 파리가 가장 성가신가? 내가 가만히 생각해본 결론은 모든 파리가 몰상식하기는 마찬가지란 점이다.

　오후 4시10분 경에 드디어 괴로웠던 네브라스카를 완전히 빠져 나왔다. 그 사실만으로도 무엇인가를 해낸 듯이 속이 후련하다.


### 아이오와주의 보름달

　지긋지긋하던 네브라스카 주를 빠져나오자 물로 씻은 듯이 해맑은 보름달이 둥실 서편 하늘 위에 떠있다. 킴볼에서부터 오갈랄라라는 재미있는 지명을 통과하여 노쓰플렛, 렉싱턴, 링컨 등을 거쳐 드디어 오마하 부근에 이르자 역시 대도시의 면모가 보이기 시작한다. 깊은 밤인데도 온통 휘황한 불빛, 무슨 야간 경기나 유세가 있는지 드넓은 경기장을 밝히고 있는 야간 조명의 휘황한 불빛이 눈을 부시게 한다.

　오마하 부근의 휴게소에서 잠시 쉬면서 낮에 끓여둔 흰 쌀죽을 먹었다. 낮에 끓여둔 죽이라 물기는 가시고 죽이 마치 밥처럼 불어 있어서 먹기에 괴로웠다. 어둠 속에서 죽을 퍼먹고 있는데 한 젊은 남녀가 승용차에서 이불 보퉁이를 안고 내려 휴게소 뒤편 어두운 나무 그늘 아래로 들어가는 것이 보였다. 저 남녀는 나무 밑에다 이부자리를 깔고 그냥 노숙으로 하룻밤을 자고 가려는 심사인가 보다. 하지만 밤에 달려들 수 있는 모기와 땅벌레, 습기와 이슬 등을 어찌 감당하려고 하는지. 미국 여행 중에는 집채만큼 크고 화려한 캠핑카를 몰고 다니며 온갖 호사를 누리는 부유층 여행자들도 많이 만나게 되지만 저 남녀처럼 가난한 뜨네기들도 만날 수 있다. 나는 저런 광경들이 부자들의 요란한 장비보다도 훨씬 인간미가 느껴지고 보기가 좋았다. 그들은 시원한 바람이 불어오는 어두운 나무 밑에서 지금쯤 뜨거운 사랑을 나누고 있을지도 모른다. 이 얼마나 아름다운 광경인가.

나는 갈 길이 워낙 많이 남아 있어서 좀더 달리기로 했다. 이렇게 하는 것이 거리를 단축시키는 유일한 길이다. 아이오와 주의 디모인까지는 아직도 30마일이나 남아 있지만 그곳까지 가기란 무리한 일. 하지만 거리는 차츰 좁혀지고 있음이 분명한 터. 두어 시간 더 달리다가 스튜아트 휴게소에서 고단한 몸을 눕히었다.

여행의 마무리가 슬금슬금 다가오는 것을 제 먼저 알고, 이토록 온몸이 쑤시고 아픈 것인가. 전신이 아픈 상태에서 잠을 깨었다. 나는 그 동안 온몸을 워낙 거칠게 다루었고, 악조건 속에다 노출시켰던 것이다. 어떻게 보면 그것이 심한 자기학대일 수도 있다. 하지만 몸이 좀 괴롭다 할지라도 이토록 귀한 경험을 언제 두 번 다시 할 수 있겠는가. 이런 마음 자세로 나의 심신을 매우 혹독하게 다루어 온 것이 사실이다.

하지만 나보다도 더욱 괴로웠고, 또 그 고통을 잘 견디어 준 것은 자동차가 아닌가 한다. 나의 마음 든든한 이동주거 공간! 이 자동차는 나를 위하여 묵묵히 자신의 고통을 내색하지 않으면서 잘 참아 주었다. 그러나 그 길고 고단했던 두 번째의 북아메리카 여행도 오늘로써 끝이 난다.

그 동안 제법 거리를 단축하면서 열심히 달려 왔기 때문에 오늘 저녁 무렵에 시카고에 입성할 수 있게 되었다.

이 얼마나 감격적인 일인가?

나를 환영해 주는 사람 하나 기다리지 아니하고, 나의 피로를 오직 내 스스로 풀어가야 하는 처지에 놓여 있지만 마음은 흐뭇하기만 하다. 어떤 소중하고 값진 보람과 성과들이 나의 내부에 빼곡이 들어찬 것을 나는 느낀다.

이것만으로도 크나큰 성취가 아닌가.

이 때문에 몸은 고달파도 마음은 맑은 하늘처럼 쾌청하다.


### 드디어 시카고로 돌아오다

오늘은 대장정을 끝내고 시카고의 반가운 거처로 귀환하는 날.

왠지 마음이 어린아이처럼 들떠 있다.

자동차는 아이오와주로 건너와서 디모인, 아이오와 시티, 데이븐 포트 등을 하나씩 둘씩 지나치고 있다.

드디어 일리노이 경계 안으로 성큼 들어선다.

서부 지역에서는 일리노이 번호 판을 달고 있는 자동차를 발견만 하여도 그것으로 탄성을 질렀는데, 이제부터는 주변의 모든 차들이 온통 일리노이 넘버를 달고 있다. 한 여름 무더위가 아직 통과 중에 있어서 일리노이도 역시 더운 것은 마찬가지다. 이렇게 몇 시간을 달렸을까?

낯익은 지명! 반가운 지명! 시카고가 차츰 차츰 가깝게 다가오기 시작한다.

해는 뉘엿뉘엿 서부 쪽으로 넘어가고 있다. 이미 시차가 두 시간이나 회복되어 시계바늘을 다시 돌려놓은 지도 한참이나 지났다.

80번 고속도로를 동쪽으로 모두 주파하여, 스프링필드 쪽에서 올라오는 57번 고속도로와 합류되는 지점에 오니 이미 시카고의 구체적인 번지가 쓰인 표지판들이 서서히 나타나기 시작한다.

나의 차는 오래지 않아서 시카고의 남부 흑인 구역 쪽으로 성큼 들어섰다.

 시카고에 모처럼 들어서니 내가 다녔던 다른 지역들보다도 스산하고 을씨년스런 살풍경이 심한 듯하다. 도로의 표면도 몹시 울퉁불퉁하고, 흑인들이 유난히 많으며 운전도 몹시 거칠다. 그만큼 사람들의 표정이 무뚝뚝하고 험상궂다는 느낌이 든다.

 길을 잘못 들어서 나도 모르게 72번가의 흑인주거 지역으로 들어서고 말았다. 집들은 거의 부서지고, 옥외 비상 철계단은 낡아서 떨어진 채로 매달려 있었으며, 흑인 아이들이 모여서 군데군데 놀고 있는 광경이 보였다. 몸을 흔들고 지나가는 부랑자, 알콜 중독자들과 무섭게 생긴 양아치들이 있었다. 공동세탁기조차 없어서 빨래를 못한다고 하였다. 이런 풍경들이 뒤섞여 흑인 구역은 참으로 음산하고 황량하기만 하였다. 조심스럽게 차를 몰아 겨우 59번가 쪽으로 빠져나오니 그제서야 안도의 한숨이 나왔다.

 시카고대학의 분위기 있는 캠퍼스 앞을 돌아서 드디어 하이드파크 쪽으로 들어선다. 슈퍼마켓에 잠시 들러서 몇 가지의 식품을 구입한 뒤에 약 스무날 이상을 비워 두었던 나의 보금자리를 열고 들어간다. 낯익은 나의 체취가 마치 남의 것처럼 낯설게 다가온다.

 이 즐거움! 이 감격!

 마침내 두 번째 여정의 대장정은 서서히 막을 내리고 있다.


 다음날 아침, 미시건 호수를 내다보았다.

 오랜만에 바라보는 호수의 얼굴이 햇빛을 듬뿍 받아서 강한 윤기를 내고 있는 비행기의 은빛 날개처럼 눈부셨다. 그 수면 위를 뭉게구름이 지나가다 그늘을 드리운 부분이 보였다. 평소 단조롭기만 한 호수의 얼굴도 저렇듯 여러 가지 표정으로 다채롭게 바뀌고 있는데, 우리 인간의 정신은 얼마나 다면적인 것인가.

이제 두 번째의 긴 여행도 다녀왔으니 나는 마음을 가다듬고 숨결을 고르고 차분히 앉아서 내 정신의 안정을 취해야겠다.
그 동안 쌓인 몸의 피로가 이른 봄 얼음이 녹 듯이 서서히 빠져나가고 있다. 매일 아침 샤워를 하고, 머리를 감을 수 있다는 사실만으로도 얼마나 감격을 느끼는지 모르겠다. 우리가 살아가면서 겪는 일상적인 것들의 고마움에 대하여 나는 새삼스럽게 깨닫고 있다.

창문 앞 건너편 아파트의 어느 집으로 짐작이 되는데, 그 집의 소년 하나는 늘상 악을 바락 바락 써서 고함을 질러대는 것으로 자신의 모든 욕구를 표현하는 것 같다. 하루에도 몇 차례씩 악을 쓰는 고함 소리가 들려온다. 마치 독일 작가 귄터 그라스의 『양철북』에 나오는 늙은 소년처럼 말이다.
나는 그 고함의 주인공인 소년의 얼굴이 때로는 궁금해진다. 그 아이가 늙으면 장차 어떤 성격으로 변해 있을까. 나는 그 소년이 나이가 들어서도 지금의 버릇을 고스란히 가지고 있을 것이란 생각을 해 본다.
또 그 옆집의 어느 청년으로 짐작이 되는데 그는 해가 뉘엿뉘엿한 저녁 무렵이면 어김없이 트럼펫을 불기 시작한다. 아마도 연습삼아 부는 것 같은데 한번 불기 시작하면 보통 한 시간은 넘어간다. 때로는 두어 시간도 훨씬 넘기는 경우도 있다. 나는 무척 가깝게 들려오는 그 트럼펫 소리에 나도 모르게 귀를 기울이고 빠져드는 자신을 발견한다. 어쩌다 나팔 소리가 들려오지 않으면 무슨 까닭이 있는지 나는 무척 궁금해진다.
나는 빈 우유통에 물을 담아 들고 헌 칫솔과 휴지 등을 비닐봉지에 담아서 자동차 있는 곳으로 갔다. 여행 중에 더러워진 자동차를 닦기 위해서였다. 앞 유리와 지붕 등에 새가 똥을 눈 것이 말라 있어서 보기에도 지저분했다. 자동차 바깥을 깨끗이 닦고, 실내를 말끔히 청소하였다.

　비가 올 듯한 하늘이 잔뜩 찌푸려 있었고, 미시건 호수에서는 시원한 바람이 불어와서 가로수의 머리채를 휩쓸고 있었다.

　미국의 다른 도시를 다니다가 시카고에 돌아와 보면 첫째로 경찰차의 긴박한 비상 사이렌 소리가 유별나게도 많이 들린다는 점이 느껴진다. 하루에도 몇 차례씩 이 사이렌 소리는 불시에 들려와서 가슴을 공연히 두근거리게 만든다.

　왜 그럴까? 시카고가 다른 지역보다 범죄가 많아서 그런 것인가. 흑인이 많이 살기 때문에? 구체적인 답이 일시적 방문자인 나로서는 알 수 없는 일이겠으나 듣기가 매우 괴롭고 불안스럽다. 이런 곳에서 몸조심을 해야하는 건 기초 상식이다.

　고개를 들어 창 밖의 미시건 호수를 보니 여러 채의 요트들이 유유히 떠가고 있다.

## 그 여름의 막바지

시절로 보자면 가을 기운이 확연히 느껴질 때도 되었건만 여전히 노염은 극성이다 오늘 아침만 하더라도 확확 치미는 무더위가 시작되고 호숫가의 나무는 가지 끝을 미동도 않고 있다. 시카고의 길거리에서는 어제와 다름없이 짜증스런 사이렌 소리가 들려 온다.

아침부터 무덥다. 하늘은 흐리다. 하지만 구름 층이 엷어서 햇살의 기운은 미시건 호수 위로 밝게 비친다. 바람 한 점이 없더니 갑자기 호수 쪽에서 맹렬한 바람이 불어온다. 그러나 그 바람은 시원하질 않고 후텁지근한 습기를 머금고 있다.

주말이다.

새벽에 창문 틈으로 하늘에 떠 있는 달을 보았다. 미국의 달은 거의 주황색에 가깝다. 추석 달로서의 정취가 느껴지지 않는다. 내일이 추석이니까 미국에서 추석 달을 보게 될 것이다.

도서관을 나오려는데 마침 바깥 세상은 온통 암흑 천지가 되어 엄청난 바람이 불고 폭우가 쏟아지고 있다. 그 동안 비다운 비가 너무도 드물었기 때문에 우선은 반가웠다. 기온도 다소 시원해질 것이고 다습한 여름도 떠나갈 것이라는 기대감 때문이다. 아무리 기다려도 빗줄기가 약화될 기세가 보이지 않기에 비를 맞으며 자동차 있는 곳으로 뛰어갔다.

순식간의 폭우에도 시카고 남부 하이드 파크의 곳곳은 하수 시설이 몹시 좋지 않아서 물바다를 이룬다. 어떤 곳은 주차해 둔 자동차의 바퀴가 절반 이상 물에 잠겨 있다. 자동차들이 물을 튀길까 두려워서 조심하며 달려갔다.

## 시카고에서 쓴 영추부(迎秋賦)

아침저녁 창문으로 들어오는 공기가 한여름과는 사뭇 다른 것을 알겠다. 윗도리를 벗고 있으면 피부에 와 닿는 감촉이 제법 차게 느껴진다.

킴박 거리를 잠시 나가 보았더니 가로수들이 벌써 빛깔이 변한 것들이 눈에 띄고, 나무의 발꿈치 주변에는 성미 급한 잎들이 제풀에 땅에 떨어져 내린 것이 꽤나 보인다. 모르는 사이에 가을은 당도해 있는 것이다. 가을은 제 모습을 확실히 드러내지 않고 아주 서서히 여름이 자신의 짐을 모두 챙겨서 떠나기를 기다리며 뒷전에 서서 있다.

여름은 지난 석 달 가까이 자신의 살림을 제법 많이 이루어 놓은 듯하다.

무성한 녹음과 뜨거운 열풍. 그 나무 그늘에 깃들여 있는 무수한 새의 가족들. 그리고 무수한 벌레와 벌레들. 그리고 그 엄청난 구름과 폭우의 기억들. 땅에 고인 빗물에서 온몸의 깃털을 씻으며 즐거워하던 점박새들의 가족. 술 취한 주정꾼들의 너스레들. 미시건 호숫가에서 고기를 굽느라 피워 올리던 자욱한 연기와 그 사이로 들리는 뚱뚱한 흑인 일가의 커다란 웃음소리들. 길을 걸어가는 사람들의 희고 까만 이마를 적시고 번들거리게 만든 그 눅눅한 땀방울들. 대체로 이런 것들이 여름 살림의 구체적인 목록이다.

처음엔 매우 위풍당당한 기색이었으나 이제 자신의 가재도구를 거두어 떠나갈 무렵의 여름은 아주 풀죽어 있고, 그 살림들은 남루하기 짝이 없다. 그냥 길거리에 버려 두어도 슬쩍 주워갈 사람이 전혀 없다. 여름을 따르고 자신의 모든 생을 오직 여름과 더불어 지내기를 갈망하는 듯이 보이던 참새들조차 막상 여름이 떠나갈 무렵이 되니까 이젠 냉정한 얼굴로 거들떠보지도 않는다. 오히려 새로 다가온 가을을 향해 자주 추파를 던지며, 자신들의 새로운 시간과 타협하려는 기색이 뚜렷하다. 여름은 길가의 조용한 벤치에 노숙자처럼 혼자 앉아서 자기가 살던 집과 거리와 숲의 풍경들을 쓸쓸한 표정으로 바라본다. 그때 여름의 모습은 마치 삶의 중심에서 아주 소외된 늙은이처럼 기진맥진한 기색을 보인다.

뭇 사물들을 향해 그 위풍당당하고 늠름하던 기풍은 어딜 갔는가?

나는 냉기를 머금은 바람이 아무런 예의도 없이 대뜸 창문으로 들어와 나의 몸을 어루만지는 것이 그다지 달갑게 느껴지지 않는다. 미시건 호수의 바람은 내 몸을 쓰다듬는 자신의 차가운 손이 얼마나 나를 놀라게 하는지 전혀 눈치 채지 못한다. 지금 후줄근한 모습이 되어 있는 저 여름도 지난 유월의 언저리에서는 지금의 가을과 흡사한 자세를 가졌었다. 자주 나에게 고통을 주고, 또 신선한 시간의 긴장을 주었던 여름에게 나는 연민의 기억을 갖고 있다. 저 딱한 여름은 떠나가는 자의 서운한 표정만 지을 줄 알지, 정확히 일 년 뒤에 자기가 다시 일신된 모습으로 이 자리를 되찾아 오리라는 사실을 깨닫지 못한다. 나는 오히려 여름의 그런 인간적인 얼굴에 정이 느껴진다. 모든 것을 너무 자세히 꿰뚫어 알고 마치 자로 잰 듯이 정확하게 살아가려는 자의 태도에서는 얼마나 답답하고 건조함마저 느껴질 것인가. 이제 이 가을은 앞으로 정확히 석 달 동안 세상을 자신의 뜻으로 정리하고 빛깔을 바꾸고 포부를 펼쳐 가리라. 그러다가 틀림없이 온전한 포부를 펼치지 못한 채 다시 현관을 노크하는 겨울에게 자신의 터전을 물려주고 떠나야 하리라.

나도 지금 내가 살아가는 나의 터전을 잠시 세 들어 살고 있는 것이다. 모든 인간에게 있어서 자신의 세상은 임대의 형식으로 사용하고 있다. 나는 새로 찾아와 조용히 노크하는 나의 다음 주인을 위해 나의 집과 터전을 정하게 써야겠다. 나의 집을 물려받은 젊은 새 주인으로부터 어쩌면 자기가 사는 곳을 이렇게도 지저분하게 만들어 놓았는가 라는 투의 책망을 듣게 된다면 얼마나 창피할 것인가. 그렇다. 세상은 내가 잠시 세 들어 사는 것!

이 집을 비우고 떠날 때의 내 모습이 남들에게 남루해 보이지 않도록 지금부터 각별히 신경을 쓰고 다듬어 가야겠다.


## 아메리카에서 본 추석 달

오늘은 한국의 달력으로 한가위 날이다.

시카고가 한국보다 하루 빠르니까, 한국에서는 이미 추석 차례를 지내고 저녁이 되어서 추석 달이 둥실 떴을 것이다. 나는 이 아침, 미국의 일리노이주 시카고 땅 한쪽 귀퉁이에서 돌아가신 부모님에 관한 애틋한 생각에 잠겨 앉아 있다.

그분들은 참으로 고단한 한 생을 살아가셨다.

어머님이 가난 때문에 고생을 하셨고, 아버님은 아내를 잃은 뒤의 힘겨운 생활 때문에 고통이 많으셨다. 이제 그분들의 시절은 물처럼 흘러갔다. 그러한 흐름 속에 마찬가지로 나의 시간도 흘러가고 있다. 나는 나의 시간을 보다 알차게 충실하게 나의 여생을 꾸려 가야겠다.

추석 달이 둥실 떠 있다. 미국도 만월이다. 어제 비가 와서 그런지 오늘 시카고의 달은 크고 맑고 깨끗하다. 분화구의 얼룩점까지 선명하게 보인다. 인적이 끊어진 시카고 하이드 파크의 밤거리가 몹시 적적하였다.

여전히 창 밖은 초겨울처럼 쌀쌀한 느낌이 드는 날씨다. 어제 내가 영추부(迎秋賦)를 너무 진하게 썼기 때문인가. 여름의 잔해는 그 어디에도 보이지 않는다. 하루아침에 완전히 가을로 가득 찬 느낌이다. 단풍은 이런 때에 급속도로 진행될 것이다. 그러다가 누렇고 빨갛게 물든 가랑잎들을 우수수 거리에 쏟아 내릴 때는 이미 겨울의 문턱에 다가가 있으리라.

# 제3부

# 미완의 세계를 향한 나날들
## 미국 중서남부 일대

일리노이주 시카고 → 피오리아 → 마주리주 한니발 → 마크트웨인 동굴 → 캔자스주 갠자스 시티 → 콜로라도주 콜로라도스프링스 → 덴버 → 록키산맥 국립공원 → 글렌우드스프링스 → 그랜드정션 → 유레이 → 실버턴 → 듀란고 → 포코너스 모뉴먼트 → 아리조나주 튜바 시티 → 카메론 → 플래그스테프 → 몬테즈마 → 세도나 → 그랜드캐니언 → 리틀 콜로라도 → 카옌타 → 모뉴먼트 벨리 → 유타주 블렌딩 → 몬티첼로 → 글렌케니언 → 그랜드 뷰포인트 → 브라이스 캐니언 → 자이언 국립공원 → 내바다주 라스베이가스 → 데스벨리 → 캘리포니아주 → 로스앤젤레스 → 샌디에고 → 산이시드로 → 멕시코 티후아나 → 아리조나주 유마 → 투손 → 뉴멕시코주 트루스 오어 콘시퀀시스 → 엘버퀴키 → 산타페 → 타오스 인디언 마을 → 엔리코 → 카리조 조 → 툴라루사 → 알라모고르도 → 칼스바드 동굴 → 화이트샌즈 국정기념물 → 텍사스주 소노라 → 오스틴 → 샌안토니오 → 달라스 → 아칸소주 리틀록 → 일리노이주 마운트버논 → 스프링필드 → 시카고

### 여행준비로 바빴던 시간들

　3차 여행의 일정을 약 한 주일 정도 앞당겨서 10월9일 경에 떠나기로 하였다. 왜냐하면 하버드 대학을 11월중에 다시 한 차례 다녀올 예정을 하였기 때문이다. 3차 여행을 앞당겨야만 11월 첫 주에 돌아와서 한참 휴식한 뒤에 보스톤을 향발할 수가 있다. 돌아갈 날이 차츰 다가온다는 사실을 실감하게 된다. 그래서 그만큼 하루 하루가 더욱 소중한 의미로 새삼 다가온다. 어제 흐리던 하늘은 맑게 개었는데, 바깥 공기가 꽤나 차갑게 느껴진다.
　점심 식사 후에 도서관을 다녀오려고 집을 나섰는데 바람이 유난히 차갑고 한기가 들더니 기어이 편도선이 붓기 시작한다. 목이 뜨끔거려서 자동차 실내 거울에 입을 열고 인후를 보았더니 제법 부어 있다. 몸에 열도 오르고 전신 무력감이 몰려왔다.
　다음날 아침에 일찍 눈이 뜨여서 누운 채로 캄캄한 천장을 보며 침을 꿀꺽 삼켜 보니 편도선이 그리 심하게 부어오르지는 않고 있다. 어제 상태를 그대로 유지하고 있다. 몸에 열은 내린 듯하다. 다행이다. 얼굴을 씻고 다시 책상 앞에 앉으니 미시건 호수의 수평선 저 끝에서 바야흐로 일출을 위한 준비가 시작되고 있다. 동편 하늘 전체가 불그레하게 물이 들고, 또 그것은 호수의 얼굴 위에 그대로 비쳐서 환상적인 장면을 연출한다. 7월 초순에 나가 보았던 일출 지점이 차츰 남쪽 수평선으로 이동하고 있음이 확인된다.

비가 오고 흐린 하늘이 계속된다. 시카고의 바람은 점점 차가워진다.

여느 때 같으면 밝은 해도 떴을 시간이건만 미시건 호수의 얼굴은 몹시 흐리고 찌푸린 표정이다. 먹구름 낮게 드리우고 강풍은 그칠 줄 모르며 파도는 줄곧 흰 이빨을 드러낸다. 실내 환풍기도 거꾸로 역류하는 바람이 밤새도록 덜커덩거리는 소리를 낸다. 전기 밥솥의 전선을 꽂는 플러그 판에도 문득 손을 가까이 가져갔더니 그 좁은 구멍으로 바람이 솔솔 나온다.

시카고는 벌써 겨울 기분을 내고 있다. 하얀 팔을 드러내 놓고 다니던 시절이 좋았던 것을 알게 될 것이다. 이곳 추위가 유난히 혹독하고 모질다는 이야기를 많이 들었다.

이제 3차 여행을 떠나는 날이 두 주일 앞으로 다가왔다. 자동차가 가장 염려가 되고, 다음으로는 안전 운전이다. 조심해서 다녀올 만반의 준비를 해야겠다.

오늘도 여전히 춥고 차디찬 바람이 공중에 가득하다.

하늘은 먹구름으로 가득하다. 호수의 물결은 드세다. 7시에 일어나 어제와 같은 작업에 들어간다. 자료 채워 넣는 일을 서둘러서 빨리 해야겠다.

시카고 대학은 오늘 신학기 개강하는 날이다. 무수한 학생들이 캠퍼스 주변을 거닐고 자동차의 행렬은 평소보다 몹시 밀린다. 한국의 모든 학교는 봄에 신학기를 맞이하지만 미국의 대학은 가을이 신입생을 맞이한다.

오늘 여러 날만에 햇살이 화창하다. 미시건 호수도 푸른빛을 되찾았다. 일광이 수면에서 반짝이며 일렁인다.
일어나서 책상 앞에 앉으니 새벽 여섯 시다. 여름보다도 일출 시간이 꽤 늦어졌다. 일몰 시간도 앞당겨 졌으니 그만큼 낮이 짧아지고 있음을 피부로 느낀다. 3차 여행을 다니는 중에 추위 때문에 밤에는 꽤나 고생스럽겠다. 호수가 점점 밝아온다. 나의 미래 시간도 이렇게 점점 밝아지기를 기다리는 것은 지나친 욕심일까?
어느덧 내 나이도 지천명(知天命)을 넘어서 이순(耳順)을 향해 달음박질 쳐가고 있질 않으니 말이다. 그럼에도 불구하고 여전히 새벽 하늘은 아름답다. 아니 새벽이라는 시간의 의미가 더욱 아름답다. 모든 것의 시작이 주는 신선함이 그 말속에서 강렬하게 발산되고 있기 때문이다.

다시 하루가 밝았다. 가을 바람이 불면서 귀국할 날이 너무도 빠르게 달려오는 듯하다. 이제 이 달 중에는 세 번째의 긴 여행 일정이 잡혀 있다. 예비타이어를 구입하고 여행 물품을 꼼꼼히 챙겨서 떠나야겠다. 기온이 점점 내려가고 있어서 자동차 숙박이 과연 괜찮을지 자못 염려가 된다.
동쪽 하늘이 환히 밝아온다. 아직 해의 모양은 나타나지 않았다. 하지만 저 해도 수평선 너머에서 돋아 오르는 작업을 암암리에 하고 있고, 나도 이 새벽에 일어나 나의 일을 하고 있다. 이것은 천지 순환의 이치와 같다. 내가 한 사람의 시인으로서 마땅히 시 쓰는 일에 골몰하는 것만큼 행복한 일이 어디 있겠는가. 머리도 맑고 투명한 시의 세계도 어렴풋이 보이는 것 같다. 어깨에 싱싱한 힘이 솟는다. 오전 내내 이어지는 작업을 하였다. 손을 대면 댈수록 형상의 부조가 이루어지는 것 같아서 즐겁다. 점심 식사 후에 시카고대학 도서관에 가서 메일을 확인하고, 책을 몇 권 빌려왔다. 홍범도의 얼굴 초상도 확대 복사했다. 북한의 지도, 그 가운데 특히 함경남북도 평안남북도 강원도 지역의 지도와 관련 내용을 복사하였다. 오늘은 날씨가 제법 더운 편이다. 가을은 이미 나무 끝에 와서 잎들이 서서히 누런빛으로 물들어간다.

3차 여행에 필요한 부탄 개스를 구입하였다. 다운타운 북쪽의 링컨 거리에 있는 캠핑용품 전문점을 찾아가서 구할 수 있었다. 스프링필드의 유사한 상점인 서플라스와 규모면에서 크게 다를 바 없다. 그 다음으로 로렌스 거리로 가서 한국인이 운영하는 자동차 정비소를 찾았다. 미시건 정비소란 곳을 갔는데, 당일 작업이 어렵다고 해서 모레 오전으로 약속하고 돌아왔다.

이른 아침에 일어나 창 밖을 내다보는 버릇이 있다. 오늘의 날씨와 미시건 호수의 상태와 바람의 강도 따위를 헤아려 보는 것이다. 그런데 오늘 아침에는 자동차 위에 어떤 허연 것이 덮여 있다. 깜짝 놀라 자세히 보니 눈이었다. 올해의 첫눈을 시카고에서 보게 된 것이다. 간밤에 날씨가 무척 춥더니 기어이 눈을 쏟아 부은 것이다. 지난 2월 시카고 오헤어 공항에 내렸을 때 쌓인 눈을 보았는데, 드디어 그로부터 다시 새로운 겨울을 맞이하게 된 것이다. 세월이 그만큼 흘러간 것이 실감된다.

계절이 하루하루 겨울로 다가가고 있다. 미국은 한국에 비해 겨울이 다소 빠르다. 실내 라디에이터가 뜨거운 기운을 발산하기 시작한다. 미시건 호수가 짙은 회색으로 냉혹한 빛깔을 하고 있다. 이런 호반도로를 자동차들은 여전히 굉음을 내며 질주한다.

### 세 번째의 대장정

2000년 10월12일 목요일.
　드디어 3차 여행을 출발하는 날이다. 가을도 깊어져서 기온은 점점 내려가고, 다녀올 길은 아득하고 멀다. 낮이 그만큼 짧아져 있어서 운전시간이 여름에 비해 단축될 수밖에 없다. 여정을 모두 마치고 돌아오게 되는 예정일이 11월 첫 주이다. 그때는 지금보다 한결 더 추워져 있으리라.
　나는 무사히 잘 다녀와야 한다고 스스로에게 다짐한다.
　침구가 얇아서 특히 고생이 될 듯하여 어제 얇은 여름 이불과 침낭을 모두 펼쳐서 실과 바늘로 두툼하게 꿰매었다. 이렇게 만들어 두면 중간층에 공기주머니가 생겨서 여러모로 가볍고 유익할 것이다. 중간에 실이 모자라서 슈퍼마켓에 간 길에 실을 더 사와서 마무리하였다.
　창 밖으로 보이는 미시건 호수의 수평선 저 끝 부분이 불그레하게 물들기 시작한다. 어제와 다름없이 일출이 시작되려나 보다. 인간이 살아가는 것도 저렇게 꾸준하고 한결같은 태도가 필요할 것 같다.
　출발 시간은 서서히 다가오고 있다.
　이제 다녀와서 풍부한 경험의 내용을 다시 적으리라.

　오전 9시 반에 출발하였다.
　이미 두 차례나 경험했지만 떠나는 준비가 이만저만 바쁜 게 아니다.

그릇을 이미 깨끗이 씻어 두었으므로 새삼스레 밥을 지어먹기가 불편했다. 그래서 아침식사를 맥도날드에서 가볍게 하고 떠나기로 했다.

먼길을 떠나는 가슴이 긴장으로 두근거린다.

어떤 일들이 나의 앞에 기다리고 있을 것인가?

북아메리카 대륙은 이번엔 어떤 표정으로 나를 맞아해 줄 것인가?

이번 여행의 목표지역은 주로 북아메리카 대륙의 남서쪽 일대이다. 지난 두 차례의 일정보다도 훨씬 길고 먼 여정임에 틀림없다.

오직 안전하기만을 빌고 있다.

시카고에서 41번 호반 도로를 타고 북쪽으로 오르다가 55번으로 이어지는 고속도로를 타고 들어가 한동안 출근 차량들의 행렬과 다툼을 벌여야만 했다. 하지만 곧 교외로 접어들면서 자동차의 행렬은 한산해지고 55번 도로는 늦가을의 아침 햇살이 따사롭게 비치고 있었다.

## 늦가을 들판의 옥수숫대

시카고를 벗어나자 우선 눈에 띄는 것이 도로 양 켠의 넓은 밭을 가득 채우고 있는 마른 옥수숫대였다. 1차 여행에서는 아직 씨앗이 움을 틔우기도 전이었고, 2차 여행에서 돌아올 때에는 푸른 옥수숫대에 옥수수가 매달려 탐스럽게 익어가고 있었다. 그런데 이번 여정의 출발에서 보니 모두 수확을 한 뒤의 쓸쓸한 풍경만이 남았다.

비록 인간이 뿌린 씨앗에 불과하지만, 옥수수는 자심의 푸른 초록을 한껏 뽐내며 무거운 열매를 매달고 그것을 충실한 결실로 만들어가느라 온힘을 다했을 것이다. 그런데 이제는 인간들이 몰고 나온 트랙터에 모든 결실을 다 빼앗기고 오직 빈털터리로 서서 가을 바람에 서걱거리고 있다. 빛깔조차 앙상한 갈색으로 말라 있는 광경이 꼭 오갈 데 없는 패잔병이나 포로들의 후줄근한 행렬처럼 보였다. 거기에 가랑비라도 뿌리는 밤이면 얼마나 쓸쓸함이 더할까 하는 생각이 들었다. 인간도 저처럼 마른 옥수숫대 같은 시간이 다가오리라.

일리노이주의 광활한 들판을 온통 가득 채우고 있는 것은 저 옥수숫대였다.

부지런한 농부는 벌써 옥수숫대를 말끔히 베어서 잘게 잘라 밭에다 그대로 거름으로 뿌려놓았다. 하지만 그런 곳은 어쩌다가 눈에 띄었고, 지평선이 보이는 들판에 서 있는 마른 옥수숫대의 광경은 장엄하고도 처량하였다.

55번 고속도로를 타고 달리다가, 체노아라는 곳에서 24번 국도를 바꿔 타고 피오리아 쪽을 향해 달려갔다. 늦가을 속에 우뚝 선 나무들은 서서히 겨울채비를 갖추어 가고 있었다.


### 오색 단풍의 대향연

시카고의 가로수들은 공해에 찌들었는지 단풍이 채 들기도 전에 잎들이 말라들고 있었으나, 남쪽으로 내려 갈수록 아름다운 단풍의 빛깔이 하나의 향연처럼 펼쳐지기 시작했다. 붉은 빛, 노란 빛, 핑크 빛 등이 뒤섞여 너무도 아름다운 장면을 연출해 보여주고 있었다. 그 가운데 가장 많은 빛깔의 기조를 이루고 있는 것은 노란 색이었다.

그 동안 한 편의 서사시를 쓰는 일에 골몰하다가 오랜만에 떠나온 시골 마을의 풍경은 참으로 아름답고 한적하였다.

피오리아를 지나 어느 시골 마을이었던가.

갈색 개 한 마리가 도로 위를 서성거리다가 하마터면 내가 모는 자동차에 들어올 것 같아서 재빨리 빠졌더니 바로 뒤따라오던 자동차와 몸을 부딪쳤다. 뒤따라오던 차는 그 자리에 섰고, 개는 비명을 지르며 길가에 쓰러져 있었다. 운전자가 황급히 나와서 개를 다루는 광경이 백미러로 들어왔다. 하마터면 불쾌한 일을 겪을 뻔했다.

중로에 어느 한적한 지점에서 자동차를 쉬면서 점심을 지어먹었다. 일리노이주를 서쪽으로 횡단하여 미주리주로 접어들게 되니 서서히 황혼이 왔다. 쓸쓸한 가을 저녁이었다.


### 한니발에서 만난 마크 트웨인

퀸시에서 172번 고속도로를 타고 내려가서 줄곧 표지판에 의지하여 찾아간 곳이 한니발. 이곳은 미시시피 강가에 위치한 아주 작은 시골 마을로 세인트루이스에서 자동차로 두 시간 정도 걸린다. 한니

발이 유명하게 된 까닭은 미국의 대표적인 작가 마크 트웨인이 출생하고 활동했던 곳이기 때문이다. 지금도 마크 트웨인의 생가가 기념관으로 보존되어 있고, 그의 작품인『허클베리 핀의 모험』『톰 소여의 모험』 등의 작품 무대가 된 동굴이 그대로 남아 있다.

해도 이미 기울고 있는 형편이라 곧바로 마크 트웨인 동굴을 향해 차를 몰았다. 한니발에서 불과 20여분도 채 못되는 남쪽 언덕 너머에 마크 트웨인 동굴이 있었다. 당도한 시간이 마침 동굴의 입장이 완료된 시간이어서 나는 동굴 안에 들어갈 수가 없었다. 안타까운 표정으로 주변을 서성거리다가 관리인에게 동굴 입구에서 기념 촬영이라도 하고 싶다고 양해를 구했더니 뜻밖에도 동굴 문을 열고 입구의 상당한 부분까지 안내해 들어가서 구경시켜 주었다. 콧수염을 기른 관리인의 친절이 너무도 고마웠다. 뉴욕 시티에서 왔다는 한 여성 관광객이 혜택을 함께 누렸다. 1819년에 발견되었다는 이 동굴 속은 누런 빛깔의 석회암 지대로서 이 일대가 모두 수천만 년에 걸쳐 형성된 지형인 듯하였다. 이 굴을 배경으로 작가의 어린 시절의 상상력이 펼쳐졌다는 생각을 하니 감개무량하였다. 작품 속의 주인공인 톰과 베키가 모닥불을 들고 길을 헤매던 동굴이 바로 이곳이었던 것이다.

마크 트웨인의 작품을 읽은 것이 아마도 고등학교 시절이 아니었던가 한다. 나의 호기심과 상상력은 헉클베리 핀과 톰 소여를 따라서 이 동굴 속으로 얼마나 흥미진진하게 이끌려 들어갔던 것인가? 막상 해 저문 저녁에 이 동굴에 당도하고 보니 삼십 년도 훨씬 전의 소년 시절의 추억이 눈물겹게 왈칵 치밀어 올라와서 나는 굴 입구에 망연히 서서 어두워 오는 하늘을 보았다.

마크 트웨인이 엮어낸 이 미국소년들의 모험심은 개척 시기 미국의 프런티어 정신을 반영한 것으로 알려져 있다. 하지만 톰 소여의 고독과 호기심, 모험심 등은 단지 미국 독자들의 차원만이 아니라 이미 세계 소년들의 정서와 상상력으로 굳게 연결되어 있다.

　미국의 동굴들은 대개 동굴 입구 쪽으로 건물이 지어져서 거기에서 입장료를 내고 들어가게 된다. 그것은 이곳도 마찬가지여서 동굴을 다녀오게 되면 다시 그곳으로 빠져 나오면서 건물 안에 설치된 각종 기념품 판매소를 두루 구경하며 나오게 된다. 나는 거기서 내가 그 동안 다녔던 여러 미국의 주를 자석으로 부착하도록 만든 스티커가 보이기에 눈에 띄는 대로 여러 개 구입하고, 마크트웨인 기념 스티커도 함께 구입했다. 비록 굴의 모든 경로를 두루 돌아본 것은 아니지만 이번 3차 여행에서 첫 번째의 목적지를 운 좋게 구경한 셈이다.

　곧 해가 기울기 시작해서 나는 서둘러 마크 트웨인 동굴을 배경으로 기념사진을 하나 찍었다. 어느 흑인 청년에게 부탁했는데 청년이 사진을 다 찍고 카메라를 돌려주는 과정에서 실수로 땅바닥에 떨어졌다. 깜짝 놀라서 카메라의 작동을 시험해 보았는데 아마도 탈이 난 듯하다. 제대로 작동이 잘 되지 않는다. 걱정이다. 사진기는 여행 장비 중에서 없어선 안될 것이기 때문이다.

　이미 날이 저문 한니발을 빠져서 돌아 나왔다. 한니발은 온통 마크 트웨인이라는 이름으로 유지되고 있는 마을이었다. 여관 이름도 마크 트웨인, 식당과 술집 이름도 마크 트웨인이었다. 빅토리아식 건물들이 즐비하게 서 있는 거리의 입구에는 역사적 지구라는 표지가 서 있었다.

　이곳에는 작가가 톰 소여처럼 어리던 시절에 살던 집이 있다고 했다. 일부러 찾아가 보니 하얀 페인트가 칠해진 작고 아담한 건물에 불과했다. 내부에는 별다른 것이 없고 다만 당시의 가구가 그대로 전시되어 있다는 이야기를 들었다. 그 바로 옆에 마크 트웨인 박물관이 있었다. 작가가 작품을 쓰던 당시에 사용했던 책상과 펜 따위가 전시되어 있다고 했지만 이미 시간이 늦어서 문을 닫은 뒤였다.

날은 아주 어두워졌고, 또 갈 길이 바쁜 터라 서둘러 36번 국도를 타고 서쪽으로 차를 몰았다. 해는 이미 넘어갔으나 서쪽 하늘의 상공에는 남아있는 가을 저녁의 노을이 아름다웠다. 붉은 빛깔이 서서히 보랏빛으로 변하면서 나중에는 아주 짙은 갈색과 회색으로 바뀌었다. 노을 빛이 완전히 사라지자 검은 장막이 하늘을 뒤덮었다. 오직 자동차의 헤드라이트 불빛에 의존하여 낯선 도로를 달려갔다. 하지만 얼마 달리지 못했다.

약 70마일 달려서 메이콘이란 곳의 휴게소에서 숙박했다. 남아있는 일정은 아직도 너무나 많다. 끝까지 몸과 마음이 탈이 없어야만 하는데 걱정이다.

### 상쾌한 새벽 운전

이른 새벽에 저절로 잠이 깨어서 나는 새벽 운전을 시작했다.

이번 여행은 이 새벽 운전에 많은 의존을 해야겠다. 왜냐하면 낮 시간이 여름보다 짧아져서 이동 거리가 그만큼 줄어들 수 있기 때문이다. 거기다가 서부로 옮겨 갈수록 두 시간 이상의 시차가 발생하여 낮 시간은 또다시 줄어들게 된다. 2차 여행까지는 해가 길어서 밤 운전을 많이 했었다.

캄캄한 새벽, 미명(未明)에 양치만 대충 치고 세수도 하지 않은 채로 운전대에 앉아서 지도를 보며 앞을 향해 달려간다. 이 지구상에 오직 나 혼자만이 달랑 남아있는 것 같은 고독감이 가슴을 엄습해 온다.

칠코트를 지날 무렵 서서히 주변이 밝아오고 길이 환안히 보이기 시작하면서 일출이 펼쳐지고 있었다. 장엄한 아침 햇살이 온 누리에 깔리는 광경을 그대로 볼 수 있었다. 정확히 6시50분에 여명이 왔고, 7시10분 경에 일출이 있었다. 도로 위의 자동차가 점점 많아지기 시작했다. 모두 일터로 가는 자동차의 행렬들이리라. 해밀턴을 지나서 8시20분이 되었을 때 맥도날드의 간판이 보였다. 아침 공기가 서늘하였다.

## 캔자스시티

 다시 출발하여 카메론을 지나 35번 고속도로를 남쪽으로 달려가니 미구에 캔자스시티의 표지가 보였다.
 캔자스시티는 미주리 주에서 두 번째로 큰 도시이다.
 원래 모피 교역을 위해 마을이 생겨났고, 그 이후로는 서부로 가는 개척자들의 요충지로서 장비와 식량의 공급지가 되었다. 미국 최고의 목축과 곡물거래소로 발전하였고, 중서부 농업지대의 중심도시이다. 워낙 대도시라 자동차도 붐비고 도로의 지선들도 거미줄처럼 복잡하여 잠시도 긴장을 늦추지 못한다.
 이 도시를 들어갈 아무런 이유가 없어서 그냥 통과하기로 했다. 이제부터는 70번 고속도로를 타고 서쪽을 향해 줄곧 달려가야 한다.
 로렌스와 토피카를 지나고 정션시티를 통과하여 살리나까지 당도하여도 광대한 캔자스 주의 절반도 채 못 지났다. 캔자스 주가 얼마나 광대한지를 실감하는 순간이다. 시름없이 달리고 달렸지만 헤이스란 곳에 다다르니 이미 일몰이 오고 밤이 깊었다. 고속도로의 휴게소에서 저녁을 만들어 먹고 나니 이미 늦은 시간이라, 오늘은 이곳에서 자기로 했다. 하루 온종일 달렸는데도 아직 캔자스 주를 5분의3

밖에 횡단하지 못했다.

휴게소의 넓은 하늘에 커다란 미국 보름달이 둥실 떠 있다. 나는 저 보름달을 텅 빈 마음으로 바라본다. 내가 달을 보는 것이 아니라 달이 거꾸로 나를 보고 있는 듯한 착각에 빠졌다. 여행 이틀째의 밤이 지나가고 있다.

역시 어제처럼 6시에 눈이 뜨여 새벽 운전을 하였다. 7시30분 경에 일출이 시작되었다. 이만큼 일출 시간이 늦어지고 있는 것은 조만간 시간을 조절해야 하는 지역으로 다가가고 있다는 증거일 것이다.

캔자즈 주의 퀸터, 콜비, 굿랜드란 곳을 빠져나가니 드디어 콜로라도 주로 진입하게 된다는 안내가 보이기 시작한다.

## 콜로라도 주의 붉은 바위들

안내판에서 콜로라도 주는 자신들의 지역을 〈칼라풀〉이란 단어로 강한 인상을 심어주려 한다. 대체 무슨 색깔이 그리도 많기에 저런 말을 쓸 수 있는지 궁금해졌다. 드디어 오전 8시20분에 콜로라도 주로 접어들었다.

처음 나타난 작은 마을인 벌링톤이란 곳에서 아침 식사를 하고 엔진 오일을 바꾸었다. 한 노인이 다가와 나에게 말을 걸었다. 자기도 일리노이 출신인데 콜로라도주로 와서 현재 혼자 살고 있다고 했다. 가끔씩 가족들을 만나러 가는데 타향에서 일리노이 번호 판을 보기만 해도 반가움을 느낀다고 말했다. 이렇게 말하는 그의 얼굴만 보아도 한눈에 마음씨 좋은 사람이라는 사실을 짐작할 수 있겠다.

다시 출발하여 줄곧 달려가니 스트래톤, 링컨을 지나서 리몬에 들어서게 되었다. 이곳에서는 이제 24번 국도로 바꿔 타고 콜로라도스 프링스란 도시를 향해 가야한다. 이 도시는 그 자체가 해발 1800미터의 고원에 위치해 있다. 이곳 주변에서는 해발 4300미터가 넘는 파이크스 피크를 올라갈 예정인데 과연 가능하게 될지 모르겠다. 조용한 여름 휴양지라고 소개되어 있지만 막상 콜로라도스프링스에 들어서니 생각보다 제법 큰 도시로 교통이 혼잡하다. 미국의 공군사관학교가 이곳에 있다.

길을 잘못 들어 곧바로 덴버로 가는 고속도로로 들어서게 되었으나, 곧 가던 길을 되돌아 나와 24번 국도로 들어서니 반가운 안내 표지가 눈에 들어왔다.

파이크스 피크는 때 이른 폭설이 와서 폐쇄되었다고 한다.

대신 그 산기슭에 있는 〈신들의 정원〉이란 이름의 공원을 가 보았다.

콜로라도스프링스에서 서쪽으로 10km 가량 떨어진 곳에 있는 이곳은 콜로라도 특유의 적갈색 암석으로 이루어진 기묘한 형태의 바위들이 밀집해 있는 지역이었다. 도시 주변에 있는 공원이라 관람객이 대단히 많았다. 아무튼 난생 처음 대하는 야릇한 풍경이었다. 사진을 찍으려고 몇 번이나 시도했지만 어제 떨어트린 카메라가 기어이 탈을 부린다. 안타깝기 짝이 없다. 그래서 일회용 카메라를 한 개 구입했는데 성능이 전혀 마음에 들지 않는다.

이곳을 대충 보고 곧바로 67번 도로를 찾아서 올라갔다.

이 도로를 선택하게 된 동기는 오직 거리의 단축과 다양성의 획득이었다.

덴버까지 가는 방법을 그저 단조로운 고속도로보다는 록키산맥 주변의 풍치도 볼 겸 운치 있는 산간 도로를 이용하여 덴버를 통과할 생각이었던 것이다. 하지만 이 도로의 선택은 잘못된 실수였다. 우드랜드 파크를 지나서 67번으로 접어드는 입구는 썩 아름답고 운치 있는 광경이 펼쳐졌다. 산간 계곡을 따라서 연결된 도로의 주변에는 드문드문 미국인들의 별장이 세워져 있었고, 계곡 낚시를 즐기는 사람들이 물 속에 들어가 있다가, 저녁이 되어서 낚시를 마치고 자기들의 자동차를 향해 걸어가는 광경이 간간이 눈에 띄었다. 그러나 도로를 점점 깊숙이 접어들수록 도로의 폭은 좁아지고, 인가는 하나도 찾을 수 없었다. 급기야는 굴곡이 심한 비포장 도로가 나타나질 않는가?

　날은 이미 저물고 이곳에서 다시 왔던 길을 되돌아 올 수도 없는 일! 나는 빨리 이곳을 달려서 빠져 나오리라 작정했다. 하지만 67번 도로는 가파른 언덕으로 이어져 있어서 도저히 진행할 수 없었고, 급기야 126번으로 유일한 연결을 짓고 있을 뿐이었다. 이렇게 약 두어 시간 가까이 캄캄하고 울퉁불퉁한 비포장 산간 도로를 이리 저리 흔들리며 불안하게 달렸을 것이다. 두어 시간이 약 수십 시간의 분량으로 느껴졌다. 그 때의 갑갑함이란 이루 말로 형언할 길이 없었다.

　이런 어둠 속을 유유히 가로 질러가는 두 마리의 사슴을 보았다.

　얼마나 달렸을까?

　방향도 잃고 거의 실신 직전의 피곤에서 겨우 285번 포장도로를 만날 수 있었다. 밤 9시가 넘은 시각에 배는 고프고 자동차도 너무 무리가 되었을 것이다.


## 경찰의 검문을 받다

　나는 곧 도로 주변의 공터에 차를 세우고 잠시 쉬다가 자동차 안에서 후레쉬 불빛을 밝히고 라면으로 늦은 저녁밥을 먹고 있었다. 왜

후레쉬 불을 켰나 하면 바깥으로 불빛이 새어나가지 않기 때문이다. 그곳은 도로 주변의 비포장 공간으로 자동차가 이미 십 여대 가까이 주차되어 있는 상태라 일단 안심하고 들어갔던 것이다. 그런데 바로 옆 자동차에 사람이 들어와 움직이려 하기에 나는 황급히 불을 끄고 기척을 죽였다.

하지만 이것이 도리어 그로 하여금 의심을 사게 했던 모양이다. 옆 자리에 자동차가 잠시 후에 보니 사라지고 없다. 여기서부터는 순전히 나의 일방적 상상이지만, 옆자리에 주차해 있던 지역 주민이 곧 지역 경찰에게 신고를 했으리라 짐작되었다. 이윽고 라면이 다 익어서 한참 저녁 식사를 하고 있는데 경광등을 번쩍이는 경찰 자동차가 내 자동차 뒤에 다가와 휘황한 불빛을 쏘아대며 번호 판을 조회하고 있는 듯했다.

아무래도 낌새가 이상해서 내가 먼저 자동차 밖으로 나갔다.

그랬더니 경찰관이 다가와서 신분증을 보자고 한다. 무전기로 나의 운전면허증을 조회하였다. 그리고 냉정한 표정과 쌀쌀한 목소리로 내가 이곳에 머무는 이유와 목적을 꼬치꼬치 캐물었다. 한참 만에야 그는 신분증을 돌려주고 돌아갔지만 이 때문에 나의 기분은 몹시 상하였다. 먹던 라면은 퉁퉁 불어서 더 이상 먹을 수 없게 되었다. 식사를 하다가 이게 무슨 꼴인가? 미국인들의 철저한 신고정신 때문에 나는 심한 불쾌감을 겪게 된 것이다.

다시 캄캄한 차안에서 먹던 라면을 마저 먹겠다고 젓가락을 드는데, 라면은 입안에서 뱅뱅 돌기만 하였다. 심정은 착잡하기만 하였다. 설거지도 하지 않고, 대충 주섬주섬 짐을 정리하여 혐오스런 그 장소를 빨리 떠나고 말았다.

### 춥고 적막한 코니퍼의 밤

　막상 홧김에 출발하긴 했지만 밤은 이미 11시가 가까웠다. 그리고 몸은 지칠대로 지쳐 있었다. 기온마저 몹시 차가워서 더 이상 먼 곳으로 진출하기가 어려웠다. 이런 밤에 무리한 운전을 감행한다는 것은 곧바로 사고와 연결될 수 있는 위험을 불러올지도 모른다.
　나는 곧 냉정을 회복하여, 그곳에서 조금 떨어진 코니퍼란 마을의 쇼핑 지역으로 가서 그곳 주차장 구석에 눈치껏 차를 세웠다. 지형적으로 높은 곳에 위치해 있는지라 밤 기온은 너무도 춥고 쌀쌀하였다.
　어제의 카메라 파손, 오늘 오후의 느닷없는 야간 비포장길 주행, 게다가 돌연한 경찰 검문까지 받았으니 여행 중의 온갖 나쁜 일들은 모두 연이어 겪었던 것이다. 침구를 있는 대로 모두 꺼내어 두툼하게 펴고 옷가지들도 그 위에 덮어서 잠자리에 들었다. 하지만 발끝은 시려오고 새벽에는 등에서 올라오는 냉기 때문에 기어이 두 시경에 잠이 깨고 말았다.
　자동차 바깥에 나가 오줌을 누면서 하늘을 보니 초롱초롱한 별들만 밤하늘에서 빛나고 있었고, 밤바람은 살을 에일 듯이 차가웠다. 이곳에는 이미 겨울 속으로 깊이 들어와 있는 듯하였다. 쇼핑 타운 앞은 휘황한 불빛이 그대로 켜진 채였으나 인적은 아주 끊어져 있었다.
　몸을 부르르 떨며 다시 자동차로 들어가 잠을 청하였으나 제대로 잠이 올 리 만무하였다. 그냥 눈을 감고 누워서 속히 새벽 6시가 되기만을 기다렸다. 그러다가 비몽사몽간에 다시 풋잠이 설핏 들었던가 보다.
　악몽 같은 하루였다.

등이 너무도 시려서 눈을 떴다.

시계를 더듬거리며 찾아보니 아직 4시15분밖에 안되었다. 하지만 다시 더 잠을 청하고 있을 수는 없었다. 나는 부시시 일어나서 거의 얼음과 다를 바 없는 차디찬 물을 조금 부어서 세수와 양치를 하고 새벽운전을 시작했다.

이건 새벽운전이 아니라 아예 야간운전이라 해야 맞겠다.

왜냐하면 해돋이엔 아직도 시간이 많이 남아있기 때문이다. 그리고 바로 운전을 할 수도 없었다. 간밤 기온이 너무 내려가서 자동차의 앞 유리에는 살얼음이 끼어 있었다. 자동차에 시동을 걸어놓고 엔진의 온도를 높이며 그것을 모두 녹이는 일에 시간이 한참 필요했다.

## 덴버의 새벽 풍경

285번 국도를 타고 덴버를 향해 가는 길은 심한 커브가 많은 위험한 산간도로였다. 아주 느린 속력으로 밤길을 달려서 한참을 오니 저 멀리 덴버 시내의 휘황한 전등 불빛이 한눈에 들어왔다. 덴버가 속한 콜로라도 주는 미국 독립 100주년 기념으로 흥분이 되어 있던 시기에 미합중국에 소속되었다. 덴버는 그 콜로라도 주 최대의 중심 도시이다. 덴버는 해발 1600미터에 위치한 고원도시여서 〈해발 1마일 도시〉라는 별칭이 있다고 한다. 도시의 한 가운데로 체리 강이 흐르고, 이곳에서 엄청난 분량의 사금이 발견되었다. 그러다가 근대사회로 접어들면서 농업과 석유 생산 등으로 중요성이 바뀌었다.

덴버 시내를 통과하여 25번 고속도로를 북쪽으로 달려서 빠질 때까지도 날은 아직 밝아오지 않았다. 7시30분 덴버 근교의 브라이튼이란 곳에 당도할 때쯤에야 비로소 동녘 하늘이 밝아오기 시작하였다.

그곳에서 맥도날드로 아침 식사를 하고 화장실에서 세수와 양치를 하였다.

쓸쓸한 여행자의 하루 일과를 위한 몸과 마음의 준비는 모두 화장실에서 이루어진다. 이런 생각을 하며 나는 혼자 빙긋 웃었다.

## 록키산맥 국립공원

66번과 36번 국도를 이용해서 록키산맥 국립공원으로 서서히 다가갔다. 아침에 보는 록키산맥의 아름다운 가을 단풍은 아름답고 정갈하다. 이곳은 록키산맥 중에서도 중앙부에 위치한 산악 국립공원이다. 넓이만도 11만 헥타르이고 해발 4000미터가 넘는 산들이 주변에 즐비하게 이어져 있다. 빙하와 계곡 호수 등이 이곳 내부에 많이 있다.

동쪽 입구인 에스테스 피크에서 입장권을 구입하여 34번 국도를 줄곧 넘어가면서 구경하는 것이 애당초 나의 목적이었다. 하지만 막상 들어가 보니 34번 도로의 중간에서 도로는 막혀 있었다. 높은 산악 지역에 큰 눈이 내려서 모든 자동차의 통과가 금지되었다는 것이다. 이곳에는 초여름에도 종종 눈이 와서 도로가 폐쇄되는 일이 있다고 한다. 그래서 록키산맥 국립공원에서는 베어 호수만을 보고 돌아 나왔다.

　3500미터 이상의 산들에 둘러싸인 이 작은 호수는 둘레를 한 바퀴 도는데 약 30분 가량이 걸렸다. 제법 많은 관광객들이 모두 베어 호수를 한 바퀴 돌고 돌아갔다. 이렇게 많은 사람들이 다니는데도 수풀 속의 작은 다람쥐들이 사람을 겁내지 않고 가까이 다가와 먹을 것을 받아먹기도 한다. 깃털이 매우 곱고 아름다운 새들도 사람을 겁내지 않는다. 인간과 동물의 친화가 이렇게도 보기 좋을 수가 없다. 이렇게 되기까지는 오랜 시간이 걸렸을 것이다. 무엇보다도 동물들로 하여금 인간이 자기들을 해치는 존재가 아니라는 사실을 깨닫도록 길을 들였을 것이고, 또 사람들이 동물들을 사랑하는 마음을 가지며 그들을 따뜻하게 대했기 때문일 것이다. 동물만 보면 돌을 던지고 막대기로 후려쳐 잡아대는 사람들이 있었다면 이런 광경은 불가능하였으리라.

　자! 이제 34번 국도는 막혔으니 들어온 길을 다시 빠져 나와 다른 도로를 이용해야만 한다.

　지도를 펼쳐서 가장 가까운 단축 코스를 찾았더니 에스테스 파크에서 7번-72번-119번 도로가 눈에 들어온다. 지도에 얼른 매직으로 표시를 해두고 그곳을 주행하기 시작하였다. 한창 노랗게 물든 단풍의 빛깔이 보기에 좋았고, 가을 햇살도 비교적 따사로웠다.

　내가 통과해 온 곳은 볼더라는 지역으로 콜로라도 대학의 광대한 캠퍼스가 자리잡고 있는 바로 뒤편이었다. 나무가 많고 공기가 신선한 곳에 대학 캠퍼스가 있으니 얼마나 좋겠는가. 한참을 달리다 보니 3시가 넘어서 길가의 한 조용한 공터를 발견하고 그곳에서 쌀을 씻고 점심을 지었다. 록키 산맥의 개울물이 수풀 사이를 졸졸 소리를 내며 흐르고 있는 바로 옆 공터였다. 개울가에 다가가 보니 물 바닥에 잠겨 있는 돌들이 모두 퍼런 이끼를 뒤집어쓰고 있었다. 돌에 이끼가 덮였다면 물이 그다지 깨끗하지는 않다는 이야기다. 이른바 수질의 부영양화(副營養化) 현상이란 것이 아닌가? 사람들의 마을을 통과하면서 흘러온 물이라 미국에서도 이런 오염은 어쩔 수 없나 보다.

어제 저녁의 긴장에서 드디어 벗어나 모처럼 아늑하고 느긋한 기분으로 식사를 하고 마음 편하게 설거지도 하였다. 하지만 깊은 산골이라 해가 일찍 넘어갈 조짐이 보여서 나는 출발을 서둘렀다.

네델란드란 이름의 시골 마을을 통과하여 센트랄시티라는 곳에서 드디어 70번 고속도로와 연결되었다. 이 고속도로는 북아메리카 대륙을 동서로 관통하는 장대한 교통로이다. 해가 뉘엿뉘엿 저물어 가는데 나는 글렌우드 스프링스를 향해 서쪽으로 서쪽으로 달려갔다. 도로 양쪽은 모두 록키 산맥의 거대한 연봉들이 우뚝하게 서 있어서 고속도로는 일찍 해가 떨어졌다. 록키의 산중 도시로 형성된 베일과 아봉이라는 곳을 지나쳤고, 딜론이라는 이름의 호수도 보았다.

이렇게 깊고 높은 산중에 어찌 이다지도 커다란 도시가 형성되어 있는가.


## 도로 가장자리까지 내려온 산양떼

고속도로 오른쪽 높은 산에서 흘러 내려온 너덜 지역을 통과하다가 나는 매우 신기한 동물들을 보았다. 그것은 산양들이 떼지어 고속도로 바로 가까운 곳까지 내려와 있는 광경이었다. 회색 돌들의 빛깔과 거의 구분하기 힘들 정도로 보호색을 지니고 있는 이놈들은 바로 길가에서 요란하게 질주하는 자동차의 행렬을 신기한 듯이 구경하고 있었다. 나는 고속도로 노견에 잠시 주차를 하고 산양의 사진을 찍었다.

자동차가 돌연히 자기들의 가까운 위치에 멈추자 산양들은 깜짝 놀라서 조금 떨어진 곳으로 거리를 두면서 달아났다. 산이 크고 깨끗하니까 온갖 야생동물들이 많이 서식하고 있는 것이다. 이것이 몹시 부럽다는 생각을 하면서 달려가는데 고속도로의 한쪽 가에는 산양이 자동차에 치어서 죽은 광경이 눈에 들어왔다. 그놈은 멋모르고 도로 중간에 내려와 있다가 사고를 당한 것이었다. 이미 죽은 지가 오래 되었는지 몸통의 내부는 텅 비어 있고, 바깥쪽만 앙상하게 남아서 말라가고 있었다. 들짐승들이 속을 모두 파먹고 가죽만 남아 있는 것이다.

### 〈무명〉이라는 이름의 마을

도중에 통과한 곳으로는 노 네임(No name)이라는 야릇한 지역도 있었다. 한국식으로 바꾸면 〈무명(無名)〉이란 이름의 마을이다. 저렇게 이름없는 마을에 살다보면 인간의 마음도 완전 진공이 될 수 있을까? 나는 그 마을 이름에서 깊은 철학성을 느꼈다.
한참 더 달리다가 보니 〈라이플〉이란 지명도 보이고, 〈파라슈트〉란 지명도 보였다. 미국이 아니면 생기기 어려운 독특한 지명들이다. 나는 이런 이름이 붙게 된 그 내력이 궁금했다.

### 미국의 노천온천

이글이라는 곳을 지나 캄캄한 밤에 드디어 글렌우드스프링스에 도착했다.

　이곳은 노천으로 된 온천 수영장이 있는 곳이다.

　글렌우드스프링스에 진입하면서 보니 바로 길가 쪽에 〈핫 스프링스〉의 표지판이 보여서 나는 쉽게 그곳을 찾아 들어갔다. 폐장은 밤 10시에 하므로 나에게는 약 1시간 정도의 여유가 있었다. 입장료는 8달러. 그리 싼 요금이 아니었다.

　수영복을 갈아입고 노천 온천으로 들어가니, 특유의 찐 계란 냄새가 확 풍겼다. 그것은 짙은 유황에서 풍겨오는 것이다.

　거대한 온천 욕조에 약 삼백 명 가량의 미국인들이 풀에 들어앉아 온천을 즐기고 있었다. 처음엔 어색하였으나 곧 주변 분위기에 익숙해졌다. 수온은 약 40도 정도가 되었고, 몸을 담그면 따끈따끈하게 느껴지는 것이 몹시 상쾌하였다. 게다가 얼굴을 스치는 서늘한 밤 공기의 감촉 또한 즐거웠다.

　온천의 안전을 관리하는 청년들이 줄곧 풀장을 지켜보고 있었으며, 남녀 노소 이용객들은 넓다란 풀에 들어앉아서 도란도란 이야기를 나누고 있었다. 그 가운데서 젊은 연인들은 아예 물 속에서 서로의 몸을 마주 껴안고 입을 쪽쪽 맞추느라 여념이 없었다. 동전을 하나 넣으면 거품의 수압으로 전신을 마사지해주는 곳도 있었다. 이곳에 한참 몸을 담그고 있노라니, 여행 출발 후의 피로와 긴장이 조금씩 느긋하게 풀리는 것을 실감할 수 있었다. 뜨거운 수증기 속에서 밤이 깊어갔다.

　온천을 마치고 나서 시원한 샤워도 하고 깔끔한 기분으로 나왔다. 하지만 잠잘 곳이 없어서 이곳 저곳을 둘러보며 찾아 다녔다. 이미 밤이 깊어서 상점 문이 열린 곳도 거의 없었다. 그런 가운데서 용케 한 군데를 발견하고 들어가서 우유와 사과 파이를 두어 개 사왔다. 그것이 오늘 저녁 나의 저녁 대용이었다.

글렌우드 스프링스의 다운타운을 두루 다녔지만 마땅치 않았다. 아무래도 핫 스프링스 부근의 한적한 곳이 더 좋을 듯해서 다시 돌아와 한 곳에다 차를 세우고 침구를 폈다. 온천을 한 뒤끝이라 모처럼 쾌적하고 시원한 잠을 잤다.

눈을 뜨니 정확히 6시였다.
이렇게 제때에 눈이 뜨이는 것은 내가 새벽운전을 해야만 한다는 강박관념이 마음속에 깊이 박혀 있던 까닭이리라.
온천이 있는 지역이라 그런지 새벽 공기가 그다지 차갑게 느껴지질 않았다. 핫 스프링스로 다가가 안을 들여다보았더니 아침 청소를 하는 직원들이 눈에 띠고, 벌써 입욕(入浴)을 위해 찾아온 손님들이 줄지어 서 있는 광경이 보였다.
에어컨을 작동시켜서 자동차 유리의 성에를 지우고 6시 반이 되어서야 그곳을 떠날 수 있었다. 거기서 약 70마일을 달려오니 남쪽으로 내려가는 분기점인 그랜드정션이었다.

## 다시 남서쪽을 향하여

아침 8시경이었다.
그랜드정션은 인구가 약 3만 명 정도가 된다는 콜로라도 주 북서부의 도시이다. 주위가 온통 붉은 바위산으로 둘러싸인 곳으로 유타 주의 솔트레이크와 덴버의 중간에 위치하여 서쪽이나 남쪽으로 가는 교통의 관문 역할을 하는 곳이다. 해는 환하게 솟아서 주변의 산들을 더욱 붉게 비추었다.
맥도날드에서 아침 식사를 하고 곧바로 떠나서 시티 마켓에 잠시 들어가 꼬마당근과 수박을 구입하였다. 운전 중에 당근을 날것으로 먹는 재미를 붙인 것이 여러 날 되었다. 그냥 과자 종류를 먹기 보다 당근을 먹는 것은 여러 모로 건강에 도움이 된다. 더구나 식물성 섬유가 많이 들어 있어서 소화와 변비에도 유익하다. 당근을 오도독 씹으면 기분도 상쾌해지고 당근의 달콤한 액즙이 입안에 가득 괴이게 된다. 알맞은 크기로 잘라놓은 씨 없는 수박도 냉장 보관된 것이라 시원하고 맛이 좋았다.

이제부터는 50번 국도를 타고 남쪽으로 줄곧 달려가는 코스가 시작된다.

맨 먼저 델타란 곳을 지났고, 이어서 몬트로즈란 곳을 통과했다. 주변의 산형 지세가 매우 특이하였다. 산의 뾰족한 곳을 모두 깎아낸 듯 대부분 밋밋하였다. 거기까지는 거의가 사막에 가까운 들판이 계속되었다.

그곳에서 남쪽을 바라보니 허연 만년설을 머리 위에 이고 있는 거대한 산악의 연봉들이 눈에 들어오기 시작했다. 한참을 달리고 달리니 그 산악들이 어느 틈에 멀지 않은 곳으로 다가와 있었다.


### 유레이의 환상적인 아름다움

맨 먼저 접어든 곳이 유레이란 마을이었다.

이곳은 마치 알프스의 한 지역에 들어와 있는 듯 했다. 너무도 아름다운 광경이라 넋을 모다 빼앗겼다. 가까운 곳 어디선가 개 짖는 소리도 아련히 들려 왔고, 새떼들의 재잘거리는 소리도 잇따라 들려 왔다. 마을 사람들의 웃음소리도 바람결에 묻어왔다.

조용하고 아늑한 산기슭에 자리잡고 있는 몇 집 안 되는 작은 마을

과 그 주변의 아름다운 풍치는 신선의 경지가 따로 없는 듯하였다. 이곳의 주민들은 참으로 복 받은 사람들이라 여겨졌다.

이곳에서 개울물을 가두어 양어장 시설을 해놓은 곳이 보였고, 그 안에는 갈대와 부들이 키보다 높이 자라서 열매를 맺었는데, 겨울을 앞두고 단단하던 열매가 스르르 풀려 바람을 타고 씨앗들이 이동하고 있는 광경이 보였다.

어떤 씨앗은 바람결에 높이 솟아올라 어딘지 모를 먼 곳으로 정처 없는 이동을 시작할 채비를 하고 있었다. 또 어떤 씨앗은 바람을 제대로 만나지 못해서 잠시 솟아올랐다가 날아 앉는다는 곳이 자기가 태어나고 자란 곳에서 불과 10여 미터 안팎인 경우도 있었다. 그것은 아주 지척으로의 이동에 지나지 않았다.

그 물풀들 사이에서 새들이 갑자기 튀어 오르기도 하고, 또 볼일을 마친 놈들이 반드시 주변을 한 바퀴 우회하며 자기들의 둥지로 조심스럽게 내려앉는 광경도 보였다.

나는 이런 광경이 바로 눈앞에 보이는 곳에다 차를 세웠다. 그리곤 여유로운 기분으로 점심밥을 지으며, 그 밥이 뜸들 때까지 주변의 조용한 세계에서 끊임없이 펼쳐지는 작은 소란들을 관조하듯 그윽한 마음으로 지켜보았다. 그렇게 될 수만 있다면 이런 곳에서 여생을 마치며 살고 싶은 생각이 들었다.

이렇게 아름다운 자연을 완상하며 그 자연의 내부에 깃들여 있는 비밀을 캐내고 놀라워하며, 또 그것들을 모두 하나씩 아름답고 경이로운 언어의 교직(交織)으로 담아낸 시를 쓰면서 마음 맞는 벗들과 더불어 살고 싶은 충동이 간절하였다.

하지만 그것은 어디까지나 일시적인 염원에 지나지 않는 것임을 알고 있다.

나는 이곳을 잠시 지나치는 길손에 지나지 않는다.

아름다운 바깥세계에만 탐닉할 것이 아니라 내 마음속에다 이런 아름다운 공간과 환경을 내 스스로 만들어가야 한다는 사실도 알고 있다.

그러면서도 내가 만난 산후안 산맥 지역의 유레이라는 산간 마을이 너무도 인상적이어서 나는 그곳을 마냥 부러워하는 생각을 금치 못하는 것이다. 이곳은 내가 와 있는 시카고의 그 어느 곳보다도 아름답고 정갈함이 깃들여 있는 곳이다.

유레이에서 서쪽으로 고개를 넘어가면 국제영화제로 유명한 텔루라이드라는 마을이 있다고 하지만 나는 그곳에 들리지 않았다. 시간도 촉박할 뿐더러 길가의 마을만 보아도 충분할 듯 하였기 때문이다.

높은 산 고개의 구절양장(九折羊腸)을 구비구비 넘어간다.

불과 수일 전에 내린 듯한 흰눈이 산길 모퉁이에 내려서 쌓여 있었고, 바로 가까이에 보이는 산정은 온통 백설로 뒤덮여 있었다. 차창을 여니 서늘한 눈바람이 이마를 손바닥으로 어루만졌다. 나는 심호흡을 해서 그 바람의 기운을 깊이 들이 마셨다.

## 적막한 실버턴

한참을 달리니 한 표지판이 나왔다.
지나치며 읽어보니 바로 왼편의 작은 마을이 실버턴이라 하였다.
육안으로 보이는 산간 마을이라 자동차를 몰아서 들어가 보았다. 외길로 이어진 초라한 다운타운의 입구는 한창 도로공사로 바빴고, 안으로 들어갈수록 마을의 전모가 고스란히 눈에 들어왔다.
산후안 산맥 깊은 곳 해발 2840미터의 고지에 형성된 작은 마을. 주민도 겨우 수백 명에 지나지 않는다고 하였다.
이곳은 19세기부터 은을 캐내는 광산을 끼고 발달된 마을이다. 남쪽의 두란고에서 당시의 협궤 증기기관차가 운행되어 이곳 실버턴이 열차의 머리를 돌리는 종점이라 한다. 오래된 교회당, 건축물들, 박물관, 마을 사무실, 관청 등이 당시의 모습 그대로 남아있는 묘한 마을.
시간이 정지된 곳이 있다면 이곳 실버턴이 바로 그곳이 아닐까 한다.
한 산골 처녀가 자신의 여동생인 듯한 아이의 손목을 잡고 나의 자동차 앞을 가로질러 갔다. 힐끗 돌아보는데 거의 무표정에 가까운 얼굴이었다.
산간 마을은 아름답고 깨끗하지만 너무도 고요하고 쓸쓸한 분위기에 가라앉아 있었다. 실버턴을 지나자 길은 한 차례 오르막길로 구불구불 이어지더니 급기야 내리막길로 바뀐다.
가파른 고갯길에 자동차가 너무도 힘들어 보여서, 한 지점에 차를 세우고 엔진의 열기를 식혔다. 나는 길가의 눈을 뭉쳐서 손바닥 위에 올려놓았다.

## 두란고

다시 두어 시간을 달렸을까?
두란고라는 표지가 보이기 시작하고 제법 커다란 도시 하나가 시야에 들어왔다. 실버턴과는 비교도 안될 만큼 크고 많은 자동차의 행렬로 붐비었다.
샌후안 산맥에 둘러싸인 두란고는 콜로라도 남서부의 도시로 인구는 1만5천명 정도 된다. 뉴멕시코, 유타, 아리조나, 콜로라도 등 네 개의 주가 만나는 〈포 스테이트 코노스〉와 바로 인접해 있는 콜로라도 주 남서부의 도시이다. 실버턴까지 달리는 고풍한 협궤 증기기관차의 시발점이 이곳에 있다. 하루 두 차례 운행한다고 소개되어 있다. 포트루이스 대학도 가볼 만 하다고 했다.
이곳은 연중 내내 날씨가 좋아서 열기구 타기로 인기가 높다. 인근의 그랜드 리오 강의 급류를 타는 코스도 개발되어 있다고 한다. 하지만 그것은 나와는 무관한 일. 이곳에서 자동차에 기름을 보충하고 한동안 쉬다가 곧바로 160번 도로를 타고 서쪽의 코르티즈란 곳을 향하여 달려간다.


## 인디언의 영혼을 느끼는 메사버드 유적

코르티즈는 메사 버드 국립공원이 있는 곳.
메사 버드란 말은 스페인말로 〈푸른 대지〉란 의미를 지닌 말이다. 미국의 여러 국립공원 중에서 유일하게 인간의 유적지를 돌아보는 곳이다.
12세기 이 지역에 살았던 원주민 클리프 두에러스라는 부족이 아슬아슬한 계곡의 절벽에다 굴을 파고 거기에다 궁전과 신전, 혹은 집단주거 공간을 형성해 놓았다. 그리고 그 수백 개의 방들은 모두 절벽의 내부에서 서로 연결되어 있다.

메사 버드 국립공원 입구에 도착했을 무렵에 어느덧 일몰이 시작되고 있었다.

해가 지면 구경거리를 놓칠 것이 염려되어 부지런히 차를 몰아 현지로 달려갔다. 입구의 관람료 받는 곳은 시간이 경과되어 그대로 통과할 수 있었기 때문에 약 20불 가량의 비용을 절감할 수 있었다. 기분은 좋았지만 해가 시시각각 떨어져 어두워지고 있는 터라 현장을 보지 못할까 그것이 가장 염려스러웠다.

현지로 가는 길목의 야산들은 최근 산불이 지나갔는지 모든 초목들이 불에 타서 을씨년스러웠다. 이런 광경들이 멸망한 인디언 유적의 분위기와 어딘지 잘 부합되는 느낌이 들었다. 한 두 사람이 줄곧 나의 자동차 뒤를 따라 오더니 날이 어두워져서 그들은 곧 포기하고 되돌아 내려갔다. 하지만 나는 줄곧 현장으로 달려갔는데, 시간이 거의 한 시간이 넘게 걸렸다.

발코니 하우스, 스프루스 하우스 등이 있다고 하였으나 절벽궁전과 신전, 주거 따위를 겨우 볼 수 있었다. 이미 어둠이 내려 깔리는 깊은 계곡으로 거친 바람은 휘몰아치고, 한때 사람이 살았던 흔적이 느껴지는 절벽 한 중간의 동굴은 시커멓고 우울한 입구를 쾡하니 벌리고 절벽 맞은 편에서 나를 맞이했다. 고적한 협곡 건너편을 바라보는데 왠지 등골이 오싹한 귀기(鬼氣)가 느껴지고 곧 절벽 아래로 빨려들 것 같은 두려운 기분이 들어서 벼랑 가까이로 다가서질 못했다.

어둠 속에서 주거 흔적의 윤곽만 대충 보고는 다시 왔던 길을 도로 내려가는데, 이미 캄캄한 밤이 되었다. 인디언들은 왜 저리도 높고 아슬아슬한 벼랑 위에 주거공간을 지어놓았을까?
 그곳이 하늘과 좀더 가깝기 때문인가?
 계곡의 바닥에서 그들은 어떻게 그곳까지 왕래하였으며, 또 그처럼 험준한 곳에서 어떻게 식생활을 해결하였던 것일까?
 나의 머릿속에서는 이런 여러 가지 의문이 줄곧 떠나지 않았다.
 밤은 이미 칠흑 같고, 낯선 타국에 먼 지역에서 이제 어디로 갈 것인가?
 나는 메사 버드 지역 내의 적절한 곳에서 숙박하기로 하였다. 그래서 선택된 곳이 캠핑 지역. 이곳은 그냥 빈땅에 금을 그어놓고 그곳에 화장실과 수도를 설치한 곳에 지나지 않는다. 캠핑용 자동차를 가진 사람들만이 들어가 머무는 곳이다. 나도 이곳을 찾아가는 것이 비교적 안전할 듯 하였기에 찾아갔더니 입구의 직원이 무려 16달러나 요구한다. 너무 비싼 값이라는 생각이 들어서 다시 차를 몰고 나와 메사 버드 상가지역 앞의 주차장에 차를 세우고 가로등 불빛에 의존해서 저녁식사를 해결하였다. 그리고 그곳에서 피곤한 하루의 잠을 청하였다. 혹시라도 국립공원 직원들이 찾아와 퇴거를 명령하지는 않을까 염려되어 줄곧 불안한 마음을 떨칠 수 없었다.
 잠결에도 이상한 꿈을 꾸었다.
 인디언 무리들이 메사 버드 계곡으로 내려와 기이한 토속춤을 추는 광경이 보였다. 나도 그들의 무리에 끼어서 함께 춤을 추고 있었다.

 산간 지역이라 밤 날씨가 제법 차가웠다.
 등으로 냉기도 올라왔다.
 하지만 이렇게나마 잘 수 있는 것이 어디인가?
 새벽에 눈을 떠서 나가보니 바로 앞이 코인을 넣고 돌리는 공동 빨래장이 있고, 바로 그 옆이 역시 동전을 넣고 가동하는 샤워시설까지 설치되어 있었다. 이곳에서 나는 모처럼 몸을 깨끗이 씻었다. 수도 꼭지의 물줄기도 매우 세찼다. 하지만 약 10분 정도의 시간이 지나자 물은 저절로 중단되었다. 이것이 염려되어 재빨리 비누칠을 하고 몸을 씻었다.

오토바이로 여러 곳을 여행하고 다니는 금발의 청년 하나가 다가와 지폐를 동전과 교환해주기를 요청했다.

그의 온몸과 얼굴은 때와 먼지에 찌들어 있다.

그래서 내가 동전을 넣는 빨래방을 가리키면서 거기에 동전교환기가 있다고 말해주었더니 기쁜 얼굴로 감사를 표시하며 돌아갔다. 멋장이 청년이다.

가장 악조건 속에서 자신의 존재를 발견하려는 구도적 행동의 실천이 아니고 무엇인가?

샤워를 마치고 떠날 준비를 하는데, 한 떼의 야생 사슴 무리가 자동차 가까운 곳을 유유히 가로질러서 아래쪽 언덕으로 넘어갔다. 짙은 쥐색 털이 온몸에 촘촘히 덮여 있었고, 엉덩이에만 하얀 털이 동그랗게 돋아 있었다. 내가 재빨리 그들의 뒤를 살금살금 다가가자 그들은 황급히 숲 속으로 몸을 감추었다.

이제 출발이다.

산뜻한 기분으로 코르티즈를 떠나서 서쪽을 향해 줄곧 달려갔는데, 곧 맥도날드 간판이 보여서 아침식사를 해결했다. 샐러드도 주문하고, 요구르트도 시켜서 배불리 먹었다. 고단한 여정 중에는 맛보다도 영양 공급에 먼저 신경이 쓰인다. 이제는 맥도날드의 아침 식사가 익숙하다.

## 포코너스 모뉴먼트의 우울한 인디언들

약 30마일을 더 달리니 포 스테이트 코너에 위치한 기념물이 나타난다.

이 일대는 미국 원주민들이 성지로 받드는 곳으로 알려져 있다.

말이 기념물이지 그냥 빈 사막 들판에 한 높다란 탑이 세워져 있는 뿐이다.

그곳의 바닥에는 네 개의 주가 서로 경계를 맞대고 있는 곳이라는 기념 표지가 동판으로 새겨져 있다. 유타 주, 콜로라도 주, 뉴멕시코 주, 아리조나 주 등 네 곳이다. 두 개의 주에 발을 딛고 나머지 두 개의 주에 손바닥을 짚으면 네 개의 주에 온 몸을 걸치고 있는 격이 된다.

한국에도 이런 곳이 있었다.

충청, 전라, 경상도가 맞닿아 있다는 삼도봉(三道峯)이라는 산봉우리가 바로 그런 곳이 아닌가.

인간이 만들어낸 경계 개념에서 생겨난 곳일 뿐이지 대자연은 원래부터 아무런 구획이 없었던 것이다. 그런데도 사람들은 이곳에 와서 감개무량한 표정을 지으며 사진을 찍곤 한다.

이곳은 남부 유테 인디언들, 즉 나바호족과 호피족의 자치구역인데 후줄그레하고 궁티가 나는 인디언들이 포 코너 지역에 울타리를 치고 들어오는 사람마다 입장료를 받고 있다.

구역 안에는 한 평도 채 안될 듯한 허술하게 지어진 상가가 길게 잇닿아 있었는데 우울하고 무뚝뚝한 표정의 인디언들이 묵묵히 앉아서 각종 수제품들을 팔고 있었다. 주로 귀걸이, 반지 등의 장신구가 많았고, 돌도끼, 활, 칼 등 무기를 본떠서 만든 기념품과, 항아리 등의 생활용구들이 빈약하게 전시되어 있었다. 선뜻 구입하기엔 가격도 결코 만만치 않았다.

　미국 백인들에 의한 인디언 정책의 한 단면을 엿보는 듯해서 기분이 유쾌하질 않았다. 오랜 기간을 저 아메리카 원주민들이 이 대륙을 지키며 살아왔으나 불과 수백 년 전에 들어온 백인들은 그들을 모조리 내쫓고 살육하며, 급기야는 이곳 황량한 불모지 사막으로 내몰아서 자치구를 형성하고 출입까지 감시 통제했다질 않은가. 미국 시민들의 경제적 삶이 그처럼 윤택하고 넉넉하다지만, 인디언들은 몹시 빈곤한 삶을 살아가고 있음이 역력하다. 그들의 얼굴에는 웃음이 사라지고 없다. 비록 연금을 받고 있다고는 하지만 생활고에 찌들린 고통만이 묻어 있을 뿐이다. 그러기에 사람을 바라보는 인디언들의 눈빛에서 어딘지 적의와 분노, 공허 따위가 묻어나는 것이 아닐까.

　아리조나 주로 접어들게 되니 그곳 사막 지역은 온통 인디언 자치구역들로 구성되어 있다. 나바호 부족과 호피 부족의 자치구역이 보였는데 광대한 땅이 온통 그들의 영역이다. 하지만 쓸모가 없는 척박한 땅이 제아무리 넓고 광대하다 한들 그게 무슨 소용이 있으랴. 인

디언들은 그렇게 아메리카 대륙의 한쪽 귀퉁이에 긴 세월을 방치되어 있는 것이다.

아득한 사막을 수십 마일 달려가는데 길가에는 부서져 내리다 만 듯한 붉은 산과 뾰족하고 거친 사막 식물들의 군락이 펼쳐지고 있었다. 간간이 방목하는 소들의 모습이 눈에 띠었고, 길가에는 죽어 넘어진 소의 내장을 허겁지겁 파먹고 있는 한 마리의 이리가 눈에 띠었다.

이놈은 며칠을 굶은 상태인지 달리는 자동차를 흘끔흘끔 보면서도 달아날 생각을 하지 않고 오직 자신의 일에만 몰두할 뿐이었다. 먹이를 찾아서 헤매 다니는 굶주린 들개의 모습도 도로 위에서 볼 수 있었다.

## 몬테주마 계곡을 향하여

한참만에 도착한 곳이 카옌타라는 곳이었다.
이곳에도 백인보다는 인디언이 훨씬 많이 살고 있었다.
우울한 그들의 표정과 얼굴의 그늘을 바라보고 있으면 나의 기분도 덩달아 어두워졌다.
내친 김에 더욱 달려서 튜바시티라는 곳을 지나 붉은 돌산이 가까이로 바라다 보이는 들판에서 나는 자동차를 쉬면서 점심을 지어먹었다.
늦가을이었지만 자동차 위에 쏟아지는 한낮의 태양이 무척 따갑게 느껴졌다. 하지만 자동차 안의 그늘은 무척 서늘하였다. 이것이 사막의 전형적인 특징일 것이다.
오직 붉은 산과 아득한 황야의 연속만이 펼쳐질 뿐인 지역을 달리고 달려 플래그스태프에 도착했다. 이곳은 주변의 그랜드 캐년이나 모뉴먼트 밸리로 가는 중간 기점이 되는 도시이다. 아리조나 주와 뉴 멕시코 주의 관광을 하기 위해서는 이곳이 기점이 된다.

여기서 남쪽 피닉스 쪽으로 가다가 보면 주변에 세도나라는 멕시컨 마을이 있고, 몬테주마 계곡의 인디언 주거지를 갈 수 있다. 베르데 요새와 고스트 타운인 제롬, 운석이 떨어진 구덩이인 메테오르 크레이터 등 여러 곳이 있는데 그 모든 곳을 찾아다닐 수는 없고 나는 일단 몬테주마 계곡만을 찾기로 했다. 이 계곡 안에는 700년 전에 만들어진 아메리카 인디언의 동굴식 주거지가 있다고 한다. 방이 스무 개나 있고, 높이는 14미터, 5층 구조의 유적이라고 한다. 메사 버드 유적과 유사한 구조가 아닌가 짐작하였다.

그리하여 부지런히 자동차를 몰아서 달려갔는데 예상보다도 길이 너무도 멀었다. 한참만에 표지를 보고 몬테주마 계곡을 향해 들어갔는데 입구는 굳은 자물쇠로 채워져 있었다. 안내판을 읽어보니 이미 문닫을 시간이 지나 있었던 것이다. 먼 곳에서 불원천리 찾아왔건만 막상 방문지의 문이 닫혀 있으니 너무도 어이가 없었다. 하지만 이것도 정보의 부족 때문이리라. 아니면 애당초 볼 수 없었던 운명 탓이었던지. 이렇게 생각하고 나니 한결 마음이 편해졌다.

다시 오던 길을 되돌아 나오는데 마을 주변의 도로 위에서 검은 개 한 마리가 나타났다. 녀석이 갑자기 자동차 앞으로 뛰어드는 통에 나는 자동차의 브레이크를 황급히 밟았다. 검은 개는 유유히 앞을 가로 질러 갔다. 놀란 가슴이 뛰고 사뭇 진정이 되질 않았다. 이곳 부근에 베르데 요새를 비롯하여 고스트 타운이 있다는 제롬, 로웰 천문대, 3만전 년 운석이 떨어져 분화구를 이루었다는 메테오르 크레이터가 있다고 하였으나 그곳을 찾아다닐 만큼 마음이 편하지 않았다. 그래서 모두 취소하고 세도나를 향하여 발길을 돌렸다.

## 세도나

　마음을 편하게 바꾸어서 오던 길을 다시 되돌아왔다. 도중에 세도나 마을로 우회하여 그곳을 둘러보기로 마음먹었다. 그래서 사잇길로 빠져서 다가가는데 많은 차량들이 줄을 지어서 세도나에서 빠져나오고 있었다.
　마을 쪽으로 가까이 다가가 보니 아주 특이한 지형에 위치한 휴양지이자 위락지로 조성된 마을이었다. 대부분의 집들은 멕시코 식으로 하얗게 지어져 있었고, 이런 건축들이 주변의 거대한 붉은 산들과 묘한 대조를 이루고 있었다. 마당에는 대부분 하얗게 칠한 분수를 만들어 놓았다.
　산 모양이 제각기 특이하였고, 신령스러운 기운이 감돌았다.
　독특한 정감이 느껴지는 세도나를 잠시나마 조망하였는데 곧 일몰이 와서 나는 빨리 그곳을 빠져 고속도로 휴게소로 나와야만 했다. 하지만 저녁을 이곳에서 해결하고 가는 것이 좋겠다는 판단이 들었

다. 세도나의 버거킹 식당에서 저녁 식사 겸 간단한 휴식을 하고 손발도 씻었다.

나의 옆자리에는 인디언으로 보이는 두 사람의 노동자가 도로공사를 마치고 식당에 들어와 허기진 끝의 저녁식사를 하고 있었다. 한 사람은 오십대로 마치 과거 인디언 추장들의 얼굴에서 보이는 근엄함이나 엄격함이 얼굴에 남아 있었다. 그의 얼굴에는 낡은 유적과도 같은 굵은 주름이 깊게 파여 있었다.

하지만 그들은 현재 보잘 것 없는 육체노동자에 불과하다. 역시 인디언의 후예로 보이는 버거킹 관리인이 그들에게 각별한 친절을 표시하였다. 식사를 보충하라며 양도 더 갖다 주고, 집에 가져가라며 별도의 봉지를 슬쩍 갖다 주었다. 그 애틋한 광경을 보고 나니 왜 그리도 쓸쓸하고 슬퍼지는지.

한 백인에게 플래그스태프로 가는 길을 물어서 그가 일러주는 대로 고속도로로 올라오는 가장 빠른 길을 향해 달려 왔건만 아슬아슬하고 커브가 많은 산길 도로만 줄곧 이어질 뿐이다. 가끔 마주치는 자동차들과 교행하게 될 때 무척 아슬아슬하였다. 이렇게 약 두어 시간 가까이 달렸을까?

드디어 고속도로 표지판이 보여서 그곳으로 빠져나갔으나, 이미 플래그스태프 시내의 불빛이 지척에 보이는 곳까지 나는 당도해 있었다. 플래그스태프 근교의 고속도로 휴게소를 가려고 했던 것이 원래 목표였으나, 그곳을 놓쳐 버린 것이 오히려 잘된 것이라 스스로 위로하며 나는 가장 편리하고 익숙한 맥도날드를 찾아서 그곳 부근의 한적한 곳에다 하루의 숙박지를 정하였다.

하지만 잠을 자려고 하는데 자동차 옆으로 다소 불량기가 있어 보이는 청소년들이 자정이 넘은 시간인데도 줄곧 오고 갔다. 가만히 보니 내가 자동차를 댄 곳이 그들의 단골 통로였던가 보다. 하지만 새삼스레 자동차를 옮길 수도 없고 해서, 그냥 그 자리에서 잠을 청하였다.

## 그랜드 캐년을 가다

이른 아침에 일어나 자동차를 맥도날드 앞으로 바싹 끌어다 놓았다.

간밤의 청소년들은 새벽까지 줄곧 자동차 주위를 오고 갔다. 때로는 바로 옆에서 서성이기도 했다. 그래서 그로 인한 불안감 때문에 잠이 깊이 들지 못했다. 머리도 무겁고 몸의 피로도 여전히 풀리지 않았다. 그러나 서늘한 아침 공기에 기지개를 켜고 체조를 한 바탕 하고 나니 다소 기분이 나아졌다.

아침 식사를 마치고 나는 64번 국도를 타고 북쪽으로 달려서 그랜드 캐년을 향해 갔다. 과거 중학교 시절 국어 교과서에서 배웠던 이양하 교수의 기행 수필 이후로 그랜드 캐년에 관해서 들은 것이 무릇 그 얼마였던가?

그것은 미국이라는 대륙을 떠올리는 일에 있어서 오로지 대상이자 목표 그 자체였다. 오늘 나는 이곳을 오로지 나 자신의 힘으로 가고 있는 것이다.

이른 아침의 주변 숲들은 이슬을 잔뜩 머금어 그 하나 하나가 마치 햇살아래 보석처럼 반짝였다. 코코니노 지역을 지나 두어 시간을 달렸을까?

투사얀이란 곳을 통과하니 곧 그랜드 캐년의 남쪽 입구로 들어서게 되었다.

입구에서 입장료를 지불하니 자세한 지도가 그려진 안내 팜플렛을 주었다.

맨 먼저 당도한 곳이 매더 포인트란 곳이었다.

수백만 년의 세월이 이 골짜기 위를 지나가면서 때로는 빙하의 엄청난 얼음덩이로, 또 때로는 눈보라와 거친 비바람으로 협곡의 양편을 조금씩 깎아 내렸을 것이다. 이쪽 골짜기에서 저쪽 골짜기까지 거리는 무려 6~29킬로미터나 된다고 한다. 협곡의 총 길이는 450킬로미터, 깊이는 1.3~1.7킬로미터이다. 콜로라도 강의 급류가 수억만 년 동안 이곳을 지나가면서 대지를 침식하여 형성된 것이다. 대자연이 만들어낸 놀라운 조각품이 바로 눈앞에 있다. 나는 가슴이 두근거렸다.

그랜드 캐년은 보는 위치나 시간, 날씨의 조건에 따라 그 느낌은 전혀 다르다고 한다. 지구 각 시대의 지층을 연구하는데도 귀중한 자료가 되는데 20억 년 이전의 지층을 최하층으로 하여 오늘에 이르기까지 장구한 시간의 내용이 지층 속에 켜켜이 살아서 숨쉬고 있다고 한다.

과연 세계적인 명승지답게 엄청난 숫자의 관광객들이 대형 버스로 잇따라 몰려들고 있었다. 그 가운데는 한국인 관광객들의 모습도 흔하게 눈에 띄었다. 한국에서 미국 일대를 돌아보는 관광단들의 단골 방문지가 대개 그랜드 캐년에서부터 시작하고 있기 때문이다. 서로 부르고 찾으며 뛰어다니는 한국 아주머니와 할머니들의 모습이 반갑게 느껴졌다.

그랜드 캐년은 남쪽에서 보는 사우스 림, 북쪽에서 바라보는 노스 림, 그리고 바닥으로 내려가서 바라보는 캐년 플로어의 세 구역으로 나뉘어 있다. 나는 오늘 처음에는 사우스 림과 노스 림을 모두 보기로 예정하였으나 교통이 불편한 노스 림은 생략하기로 하고, 사우스 림만 집중적으로 보기로 했다.

야바파이 포인트는 사람들이 일출과 일몰이 가장 잘 보인다고 하여 사람들이 항상 많이 몰려 있는 곳이었다. 나도 이곳에 차를 세우고 호피 포인트까지 상당한 거리를 걸어가면서 그랜드 캐년 주위의 조망을 감상하였다. 하지만 시간이 촉박하여 다시 자동차를 몰고 웨스트 림으로 가고자 하였으나 차단기로 가로막아 놓아서 뜻을 이루지 못하였다.

다만 동쪽으로 펼쳐져 있는 그랜드 뷰 포인트, 모란 포인트, 라이판 포인트, 데져트 뷰 포인트 등을 차례 차례로 자동차를 타고 다니며 감상을 하였다.

특히 그랜드 뷰 포인트의 광경은 장엄의 극치를 이루고 있었으며, 이곳에서 나는 아래쪽으로 내려가는 길을 따라서 바닥까지 내려가 보려는 시도를 하였다. 하지만 얼마 내려가지 않아서 나는 곧 그 계획을 포기하고 말았다. 바스러진 자갈길이 몹시 미끄러웠고, 또 지나치게 험준하여 위험이 느껴졌기 때문이다. 내려가려던 사람들도 대부분 중도에서 포기하고 다시 올라오고 있었다. 아래쪽 벼랑 중간의 오솔길을 바라보니 한 청년이 등에 배낭을 지고 바닥까지 내려갔다가 올라오는 모습이 보였다. 그의 담력은 대단한 것이 아닐 수 없다.

　나는 다만 내리막길의 초입에 앉아서 그랜드 캐년의 엄청난 기운을 엄숙하게 느끼고 있었다. 우주적인 것, 초자연적인 것, 신적인 감동의 무게가 가슴에 둔중하게 전달되어 왔다.

　데져트 뷰 포인트에는 돌탑을 쌓아서 전망대를 만들고 그 안에다 인디언들의 전통적인 문양을 그린 물건들을 진열시켜 놓았다. 1층은 기념품 판매소였고, 전망대의 위로 올라가기 위해서는 제각기 요금을 내어야만 했다. 나는 이곳에서 아무리 보아도 싫지 않은 것이 자연이요, 또 그것의 아름다움이라는 것을 새삼 실감했다.

## 리틀 콜로라도

　해가 서서히 기울어 가는 그랜드 캐년을 뒤로하고 나는 자동차를 돌려서 동쪽으로 빠져 나오기 시작했다.

　거의 다 빠져 나온 지점에 리틀 콜로라도라는 곳이 보여서 그곳을 일부러 가서 둘러보았다. 그랜드 캐년의 규모나 장엄미에는 턱도 없이 모자란 것이지만 협곡의 웅대함에는 놀라움이 느껴졌다. 바닥을 내려다보니 두려움마저 느껴졌다.

　그랜드 캐년을 빠져 나오는 여러 곳에 나바호 인디언 부족들의 엉성한 상가가 설치되어 있어서 손님을 부르고 있었다. 어떤 곳에는 인디언들의 선량한 삶을 다시 눈 여겨 보아달라는 애처로운 구호도 붙어 있었다.

　64번 국도의 끝이 카메론이었고, 그곳에서 다시 160번 국도를 달려서 북동쪽으로 올라가니 튜바시티와 카엔타로 이어졌다.

길은 아득하고 사막의 들판에 해는 떨어졌다.
중로에 인디언들이 운영하는 휴게소에 잠시 들러서 휴식을 하였다. 휴게소의 진열 물품은 대개 음료수와 과자뿐이었고, 나머지는 매우 비싼 가격이 매겨져 있는 인디언들의 수제품 카페트나 담요들이 진열되어 있었다. 인디언들이 기르는 개들이 휴게소의 넓은 마당에 유유히 차를 피해 다니며 놀고 있었다. 그 광경은 한국인들의 개 기르는 모습과 다를 바 없다.

### 카옌타의 밤

이미 해는 져서 캄캄하다.
나는 밤길을 달리고 달려서 드디어 카옌타로 들어섰다.
작은 마을 카옌타는 광대한 벌판 위에 나즈막하게 상체를 엎드리고 눈만 깜빡거리는 한 마리의 호젓한 동물처럼 보였다. 불과 엊그제 지나간 곳이 왜 이다지도 아득한 옛일처럼 느껴지는가?
갑자기 생각난 듯 허기가 느껴져서 카옌타 초입의 버거킹으로 들어갔다. 넓은 식당의 홀에는 온통 인디언 소년 소녀들로 가득 차서 깔깔거리며 담소하고 있었다. 아마도 오늘 무슨 행사가 있었던가 싶었다. 동양인들의 외모와 흡사하기도 하였으나 유난히 굵고 큰 눈들, 인디언들의 이목구비와 그 얼굴 선이 한국인들보다는 한결 크고 굵게 느껴지는 외모에서 친근감이 느껴졌다.
저 인디언 소년들은 이미 그들의 조국과 부족의 정체성을 모두 잊어버린 것은 아닐까. 어쩌면 미국의 여느 평범한 청소년들과 마찬가지로 새로운 것을 추구하고, 미국의 관습을 따르며, 모국어를 경멸하고 있을지도 모른다. 이런 생각을 하면서 그들을 보니 새삼 측은한 생각이 느껴졌다.

 한때 인디언 청소년들은 다른 지역의 대학으로 진학조차 할 수 없었던 시절이 있었다고 한다. 거주와 이동에 미국 정부 당국이 극도의 제한을 두었기 때문이다.

 버거킹 한쪽 진열 코너에는 나바호 인디언 부족들이 세계 제2차 대전에 참전하여 미국을 위하여 싸웠던 여러 기록들이 기념물들과 함께 전시되어 있다. 그런데 당시 미군과 맞서 전투를 하였던 일본군의 군수품도 함께 전시되어 있었는데, 그것은 지금 보기에도 끔찍스럽고 소름끼치는 혐오를 주었다.

 태양 빛이 세계로 퍼져나가는 일장기, 일본군들의 소총과 철모, 목 뒤에 차양이 늘어진 평상 군모, 일본군 병사들이 사용하던 수통과 각반, 군화, 물품을 구입하던 군표 따위가 미군들의 물품과 함께 나란히 전시되어 있었다.

 이런 물건들은 한국인인 나의 정체성에 심한 자극을 주었다. 불쾌하고 혐오스러운 느낌을 참기 어려웠다.

 카엔타의 맥도날드 부근에는 넓은 주차장이 있었다.

 나는 그 가운데 불빛이 가장 덜 비치는 한 곳을 골라서 이 밤의 숙영지로 삼았다. 넓은 주차장에는 자동차가 몇 대 없었다.

 텅 빈 주차장 마당에 홀로 서서 나는 밤하늘을 올려다보았다.

 엄청나게 많은 별들이 군락을 이루어 살고 있었다. 저 별들은 서로 어울려 살아가기 때문에 외로움을 모르리라. 밤만 되면 서로의 가슴과 눈을 반짝이며 의사를 전하고 있으므로 그 어떤 슬픔이나 쓸쓸함이 없으리라.

 창세기적 적막과 시간성이 카엔타의 밤하늘에 가득 채우고 흘러 갔다. 카엔타는 어떤 무거운 전설을 담뿍 안은 채 저 혼자 깊어가고 있었다. 나는 아득한 밤하늘을 바라보며, 대체 저 하늘은 얼마나 깊

은 가슴속을 갖고 있을까에 대하여 생각하였다.

 크고 높으며 신령스러운 어떤 기운이 문득 나의 온몸을 가득 채우고 넘실거리는 듯하였다. 나는 밤하늘이 나에게 보내오는 온갖 메시지와 지엄한 운명적 담론을 엄숙하고 경건한 자세로 담담히 받아 들였다. 어떤 계시가 느껴졌음인가. 등이 부르르 떨렸다. 우주의 기운이 내 몸 속으로 전류처럼 타고 들어옴을 느꼈다.

 그 밤하늘을 좀더 바라보고 싶었으나, 나는 또 다음날의 일정을 위하여 체력을 보전해야만 했다.


## 모뉴먼트 밸리의 기이한 풍경

 아리조나주 카옌타의 맥도날드 앞 주차장에서 잠이 깨었다.
 일찍 아침 일과를 마치고 우선 카옌타 쇼핑몰 부근의 공터에서 맥도날드에서 받아온 더운물로 머리를 감았다.

개운한 기분으로 다시 길을 떠나 163번 국도를 타고 북쪽으로 올라가니 유타 주와의 경계 지점에 모뉴먼트 밸리의 안내 표지가 나타났다. 차츰 산들도 이상야릇하게 생기고, 광대하게 펼쳐진 사막의 허허벌판 위에 우뚝하고 앙상한 적갈색 바위봉우리가 높이 솟아서 위용을 자랑하고 있었다. 그야말로 자연의 기념비라는 의미로 해서 모뉴먼트 밸리인가.

서부영화와 텔레비젼 프로그램에서 숱하게 보아온 장소가 바로 이곳이었음을 알겠다. 존 포드 감독이 영화 〈역마차〉와 〈노란 리본〉 등 수많은 서부영화를 찍을 때도 여기서 촬영을 했다.

이곳은 나바호 인디언 자치구 안에 위치하는데, 관리도 현재 나바호족이 직접 관장하고 있다. 입구의 통제소에는 관람료가 1인당 20불로 적혀 있었으나 마침 돈 받는 사람이 자리에 있질 않았다. 그냥 들어가서 주변을 돌아보니 적갈색 대지 위에 서 있는 바위 기둥들이 독특하기 짝이 없다.

그 바위기둥과 바위 언덕 사이를 17마일 정도나 달리는 밸리 드라이브 코스가 펼쳐져 있었는데, 전혀 포장되지 않은 먼지 황토 길에다 돌들이 튀어나온 곳이 많아서 자동차로 운행해 들어가기란 위험한 일이었다. 주차장 주변의 작은 건물들에서 손짓을 해대는 인디언들이 있었다. 한곳을 찾아가니 자신들의 지프로 드라이브를 시켜주겠다고 한다. 그런데 한 시간에 비용이 20불이라 한다. 이렇게 말하는 인디언은 얼굴이 완전히 구릿빛으로 검게 탄 나바호족으로 입술 한 가운데가 찢어진 언청이였다.

나는 그의 제의를 받아들이지 않고 입구에서 가장 가까운 지역을 조금만 들어가다가 되돌아 나올 생각이었다. 과연 들어가자마자 울퉁불퉁한 자갈길에 엄청난 먼지가 풀썩풀썩 솟았다. 지프 형태의 자동차들은 거침없이 들어가고 있었다. 하지만 나의 자동차로는 무리였다. 또 나는 이곳 아니라도 가야할 길이 아직 많이 남아 있질 아니한가? 그래서 아쉽지만 가던 길을 되돌아 나오기로 작정했다.

수천만 년에 걸쳐 이루어진 풍화작용의 결과가 어쩌면 이다지도 특이할 수가 있는 것인가? 한참 서서 전체를 조망하고 있노라면 내가 마치 다른 행성에 온 듯한 착각마저 들었다. 이곳의 유명한 명소들은 존포드 포인트와 아티스트 포인트, 그리고 노스윈도우 포인트이다. 특히 노스윈도우 포인트에서 바라보는 전망이 가장 압권이라 했으나 나는 발길을 돌려야만 했다.

이곳을 나와서 나는 다시 163번 도로를 타고 북으로 달리기 시작했다. 몸이 땀으로 젖었을 뿐 아니라 여러 날 동안 닦지 않아서 등이 유난히 가려웠다. 그래서 자동차를 길가의 공터에 세우고 수건에 물을 추겨서 등을 닦았다. 모뉴먼트 벨리를 뒤에서 바라보는 모습도 꽤나 장관이어서 나는 자동차 바깥에 나가서 사진도 찍고 잠시 서서 그 광경을 감상하다가 들어왔다.

### 아리조나의 무서운 사막 개미

그런데 어찌된 일인가. 아까부터 무릎 뼈가 이상하게도 뜨끔거리며 아파 왔다. 혹시라도 과거에 다친 적이 있는 왼쪽 무릎 뼈에 이상이라도 생긴 것일까? 나는 공연히 뼈를 손바닥으로 주무르기 시작했다.

통증이 느껴지는 곳을 직접 확인하기 위해 바지를 벗다가 나는 깜짝 놀랐다.

아리조나의 사막 개미란 놈이 서너 마리 바지 안으로 들어와 무릎을 깨물었던 것이다. 사막개미의 독이 순식간에 무릎 부근에 퍼져서 뼈에 심한 통증을 유발시켰던 것이다. 이놈들은 나를 깨물고도 모자라서 바지자락 안쪽에 응큼하게 붙어서 다시 기회를 노리고 있는 중이었다.

물린 곳은 약 서너 군데 되었는데 시간이 갈수록 아파 왔다. 물려본 사람들의 이야기를 들어보면 물린 자리가 아물면서 더욱 가려워지는데 그때 긁어서 상처를 덧나게 한다는 것이었다. 과연 저녁이 되면서 물린 자리는 심한 가려움으로 참아내기가 어려웠다. 안 긁는 척하면서도 한쪽 손은 나도 모르게 무릎으로 슬그머니 다가가서 긁어대고 있는 것이었다. 사막 개미에게 물려 보기 전에는 이 개미에게 물린 통증을 아무도 실감나게 이야기할 수 없으리라.

블러프와 블랜딩을 지나서 몬티첼로란 이름의 작은 소읍에 들어서서 나는 허기를 느끼었다. 그래서 여행자 안내소가 있는 뒤편 주차장 그늘에 차를 대고 미리 준비해온 쇠고기를 구어 먹었다. 고단한 여행 중에 단백질의 보충은 필수적인 일이다. 식사 후에 여행자 안내소에 들러서 지도를 하나 구했다.

그런데 이곳에서 나는 뜻밖의 낯뜨거운 실수를 하게 되었다. 그것은 대낮의 화장실 사건이라고나 해야 할까? 매우 쑥스러운 얘기지만 나는 볼일을 보기 위해 여행자 안내소의 화장실을 들어갔는데, 거기까진 그래도 괜찮았다. 변기의 물을 내리기 위해 레버를 눌렀는데, 아 글쎄! 세척수가 역류해서 넘치는 것이 아닌가? 물은 바닥의 카페트를 적시며 흘러나갔다.

한 순간 나는 너무도 깜짝 놀랐고 또 수치스러운 생각이 들었다. 하지만 어쩔 도리가 없어서 삽십육계를 쓰기로 했다. 황급히 그곳을 빠져나가는데 늙은 여직원이 책상 앞에 앉아 있다가 놀란 얼굴로 쳐다보는 것이었다. 급히 차를 몰아서 나는 마치 죄를 짓고 도망가는 사람처럼 그곳을 떠났다.

놀란 가슴이 차츰 가라앉자 나는 슬그머니 화가 치밀어 올랐다. 화장실 관리도 제대로 하지 않고 있는 유타주 몬티첼로 여행자 안내소 직원들의 무관심이 원망스럽다는 생각이 들었다. 하지만 그들은 얼마나 사태의 현장을 수습하면서 몹시 나를 비난하였을 것이다. 이런 생각을 하니 다시금 등골이 서늘해졌다.

홀 인 더 록이란 곳을 당도하니 야릇한 붉은 바위가 행인의 눈길을 끌었다. 이 바위 벼랑에 굴을 파고 그 안에다 여러 가지 시설물을 설치해 두었다고 한다.

## 글렌 캐년에 비치는 석양

미국 유타 주의 남부에는 모두 다섯 개의 캐년으로 구성된 국립공원이 있다. 이곳은 오랜 세월에 걸쳐 물과 바람에 의한 침식작용으로 의해 만들어졌으면서도 제각기 그 분위기와 특색은 다르다. 온갖 다양한 형상의 바위와 계곡이 햇빛과 어우러져 아름답고 신비한 얼굴

을 드러내고 있다.

　모압이란 곳을 지나서 글렌 캐년으로 들어섰다.

　들어서는 입구에서는 낮던 지역이 오를수록 점차 광대한 고원지대로 연결되었다. 해는 이미 서산 마루에 걸려서 일몰까지 불과 십여 분밖에 남질 않았다. 그랜드 뷰 포인트란 곳까지 단숨에 달려가서 눈앞에 펼쳐진 장관을 바라보노라니 엊그제 보았던 그랜드 캐년과는 또 다른 깊은 감동을 준다.

　석양 무렵의 햇살을 듬뿍 받고 장엄하게 앉아 있는 글렌 캐년은 원시의 숨결이 고스란히 살아있는 신비한 전설 그 자체의 분위기를 강렬하게 풍기어 주고 있었다. 골짜기 구석구석마다 불그레한 저녁햇살이 다가가 협곡의 언저리를 쓰다듬고 있었고, 이미 한 차례 깊이 파인 협곡의 내부에 또 한 차례 지심까지 깊이 파인 구덩이 안에서는 대지의 깊은 가슴에 담겨 있었던 무서운 창세기의 비밀이 조금씩 분출되고 있는 광경이 보이었다.

　이 장엄한 광경을 말없이 지켜보고 있는 노부부가 있었고, 아래쪽 벼랑 끝에서는 이 장면을 보다 선명하게 담으려는 젊은 사진작가 하나가 시종일관 카메라의 앵글을 이리저리 돌리며 셔터를 누르고 있었다. 그에게 좋은 사진을 많이 찍었느냐고 말을 걸자, 오늘에야 드디어 원하던 장면을 만나게 되었다고 들뜬 목소리로 말한다. 그는 이 시간을 맞기 위해 이미 여러 날을 이곳까지 올라와 기다렸다고 한다. 하지만 지난 여러 날 동안 줄곧 날씨가 흐리고 구름과 안개가 끼어 이러한 광경을 만날 수 없었다고 말한다. 나는 처음 올라와서 대뜸 이러한 광경을 볼 수 있었으니 그것만으로도 행운을 안았던 셈이다.

이윽고 해가 지자 산 위에는 삽시에 어둠이 몰려와서 길을 덮어 버렸다.

헤드라이트 불빛에 겨우 드러나는 산길을 조심스럽게 달려서 나는 아슬아슬하게 사람들의 마을로 내려왔다. 그런데 그곳을 웬 자동차 하나가 내려가서 불빛을 밝히며 느릿느릿 협곡 사이를 전진해 가고 있는 것이 아스라히 보였다. 그 무서운 원시의 협곡으로 내려가는 길이 한 줄기 나 있었던 것이다. 아마도 그는 대단한 모험가적 기질의 소유자일 것이다. 낮도 아니고 불빛 하나 없는 불안의 시간에 그는 얼마나 무섭고 두려운 마음이 들었을까? 아니면 이 아슬아슬하고 짜릿한 스릴을 오히려 즐기고 있을지도 모른다.

하산 길에 본 글렌 캐년의 산언저리에는 야생 토끼들이 많았다. 느닷없이 도로를 가로지르는 토끼들이 열 마리 이상이나 보였다.

다시 191번 도로로 연결되었으나 너무도 캄캄한 밤이라 운전이 갑자기 두려워졌다. 커다란 트레일러들이 요란한 굉음을 내며 앞질러 갔다. 무척 지루한 생각이 들 때쯤 드디어 70번 고속도로 표지판이 나와서 한숨을 쉬었다. 이 도로를 서쪽으로 타고서 달리다가 서밋이란 이름의 높은 지역에서 드디어 휴게소를 만났다.

살리나를 약 30마일 남겨둔 곳.

이 휴게소를 발견하기까지 단 한 군데의 휴게소도 나타나지 않았다.

저녁도 굶은 상태였고, 시간은 밤 10시가 넘었지만 줄곧 임시 전망대만 나타났던 것이다. 워낙 지쳐서 한 전망대에 들어갔더니 불빛 하나 없고 인기척도 전혀 없는 곳이라 갑자기 심한 두려움이 느껴져서 곧 되돌아 나왔다. 그래서 뒤늦게 만나게된 휴게소는 그만큼 반가움이 컸다.

마침 조용하기도 했지만 날씨는 몹시 추웠다.

지도를 보니 7923피트가 넘는다. 미터로 치면 3천 미터가 훨씬 넘는 고산지대이다. 그러니 이렇게 춥고, 무서울 정도로 강풍이 휘몰아치는 것은 당연한 일!

이곳에서 저녁을 대충 지어먹고 잠자리를 펴서 고단한 하루를 눕힌다. 무척 힘들고 많은 것을 보고 겪었던 하루였다.

신이여! 감사합니다. 이렇게 많은 것은 새로 경험하도록 이끌어 주시고, 무엇보다도 안전 속에서 나를 보살펴 주시니 정말 감사합니다.

기도가 저절로 입에서 터져 나왔다.


## 브라이스 캐년으로 가는 길

간밤에 내가 잔 곳은 피쉬 레이크 산맥의 한 자락이었다.

지도를 다시 보며 고심하여 89번 국도로 빠져서 브라이스 캐년으로 내려오는 길이 단축 코스인 것을 알았다. 하지만 입구를 놓쳐서 하는 수 없이 70번으로 우회하여 서쪽의 20번 도로를 타고 들어오게 되었다.

팽귀치란 곳을 지나서 브라이스 캐년 국립공원으로 접어들게 되니 한창 도로 공사가 진행 중이었다. 입구 쪽에는 레드 캐년이란 곳이 있어서 붉은 바위들의 전시장 같은 곳이 펼쳐져 있어서 마치 영화의 예고편처럼 앞으로 나타날 감동을 미리 보여주고 있는 듯하였다.

가장 안쪽부터 차근차근 감상해 나오기로 하였다.

그런데 이 브라이스 캐년은 안쪽 풍치보다도 바깥쪽이 한결 돋보이는 곳이 많았다. 온갖 종류의 바위의 예술품이라는 이름이 걸맞는 듯 느껴졌다. 어떤 바위든 하나를 선택해 가만히 응시하고 있노라면 꼭 사람의 형상 같기도 하고, 달리는 말 같기도 하였다. 또 어떤 것은 독립문 같기도 하였고, 말이나 코끼리 같은 형체를 한 것도 보였다. 남녀의 포옹 장면도 그대로 느껴지는 것이 있었다. 참으로 기기묘묘하였다. 예를 들면 인스피레이션 포인트란 곳이 있는데 그곳에서 바라보는 전망은 야릇하였다. 마치 기도하는 듯한 자세로 경건하게 서 있는 누런 바위들이 일제히 도열해 있는데 그 전경을 보고 있노라면 꼭 이상한 종교적 영감에 젖어들게 된다. 그 광경을 바라보는 사람들도 어느덧 숙연해지기 시작한다.

레인보우 포인트도 아름다웠다.

또 한 군데 특이한 곳은 선셋 포인트, 서쪽으로 서 있는 바위들이 일몰의 석양을 담뿍 받고서 황금빛의 환상적 장면을 연출하고 있는 광경을 보고 있노라면 탄성이 저절로 나왔다. 전체적인 색상은 시간의 변화에 따라서 시시각각 달라지는데 핑크빛을 시작으로 붉은 색, 오렌지색, 금색, 황색, 크림색 등으로 변해가고 맨 나중에는 황금색으로 일체를 이룬다. 그 신비스럽고 오묘한 광경을 보는 사람들은 일제히 감탄의 환성을 질렀다. 브라이스 캐년을 바위의 도시라 부르는 까닭을 가보서야 비로소 알게 되었다.

오늘은 주로 단체로 방문한 독일 관광객들이 많았다. 그곳을 돌아

보고 내려오는데 주차장에서 낯익은 청년 하나가 오토바이를 타고 막 떠날 준비를 하기 직전이었다. 나는 그를 첫눈에 알아보았다. 코르티즈의 메사버드 국립공원에서 자고 난 이튿날 아침, 샤워를 하기 위해 코인을 바꿔달라고 나에게 찾아왔던 바로 그 청년이었다. 그에게 다가가 반갑게 인사를 걸었으나 그는 처음에 나를 기억하지 못하였다. 한참 만에야 설명을 듣고 난 뒤에 새삼스레 반가움을 표시하였다.

독일 프랑크푸르트가 고향인 청년은 현재 오토바이를 타고 세계일주를 하는 중이라고 한다. 현재는 북아메리카 일대를 여행 중인데, 내년쯤에는 태국과 동남아시아 일대를 다닐 예정이라고 한다. 격렬한 오토바이 여행이라서 그런지 온 얼굴이 먼지투성이로 꾀죄죄하였으나, 그는 그러한 자기 모습에 전혀 아랑곳하지 않는 듯하였다.

## 자이언 국립공원

　브라이스 국립공원을 보고 돌아 나와서 89번을 타고 남서쪽을 향해 차를 몰았다. 다음 목표는 자이언 국립공원이다. 이곳은 브라이스 캐년에서 그다지 멀지 않은 곳에 있어서 마음이 한결 편하였다. 하지만 글렌데일을 지나서 마운트 카멜에 도착할 무렵 어느 틈에 해가 저물어 곧 깊은 밤이 되었다.
　그곳에서 다시 9번으로 바꿔 타고 자이언 국립공원 쪽으로 향하는데 칠흑 같은 밤이라 아무 것도 보이지 않았다. 가로등도 하나 보이지 않고, 자동차 헤드라이트로 비쳐보니 국립공원으로 가는 방향표지가 보였다. 오래지 않아서 안내 표지가 나왔고, 야간에도 입장료를 받는 공원 직원이 당직 근무를 하고 있었다. 20달러의 입장료를 지불하고 공원 경내로 접어들게 되었는데, 길은 하염없이 구불구불하기만 하다.
　유타주를 흐르는 버진 강이 오랜 세월에 걸쳐 고원을 침식시켜 협곡을 만들었다고 한다. 화이트 클리프 단층을 뱀이 기어가듯 가늘게 흘러가는 버진 강은 지금도 자이언 캐년을 침식시키고 있다.
　캄캄한 밤이라 아무 것도 보이지 않았고, 다만 자동차의 불빛 아래 도로들만 드러나 보였다. 그런데 그 도로들에 모두 주변의 붉은 암석과 조화를 이루기 위해 적갈색으로 포장해 놓은 것이 매우 특이한 분위기를 느끼게 하였다. 가만히 보니 쓰레기통도 적갈색이었고, 다른 시설물의 지붕들도 적갈색이었다. 온통 적갈색이었다.
　공원의 안내소 부근의 주차장으로 들어오니 아늑하고 조용한 것이 하룻밤 숙박하기에 아주 적절하다. 공원 화장실도 가까운 곳에 있어서 씻고 정리하고 다니기도 매우 좋다. 여기에다 찬란한 별들이 바로 머리 위에서 은하수를 이루고 있어서 그 별을 그윽이 바라볼 수

있어서 더욱 좋았다.

　새벽녘에 가랑비가 한 차례 후두둑거리며 지나갔다. 깊은 밤 자동차 안에서 듣는 빗소리는 함석집 지붕 위에서 들려오는 빗소리보다 훨씬 크고 요란하다.

　아침에 일어나서 주변을 돌아보니 자이언 국립공원은 아주 깨끗하고 시설 관리가 잘된 국립공원이다. 이런 조용한 주차장 광장을 사슴 한 떼가 천천히 지나가고 있다. 그놈들은 사람을 겁내지 아니할뿐더러 오히려 가다가 걸음을 멈추고 사람들을 도리어 구경하지까지 한다.

　하늘이 점점 흐리고 빗줄기가 쏟아지기 시작한다.

　자동차를 주차장에 둔 채로 마침 열시 정각에 출발하는 공원 투어 버스를 타고 자이언 국립공원의 가장 안쪽 막다른 끝까지 올라가며 설명을 들을 수 있었다. 이렇게 비가 오는데 암벽을 타고 외줄에 몸을 의지한 채 클라이밍을 즐기는 청년들이 보인다. 아슬아슬하다.

빗줄기는 점차 굵어진다. 한 시간 가까이 올라갔다가 돌아서 내려왔다.
　자이언 공원도 이 정도로 보면 충분할 것 같다. 다른 코스가 또 있다지만 그곳까지는 가볼 생각이 없다. 이제 나는 또 다른 곳으로 바람처럼 떠나야 하기 때문이다.


### 라스베이가스를 향하여

　15번 고속도로를 남서쪽으로 달려서 메스퀴트를 지나고 라스베이가스를 향해 달려간다. 이곳에서 나는 당분간 휴식도 하고 자동차도 쉬게 할 예정이다. 네바다 주는 지난번 2차 여행 때에 리노를 거쳐 펀리, 윈에무카, 웨스트 웬도버라는 곳들을 두루 지나친 적이 있었지만 본격적인 네바다의 도시는 라스베이가스가 처음이다. 네바다는 거의 대부분이 쓸모 없는 사막 지역에 위치해 있다.
　아무 것도 없는 사막 한 가운데 휘황한 불야성으로 떠있는 도시가 라스베이가스이다. 1931년에 도박이 합법화된 이래로 라스베이가스는 이 도박을 통하여 사람들을 불러모으는 일에 성공을 거두었다. 하루 평균 3만3천명이 이곳을 다녀간다고 한다. 카지노, 슬롯 머신, 버라이어티 쇼 등이 연중 내내 열리고 있는 곳. 이제는 단순 도박도시가 아니라 가족휴양지로서의 탈바꿈을 위해 노력 중이라 한다.
　하지만 막상 가서 다녀본 라스베이가스는 여전히 흥청거리는 흥분과 요행을 기대하는 도박의 도시였다. 해가 밝을 때는 그냥 시멘트 건축물들이 우뚝 우뚝하였으나 날이 어두워지면서 네온사인의 마술이 현란하게 펼쳐지기 시작한다.
　미라지 클럽, 시저스 펠리스, 서커스 서커스, 임페리얼 펠리스, 플라밍고 힐턴, 알라딘, 트로피카나 컨트리 클럽 등은 모두 유명한 카지노 도박시설들의 이름들이다. 시저스 펠리스 주차장에 자동차를 넣어두고 일단 걸어서 라스베이가스 불버드 전체를 천천히 걸어서 구경하였다.

 마침 미라지 앞에서는 해적선 쇼가 열려서 구경꾼들이 인산인해였다. 오래 기다리다가 한 장면을 볼 수 있었다. 커다란 유흥장 빌딩 앞에 바다의 일부를 방불하게 하는 수조를 설치해두었는데, 거기엔 서로 마주 보도록 두 대의 해적선이 있었다. 한 대는 고정되어 있었고, 다른 한 대는 제 시간에 맞추어 다소 이동할 수 있도록 설계되어 있었다. 시간이 되면 요란한 효과음과 함께 선장의 명령에 따라 서로 포화를 퍼붓고, 높다란 마스트 위에서 물 속으로 다이빙을 하는 장면도 있었다. 대포가 터지고 연기가 피어오르며, 전투 장면을 실감나게 연출하고 있었다. 쇼가 끝나자 인파는 구름같이 흩어져 갔다.

 서커스 서커스까지는 한참을 걸어가야만 했다.

그곳은 줄곧 서커스 기능보유자들이 마술 공연을 하면서 구경꾼을 동원하고, 그 틈틈이 카지노나 슬롯 머신을 하도록 자연스럽게 유도하고 있었다. 모든 것이 도박이었다. 어린이들도 과자를 따먹거나, 장난감을 구입하는 방식이 모두 초보적인 도박의 양식을 취하고 있었다. 아동교육상 좋을 것이 전혀 없었다.

서커스 서커스라는 이름의 오락장에서 마술을 구경하다가 다시 시저스 펠리스까지 자리를 옮겨와서 둘러보았다. 크고 넓은 회랑과 광장은 모두 돔형의 둥근 지붕을 만들어 씌웠는데, 그곳이 푸른 하늘처럼 보이도록 영상효과를 설치하여 매우 환상적 분위기를 자아내었다. 로마 시대의 병사 차림을 한 안내인들이 투구와 갑옷으로 장식을 하고 방패와 무기까지 들고서 걸어다녔다.

이윽고 밤이 깊어지자 여기 저기서 제법 큰돈을 걸고 도박하는 사람들이 보인다. 도박의 종류들도 별별 종류가 다 있다. 슬롯 머신은 가장 기본적인 것이고, 룰렛, 블랙잭, 키노, 크랩스, 바카라 등이 성업 중이라고 했다.

한 곳에 많은 사람들이 몰려 있기에 가보았더니 금빛 찬란한 요염한 의상을 아슬아슬하게 걸친 여성이 음악에 맞춰 선정적인 춤을 추면서 도박판을 펼치고 있었다. 동양인 남녀들은 줄곧 그 앞에 붙어 앉아서 돈을 걸고 있었고, 어떤 백인은 가진 돈을 몽땅 걸었다가 빈손을 털고 일어서는 광경도 보였다. 그 여성은 브라질 계통인 것 같았는데 눈가에 조글조글한 잔주름이 보였다. 하지만 이것은 이런 직업에 종사해 온지 오래 된 그녀의 경력을 말해 주듯 익숙하고 유연한 동작으로 사람들을 즐겁게 하였다. 그러는 한편으로 그녀는 줄곧 투전꾼들이 잃어버린 지폐를 쓸어서 지폐투입구로 밀어 넣고 있었다. 나는 그 동작을 흥미 있게 지켜보고 서 있었다. 깊은 밤, 라스베이거스의 묘한 풍속도를 지켜보다가 이윽고 밤이 깊어서 주차장의 자동차로 돌아와 잠을 청하였다. 휘황한 불빛에 밤새도록 들락날락 하는 자동차들의 소음으로 거의 잠을 이루지 못하였다.

### 유흥도시의 을씨년스런 아침

라스베이가스에서 하루를 자고 난 아침. 거리의 광경은 어제 밤 휘황하던 거리의 흥청거리던 분위기는 간 곳 없다. 그저 노름판에서 돈을 잃은 사람들의 지치고 후줄근한 걸음걸이가 자주 눈에 띠고, 아침부터 도박판으로 들어가는 사람들의 흐느적거리는 걸음걸이도 보인다.

〈아리랑〉이란 한국어 간판이 붙어있는 식당에 들어가 국밥과 육개장을 시켰다. 식사 도중 성격이 까다로워 보이는 주인 여자와 몇 마디 말을 건네 보았다. 미국에 온 지 불과 5년밖에 되지 않았다고 하는데, 자기는 라스베이가스가 정말 싫다고 털어놓았다. 그저 인생의 덧없고 허망함만 느끼게 하는 곳이 라스베이가스라고 말했다.

한국에서 온 관광객들 중 어떤 사람들은 밤새껏 노름에 돈을 다 잃고 식당을 찾아와 핸드백을 사라는 이, 귀걸이 반지 등의 장신구를 사달라는 이 등등, 별의별 경우가 다 있다고 한다. 간절한 표정으로 와서 돈을 좀 꾸어 달라고 하는 사람도 있었다고 한다. 한국에서 인기 연예인들이 이곳에 와서 많은 돈을 잃고 갔다는 이야기도 들려주었다.

라스베이가스에서 살아가는 교민들도 부부간의 불화, 친구간의 배신 등등. 도박을 둘러싸고 벌어지는 갈등과 불협화음이 끊일 사이 없이 발생하고 있다는 말도 들려주었다. 한인 교민들의 정신적 파산을 들려주는 주인 여자는 줄곧 달라만 헤아리고 있다. 손으로는 돈을

헤아리면서 건성으로 하는 말이라 전혀 진심이 아닌 듯 보였다. 그의 얼굴 표정도 결코 순박함이 깃들여 있지 않은, 물가의 닳은 돌멩이 같은 인상을 준다.

나는 빨리 그곳을 떠나고 싶었다.

이른 아침의 라스베이가스 풍속은 어떠한가?

나는 떠나기 전에 다시 한번 가까운 카지노 장으로 들어가 아침 풍속도를 구경했다. 휠체어를 끄는 지체장애자, 핸드백을 껴안은 남녀 노인들, 아침에도 여전히 거액을 걸고 투전하는 전문 도박꾼들 등이 자욱한 담배연기 속에서 병적인 시간들을 보내고 있었다. 간밤에는 느끼지 못하였으나 이른 아침부터 도박에 정신 없이 골몰해 있는 흐릿한 눈동자들을 바라보면서 이 지역과 인간에 대한 심한 환멸이 느껴졌다. 나는 라스베이가스를 마치 탈출하듯이 벗어났다.

## 데스밸리를 가다

　15번 고속도로를 타고 내려오다가 38번 출구에서 160번 국도로 바꿔 타고 줄곧 달려가면 나타나는 곳. 그곳이 바로 〈죽음의 계곡〉이라 불리는 데스밸리다. 로스앤젤레스의 북쪽 480km 지점에 위치한 이곳은 지독한 더위가 소금 대평원을 만들어놓은 지역이 많다.
　캘리포니아와 네바다의 접경 지역인 파럼프는 네바다 지역의 마지막 마을이다. 이곳에도 카지노 장이 있어서 작은 건물 앞에는 빽빽한 자동차로 가득 차 있다. 파럼프에서는 178번을 타고 데스밸리의 남쪽에서부터 접어들며 아무쪼록 길고 자세하게 탐사하려는 것이 이제부터의 목적이다.
　데스밸리는 라스베이가스에서 캘리포니아 쪽으로 연결된 지점에 위치한 고온 지대이다. 한여름 이곳의 기온은 가공할 정도로 높이 올라간다고 한다. 그 때문에 '죽음의 계곡' 이란 이름이 붙여진 것이 아닐까 한다. 그만큼 이 지역은 저지대인데, 아주 오랜 고생대에는 이곳이 바다 밑이었다고 한다. 대부분의 지역이 해발보다 훨씬 낮은 곳에 위치해 있다. 배드 워터라는 곳은 바다의 표면보다 무려 85미터 이하로 낮다고 한다.
　지독한 태양의 열기가 만들어낸 소금 대평원은 장관이었다. 마치 하얗게 눈 쌓인 벌판처럼 대평원은 펼쳐져 있다. 라스베이가스에서 인간의 정신적 황폐함을 보고 온 직후라서 그런지 이곳에서 느끼는 자연의 황폐한 모습은 극치에 달해 있는 듯하다. 자연과 인간의 묘한 대조라는 생각이 들었다.
　쇼숀나 지역을 지날 때 모래 바람을 보았다. 모래들은 눈가루가 날리듯 맹렬한 속도로 벌판을 미끄러지며 달려갔다.
　빈 들에는 뻣뻣하고 전혀 부드럽지 않은 사막 식물들이 듬성듬성

돌아나 지평선 저 끝까지 아득하게 펼쳐져 있었다. 그 뒤쪽으로 서 있는 산은 황량하고 을씨년스런 귀기를 잔뜩 머금고 있었다.

그 사막을 달려 가다가 한 빈터에 차를 세우고 자동차 안에서 점심을 지어먹었다. 바람은 무섭게 불어서 먼지를 날리고, 열린 차창 틈으로 모래를 자꾸만 쏟아 부어넣으려 한다. 이럴 때 바람 소리는 이리떼의 울부짖음처럼 소름이 끼친다. 가까이로 보이는 바위산도 거무스름한 얼굴을 들고 나 쪽을 흘깃거리며 지켜보는데 두렵고 무서운 생각이 왈칵 든다.

이처럼 데스밸리는 사람의 기운을 전혀 수용하지 않으려 하는 어떤 완강함으로 가득하였다. 이윽고 아무도 없는 텅 빈 사막 한 가운데를 나의 자동차는 달려간다. 가도 가도 황량한 모래밭과 앙상한 바위산의 연속뿐이었다. 배드 워터란 곳에 이르자 사람들의 모습이 간간이 보였는데, 모처럼 만나는 그렇게 반갑게 느껴질 수가 없었다.

물이 흘러가고 있는데 손가락으로 찍어서 맛을 보니 온통 진한 소금물이었다. 주변의 땅은 모두 딱딱한 얼음처럼 굳어있는 소금바닥이었다. 거기서 다시 한참을 달려가니 왼쪽 편으로 아득한 들판이 보이는데 모두 소금으로 뒤덮인 대평원이었다. 그곳이 이른바 〈악마의 골프 코스〉란 이름으로 널리 알려진 곳이다. 그곳에 들어가 귀를 기울이면 땅속에서 소금 결정이 팽창해서 터지는 소리가 탁탁 들린다고 한다. 하지만 그곳으로 들어가는 길은 비포장이라 나는 입장을 포기해야만 했다. 바퀴에 부담을 주지 않기 위해서이다.

거기서 조금 더 달리면 단테스 뷰라는 전망대가 있다고 했지만, 나는 그곳을 지나치고 말았다. 그 대신 골든 캐넌이란 이름의 자브리스키 포인트가 있는 곳까지는 다가갔다. 때마침 저녁햇살이 골든 캐넌 일대를 비치고 있었는데, 그야말로 절벽 전체가 황금빛으로 찬란한 광채를 연출하고 있었다.

퍼너스 크리크란 곳은 사막 한 가운데에 오아시스처럼 옹기종기 마을을 짓고 각종 휴양시설을 만들어 놓은 곳이다. 이미 날이 저물기 직전이어서 나는 이곳에서 차를 세우고 마을을 잠시 한 바퀴 돌았다.
그리곤 곧 길을 떠나서 모래언덕이 있다는 곳을 찾아서 갔다.
이미 깊은 밤은 사방에 자신의 검은 장막을 드리웠다. 그 어디에도 물어볼 인가나 불빛 하나 없고, 오직 허술하기 짝이 없는 지도 하나에 의존해서 샌드 듄이 있음직한 곳을 향해 자동차를 몰았다. 두어 시간이나 달렸건만 샌드 듄이있을만한 곳은 나타나지 않았다. 설령 가까이에 있다한들 이 캄캄한 밤에 모습이 보이기나 할 것인가?
그렇게 넋을 놓고 하염없이 가다가 다시 호흡을 고르고 지도를 펼쳐 보았더니 나는 스코티의 성이 있다는 북쪽을 향해 달리고 있었던 것이다. 그곳은 데스벨리의 북쪽 끝에 위치해 있는데 곡예사로 이름 높았다는 스코티가 자신의 호화별장을 지어놓은 곳이라 한다. 하지만 굳이 그곳을 필사적으로 찾아갈 필요는 없다. 황급히 자동차를 돌려서 밤의 사막을 탈출해 나오려고 나는 필사적인 질주를 시작하였

다.

사람 마을의 그리운 불빛
오직 막막하기만 하였다.
다시 갔던 길을 되돌아 달리기를 두어 시간.
멀리 아득한 벌판의 저 끝에 아련한 불빛이 보였다.
사람의 마을임이 분명하였다.
왜 그다지도 그 불빛이 반갑고 그리운 것일까?
사람의 마을에 염증을 느끼고 훌쩍 떠나와 있다가도, 이렇게 갑자기 사람의 체취가 왈칵 그리워져서 그곳을 향해 달려가는 심정은 또 무엇인가?
캄캄한 밤에 데스밸리의 한 가운데를 달리는 심정은 마치 광대무변한 우주에 나 혼자 동그마니 던져져 있는 외돌톨이의 심정처럼 서럽고 외로웠다.
다시 190번 국도와 어렵게 연결되어 예의 그 아련한 불빛을 향해

다가갈 때의 푸근하고 행복한 심정이란 이루 형언할 길이 없었다.
 드디어 깊은 안도의 한숨이 터져 나왔다.
 불빛이 멀리까지 보이던 그 마을은 데스밸리의 북쪽 한 귀퉁이에 위치한 〈스토브파이프 웰스〉란 특이한 이름을 지닌 마을이었다. 마을의 이름에서 풍기는 느낌은 매우 따스한 느낌이 들었다. 그 마을의 스토브 파이프에서는 유난히 따뜻한 인정이 넘쳐흐르고 있을 것만 같았다.
 마침 주유소와 상점도 보이기에 기름을 넣고 음료수도 한 잔 사 마셨다.
 나는 사람의 마을에 감격적인 귀환을 했던 것이다.
 이런 감격을 전혀 눈치채지 못하는 흑인 판매원은 낯선 눈망울을 두리번거린다. 샌드 듄의 위치를 물었더니 바로 자기 마을 앞 옆이라고 시큰둥하게 대답해 버리고 만다. 나는 샌드 듄을 찾아서 전혀 엉뚱한 곳을 헤매고 있었던 것이다.
 상점 부근에 한적한 주차장이 하나 보이기에 반가운 마음으로 그곳의 적절한 곳에 주차를 하고 쌀을 씻는데, 곧 누군가가 찾아왔다. 나가보니 주차 단속을 하는 이 마을의 경비원이었다. 늙은 경비원은 몹시 딱딱하고 사무적이었으며, 즉시 짐을 정리하여 이 주차장을 떠나달라는 것이었다. 그 마을의 모텔에 투숙하면 괜찮으나 주차장에서의 무단 주차는 엄격히 단속하고 있는 듯하였다.
 경비원 노인은 오토바이를 개조한 듯한 작은 차를 타고 다니며 마을 구석구석까지 불법 주차한 차량을 단속하고 있었다. 나는 샌드 듄이 있는 도로변에서 하룻밤을 지내기로 했다. 그래서 다시 차를 거꾸로 돌려 그곳까지 갔지만 왠지 불안감에 안심이 되질 않는다. 막막한 심정으로 시무룩하게 그 자리에 불을 끄고 앉아 있으니 기가 막힌다.
 나는 사람의 마을이 그리워 불빛을 보고 달려 왔건만 다시 그 사람의 마을에서 쫓겨난 것이다.

　돌연히 서럽고 고독한 생각이 뼛속에 사무쳤다.

　냉혹한 사람!

　사람이 그리워 달려온 나를 마을에서 쫓아내면 이 밤에 나는 어디로 가란 말인가? 마을 이름이 주는 따뜻하고 인정스런 느낌과는 전혀 다르게, 경비 노인의 인심은 차갑고 쌀쌀하기만 하였다.

　나는 다시 마을 부근으로 접근해 가다가 도로를 통제하는 경비실 뒤쪽 공터에 몰래 자동차를 갖다 대고 재빨리 불을 껐다. 만약 경비원이 나의 존재를 눈치채게 된다면 이곳까지도 즉시 달려올 것이 불을 보듯 뻔하기 때문이다. 경비원이 타고 돌아다니는 작은 차의 불빛이 멀리서도 불안하게 보였다. 내가 주차를 한 곳에는 커다란 트레일러 한 대와 트럭 두어 대가 주차되어 있어서 나는 트럭 옆에 차를 대고 불안한 잠을 청하였다.

　그런데 한밤중에 시끄러운 소리가 들려서 창 밖을 보니 옆 트럭의 뚜껑을 열고 차를 수리하고 있는 것이 아닌가? 시계를 보니 새벽 두 시 반이었다. 별 이상한 녀석을 다 보겠다며 나는 혼자서 투덜거렸다.

　이런 꼭두새벽에 웬 자동차 수리란 말인가?

　조금 있으니 다시 트레일러가 시동을 걸고 떠나지도 않으면서 요란한 소음을 내기 시작한다. 독한 디젤 엔진의 매연도 줄곧 내뿜어져 왔다. 나는 그들이 빨리 떠나기를 기다리며 자동차 안에서 불안한 시간을 보내었다.


## 샌드듄에서 사하라를 느끼다

　이윽고 한 시간도 훨씬 지나서 그들이 떠나자, 나는 차를 이동시켜 샌드 듄이 가까운 도로변으로 갔다. 그곳에서 넋 나간 사람처럼 멍하게 앉아 있노라니, 오래지 않아 새벽 여명이 시작되었다.

점차 모래 언덕이 미명 속에서 윤곽이 잡혀 왔고, 아침 햇살이 구름 속에서 터져 나와 서쪽 산언저리를 찬란하게 비치었다. 모래 언덕은 가끔씩 햇살을 받아 환상적 음영을 연출하였다. 점차 날이 밝아와서 나는 세수를 하고 카메라를 들고 모래 언덕을 향해 직접 탐사의 길을 떠났다.

처음에는 사막 식물들이 간간이 돋아나 있는 사이를 걷다가 곧 완전한 사막의 모래 벌판이 펼쳐졌다. 모래 위에는 끊임없이 바람이 불어서 형성된 바람의 아름다운 주름 무늬가 계속 나타나 있었다. 좀더 강한 바람이 불 때는 모래가 눈가루처럼 날리는 장면도 연출되었다. 가끔씩 작은 동물의 발자국과 나무 밑에 파 놓은 구멍도 발견할 수 있었다. 희뿌연 암석들은 형태만 겨우 유지하고 있었는데 손을 갖다 대니 마치 재처럼 푸슬푸슬 부서져서 바람에 날렸다.

굴곡이 심한 지역까지 걸어가니 지평선이 온통 모래만 보였다. 그곳은 내가 마치 고비사막이나 사하라 사막에 있는 듯한 착각에 빠지게 하였다.

나보다 먼저 모래 언덕 저 편 능선 위에 올라간 두어 사람의 청년들이 보였다. 그들은 카메라를 들고 가서 사막에서 연출되는 기묘한 모습을 찍는 사진작가들로 여겨졌다. 제법 높은 모래 능선으로 오를 때는 발이 푹푹 빠졌다. 이렇게 자꾸 미끄러지면서 나는 한 모래봉우리 위에 겨우 오를 수 있었다. 이처럼 아름답고 기묘한 분위기를 연출해 보여주는 우주의 실체는 어떤 것인가? 극도의 황량함 속에서 극도의 아름다움이 생겨날 수 있다는 이치는 대체 무엇인가? 나는 샌드 듄을 허우적거리며 이런 기묘한 철학적 질문에 빠져들었다.

## 아득한 황야를 지나다

190번 국도를 타고 다시 서쪽으로 달리기 시작하였다.
스토브파이프 웰스란 마을이 나에게 준 간밤의 지긋지긋한 냉대를 다시금 생각하며 그 마을을 얼른 빠져 나온 것이다.
속이 후련하기까지 하다.
도중에 지나친 곳으로는 파나민트 스프링스란 아주 작은 마을이 있었고, 키일러라는 마을도 있었다. 사람이 살지 않는 듯 집밖에는 인적이 보이지 않았다. 이런 마을들 외에는 단 한 채의 인가도 없는 황량한 사막지대의 언덕과 평지, 고원이 계속되었다. 산길을 따라 아슬아슬하게 펼쳐진 도로는 이따금 위기를 느끼게 하는 구간도 있었다. 나는 혼자서 이 무서움이 느껴지는 구간을 한없이 달려간다.
제법 큰 키의 유카리나무가 드문드문 서 있는 풍경이 나타나기도 했다.
커다란 산마루를 하나 넘어서자 캘리포니아의 본격적인 사막지대가 펼쳐졌다.
아득한 사막 저 편에 큰 강 하나가 흐르고 있었다.
가까이 다가가 살펴보니 그곳은 온통 소금밭이었다. 포크레인과 비슷한 작업 차량이 다니면서 하얀 소금을 긁어모으고 있었고, 트럭의 짐칸에는 그 소금을 잔뜩 싣고 어디론가 떠날 채비를 하고 있는 광경이 보였다. 노천 소금 채집장이었다. 바람이 불자 모래인지 소금인지 구분되지 않는 하얀 가루들이 마치 싸락눈처럼 도로 위를 가로질러 휩쓸어 갔다.
론파인을 향해 점차 다가가자, 그 마을의 뒤편으로 만년설을 가득히 이마에 얹고 있는 휘트니 산 연봉들이 한눈에 들어왔다. 높이가 해발 4.418미터나 된다는 이 산은 알래스카를 제외한 북아메리카에서 가장 높다는 최고봉이다. 미터로는 4000도 훨씬 넘는다. 시에라 네바다 산맥의 줄기에는 이런 고봉들이 매우 많다. 산중턱까지 자동차로 오르는 길이 있다고 하나, 굳이 그곳을 가고 싶은 생각은 없다. 이대로 지나치며 보는 것만으로도 충분하다.

론파인에서 나는 다시 395번으로 바꿔 타고 남쪽으로 달리기 시작했다.

이제부터는 본격적인 남부 캘리포니아의 정취가 물씬 풍기고 있다. 카르타고와 리틀레익이란 곳을 지나고 모재이브란 곳까지 다다르니 어느덧 로스앤젤리스의 표지가 보였다.

## 우리나라 김칫국의 신비한 효과

가다가 중로에서 늦은 점심을 지어먹었다.

쌀을 씻어서 코펠에 안치고, 버너의 불을 켠다. 여벌 코펠에는 물을 끓여서 멸치 다시를 우려낸다. 생멸치가 없으면 분말로 만든 멸치를 적당량 넣는다. 거기에 시큼한 김치를 듬뿍 넣고 국을 끓인다. 고춧가루도 남은 것이 있으면 얼마간 넣는다. 한 바탕 끓은 다음 미량의 소금으로 간을 맞추는데, 혹시 돼지고기라도 있으면 더욱 신비스런 맛을 낼 수 있다.

하지만 캘리포니아 주의 황량한 국도 변에서 이것은 상상만으로 그치자.

그러나 반드시 돼지고기만 제 맛을 낼 수 있는 것은 아니다. 대신에 북어채 무친 반찬에서 일부를 덜어내어 함께 넣고 끓여본다. 그러면 그 국물 맛이 한결 시원해진다. 남은 반찬에서 이런 저런 배합이 될 수 있을까를 궁리해 본다. 그러다 보니 때로는 아주 이상한 맛이 형성되기도 한다.

캘리포니아로 가는 국도의 언저리에서 김칫국과 쌀밥이 웬 호사인가?

김칫국이 주는 행복하고 개운한 효과를 이번 여정에서 자주 경험한다. 김칫국을 먹고 세상을 보면 아주 상큼한 기분이 든다.

비록 차안에는 김칫국 냄새가 배어 있겠지만 맛으로는 별미가 아닐 수 없다. 더불어 소주 한 잔 곁들일 때 느껴지는 이 행복감!

### 로스엔젤리스와 병어회

다시 LA를 향해 달리기 시작한다.

곧 해가 기울어 가고, 팔름데일과 산 퍼난도란 곳을 스쳐 지나가자 드디어 로스엔젤리스 구역 안으로 들어왔다는 표시가 보인다. 미리 이곳의 약도를 깊이 연구해 둔 터라 코리아타운으로 빠져나가는 곳을 쉽게 찾을 수 있었다.

올림픽 불버드로 나가서 한참을 달리니 반가운 한글 간판들이 눈에 들어오기 시작한다. LA의 코리아타운은 다운타운 서쪽의 올림필 불버드를 시작으로 해서 동쪽의 버몬트 거리, 북쪽의 비벌리 거리, 서쪽의 웨스턴 거리를 연결하는 지역에 두루 분포되어 있다. 현재 약 30만 명의 교민이 이 지역에 살고 있다. 말 그대로 〈미국 속의 한국〉이라 해도 될 정도로 완전히 한국적인 분위기를 지니고 있다.

## 코리아타운

조국을 떠날 때
손등으로 눈물 씻으며 떠난 그들이
여기에 와 있구나
시카고의 바람 찬 로렌스 거리
나는 이곳을 거닐며 길가의 낯익은 간판들을 본다
횟집 이불집 세탁소
안마소 노래방 운명철학관
아, 저기엔 곰탕하우스도 있네
이십 년 전 위조여권으로 이민 길을 떠난 친구도
이 모퉁이 어딘가에 살고 있으리라
그는 자신의 꿈을 이루었을까

하루해도 서서히 저물어
나이 든 세대가 가게문 잠그고 돌아가면
이 거리는 주역이 바뀐다
헐렁한 힙합 바지에 머리는 노랑물
귀걸이 코걸이 입술걸이에
눈두덩까지 뚫어서 은고리를 끼운
코리아 이민 이세들
자동차의 록음악을 귀가 멍멍하도록 틀고 다니는
그들에겐 이제 광대한 아메리카가
새로운 조국이다
나는 그들의 고뇌가 궁금해졌다

시간은 시카고 시간과 무려 두 시간이나 차이가 난다. 그만큼 낮 시간이 늘어나 있다. 미국의 시간대는 모두 네 구간으로 나뉘어져 있다. 대서양이 있는 동부 쪽의 시간을 오션 타임이라 한다. 시카고를 중심으로 한 중앙지역의 시간이 센트럴 타임, 록키 산맥을 중심으로 한 좌우 지역을 마운틴 타임, 서부 연안 지역의 시간대를 퍼시픽 타임이라고 한다. 나는 오션 타임에서 출발하여 현재 퍼시픽 타임 지대에 당도해 있는 것이다.

로스엔젤리스 시내는 남부 특유의 야자나무 가로수가 시원하게 펼쳐져 있었고, 기온은 이른봄처럼 시원하고 훈훈한 느낌이 들었다. 잔디도 파릇파릇 새로 돋아나는 것들이 보였다. 시카고의 로렌스 거리와 분위기는 비슷하나 LA의 한인타운은 좀더 깨끗하고 정돈된 모습이었으며, 규모도 상당히 커 보였다.

적절한 곳에 자동차를 대어놓고 일단 저녁식사를 하러 식당을 골랐다. 그래서 찾아든 곳이 인천횟집이란 곳이었다. 한국인 손님들이 제법 많이 몰려서 회를 먹거나 술을 마시고 있었다. 나는 이곳에서 비교적 값싼 병어회를 한 접시 주문하였다. 술은 시카고에서 갖고 온 소주를 몰래 지니고 가서 꾸등꾸등한 병어회와 함께 조금씩 마셨다. 약간씩 술이 오르고 기분이 좋아졌다.

병어회는 한국에서 먹던 것보다 맛이 없었다.

솜씨 없이 썰어놓은 고기조각도 지나치게 크고, 고소한 맛도 한결 덜했다.

아는 이 하나 없는 로스엔젤리스에 부리나케 달려와서 이 늦은 저녁, 질긴 가시가 입안에 남는 병어회를 씹다보니, 문득 적막하고 쓸쓸한 생각이 치밀어 오른다. 공연히 센티멘탈한 기분이 된다. 정처 없이 떠도는 나그네의 심정이란 것이 바로 이런 것이 아닐까?

LA의 전화번호부를 들고 와서 지금은 소식이 끊어진 옛 친구의 이름을 찾아보았다. 혹시라도 이곳에 살고 있는가 해서 하나 하나 손가락으로 짚어가며 찾았으나 그의 이름은 보이지 않았다. 녀석은 어린 시절 밤중에 오줌을 누러 마당에 나왔다가 늑대에게 물린 채로 한참이나 산길을 갔다고 한다. 마을 사람들이 꽹과리를 두드리며 뒤를 따라오는 통에, 놀란 늑대는 아이를 밭두렁에 그대로 버려놓고 달아났다고 했다. 친구의 엉덩이에는 지금도 늑대의 이빨자국이 남아 있을 것이다. 나는 녀석을 만나서 그의 엉덩이를 보고싶다고 졸라대고 싶다. 십여 년도 훨씬 전에 친구는 미국으로 이민을 떠난 뒤 소식이 끊어졌다. 야속한 친구!


홍 이

엉덩이에 늑대 이빨자국 선명하던

옛 친구 홍이가 생각납니다
다섯 살이던가 여섯 살이라던가
잠에 취한 새벽 툇마루 앞에 나와 서서
오줌발도 줄기찬 쉬를 하고 있는데
갑자기 늑대란 놈이 달려들어
홍이 엉덩이를 물고 대밭 속으로 달아났다지요
마을 사람들이 꽹과리 치며 뒤따라와
다행히도 늑대는 홍이를
밭고랑에 버려 두고 줄행랑을 쳤답니다
그렇게 살아난 홍이 엉덩이에는
평생 지워지지 않는 늑대 이빨자국이 남았습니다
목욕탕에서 서로 등 밀어주기를 하다가
홍이는 이런 내력을 들려두었지요
이 문명시대에 늑대 설화는 참 신이 납니다
먼 나라로 이민을 떠난 홍이 녀석은
지금도 속옷 밑에 늑대 이빨자국을 감추고
어디선가 바쁘게 살아가고 있겠지요
오늘 그 홍이가 문득 그립습니다
그 녀석과 만나 술 한 잔 하고 싶습니다

　음식을 나르는 식당 여종업원은 나성(羅城)의 한인 사회가 얼마나 개인주의가 심하고 재미없는지 와보고서야 실감한다고 했다. 한국으로 돌아가고 싶은 생각이 간절하다고 했다. 휴일이 되어도 즐거운 시간이 전혀 없다고 한다. 그런 말을 들으며 식당 안을 둘러보니 과연 한인 교민들의 얼굴은 하나같이 강파르고 닮은 느낌이 들었다. 어떻게든 타국 땅에서 뿌리를 내리려 하다 보니 저런 표정이 되었으리라.

식당을 나와서 둘러보니 주차장을 관리하는 멕시컨 청년이 혼자 바람 부는 공터에 앉아서 적적한 얼굴로 앉아 있다. 일정한 시간까지 그곳을 지키는 것이 자신의 책임인 것처럼 여겨졌다.

웨스턴 에비뉴 주위를 돌아서 조금 더 조용하고 한적한 도로를 찾아서 오늘밤 잘 곳을 물색해 다녔다. 한 곳이 조용하고 좋았으나 도로의 한쪽이 너무 기울어 잠자리가 불편할 것 같았다. 그래서 새로 찾은 곳은 회교 사원 비슷한 건물의 앞쪽이었다. 비교적 인적도 없었고, 길도 비교적 수평이었다.

길가의 잔디밭 쪽으로 문을 열고 바깥바람으로 자동차 실내를 환기도 하면서 쉬다가 곧바로 잠이 들었다.

아침에 일어나서 바깥에 나가보니 완연한 봄 날씨를 방불케 한다. LA가 날씨 좋기로 유명하다더니 과연 멋진 날씨다. 하지만 이곳이 태평양 지진대가 지나가는 지역이라 대형 지진이 한번씩 주기적으로 발생하는 것이 흠이라면 흠이다. 새들이 밝은 소리로 지저귀고 햇살은 눈부시게 비치기 시작한다.

화사한 날씨다.

올림픽 불버드와 웨스턴 에비뉴에 걸쳐 있는 곳에 위치한 전통설렁탕이란 간판을 보고 들어가니 마침 그곳은 전문식당이어서 손님이 꽤 많았다. 설렁탕 국물 맛과 깍두기 맛도 비교적 괜찮았다. 이곳에서 아침 식사를 하고 곧바로 나성 서북쪽에 있는 헐리우드를 찾아갔다.


## 할리우드에서

파운틴 애비뉴와 선셋 불버드를 지나서 할리우드 불버드 부근을 돌아가니 차이니스 극장이 보였다. 중국의 사원을 모방한 건물이다. 이곳 앞에서 스타 라인 투어가 출발한다. 티켓을 구입하여 시간을 기다리는 동안 할리우드 불버드의 보도 위에 새겨진 〈워크 오브 페임〉을 한 차례 돌아보았다. 이곳은 로스앤젤레스의 대표적인 관광지이다. 미국 영화계의 관광명소를 기대하고 찾아가는 사람은 대개 실망을 하게 된다. 몇몇 토산품 가게와 건물의 벽에 걸려있는 영화배우들의 사진이 고작인 것이다. 하지만 주변의 분위기를 느끼며 잠시 걸어보는 것이 도움이 된다.

영화, 텔리비젼, 음악계 등 대중적 스타들의 이름이 새겨진 별 모양의 브론즈가 길게 박혀 있다. 찰리 채플린, 빙 크로스비, 잉그리드 버그만, 마이클 잭슨 등의 이름들이 보인다. 차이니스 극장 앞에 백여 평 정도는 되어 보이는 광장이 있었다. 그곳의 콘크리트 바닥에는 유명 은막의 스타들이 직접 찍어놓은 손자국과 발자국이 그들의 친필 사인과 함께 새겨져 있다. 많은 사람들이 그 앞에서 자기가 좋아하는 스타의 손바닥 위에 자기 손바닥을 포개고 기념촬영을 하고 있다.

나탈리 우드의 손자국 앞에서 나는 사진을 찍었다. 시드니 포이에티어, 워렌 비티, 엘리자베드 테일러, 리차드 기어, 프랑크 시내트러, 팻 분, 찰튼 헤스튼 등의 손자국 발자국과 사인을 직접 보는 것은 흥미로운 일임에 틀림없었다.

곧 자동차가 와서 12인승 승합차에 관람객들이 승차하였다. 함께 떠나게 된 사람들은 거의 대부분 여성들이었고, 연로한 사람들이 많았다. 필리핀 사람이 둘 보였고, 남자는 나와 한 백인 노인 단 둘 뿐이었다.

젊은 흑인 기사는 비벌리 힐스의 영화인 주택가를 돌면서 일일이 설명을 해 보인다. 엘리자베드 테일러의 집, 찰스 브론슨, 소피아 로렌, 그레고리 펙, 시드디 포이에티어 등의 흘러간 명배우들이 살고 있는 집에 대한 이야기와 현재 그들의 근황 등을 관심 있게 들었다.

하지만 나는 약간의 차멀미에다가 감기 기운이 점점 심해져서 나중에는 심한 현기증과 구토 충동이 치미는 것을 참을 수 없었다. 도대체 돈을 많이 벌어서 부자 마을에다 좋은 집을 짓고 살아간다는 것은 무엇인가? 그것은 대체 어떤 의미와 가치를 지니는 것인가? 모두 덧없는 일이라는 생각만이 줄곧 나의 뇌리를 스쳐갈 뿐이었다.

할리우드 관광을 끝내고 맥도날드 앞에 와서 휴식할 때엔 거의 실신 상태에 가까웠다. 주차장에 자동차를 세워 놓고 무작정 자동차 뒤에 가서 누워서 눈을 감아 버렸다. 햇살이 따가웠다.

이국적 풍치로 지은 LA의 맥도날드에 들어가니 화장실 문이 열리지 않는다. 자세히 보니 25센트 짜리 쿼터 한 개를 넣어야 문이 열리도록 되어 있는 것이다. 못된 대도시의 인심을 목격하는 순간이었다. 하기야 아무 일없이 음식도 사먹지 않고 화장실만 드나드는 떠돌이나 노숙자들이 있을 수는 있다. 그러나 이렇게 모든 것을 돈으로

차단하는 모습은 썩 강퍅하기 그지없다. 이 광경을 보고 난 뒤에는 속히 로스엔젤리스를 떠나고 싶은 마음뿐이었다.


## 꿈속의 디즈니랜드

아침에 들렀던 전통설렁탕 집을 다시 찾아갔다.
종업원이 얼굴을 알아보고 반갑게 맞이한다. 나는 이곳에서 저녁에 먹을 음식을 사들고 복잡한 고속도로를 남쪽으로 달리고 달렸다.
마침내 애너하임에 있는 디즈니랜드에 당도하였다.
이곳 디즈니랜드는 1955년에 세워졌다고 한다. 32평방 킬로미터의 부지에 2억 달러를 쏟아 부어서 건설한 디즈니랜드! 막대한 자본을 들여서 꿈의 나라를 실현하였다는 평을 듣고 있다.
어차피 내일 오전에 찾아갈 것이라면 하루 앞당겨 미리 도착해 두

는 것이 여정의 관리에 편하다는 생각이 들어서 지도를 보고 애너하임을 찾아간다. 애너하임은 디즈니랜드가 세워진 지역의 이름이다. 원래는 독일계 이주민들의 포도주 생산 단지였다고 한다. 마침 저녁 퇴근시간과 맞물려 엄청난 자동차의 홍수가 로스엔젤리스 주변을 가득 채우고 있다. 자동차는 가다 서다를 반복하면서 아주 느린 거북이 걸음으로 조금씩 진행하여 갔다. 시간이 한참이나 지난 다음 자동차는 다소간 속도가 붙었고, 비로소 애너하임으로 들어서게 되었다.

디즈니랜드로 들어가는 입구를 확인해 놓은 다음 오늘 밤 잠잘 곳을 찾아서 헤매는데 애너하임은 조용하고 작은 지역이라 마땅한 후보지가 나타나질 않는다. 거의가 주택지였다. 한참을 헤매다가 드디어 발견한 곳이 어느 교회의 담벼락 옆쪽 한적한 곳이었다. 하지만 이곳도 혹시 주민들의 신고가 있을까 두려워서 나는 인기척을 내지 않으려고 자동차 안에서 몹시 조심을 하였다.

어두운 자동차 안에서 나는 LA에서 사온 설렁탕을 데워 늦은 저녁을 먹었다.

아! 가난한 뜨내기 여행자의 주변 눈치 보기여!

애너하임의 주택가 골목에서 날이 밝았다.

오전 10시부터 디즈니랜드의 입장이 시작된다기에 아침 일과를 다소 느긋하게 시작하였다. 아침을 직접 해먹고 설거지까지 끝내고 10시가 거의 가까운 시간에 디즈니랜드로 찾아갔다. 이미 많은 사람들이 입장하여 인산인해를 이루고 있었다. 개장 이래로 현재까지 3억도 훨씬 넘는 관람객들이 이곳을 다녀갔다고 한다. 어린이들의 꿈과 동심(童心)에 기초하여 설계된 곳이지만 막상 와보니 어린이보다도 어른들이 훨씬 많았다.

월트 디즈니의 이상은 〈이 세상의 낙원〉이었고, 그것의 실현을 목표로 건설된 것이 디즈니랜드였다. 2년에 한번씩은 새로운 아이디어로 놀이기구를 바꾸고 설계 변경을 하기 때문에 올 때마다 새롭고 신선하다는 평을 듣는다고 한다. 메인 스트리트에서는 본격적 구경 지역을 찾아가는 마차, 옛날식 버스, 관광 열차 등을 운행하고 있다.

나는 먼저 디즈니랜드 전체를 한 바퀴 돌아오는 열차를 타보았다. 다음으로는 옛날식 버스를 타고 2분만에 종점에 내리니 그곳부터가 볼거리들의 전시장이었다. 어릴 때 만화에서 보았던 피노키오, 피터팬, 백설공주, 잠자는 숲 속의 미녀 등의 이야기들을 그대로 실감나게 재현한 만화광장이 있었다. 열차를 타고 한 바퀴 돌면서 만화의 환상적 세계를 재미있게 경험하게 된다. 모험의 나라, 개척의 나라, 환상의 나라, 미래의 나라 등으로 나누어 있는데 이 여러 지역 가운데 나는 미래의 나라를 둘러보았다.

특수안경을 끼고 관람하는 입체 영화 한 편은 너무도 재미있고 유쾌한 것이었다. 이른바 상상력 연구소라는 기관에서 근무하는 한 과학자가 실수로 모든 동물을 지나치게 축소시키는 약을 개발하였는데, 이로 말미암아 빚어지는 희극들이 연출되었고, 나중에는 지나치게 확장시키는 약 때문에 일어나는 여러 소란들이 묘사되었다. 애완용 강아지가 거대한 괴물로 변하기도 하고, 그가 내뱉는 침이 얼굴에 튀는 실감을 느끼기도 하였다. 이 과정에서 실제로 공중에서 어떤 물기가 뿌려져서 사람들은 일제히 비명을 질렀다.

이 희극을 보고 난 다음에 구내식당으로 가서 결코 값이 만만치 않은 스파게티를 점심으로 먹었다. 맛이 구미에 맞지 않아서 괴로웠다. 단지 맞은 편 식탁 앞에 둘러앉은 미국인 일가의 모습이 너무도 보기에 아름다워서 곁눈으로 보고 또 보았다. 할아버지와 할머니, 그의 아들과 며느리, 그들의 손자와 손녀 등 여섯 식구가 디즈니랜드 나들이를 와서 함께 앉아 담소를 나누고 있는 광경은 참으로 보기에 좋았다.

　스타 투어즈란 것을 멋모르고 인파의 행렬에 뒤섞여 탔다가 죽을 것 같은 고통을 겪고 말았다. 열차에 오르자마자 몸이 떨어지지 않도록 금속 막대기가 배 앞을 가로질렀고, 곧 열차가 출발하였다. 처음 약 2,3분간은 비교적 조용한 운행이었다. 하지만 곧 급강하, 급상승, 급회전, 급전복을 수 차례 반복하면서 온몸의 중심은 완전히 소실되고 말았다. 비명을 지르고 싶었으나 두려움에 소리조차 나오지 않았고, 나는 떨어지지 않으려고 손으로 금속 막대기를 꽉 부둥켜 잡았다.

　눈은 질끈 감았고, 입을 벌리면 배속의 음식물이 거꾸로 쏟아질 것 같았다. 여기저기서 비명이 줄곧 들려왔다. 이렇게 얼마나 흘러갔을까? 그것은 실제로 짧은 시간이었을 것이나, 나에게는 두어 시간도 넘는 듯한 고통으로 느껴졌다. 거의 탈진한 표정으로 출발지점에 당도하자 그제서야 염치와 체면과 회복 따위가 생각난다. 비틀거리며 자리에서 일어나 혀를 내두르며 걸어나오는데 몸의 중심이 잡히질 않아서 제풀에 기우뚱거릴 뿐 아니라, 속은 계속 구토감으로 울렁거렸다. 바깥에 나와서 벤치에 앉아 잠시 휴식을 하며 진정을 시켰다.

　드디어 오후 다섯 시.

　디즈니랜드의 하루 일과도 서서히 파장이 가까운 시간이 되었다. 모든 사람들이 메인 스트리트의 길가에 그냥 눌러 앉아 있기에 물어보니 하루를 마감하는 퍼레이드가 펼쳐진다는 것이다. 나는 명절을 기다리는 아이처럼 잔뜩 기대하는 마음으로 한 벤치 위에 앉아서 기다렸다.

　솜사탕 장수와 풍선 장수 직원들이 지나간 뒤 요란한 음악소리가 일어나면서 퍼레이드는 시작되었다. 월트 디즈니의 만화에 나오는 온갖 동물들과 요정들, 난장이들, 미녀들, 괴물들이 제각기 아름답고 재미있는 분장을 해서 음악에 맞춘 춤을 추면서 행진해 왔다. 이 날 저녁의 퍼레이드는 과연 절정이었다.

퍼레이드가 끝나자 서서히 디즈니랜드 구내에 땅거미가 짙어왔다. 사람들은 썰물처럼 천천히 빠져나가기 시작하였다. 나도 동심으로 돌아가 유쾌했던 하루를 정리하고 평정으로 돌아왔다.

주차장으로 가서 자동차를 되찾아 타고 곧바로 5번 고속도로를 남쪽으로 달려갔다. 산 클레멘테 등의 명소들이 중로에 있었으나 그냥 지나칠 수밖에 없었다. 산 오노프레를 지나서 전망대가 있다는 고속도로 휴게소에 도착하니 가랑비가 뿌리기 시작했다. 앞좌석에 앉아서 희뿌연 차창 앞을 내다보고 있노라니 차체 위에 빗줄기 지나가는 소리가 스릉스릉 들려온다.

이런 시간에 반갑지 않은 여수(旅愁)는 몰려오기 마련이다.

피로에 지친 탓인지 입술 안이 헐어서 아물지 않고 줄곧 쓰리다. 남부 캘리포니아의 비 오는 고속도로 위에서 고단한 하루를 쉬었다.

### 샌디에이고의 비 오는 아침

밤에도 줄곧 가랑비가 오락가락 뿌렸다.

캄캄한 새벽, 나는 일어나 길을 떠난다. 새벽 운전의 즐거움이 있기 때문이다. 간밤에 숙박한 휴게소는 바다 가까운 곳이었나 보다. 휘황한 화물선의 불빛이 가까이에 보이고 뱃고동 소리가 들려왔다.

오션사이드, 엔시니타스, 델마라는 곳을 지나게 되자 곧 샌디에이고 지역으로 접어들었다. 이 지역은 캘리포니아에서 가장 오래된 도시라고 한다.

1542년 포르투갈의 탐험가 로드리게스 카브리요가 로마곶을 발견하면서 캘리포니아의 역사는 시작되었다. 샌디에이고는 그때부터 개척이 되었다. 현재 인구는 200만 명이 넘는 대도시. 캘리포니아 최남단에 위치해서 멕시코와의 접경 지역에 위치해 있다. 그래서인 지 스페인식 지명이 많고, 주민들도 멕시코 계열의 인종들이 눈에 많 이 띤다. 거리의 집들도 거의 모두 흰색의 스페인 풍을 하고 있다.

해변의 휴양도시 샌디에이고가 햇빛의 도시로 알려져 있으나, 내가 도착한 날은 쓸쓸하고 우울한 빗줄기가 주룩주룩 쏟아져 내렸다. 파라다이스 로드에서 시내로 빠져 다운타운을 향해 다가갔다. 거리는 그렇게 깨끗한 편은 못되었고, 남루한 옷차림의 노동자들이 많이 보였다. 이른 아침이었지만 마침 때아닌 비도 쏟아지고 해서 맥도날드 식당에는 손님이 별로 없었다. 화장실도 동전을 넣는 자물쇠가 채워져서 들어갈 수 없도록 굳게 닫혀 있었다.

　나는 자동차를 몰아서 샌디에이고 항 가까이로 다가가 보았다.

　비 오는 항구의 센티멘탈한 정취는 별로 느껴지지 않았으나 부두에 정박해 있는 커다란 여객선의 휴식이 어쩐지 나그네의 눈에는 고달프게 다가왔다. 미국 해군의 제 7함대가 머물고 있는 기지가 있다고 한다. 그래서인지 바쁘게 걸어가는 해군들의 모습이 자주 눈에 띠었다.

나는 이곳에서 자동차의 엔진 오일을 갈기로 했다. 자동차 경정비업소의 주인 영감은 깔끔한 성격으로 자동차의 여러 가지를 꼼꼼하게 돌보아 주었다.

곧 5번 루트를 달려서 불과 20여 마일을 달려가니 북아메리카 남서쪽 최남단 지역인 산 이시도르의 표지가 보였다. 이곳이 바로 멕시코와의 접경지역이다.

한 상점에서 만난 멕시컨 점원은 자기도 멕시코 사람이지만 자기의 동족인 멕시코 사람을 믿지 말라고 주의를 준다. 사기성이 강하고 심지어는 돈을 훔치는 사람도 있다고 단단히 경계심을 일러준다. 그는 절대로 자동차를 몰고 멕시코 국경을 넘어가지 말라고 신신당부를 한다. 바가지도 심하고 위험이 많다고 주의를 주었다. 멕시코 마을에 관심이 많이 있었으나 나는 일단 그의 충고를 받아들이기로 하였다.

### 국경을 넘어 멕시코의 티후아나로 가다

미국의 남동부 국경 마을 산 이시도르의 한 주차장에 자동차를 세워두고 걸어서 국경을 넘었다. 72시간 이내에 다녀오게 되면 여권 비자가 모두 면제라고 한다. 그래서인지 아무도 여권을 보자는 사람이 없다. 산이시도르는 비록 멕시코풍이 압도하고 있긴 하지만 미국의 여느 시골 지역과 다를 바가 없다.

그러나 막상 국경을 넘어서 맞은 편의 멕시코 도시인 티후아나에

들어서는 순간, 완전히 다른 나라에 왔다는 실감을 느끼게 한다. 여기저기에서 호객하는 장사꾼들의 소리가 요란하고, 무슨 음식을 만드는지 거리의 노천음식점에서 지글지글 고기 굽는 연기가 자욱하고 매캐하다.

온통 얼굴이 검붉은 인디오와 멕시컨들의 남루한 표정, 그리고 그들의 호기심 어린 관심들이 구체적으로 다가온다. 자동차들은 심한 매연을 내뿜으며 달려가고, 즐비하게 늘어선 상점들 중에서 술 판매점과 약국이 가장 많이 눈에 띈다.

한 무리의 중국인 관광객들이 오리떼처럼 요란하게 떠들며 고지식한 걸음걸이로 대열을 지어 맞은 편 골목으로 사라졌다. 나는 길에서 만난 멕시코 경찰관을 찾아가서 티후아나 시내 중심가로 갈 수 있는 방법을 물었다. 그러나 그는 자신이 영어를 능숙하게 하지 못하는 것에 대하여 몹시 쑥스러워 하면서도 더듬거리며 방법을 일러주었다. 즉 시내버스를 타고 가라는 것이다. 과연 그가 일러준 대로 불과 25센트의 차비를 내고 시내까지 편하게 갈 수 있었다. 버스는 한국의 60년대 형 버스를 연상시켰고, 지저분했다. 버스 안은 온통 우울한 표정의 멕시코 주민들로 가득하였다. 내가 차에 오르자 그들은 일제히 시선을 보내왔다.

가장 붐비는 다운타운의 거리.

그곳의 이름은 레볼루시온 스트리트, 즉 혁명의 거리이다. 아마도 멕시코혁명을 기념하는 뜻이 담겨져 있는 듯하지만 지금은 전혀 혁명의 냄새가 풍기지 않았다.

이 혁명의 거리에는 상점 앞에 나와 손님을 부르는 청년들, 관광객을 거머리처럼 따라다니며 구걸하는 거지 소녀들, 고달픈 표정으로 몇 점 안 되는 수제품을 들고 나와 멀뚱히 앉아 있는 가난한 인디오 부녀자들의 모습이 보인다.

## 버들고리 만드는 한국계 인디오

그 거리의 한 곳에서 나는 버드나무 연한 가지를 엮어서 버들고리를 만드는 인디오 부부를 보았다. 과거 우리나라에서는 백정들이 이 버들고리를 만들었다. 그런데 멕시코에도 이런 버들고리를 만드는 사람이 있다는 사실은 놀라웠다.

나는 한 순간 이런 생각이 들었다.

지난날 일제 강점 초기에 일본인 노예상이 한국의 가난한 서민들을 수천 명 모집하여 멕시코의 농장에 노예로 팔아넘긴 기록을 본 적이 있거니와, 오늘 내 앞에서 버들고리를 엮고 있던 저 인디오 부부가 혹시 그 한국인 노예들의 후예는 아니었을까? 차림새나 분위기가 인디오임에 틀림없지만 얼굴 표정은 한국인과 비슷한 곳도 전혀 없지는 않았다.

나는 그들이 버들고리를 엮는 진기한 광경을 사진기에 담고 싶었으나 용기를 내지 못하였다. 혹시라도 그들의 모습을 사진으로 찍다가 고달픈 그들의 마음에 상처라도 주지 않을까 하는 염려 때문이었다. 또 함부로 사진을 정면에서 찍다가 봉변을 당하는 경우도 있다는 이야기를 귀띔으로 들었기 때문이다.

그들 부부의 모습은 줄곧 나의 뇌리에서 깊은 인상으로 박혀 지워지지 않았다. 그것은 바로 한 폭의 슬픈 인상파 그림이었다.

### 다시 동쪽을 향해 달리다

나는 다시 국경을 넘어와서 8번 고속도로를 타고 이제부터는 오직 동쪽으로만 달려가야 한다. 이윽고 밤이 되었다.

한 휴게소에 들렀는데 주변은 비록 산의 모양새는 하고 있으되 온통 을씨년스런 분위기의 돌무더기뿐이었다.

번개가 번쩍이고 천둥이 울었다.

바람이 많이 불고 곧 큰비가 쏟아질 것 같았다.

하늘 한 자락이 검은 보자기를 씌워놓은 듯하였다.

그 불안 속에 다시 길을 떠나서 윈터 헤븐이란 곳까지 진출하였다. 이곳의 고속도로 휴게소는 아직 제대로 갖추어지지 않은 상태였다. 플라스틱으로 만든 간이화장실이 몇 개 놓여져 있고, 캠핑 여행자들을 위한 수도시설이 마련된 것이 고작이었다. 바닥도 전혀 포장이 되어져 있질 않았다.

내가 이 휴게소에 도착했을 때는 이미 한 대의 캠핑 카가 도착하여 밤을 지낼 준비를 하고 있었다. 그 자동차의 주인으로 보이는 한 노인이 강아지 한 마리를 몰고 나와 주변을 산책하고 들어갔다.

나는 수도 옆에서 늦은 저녁을 지어먹고 세수를 하였다.
밤바람이 드세었으나 그리 춥게 느껴지지는 않았다.
잠시 후에 두 대의 캠핑 카가 도착하여 수돗물을 받기 시작하였다. 두 차를 몰고 있는 젊은 두 쌍의 부부가 나와서 수돗가에서 저희끼리 껄껄거리고 담소를 나누었다. 운전 중인데도 맥주를 두 병이나 마셨다. 그런데 마신 빈 술병을 모두 수도꼭지 옆에다 그대로 버려 두고 가는 것이 아닌가? 미국인들 가운데서도 저들처럼 교양 없고 천박한 사람들이 있음을 알았다. 하지만 그들은 곧 그곳을 떠났다. 캄캄한 밤, 고속도로를 달리는 자동차 소리만 간간이 들려오고, 나는 스르르 깊은 잠 속으로 빠져들었다.

## 사보텐의 땅, 투손

새벽에 일찍 일어나 미명 속에서 자동차를 출발시켰다.
고속도로의 이른 새벽에는 자동차도 한결 적었고, 바람도 시원하였다.
후두둑거리며 비가 뿌리기 시작한다. 하늘은 잔뜩 흐려 있다.
유마란 곳을 지나고, 아즈테크를 통과하여 질라밴드란 곳을 거쳤다. 유마란 곳까지는 오른쪽이 곧바로 멕시코와의 접경 지역을 따라 달리는 길이라 검문소가 있었다. 모든 자동차가 이곳을 통과하면서 국경 경찰의 간단한 조사에 응해야 한다. 내가 코리아에서 왔다고 하자, 경찰은 빙긋 웃으며 농담을 걸었다. 혹시 북한은 아니겠지? 나는 그와 함께 웃을 수밖에 없었다. 국경을 불법으로 넘어서 미국으로 잠입해 드는 멕시코 사람들이 무척 많다고 한다.
원래의 여정에는 피닉스를 거치기로 되어 있었으나 나는 이곳을 생략하기로 하였다. 일정도 너무 길어질 뿐더러 피닉스란 곳이 일부러 길을 둘러서 갈 만큼 대단한 곳이 아니기 때문이다. 다만 피닉스를 두고 말하자면 연중 기온이 가장 무더운 곳으로 유명할 뿐이다. 그래서 이름조차 불새란 뜻을 지니고 있던가? 아리조나 주의 주도로서 연 평균 기온이 22도를 넘는다고 한다. 〈태양의 계곡〉이라는 별칭도 있다고 한다. 이런 생각들을 하면서 피닉스로 가는 길을 지나쳤다.

그렇게 되니 자연히 길이 빨라졌다.

카사그랜드를 지나고 엘로이란 곳을 거치니까 투손의 안내판이 보이기 시작했다. 투손은 인디언들의 말로 '검은 산기슭에 있는 샘'이란 뜻을 지니고 있다. 독특한 풍치 때문에 서부극의 단골 무대가 되었다고 한다. 그 독특한 풍치가 무엇이냐 하면 전봇대처럼 사막 한 가운데에 우뚝 선 사막식물이다.

투손이 가까울수록 이 사보텐 형태의 기둥 같은 선인장이 사막 한 가운데에 돋아나 있는 광경을 흔히 볼 수 있다. 멀리서 바라다 볼 때 그것은 딱딱하고 건조한 사막 한 가운데를 용케 비집고 노루의 뿔처럼 돋아난 기이한 형태를 하고 있다. 아마도 뜨거운 사막 기후에 힘

겹게 적응하느라 이런 형태로 진화했을 것이다. 키는 웬만한 단층 집 지붕보다 훨씬 높고, 이층 집 창문에도 충분히 육박할 것 같았다. 뿐만 아니라 뱀 같이 구불구불 기어오르는 사막식물의 군락도 기묘한 형상으로 돋아나 있다.

투손은 사막 한 가운데에 위치해 있어서 몹시 건조하고 연중 내내 맑은 날씨를 보인다고 한다. 그런데도 내가 도착하던 날에는 공교롭게도 하늘이 흐리고 비가 쏟아지고 있었다. 십여 년 만에 내리는 비라고 한다. 고층건물이 별로 보이지 않고 잘 정돈된 거리는 깨끗하다.

주유소에 들어가 기름을 넣는데, 그곳 옆 마당에도 이 사막식물이 돋아나 있다. 굵기도 한 아름은 넘을 듯하지만 손가락 길이의 날카로운 가시가 돋아나 있어서 가까이 접근하는 것은 위험하다.

비 오는 아리조나의 투손을 접어들어 올드 투손 방향으로 곧바로 차를 몰았다. 그곳에는 올드 투손 스튜디오가 있다. 서부극 촬영을 위해 만든 세트를 그대로 관광지로 바꿔놓은 곳이다. 윌리엄 홀덴이 주연한 〈애리조나〉란 영화도 이곳에서 찍었다고 한다.

마침 때아닌 비가 와서 스튜디오의 시설들이 비에 흠뻑 젖어 있었다.

여러 가지 이벤트를 보여주려던 다양한 계획이 모두 취소되어 올드 투손 스튜디오를 구경하려던 관광객들은 모두 입구에서 돌아서고 있었다. 이곳까지 애써 달려왔는데 비 때문에 입구에서 그냥 돌아선다는 것은 너무도 아쉬운 일이었다. 그래서 마음씨 좋아 보이는 관리원에게 이곳을 보기 위해 수 만리를 달려 왔다고 말하자, 그는 잠시 망설이다가 나 혼자만 슬쩍 무료 입장을 시켜 주었다. 너무도 고맙고 감격적인 일이었다.

그의 특별한 배려로 스튜디오에 입장하여 나는 사진기를 들고 부리나케 구내를 한 바퀴 돌았다. 잠시 후 서부의 총잡이 사나이들로 분장한 몇 사람이 총을 쏘아대는 장면이 연출되었다. 내가 그들에게 흥미를 보이며 사진 촬영을 원하자, 서너 명의 사내가 일제히 총을 뽑아들고 달려와 곁에 서서 포즈를 취하는 바람에 한 순간 간담이 서늘해지는 듯했다.

서부 개척 시대 당시의 분위기를 그대로 연출해 놓은 길거리 풍경, 갈색 벽돌로 지어진 보안관 사무실, 술집, 총에 맞아 죽은 시체를 담는 관, 역마차, 옛날 식 증기기관차의 모습들이 그대로 실감나게 재현되어 있었다.

사실 우리들이 어릴 때 보았던 미국의 서부 영화란 얼마나 단조롭고 무미건조한 영화인가? 미국의 서부 영화 속에서는 총 잘 쏘는 사람이 곧 법이었고, 인디언이나 멕시컨은 바보스러운 들러리에 지나지 않았다. 거기엔 어떤 본질적인 삶의 갈등이나 고뇌를 중후하게 다룬 내용도 들어있지 않았다.

애리조나 소노라 사막박물관도 바로 가까운 곳에 있어서 가보고

싶었으나 발길을 돌려야만 했다. 피로에 지쳐 빨리 시카고로 돌아가고 싶은 생각이 먼저 앞섰던 것이다. 투손의 식품점에 들어가 당근이랑 고기랑 몇 가지 식료품을 구입했다.

투손을 빠져 나와 다시 동쪽을 향해 달리는데 이윽고 비가 개이고 고속도로의 저편 하늘에 무지개가 영롱하게 떴다. 언제 어디서나 무지개를 바라보는 일은 즐거운 일이다. 기분이 산뜻해진다.

그러나 한참 뒤에 비가 다시 뿌리기 시작했다. 무거운 구름이 낮게 드리웠다.

내가 가는 곳으로 검은 구름이 뒤를 밟아 오는 것 같다.

벤슨과 윌콕스를 지나고 뉴멕시코주의 로즈버그란 곳에 이르러 나는 더 이상 전진할 수가 없었다. 오늘 하루 많은 거리를 달려 왔으니 이젠 이쯤에서 하루를 쉬어야겠다. 마침 조용하고 깨끗한 휴게소도 나타났으니 자동차 위에 떨어지는 빗소리를 들으며 일찌감치 몸을 눕히자.

밤은 점차 깊어 가는데 비는 줄곧 오락가락 한다.

## 뉴멕시코의 붉은 고추

　새벽에 요란한 빗소리에 눈을 떴다.
　좀더 쉬고 싶었으나 언제 비가 그칠지도 모르고, 공연히 발이 묶여 있는 것은 즐겁지 않은 일. 조심스럽게 차를 몰아 로즈버그를 출발했다.
　원래는 90번 국도로 빠져서 앨버퀴키 쪽으로 올라가려 하였으나 빗길을 달리는 일에 자신이 서질 않아서 경로를 바꾸었다. 데밍까지 달려가서 그곳에서 26번 국도를 타고 해치란 곳으로 가서 25번 도로와 연결하는 방식이다.
　데밍으로 들어설 무렵 날이 밝았다. 그곳 맥도날드에서 잠시 쉬면서 아침식사를 하고 자동차에 기름도 채웠다.
　25번 국도는 매우 조용하고 아득한 사막 가운데로 난 쓸쓸한 길이었다.
　해치로 접어드니 멕시컨들의 마을인지 몹시 가난하고 초라한 주택들이 보였다. 무슨 임시 막사처럼 보잘 것 없는 건축으로 세워놓았다. 그런데 집집마다 지붕 밑에 매달아 놓은 것이 매우 낯익은 모습이다. 무엇이냐 하면 바로 칠리라는 이름의 새빨간 고추이다. 먹어보지는 못했지만 몹시 매운 맛을 지니고 있다고 하였다. 큰 고추는 큰 것대로, 작은 고추는 작은 것끼리 서로 촘촘히 엮어서 매달아 놓았는데 지나가는 사람들에게 팔기도 하는 듯하였다.
　드디어 25번 도로로 접어들었다.
　그곳은 줄곧 사막의 연속이었으나 점점 높은 지대로 들어가는 느낌이 역력하였다. 멀리 눈을 이고 있는 산도 아련히 보이었다.
　통과지역에서 〈트루스 오어 콘시퀀시스〉란 매우 특이한 지명을 보았다. 직역하면 〈진실 또는 결과〉란 이름이었다. 이 이름과 관련하여 마을에 어떤 내력이 있는 것인지 궁금하였다. 마을 이름치고는 매우 철학적이고 사변적인 느낌이 들었다. 하지만 마을의 정경은 황량하고 볼품 없는 한낱 산간 마을에 지나지 않았다.

## 인디언의 성지 앨버쿼키

〈진실 또는 결과〉란 곳에서 한참을 더 북으로 달려 소코로, 벨렌이란 곳을 지나니, 드디어 앨버쿼키의 표지가 보였다. 이 이름은 원래 이 지역을 관장하던 멕시코 총독의 이름에서 유래되었다고 한다. 역사가 무려 2,500년이나 되는 뉴멕시코의 최대 규모의 도시로서, 세계 제 2차대전 이후로 도시가 급속히 팽창하였다고 한다.

미국 원주민들이 최초로 개척한 탓에, 지금도 도시의 상당한 부분은 인디언 문화의 분위기나 흔적이 남아있다. 관공서나 대학 건물이 인디언 푸에블로 방식의 구조에다 적갈색 흙으로 지어져 있고, 역시 그런 형태의 인디언 학교가 지금도 운영되고 있었다.

이곳에서 나는 푸에블로 인디언 문화센터를 찾아갔다.

자료의 설명서에 소개된 것보다 실제로는 대단히 빈약한 전시 내용에 불과하였다. 그들의 수예품, 그릇 종류, 각종 생활 도구, 회화 등이 박물관 형태로 전시되고 있었으나 별로 눈길을 끌만한 것이 없었다.

인디언 문화는 유럽 백인들에 의해 완전히 유린당하고 파괴되었음에도 이렇게 그 흔적을 어렵게 유지하고 있었다. 하지만 그것은 단지 존재의 확인이라는 그 이상도 이하도 아니었다. 박물관 공간보다도 쇼핑센터를 더욱 크게 만들어서 각종 장신구와 기념품 따위를 판매하고 있는 상혼(商魂)이 별로 유쾌해 보이지 않았다.

  나는 곧 거기를 떠나서 멀지 않은 곳에 위치한 올드 타운으로 찾아갔다.
  앨버쿼키의 옛 시가가 시작되었다는 거리는 이제 관광객들을 대상으로 상품을 팔고 있는 상가로 바뀌어져 있었다. 물론 주인은 대개 백인들이었고, 진열된 물건들은 모두 값비싼 수예품이나 수공품들이 많았다. 인디언들은 거리의 노천 가게에서 길바닥에 각종 수제품들을 늘어놓고 팔고 있었다.
  마침 오래된 성당이 하나 보여서 마당으로 들어갔더니, 포화에 맞아서 부서진 종이 하나 보였다. 1907년 빅토리아 양식의 아도비 벽돌로 만들어졌다는 성당은 현재 대대적인 수리 중에 있었다.
  성당의 이름은 산 펠리페.
  마침 문이 열려 있어서 슬쩍 들여다보았더니 마침 미사가 진행 중이었다.
  그래서 나는 얼른 안으로 들어가 뒷자리의 어느 한 곳에 서서 장엄하고 독특한 앨버쿼키 옛 성당의 미사 집전 광경을 지켜보았다. 신자들이 한 가득 자리를 메우고 있었고, 방금 성체 성사가 시작되기 직전이었다. 성당의 관계자가 뒤에 서 있다가 반가운 얼굴로 눈인사를 보내 왔다.

늦은 저녁, 앨버퀴키의 고풍한 성당 산 펠리페에서의 미사에 잠시나마 참석할 수 있었던 기억은 오래도록 나의 가슴에 남아있을 것이다.

## 산타페이

옛 도시의 한 모퉁이에서 나는 몹시 허전한 심정이 되어 버렸다.

처음부터 오래된 옛 자취를 기대했던 나의 욕심이 너무 지나쳤다. 나는 실망감을 참지 못하고 산타페이를 향해 올라갔다.

이 도시는 해발 7,000피트, 그러니까 약 2,333미터의 고원지대에 위치한 오랜 역사를 지닌 도시이다. 1610년경부터 스페인 사람들에 의해 개척되기 시작하였다고 한다. 미국 원주민의 영향을 받은 스페인 건축양식인 아도비 벽돌 건물이 도처에 즐비하다지만 깊은 밤이어서 우선 잠잘 곳부터 찾아야 했다.

씨얼스 상점 안으로 들어가 작은 기념품을 하나 구입하고, 맥도날드 앞 주차장에서 하루의 고단한 여장을 풀었다. 그곳이 너무 밝아서 조금 더 어둡고 한적한 공터를 찾아 이동하는데 경찰 백차가 가까이에 서성이며 나의 자동차를 주시하는 듯했다. 어쩌면 그가 나를 주시하는 것이 아니었을지도 모르나, 나는 콜로라도에서 당한 봉변의 기억이 떠올라서 즉시 맥도날드 주차장으로 되돌아가서 하룻밤을 지내기로 했다.

이윽고 밤이 깊어지자 고산지대 특유의 냉기가 점점 심해오고, 차디찬 강풍도 불어왔다. 침구와 옷가지를 있는 대로 꺼내어 깔고 덮고 냉기를 막아보려 하였다.

　아침에 일어나서 날이 밝아오는 산타페이 주변을 둘러보니 멀리 보이는 산정이 온통 하얀 눈으로 뒤덮여 눈부시다. 어제 평지에 비가 뿌릴 때 산 위에는 저렇게 눈이 왔었구나. 그 눈바람 때문에 바람이 그처럼 차가웠구나.

　이른 아침 맥도날드에 들어가 세수를 하고 햄버거를 먹고 있는데, 내 옆에 늙수그레한 오십대의 노숙자 여인 하나가 앉아서 제 나름대로의 아침식사를 한다. 쥬스 한 잔을 시켜서 다 먹고 난 빈 잔에 커피 프림을 여러 개 넣고, 거기에 설탕을 타서 이상한 음료를 만들어 주린 배를 채우는 기색이 보인다. 그런데 그의 몸은 노숙자답지 않게 몹시 비대하다.

　나는 구 총독 공관이 있는 플라자 거리로 차를 몰고 가보았다.

　구름은 낮게 드리웠고, 하늘은 잔뜩 흐리고 냉기를 머금어 바람은 쌀쌀하다. 1610년에 지어진 총독 공관은 스페인 시절의 유산이다. 이후 푸에블로 인디언, 멕시코, 미국으로 지배자가 바뀌었지만 20세기 초반까지 줄곧 사용되어 왔다고 한다. 현재는 역사박물관으로 사용되는데, 박물관 복도에는 남루한 원주민들이 수제품을 갖고 나와 노점을 열고 있다. 그들은 날씨가 추워서 손바닥을 오그리고 호호 불면서 더러는 발을 동동거리기도 하였다.

　주변에 라폰다 호텔, 원자폭탄이 제조되었다는 트루힐로 광장, 성 미겔교회 등이 있다고 하였으나 나는 별 흥미를 느끼지 않았다. 이곳의 올드 타운도 앨버쿼키의 그것과 너무도 흡사해 보였다. 텐사우전드 웨이브즈라는 노천 온천이 가까이에 있다고 하였으나 입장료가 턱없이 비싸고 해서 일부러 찾아가고 싶은 생각이 들지 않았다.

## 타오스 마을의 인디언 공동묘지

곧바로 북쪽 고속도로에 자동차를 올려 타오스를 향해갔다.
타오스 마을은 인디언 푸에블로 집단촌이다. 인디언들의 전통적인 마을 형태가 모진 파괴 속에서도 그나마 유지되고 있는 곳이다.
나는 아메리카 대륙에서 인디언들의 삶의 형편을 구체적으로 보고 싶었다.
하지만 막상 가서 지켜본 소감은 실망과 참담함뿐이었다.
붉은 진흙을 발라서 만든 타오스 인디언들의 거주 지역은 거의 부서져 가는 것을 수리하거나 손질해 놓았는데, 집집마다 모두 조잡한 기념품을 판매하는 상가로 개조되어 있었다. 민속촌의 분위기와 흡사하였는데, 입장료는 턱없이 비쌌고, 내부는 몹시 지저분하였다. 주민들은 거기서 살고 있는 것 같지 않았고, 단지 관광객들을 위해서 매일 출근하고 있는 것 같았다. 사진 촬영료는 10달러, 캠코더 촬영료는 20달러라고 아예 커다랗게 써서 붙여 놓았다.

나는 그 광경을 보고 사진 촬영을 할 생각이 없어졌다.

자본주의의 상혼만 잔뜩 스며들어 있었고, 한 마디로 역사성과 생명력은 사라진 마을이었다. 온통 앙상한 삶의 잔해만 남아서 구경꾼들의 야릇한 흥미를 건드리고 있을 뿐이었다. 오갈 데 없는 개들만이 아무 데나 뒹굴다 일어나 눈 덮인 먼 산을 바라보고 있을 뿐이었다.

타오스 부족들의 표정은 미래가 내다보이지 않고 그 어떤 밝은 희망도 기대하지 않는 듯한 어두운 얼굴이었다.

나는 마을 입구의 왼 편에 있는 인디언 공동묘지로 걸어가 보았다.

을씨년스런 나무십자가가 대충 엮어져서 허술하게 만들어진 흙무덤 앞에 꽂혀져 있었다. 그 초라한 흙무덤 앞에는 울긋불긋한 플라스틱 조화가 꽂혀서 어떤 비바람 속에서도 자신의 선명한 원색을 끝까지 유지하고야 말겠다는 듯한 쓸데없이 도전적인 자세로 서 있었다. 흙벽돌을 쌓아올려 지어졌던 묘지의 종탑은 절반쯤 무너져 비바람에 쓸리고 있었다.

낡고 사그라져 가는 묘표에서 가장 흔하게 보이는 성씨는 〈로메로〉였다. 한국으로 치면 장삼이사(張三李四)에 해당하는 듯하였다.

저 타오스 마을의 인디언들은 스페인식 이름을 하나씩 받아서 일생동안 사용하다가 자신들의 우울한 얼굴을 그대로 땅속에 묻은 것이다.

이제 젊은 날에 품었던 그들의 꿈과 희망은 이제 어디로 날아간 것일까?

나는 인디언 묘지 앞에 한참 서서 그들의 초라한 영생의 터전을 쓸쓸한 심정으로 물끄러미 바라보았다. 원래 고단한 삶이란 살아서나 죽어서나 별반 다를 바가 없는 것이다.

타오스 마을을 보고 난 뒤에는 엘 파소 쪽으로 다시 내려가야만 한다.

여정이 지치고 고달프다는 생각이 파도처럼 밀려온다. 온몸이 아프고 마음의 긴장은 한 겨울 난로 위에서 무르녹은 찰떡처럼 풀어져 있다.

타오스에서 남쪽으로 내려오는 518번 국도를 선택하여 하염없이 달려오는데, 국도변의 경치가 매우 깨끗하고 싱그럽다. 산타페이 국유림이 우거져 있는 아름다운 도로를 달려오지만 기분은 그다지 밝지 않다.

중로에서 차를 세우고 늦은 점심을 지었다.

늦가을의 햇살이 따사롭게 내려 쬐인다. 도로는 몹시 꼬불꼬불하여 자동차가 제 속도를 낼 수 없었고, 어느 틈에 황혼이 다가오는 기색이 보였다.

라스베이가스란 마을이 보였다. 이곳은 네바다 주의 환락 도시와는 전혀 다른 지역으로 이름만 같을 뿐이다.

## 3번 국도에서 만난 감격적인 일몰

25번 고속도로의 남쪽을 잠시 달리다가 다시 3번 국도로 바꾸었다.

무려 83마일 정도나 되는 이 구간을 달린 기분은 정말 아름답고 고적한 충격으로 가슴을 채운다. 초반에는 리베라, 빌라누에바 등의 작은 인디언 마을들이 하나 둘 보이다가 아주 인적이 끊어진 초원지대가 펼쳐졌다. 그런 상태는 서너 시간 이상 계속되었다. 사방을 둘러보아도 지평선만 보이는 아득한 광야였다.

이렇게 한참을 달리노라니 마치 온 우주에는 내가 몰고 가는 하얀 자동차와 나 혼자 뿐인 듯한 착각이 들었다. 소를 방목하는 사람들이

비를 피하려고 지어놓은 허술한 건조물이 이제는 다 부서진 채로 방치되어 을씨년스런 분위기로 서 있는 광경이 이따금 보이었다.

그 쓸쓸한 집엔 지금 누가 살고 있는가?

이 세상에서 버림받은 영혼들이 아마도 저런 곳에 들어가 자신의 고단한 시간을 휴식하고 있는 것은 아닐까?

이 적막한 곳에 이윽고 땅거미가 덮여왔다.

하늘은 불그레한 기운으로 물이 들더니 점차 신령스런 보랏빛으로 변하면서 얼마 뒤에는 흑갈색 어둠이 대지를 뒤덮기 시작하였다. 이곳에서 바라본 장엄한 일몰의 광경은 나로 하여금 이 세상에서 한 번도 경험하지 못한 어떤 신적인 기운에 휩싸이게 하였다.

이런 곳에서 만약에 자동차가 고장이 나서 갑자기 서버린다면 어떻게 될 것인가? 나는 넓은 벌판에 그대로 갇히고 말 것이었다. 그런 생각을 하니 넓은 벌판이 갑자기 너무도 불편한 구속의 공간으로 느껴져서 한시바삐 이곳을 빠져나가고 싶은 생각이 들었다.

제주도의 어느 시인은 그곳 주민들이 일생을 수평선에 갇혀서 살아간다는 상상을 한 바 있는데, 그 구속과 감금의 수평선이 여기서는 지평선이었다.

길은 가느다란 외줄기로 한 가닥 실낱처럼 좁고 길게 이어져 광야의 저쪽 끝으로 타고 가물가물 사라졌다. 그 모든 것이 일몰 속에서 슬금슬금 지워지려 하고 있었다.

이 길은 내가 현재 황야에서 빠져나갈 수 있는 유일한 통로이다.

만약 저 길이 없다면 나는 광야에 고스란히 갇혀서 하얀 촉루를 이 벌판에 묻을 수밖에 없을 것이다. 들판의 여우나 독수리가 찾아와 나의 마지막 유체를 다스리고 정돈하리라. 이런 상상을 하노라니 등골이 오싹해졌다. 하지만 나는 지금 이런 쓸쓸한 광야를 앞만 보고 달릴 수밖에 없었다.

이렇게 몇 시간을 달렸을까?

영원히 빠져나가지 못할 것 같던 광야에 이윽고 사람의 불빛이 보이기 시작했다. 한참만에 듀란이라는 아주 작은 마을을 하나 만날 수 있었고, 이곳에서 엘파소로 빠지는 54번 국도로 빠져나올 수 있었다.

## 카리조조 마을에서 잠들다

54번 도로는 3번 도로보다 그래도 덜 적막하다. 왜냐하면 이 국도를 달리는 자동차들이 제법 있기 때문이다. 하지만 54번 도로의 주변도 황량한 사막지대의 형편을 벗어나지 못했다.

커다란 트레일러들도 자주 앞질러갔다. 나는 캄캄한 황야의 국도를 따라 어둠을 헤치고 조금씩 전진해갔다. 더러는 앞차의 꽁무니에 달린 빨간 등불을 보고 뒤따르면 되었으나, 내가 뒤따르는 것이 달갑지 않은 그 앞차는 쏜살같이 속도를 내어서 시야를 떠나버렸다. 그리고 나면 또다시 막막한 어둠이 눈앞에 엄청난 눈사태처럼 달려들었다.

내가 사막 한 가운데를 깊은 밤에 자동차를 몰고 가는 모습을 공중에서 볼 수 있다면 캄캄한 보자기 위에 오직 한 줄기 노란 형광의 빛을 일정하게 밀고 나가는 쓸쓸하고 외로운 점에 불과할 뿐이리라.

이런 어둠 속을 자동차의 상향등을 높이 켜서 길을 멀리까지 밝히고 약간의 오르막을 오르고 있을 때였다. 저 멀리 오르막의 끝 언저리쯤에서 사슴 한 가족이 밤의 도로를 가로질러 건너편 들판으로 들어가는 광경이 눈에 띠었다.

어떤 젊은 놈은 머리의 뿔을 고상한 자세로 높이 치켜들어 이쪽을 힐끗 보며 자신의 위용을 잠시나마 드러난 불빛에 뽐내는 기색이 역력하였다. 그 뒤를 어린 사슴들이 잰걸음으로 뛰면서 건너갔다. 나는 자동차의 속도를 늦추고, 사슴 일가가 도로를 무사히 건너갈 때까지 도로 위를 환하게 밝혀 주었다.

하기야 어둠에 원래 익숙한 저 사슴 떼는 내 자동차의 불빛을 오히려 불편해 할지도 모른다. 불빛이 그들의 도로횡단에 도움을 줄 것이란 생각은 나의 일방적 판단이기가 쉽다. 그러나 내 마음은 오로지 사슴 떼를 위시한 대자연의 질서에 조금이라도 도움이 되려는 자세로 따뜻하게 열려져 있었다.

54번 국도의 한 작은 소읍인 카리조조에서 나는 잠잘 곳을 물색하였다.

이름의 음율적 느낌이 매우 특이하였다. 카리조조는 이미 엄숙한 밤의 질서에 따라 조용한 기색으로 적막하게 누워 있었다. 길거리에 오가는 사람은 하나도 보이지 않았으며, 단지 카리조조의 한 군데 술집만이 불을 밝히고 잠 오지 않는 주민들을 무작정 받아들이고 있었다.

뚱뚱한 부부, 늙은 대머리의 사내, 엄정한 기율에 묶였다가 잠시 빠져 나온 듯한 하급 병사, 남루한 작업복 차림으로 두 손을 바지주머니에 찔러 넣고 두리번거리며 술집 문을 열고 있는 중년 사내 등등. 그들은 모두 술집 문을 열고 들어가 다시는 이 세상으로 되돌아나오지 않을 것처럼 보였다.

밤의 술집 문은 자신의 입구에 덫을 설치해놓고 이런 외로운 사람들을 나꿔채서는 다시는 바깥세상으로 내보내지 않을 것이다. 술집 내부의 광경은 보지 않아도 뻔할 것이었다. 그들은 웃고 떠들고 점차 얼굴에 달아오르는 알콜의 후끈한 기운을 천천히 즐기며 술집에 체포된 시간을 즐기고 있을 터였다.

이런 시간 바깥 세상에는 찬바람이 불고, 한국에서 온 떠돌이는 자동차안에서 쌀을 씻고 밥을 짓는다. 코펠에 물을 붓고, 불린 쌀을 버너 위에 올려두었다. 이윽고 밥 냄새가 구수하게 나고 천천히 뜸을 들이는 동안 카리조조 술집에는 몇 사람의 술꾼이 새로 와서 술집 안으로 들어갔다. 술집 안에서도 두어 사람이 나와서 차를 몰고 돌아갔다.

음주운전은 미국과 한국이 다를 바 없었다. 거나한 기분으로 그들은 차를 몰고 돌아갈 것이었다. 늦은 밤 식사를 마친 후 나는 술집 뒤의 안전한 장소로 자동차를 옮겼다.

이미 깊은 밤이라 하나 둘 밤의 카리조조 술집이 주는 온갖 유혹과 만류를 뿌리치고 비틀거리는 걸음으로 빠져나오는 사람이 있었다. 나는 자동차 안에서 몸을 낮추고 기척을 죽였다. 뚱뚱하고 늙은 부부는 내 자동차 옆에 와서 다소 취한 듯 비틀거렸다. 남자가 담벼락에 대고 오줌을 누는 것 같았고, 누구인지 방귀를 뿡하고 뀌는 소리가 들렸다. 〈오 마이 갓!〉 하고 외치는 목소리로 보아 여인이 실수를 한 모양이었다. 그들은 탱크를 방불하게 하는 커다란 트럭을 타고, 요란한 엔진 소음을 뿌리며 그곳을 떠나갔다. 나는 카리조조 술집 뒤편 주차장 자동차 안에 누워서 고적한 수면 속으로 빠져들었다.

### 알라모고르도의 신선한 아침

아직 이른 새벽이었다.

사물은 뚜렷이 보이지 않았지만 곧 동녘이 밝아올 것은 분명하였다. 카리조조를 벗어나니 아득한 어둠의 들판이 펼쳐졌다. 이렇게

40마일 이상을 달리니 한 도시가 나타났다. 알라모고르도라는 멕시코 분위기가 느껴지는 이름이었다.

이 소읍은 그제야 아침을 맞이하여 두런두런 홰를 치며 깨어나는 닭처럼 천천히 움직이고 있었다.

알라모고르도의 간이식당 맥도날드는 아침 햇살을 받아 하얀 건물이 눈부시게 빛나고 있었다. 멕시컨으로 보이는 청년 둘이 식당 건물 바깥으로 잇대어 낸 투명 유리 위의 물기와 먼지를 익숙한 솜씨로 닦아내고 있었다.

이곳에서 아침의 모든 일과를 가다듬고 간추린 다음, 70번 도로로 옮겨 타고 라스크루시스 방향으로 차를 몰았다. 그곳으로 가면 화이트 샌즈 국정기념물을 볼 수 있기 때문이다. 뉴멕시코주의 아침 바람은 신선하였다. 일정한 크기로 줄지어 세운 군부대 막사가 길가에 보였다. 군대의 건물은 어디나 획일적인 느낌이다. 그곳은 미국 공군 부대가 주둔하고 있는 지역이었다.


## 화이트샌즈의 기이한 모래 언덕

그곳을 통과하자마자 화이트 샌즈의 표지판이 나타났다.

끝없이 펼쳐진 하얀 모래가 마치 아프리카의 사하라 사막에라도 온 듯한 착각에 빠지게 한다. 한참 걷다보면 눈 쌓인 들판처럼 보이기도 한다.

이곳은 앞서서 데스 밸리에서 보았던 샌드 듄보다도 더욱 대규모의 사막이다.

그런데 거기와 다른 특징은 모래들이 모두 곱고 보드라운 소금이나 설탕 같은 느낌이 들 정도로 온통 흰 빛깔이었다.

사막의 초입에는 유카리를 비롯한 사막식물들이 드문드문 모래 속에 돋아난 광경이 보였으나 좀더 안으로 들어가자 완전한 모래벌판이 펼쳐졌다.

그 모래벌판 한 가운데를 제설차처럼 길을 내고 다니는 모래 제거차의 모습이 보였다. 제설차라는 어법으로 말하자면 이른바 제사차(除砂車)라고나 할까? 이런 차가 매일 다니는 것을 보면 모래를 치운 후에도 곧 바람이 도로 위에 모래를 뒤덮어 길을 없애는 모양이다.

'사막의 심장'이라 이름 붙은 가장 안쪽까지 가보았다.

아득한 모래 벌판을 젊은 남녀 한 쌍이 걸어갔다가 돌아오는 광경이 두 개의 작은 점으로 보이었다.

미시건 주에서 왔다는 초로의 부부 여행객이 비만한 몸을 이끌어 사막의 능선에 올랐다가 되돌아 나왔다. 그는 내 자동차의 일리노이 번호 판을 보고 호감을 표시했다. 딸을 방문하러 일리노이주를 가끔 들린다고 했다. 그는 이곳 화이트 샌즈도 여러 번 방문했는데 올 때마다 그 느낌이 다르다고 말했다. 하지만 어떻게 다르냐는 나의 질문

에는 별로 뚜렷한 대답을 하지 못했다. 그는 화이트 샌즈 입구에 모래사막 박물관이 있어서 기록 필름도 보여줄 뿐만 아니라 기념품 판매점도 있다고 친절하게 일러 주었다.

화이트 샌즈를 뒤로하고 나는 다시 알라모고르도 시내를 통과하여 82번 국도로 자동차를 올렸다. 이 방향은 엘파소로 가는 길이 아니다.

구리와 석유정제업이 발달했다는 이 엘파소를 나는 방문지에서 제외했다. 왜냐하면 여행의 후반기에 몸도 마음도 많이 지쳤을 뿐만 아니라 또다시 멕시코 국경을 넘는 일이 지극히 마뜩치 않았기 때문이었다. 엘파소는 인구 50여만 명에 지나지 않는 작은 국경도시이다. 텍사스주 서단에 위치하며 리오그란데 강을 사이에 두고 멕시코와 인접해 있다. 멕시코 쪽 마을 이름은 후아레스. 국경을 넘는 방법은 티후아나와 꼭 같다. 그 밖의 특별한 볼거리가 없었으므로 엘파소를 건너뛰기로 했던 것이다.

82번 국도 주변은 온통 목장 지대와 과수원으로 이어져 있었다.

깨끗하고 조용한 농업지역으로 아늑한 평화가 깃들여 있는 듯하였다.

하이롤스, 메이힐, 엘크, 호프 등을 거쳐서 아티시아로 줄곧 이어지는 매우 아름답고 인상적인 도로였다. 휴양지도 있었고, 스키를 타는 지역도 보였다.

나는 중로의 어느 한 지점에 자동차를 대어놓고 알라모고르도의 식당 버거킹에서 사온 후퍼라는 이름의 햄버거로 늦은 점심 식사를 했다. 하지만 햄버거의 온기가 완전히 식어버려서 맛은 현저히 떨어졌다. 이런 종류의 음식은 뜨거울 때 먹어야 맛이 있다.

## 칼즈배드 동굴에서의 창세기 체험

아티시아에서 285번 국도를 남쪽으로 타고 내려오면 칼즈배드와 만나게 된다.

칼즈배드에 도착하니 이미 땅거미가 내리고 있었다. 그곳 맥도날드 주차장에서 잘까 하고 생각하였으나 좀더 달려서 일정을 단축해 둘 요량으로 길을 떠나 62번 국도를 통해 화이트 시티에 도착했다.

그곳으로 가는 동안 서녘 하늘에서 펼쳐지는 너무도 황홀하고 감동적인 저녁 노을을 바라볼 수 있었다. 기막힌 절경에 줄곧 탄성이 터져 나왔다. 결국은 중간에 자동차를 세우고 사진을 찍기까지 했다. 아무리 사진이 잘 찍힌다 한들 실제로 눈으로 보면서 가슴에 담아두는 감동과 어찌 비교할 수 있으랴.

화이트 시티는 칼즈배드 동굴로 가는 어구에 있는 아주 작은 마을에 지나지 않았다. 데스 벨리 부근의 작은 마을인 스토브 파이프 웰즈란 곳에서 겪었던 악몽이 떠올라 이곳에서 과연 편하게 잘 수 있을까 염려하다가 쓸데없는 객기를 부렸다.

기왕 이렇게 늦은 것, 칼즈배드 동굴 입구까지 한 번 올라가 보자는 생각을 한 것이었다. 하지만 나의 이러한 생각은 전혀 무리에 불과했다.

이미 해가 져서 캄캄한 어둠이 뒤덮은 산길을 조심스레 운전하며 동굴로 다가가는데 불과 10마일도 채 안 되는 길이 왜 그리 멀고도 먼지. 깊은 밤 자동차 불빛에 드러나는 양편 산길의 돌과 바위들이 어찌 그리도 무섭고 음산해 보이는지.

나는 숨을 죽이고 긴장 속에서 천천히 차를 몰고 올라갔다.

하지만 힘들게 올라간 칼즈배드 동굴 입구는 칠흑 같은 어둠뿐이었고, 거기서 캠핑은 절대로 금지되어 있었다. 그곳 일대를 수시로 감시하는 공원 경찰의 자동차가 중간에 정차하고 있는 광경도 보았던 터라 나는 곧 힘들게 올라갔던 길을 되돌아 내려오고야 말았다.

화이트 시티에 내려와서도 사정은 마찬가지였다.

작은 마을의 안전관리요원이 밤새도록 자동차를 몰고 다니며 불법 주차를 단속한다는 것이었다. 하는 수 없어서 나는 꾀를 내었다. 관리요원에게 먼저 찾아가 신분을 밝히고 인사를 청하였다. 뜻밖에도 그의 인상은 그다지 차갑게 느껴지지 않았다. 나는 내일 새벽에 칼즈배드에 사는 친구가 나를 데리러 올 때까지 자동차를 주차시켜 두겠다고 둘러대었다. 그러한 덕분인지 관리요원은 밤새도록 순찰을 다니면서도 나의 자동차에 대해서 별다른 의심을 두지 않았다.

나는 자동차 안에서 낮에 사두었던 돼지고기에 양념을 재어서 찌개처럼 덮은 요리를 만들고 늦은 저녁식사를 하였다. 줄곧 긴장 속에서 해치우는 식사라, 마음이 편치 않았다. 화이트 시티의 상점 앞 주차장에 차를 대고 밤을 지내었다.

어슴프레한 새벽에 잠이 깨어 곧바로 칼스배드 동굴로 올라갔다. 아직 미명이지만, 모든 산골짜기는 이미 밝아오는 아침을 준비하느라 분주하였다. 온갖 새와 동물과 벌레와 나무가 이런 준비에 바빠 보였다.

사슴 한 마리가 도로를 가로지르다 깜짝 놀라 길 건너편으로 자취를 감추었다. 그 녀석은 밤새도록 먹이를 찾아서 다녔을 것이다. 그러다가 날이 밝아오자 잠잘 곳을 물색하며 다니는 중이었으리라.

나는 칼스배드 동굴 입구의 주차장 부근에서 이 사슴 녀석들이 흘리고 간 똥을 발견했다. 막대기로 헤쳐보니 무슨 열매를 잔뜩 먹었는지, 새빨간 빛깔의 사슴 똥에는 역시 붉은 빛깔의 씨앗이 가득하였다. 사람도 사슴처럼 겸허한 식사를 하고 자연과 조화를 이루고 살아가면 깨끗한 똥을 눌 수 있을 것이라는 생각을 하고 혼자 쿡쿡 웃었다.

이곳은 석회암 지대를 중심으로 한 국립공원이다.

면적이 1만 헥타르가 훨씬 넘으며 세계 최대의 종유석 동굴이라고 한다. 가장 깊은 곳은 지하 316미터나 되고, 이곳까지는 엘리베이터로 곧장 내려갈 수도 있으며, 천천히 걸어서 내려가기도 한다. 나는 먼저 걸어서 내려가는 방식을 택하기로 하였다. 입장권을 사들고 건물을 나가면 안내 표지가 있다. 이 표지를 따라 걸어가면 동굴의 입구로 다가가게 된다.

바위 사이에 휑하게 뚫려 있는 입구는 너무도 무시무시한 어둠의 아가리를 벌리고 있었다. 이곳으로 몇 억만년 세월의 공기가 무시로 드나들었을 것인가?

박쥐와 기타 다른 생물들이 이곳 동굴의 깊은 어둠에 몸을 숨기려고 이 통로를 오르내렸으리라.

굴 입구로 내려갈수록 서늘한 공기가 몸을 감싸기 시작했다.

### 내 마음의 동굴

동굴은 깜깜한 어둠 속에서
수억 만년을 입을 벌리고 있었다
그러느라 동굴은 얼마나 턱이 아팠을까
동굴 앞에서 그의 흉내를 낸다고 입 벌리고 있었지만
나는 잠시도 못 참고 아파서 내내 다물지 못했다
오오랜 세월을
박쥐 노래기 지네
눈먼 고기들이
자신의 눈까지도 포기하면서
동굴 품에 보금자리를 틀고 알을 까고
자자손손 제 고향으로 여기고 살았건만
동굴은 마음속으로 그가 진정 기다리는 단 한 사람이 있었을 것이다
오늘 바깥 세상에는 축복처럼 하얀 눈이 소복소복 내리는데
나는 마치 동굴이 그토록 기다렸던 사람처럼
입구에 작은 발자국을 벗어놓고
동굴 속으로 천천히 내려간다

길은 외줄기로 아주 잘 닦여져 있어 결코 길을 잃을 염려는 없었다. 다만 하체가 약하거나 다리가 불편한 사람들은 경사진 내리막길에서 자칫하면 구를 위험이 있었다. 곳곳에 비상전화를 설치해 놓은 것도 이색적이었다.

엄청난 광장이 몇 개나 이어지는지 알 수 없었고, 그 광장에는 무시무시한 종유석과 석순이 돋아나 있었다. 어떤 곳은 너무도 아름다운 보석 같은 것이 천정과 바닥에 매달려 있었다. 컴컴한 굴속으로 내려갈수록 나는 두려운 생각이 들었다. 마치 염라대왕을 만나러 가는 길처럼 가슴이 떨려왔다. 어떤 곳은 깊이를 알 수 없는 구덩이가 수직으로 뚫려져서 수상한 어둠을 줄곧 토해내고 있었다. 나는 그런 곳으로 눈조차 주기 싫었다. 신비에 신비를 더한 극치라 아니할 수 없었다.

한참동안 넋을 놓고 동굴의 찬연한 변화에 시선을 빼앗기며 따라 오다가 드디어 바깥 세상이 그리워지는 시점이 다가왔다. 그쯤에서 빨리 지상으로 탈출하고 싶은 충동이 왈칵 들었다. 엘리베이터가 있었지만 잠시 후에 떠나기로 하고 나는 그 주변에 설치된 지하 동굴 카페에서 따뜻한 커피 한 잔을 마셨다.

천장은 온통 울퉁불퉁한 천연 바위굴이요, 바닥은 시멘트 타일을 깔아서 평평한 건물의 실내였다. 냉장고도 가동되고 있었고, 점원들은 마치 신전에서 일하는 제사장처럼 엄숙하고 조용한 얼굴로 사람들을 대하고 있었다. 말이 났으니 말이지 그들이 하루 온종일 지하에서 일하는 심정이란 얼마나 답답할 것인가? 엘리베이터에서 근무하는 노파는 차디찬 백랍 같은 표정을 하고 있었다. 내가 궁금한 것 몇 가지를 물어도 그 어떤 표정의 변화를 보여주지 않았다. 지난여름, 이곳을 많은 관광객들이 몰려왔을 때는 그야말로 악몽이었다고 말하며 머리를 가로 저었다. 나는 우울한 그녀를 엘리베이터 안에 그대로 둔 채 후닥닥 뛰어 나왔다.

곧바로 밝은 세상이 가까이에 보이었고, 그곳에는 찬란한 일광이 내려 쬐고 있었다.

아! 얼마나 다행한 일인가.

칼즈배드 동굴을 나와서 나는 미련 없이 그곳을 떠났다. 역시 지하에 숨어서는 결코 살아내지 못할 것이었다.

## 텍사스주에서 별을 보며 잠들다

180번 도로를 타고 내려오다가 652번 국도로 바꿔 타고 달리게 되었다. 거기서부터는 텍사스주의 시작이 된다는 표지가 커다랗게 쓰여져 있었다. 시간도 센트랄 타임이 적용된다는 안내도 보였다. 나는 반가움에 먼저 시계바늘부터 맞추었다.

다시 아득하고 황량한 사막의 연속이었다.

올라(Orla)라는 이름의 작고 쓸쓸한 마을을 지나 285번 국도로 바꾸어 달렸다. 거기서 피코스라는 마을을 지났고, 그곳 작은 맥도날드에 들어가 점심을 먹었다. 모든 것이 조용하고 쓸쓸하였으며 마치 시간이 정지되어버린 듯한 마을이었다.

나는 다시 길을 떠나 포트 스톡튼까지 당도하였다.

그곳에서 비로소 10번 고속도로를 만나 동쪽으로 달리기 시작했다.

오조나를 지나고 소노라를 조금 앞둔 곳에 이르러 날이 저물고 비도 제법 뿌리기 시작하였다. 도로의 노면이 젖기 시작할 때는 운행을 더 하지 않는 것이 상책이라 나는 휴게소에 들어가 잠잘 준비를 하였다.

텍사스주의 휴게소는 독특한 분위기를 지니고 있었다. 우선 휴게소의 쉼터가 모두 마차의 바퀴 형태로 기둥이 만들어져 있었고, 그 위에 지붕이 앉혀져 있었다. 멀리서 보면 커다란 마차가 여러 대 정거해 있는 듯한 장면을 연출하였다. 잠시 비가 그치고 달이 어슴푸레

동쪽 하늘에 올랐다.

실낱같은 초승달이었다.

잠시 후에 달은 지고 별 두 개가 서로 가까이에 마주 보면서 파들파들 반짝이고 있었다.

멀고 먼 하늘 위에 떠 있는 별과 지상에서 그 별을 바라보는 나의 시선 사이로 얼마나 많은 바람들이 오고 갈 것인가? 별이 반짝이는 것은 아마도 그런 까닭이 있으리라 생각한다. 아니면 밤새도록 잠들지 못하고 반짝여야할 어떤 이유라도 있는지 모르겠다.

서로 가까이 있는 두 개의 별을 한참 바라보고 있노라니까 마치 아기코끼리의 두 눈처럼 슬프게 보인다. 또 어떨 때는 바다사자의 파도에 젖은 눈처럼 반짝이기도 한다.

나는 자동차의 문을 열고 마치 조용한 가을밤 툇마루에서 귀뚜라미 소리를 들으며 밤하늘의 별을 보는 듯한 심정으로 그 두 개의 별을 바라보았다. 내 마음속에는 조용한 사색의 근원이 투명한 유리컵의 바닥으로 내려가는 하얀 양파의 실뿌리처럼 천천히 뻗어가기 시작하였다.


별의 생애


바람 속에 태어난
저 어린 별은
제 어미가 누구인지도 모르고
오늘도 캄캄한 우주 벌판에서 외롭게 반짝인다
어린 별이 땅 위의
가난한 나라 아이들과 밤새도록

서로 눈 맞추고 용기와 희망에 대해 이야기 할 때
자신의 한 생을 살아온
늙은 별은
흐뭇한 얼굴로 그 광경을 지켜보다
우주의 한쪽 구석에서
혼자 조용한 임종을 맞이한다
자욱한 눈보라 속으로 터벅터벅 걸어가서
영영 되돌아오지 않는
저 북극 에스키모 노인처럼

나는 이 아름다운 밤의 고요를 호젓이 즐기고 있었던 것이다.
잠시 후에 갑자기 느닷없는 밤비가 후두둑거리며 뿌리기 시작하여 나는 하는 수 없이 문을 닫고 말았다. 여전히 아쉬움이 남아서 줄곧 차창으로 그 두 개의 별을 고개를 빼어 내다보곤 하였다. 하지만 별은 사라지고 보이지 않았다.


## 새떼들의 비상사태

새벽 운전으로 하루 일과를 시작한다.
소노라를 지나고 정선을 지나서 커빌까지 달렸다. 중로에 비가 오다가 개다가 하는 궂은 날씨가 계속되었다. 캄캄한 새벽의 어둠은 과연 아침이 오기는 올까라는 의문을 불러일으키기에 충분할 정도로 여명은 밝아오지 않았다.
커빌에 오니 비로소 밝은 아침이 시작되었다.
커빌의 맥도날드에 들어가 그곳 주민들의 부산한 아침 식사에 나도 한 바탕 끼어서 하루일과의 준비를 하였다.

하루 온종일, 아니 한 평생을 찌푸리며 살아가는 것처럼 보이는 한 젊은 여성이 두 명의 아기를 데리고 와서 줄곧 짜증이 풀리지 않은 곤두선 얼굴로 내 옆자리를 오고 갔다. 그녀가 지나갈 적마다 휙휙 옷자락에서 바람이 일었다.

또 한 사람의 젊은 아기 엄마는 세 살쯤 되어 보이는 아이를 데리고 또 바구니에는 첫돌 정도밖에 안된 아기를 담아서 들고 들어왔다. 그런데 세 살짜리는 흰색이었고, 바구니에 담긴 아기는 검은 색이었다. 서로 아비가 다른 모양이었는데, 그 여성은 바구니의 아기가 너무도 어여쁜지 흐뭇한 표정으로 줄곧 어르는 표정이 보기에 좋았다.

찌푸린 커빌의 하늘 위에 무거운 구름이 드리웠다.

무슨 긴급한 사고라도 발생하였는지 텍사스의 경찰 자동차가 여러 대 요란한 경음을 뿌리며 쏜살같이 맥도날드 앞을 질주해간다. 그 뒤를 검은 깃털의 새떼들도 요란한 비명을 빽빽 지르며 달려갔다. 저 새떼들의 삶에도 무슨 비상사태가 발생하였나보다. 재미있고도 공교로운 장면을 발견하고 절로 웃음이 터져 나왔다.

커빌에서 샌안토니오까지는 그다지 멀지 않다.

나는 이곳까지 빨리 도착하여 그곳을 대충 보고, 곧바로 오스틴으로 가려고 한다.

자! 또다시 출발하자.

나의 여정은 오직 흐름 위에 있나니.


### 앨러모 요새

텍사스주의 남서부에 위치한 샌앤토니오는 앨러모 요새로 유명한 곳이다. 한국에도 존 웨인이 주연한 영화가 상영된 적이 있다.

샌앤토니오에 들어가 앨러모 요새를 묻고 물어 찾아갔건만 앨러모란 유적은 나에게 크나큰 실망만을 안겨 주었다.

앨러모는 1836년 텍사스 공화국의 장병들 188명이 이 성채에서 멕시코 군과 열 이틀 동안 격전을 펼치다가 전원 전사한 곳이다. 그로부터 두 달 뒤에 휴스턴 장군이 이끄는 텍사스 군은 〈앨러모를 잊지 말자〉는 기치를 앞세우고 맹렬한 전투를 벌여서 멕시코 군을 완전히 몰아내었다고 한다. 이 텍사스 공화국이 이로부터 9년 뒤인 1845년 미합중국에 가입하였다. 그러니까 앨러모는 텍사주의 기념비적인 장소라는 말이다.

해가 기울어 가는 오후에 내가 도착하였을 때 붉은 자켓을 입은 청년이 확성기를 들고 앨러모의 유래에 대하여 요란하게 설명하고 있었다.

앨러모는 별로 크지 않은 성곽이었고, 그 안에는 전투 당시 병사들의 유품과 상상도, 사진 등이 전시되어 있었다. 텍사스 주민들에겐 의미가 있을지 모르나 한국에서 찾아간 나에게는 아무런 흥미를 불러일으키지 못하였다.

위대하고 장엄한 대자연의 모습을 실컷 보아온 나에게 총과 칼, 전리품 따위가 진열된 것은 너무도 초라하고 볼품 없는 하나의 남루(襤褸)에 지나지 않았다. 자연은 아무리 보아도 싫증이 나지 않으나 인간의 흔적은 곧 실망과 좌절을 준다. 앨러모가 바로 그런 경우의 표본이었다.

샌앤토니오 강을 따라서 파세오 델 리오라는 멕시코 풍의 거리가 있다고 하였으나 이미 시간이 많이 경과되었고, 또 앨러모에 실망한 뒤끝이라 신속히 그곳을 빠져나가기로 하였다. 불원천리 찾아온 앨러모는 허탈감만 안겨주었다.

원래 여정으로는 멕시코만까지 나아가서 코퍼 크리스티를 보고, 해안선이 너무도 절경이라는 파드리섬 국정해안까지 진출하려 하였으나 나는 이 계획을 생략하였다. 거기서 올라오는 길에 휴스턴을 방문할 계획도 있었지만 이런 일정의 조절 때문에 그곳도 생략하였다. 휴스턴에는 나사우주본부가 있는 곳이다. 미국의 웬만한 우주개발 계획이 모두 휴스턴에서 이루어진다고 한다.

### 일부러 찾아간 오 헨리 기념관

새로운 여정에 따라서 나는 35번 고속도로를 북쪽으로 오르기 시작했다.
그 첫 번째의 도시가 오스틴이었다.
오스틴은 미국 본토에서 가장 넓은 텍사스주의 주도이다. 텍사스대학이 이곳에 있다. 재학생 수가 4만 명이 넘는 규모로 미국 전체에서 가장 큰 대학으로 알려져 있다. 인구는 그다지 많지 않으나 그 대부분의 구성이 공무원과 학생들뿐이라고 한다. 미국의 대통령으로 당선된 조지 부시가 바로 이곳 출신이다.
이곳에서는 단지 소설가 오 헨리의 기념관만을 보려고 한다.
본명은 윌리엄 시드니 포터.
22세에 노스캐롤라이나에서 오스틴으로 이주해 왔다. 현재 이스트 5가 409번지에 있는 오 헨리의 집은 1893년부터 1905년 사이에 머물면서 집필활동을 하던 곳이라 한다. 빅토리아 식으로 지어진 자그마한 단층 주택에는 오 헨리의 친필 원고, 각종 사진, 생활 유품 따위가 전시되어 있었다.
내용은 빈약하였고, 관리비가 부족한 듯 기금을 모집하고 있었다.

기념관을 관리하고 있던 한 노파가 기금모집에 참여하라고 권유하였으나, 별로 관심을 보이지 않자 매우 냉담한 태도로 자기 책상으로 가서 꼼짝도 하지 않는다.

『마지막 잎새』『크리스마스 선물』 등의 명 단편을 미국문학사에 남기고 있는 오 헨리는 오스틴에서 매우 고단한 삶을 살았던 것으로 보였다. 원래 약사였으나, 생활을 위하여 은행원으로도 일했다. 틈틈이 밴조와 피아노를 취미로 다루었고, 자신의 답답한 가슴을 만화로 표현하기를 즐겼다.

다른 사람들과의 송사에서 3년 동안 감옥에 갇혀 있던 시절도 있었다. 오 헨리란 필명은 이 옥중 시절부터 사용되었다고 한다.

문학인의 기념관이 이렇게 초라한 몰골로 방치되어 있는 광경을 보노라니 문화 일반에서 문학이 차지하고 있는 현주소가 그대로 드러나는 듯하여 입맛이 개운하질 않았다. 샌앤토니오에서 느꼈던 실망감이 다시 겹쳐졌다.

역시 인간의 자취는 유구한 자연의 영속성을 뒤따르지 못한다.

## 인간 케네디의 덧없는 자취

오스틴에서 부리나케 고속도로를 달려 템플, 와코, 힐스보로란 곳을 지나 달라스를 찾아갔다. 달라스에서는 1963년 11월22일 이곳에서 저격을 당하여 최후를 마친 미국의 대통령 케네디의 유적들이 남아있는 곳이다. 인구가 약 100만 명이 넘는다는 이곳은 대도시의 면모가 느껴졌다. 1841년 존 브라이언이란 사람이 트리니티 강 유역에 교역소를 세운 이후로 차츰 도시가 발달되었다고 한다. 금융업이 융성한 남부의 대표적인 상업 도시로 알려져 있다.

오스월드가 케네디를 저격한 건물의 6층에는 현재 케네디 기념관이 설치되어 있고, 시내 중심가에는 케네디 추모광장이 있다고 하여 황급히 그곳을 찾아갔다. 하지만 기념관은 이미 문을 닫은 직후였고, 9미터 높이의 하얀 기념비는 사방으로 쌓아올린 하얀 시멘트 구조물에 지나지 않았다.

내부는 텅 비어 있었다. 샌앤토니오, 오스틴에 이어 달라스에서도 인간의 자취에 대한 실망은 여전했다. 내가 무엇 때문에 미국 대통령의 흔적을 일없이 찾아다니는가? 이는 덧없는 짓이다. 이런 강렬한 반성이 들기 시작하자 더 이상 인간의 자취를 찾는 일에 염증을 느끼게 되었다.

30번 고속도로로 빠져나가는 길은 몹시 붐비었다. 그린 빌을 지나고 설파 스프링스라는 곳까지 도착하자 밤은 깊어가고 배도 몹시 고파왔다. 도로변에 중국식 뷔페 음식점이 보이기에 비 오는 길을 걸어서 찾아 들어갔으나 음식 맛은 매우 서툴기만 하였다.

너무도 폭우가 심하게 쏟아 부어서 그곳 가까운 맥도날드 앞으로 찾아가 하루를 묵고 갈 준비를 하였다. 자동차의 지붕 위로 굵은 빗줄기가 쏟아지는 소리가 너무도 큰 소리로 들려왔고, 실내의 모든 유리는 입김으로 희뿌옇게 변해서 바깥이 제대로 보이질 않았다. 이런 자동차 안에 누워서 타향의 빗소리를 듣는 일은 얼마나 처량하고 쓸쓸한 것인가? 비는 계속 내리고 나는 스르르 고단한 잠의 계단 아래로 미끄러지듯 빠져 내려갔다.

## 안개가 지배하는 세상

새벽 5시 반에 저절로 눈이 뜨였다.

아직 전혀 날샐 기미가 없이 캄캄하였으며 바깥 세상은 안개가 희뿌옇게 뒤덮여 있었다. 가로등 부근만 강렬한 불빛이 안개의 공격에 맞서 외로운 싸움을 벌리고 있었다.

안개는 온 세상을 덮고 있는 듯하였다. 시야가 약 30미터도 안되어 보였다.

다소 위험한 출발이라는 생각이 들었으나 그 자리에 그냥 눌러 있을 수는 없는 일. 안개가 걷히기를 기다린다면 오전이 다 가도록 안개는 걷지 않을 것이다. 오히려 자동차의 통행량이 적은 새벽 시간에 천천히 안전운전에 유의하면서 출발하는 것이 조금이라도 거리를 단축시킬 것이라는 판단으로 기어이 출발하고야 말았다. 안개의 성채는 너무도 거대하고 깊었다.

이런 안개 속에서도 트레일러들은 맹렬하게 질주하며 앞질러갔다. 그들은 안전을 위해 결코 속도를 늦추는 것 같지 않았다. 이렇게 깊은 안개의 바다를 무려 1시간 10분 가량이나 허우적거리며 헤쳐간다.

## 아칸소주의 초록 들판

　드디어 아칸소 주로 접어들면서 안개는 조금씩 엷어지기 시작했다.
　아칸소와 텍사스의 경계지점에 세워놓은 안내판에는 그곳이 대통령을 지낸 빌 클린턴의 출신 지역임을 알리고 있었다. 아칸소 주의 첫 느낌은 비교적 정돈된 분위기로 깨끗하고 영락없이 조용한 농업지역이라는 점이다. 넓고 한적한 들판에는 검고 누런 소들이 풀을 뜯고 있었으며, 소출을 마친 밭은 텅 빈 아득함으로 가득 채워져 있었다.
　나는 아칸소 주로 접어든지 세 번째 휴게소에 차를 세우고 아침 식사를 위해 쌀을 씻었다. 로스엔젤리스에서 사온 배추김치가 시어져서 이젠 자동차 안에 탁한 냄새를 풍기고 있다. 그래서 그것을 재료로 해서 김치국을 끓였는데 맛이 괜찮았다. 탁사르카나를 지나 호프란 곳을 지나는데, 또다시 클린턴과 관련된 안내 표지가 붙어 있다. 바로 이 호프란 곳이 클린턴의 출생지였다. 아주 작은 시골 마을이었다. 스프링필드에서는 공동묘지에 〈희망의 언덕〉이란 써놓은 표지가 있었는데, 이곳 희망의 언덕에서는 미국의 대통령이 배출되었구나.
　혼자 이런 생각을 하며 달리다 보니 곧 리틀록이 나타난다. 이 도시는 제법 큰 규모임을 알 수 있다. 하지만 별다른 특징이 없는 곳이라 그냥 지나치기로 했다. 이곳도 클린턴이 자신의 고향처럼 여기며 주지사로 근무했던 곳이라 한다. 아칸소 주는 어딜 가나 빌 클린턴의 흔적으로 가득하다.
　리틀록에서는 40번 고속도로로 바꿔서 달리게 되었다. 그 쪽이 멤피스로 가는 길이기 때문이다. 가도 가도 많은 화물차의 행렬에 휘말려 운전하기가 불편할 정도다. 이 화물차들은 매우 무서운 속도로 질주를 하며 항상 나를 앞질러 간다. 그럴 때마다 디젤 엔진에서 내뿜는 독한 매연이 코로 확 끼얹어진다.

날씨는 줄곧 흐리다.

워낙 많은 거리를 달려왔던지라 자동차의 엔진이 드디어 탈을 부리기 시작한다. 자꾸만 체크 엔진의 붉은 사인이 들어오는 것이다. 그래서 1마일 정도를 가다가 차를 급히 세워서 엔진을 식히며 다시 출발하곤 했다. 급기야 웨스트 멤피스에서 자동차 정비소를 찾아가 엔진 오일도 갈 겸 사정을 호소하였으나, 그곳 수리 기사들은 원인을 뚜렷하게 밝혀내지 못하겠다는 말만 되풀이했다. 역시 시골이라 어쩔 수 없는가 보다. 시카고로 돌아가서 자동차를 제대로 수리해야겠다. 그때까지는 괜찮아야 할텐데.

멤피스는 테네시 주의 남서부, 미시시피 강의 중류에 위치한 도시이다. 고대 이집트 말에서 멤피스는 〈살기 좋은 곳〉이란 의미를 지녔다고 한다. 비옥한 토지에서 이루어지는 면화재배는 대규모 농장의 건설로 이어졌다. 많은 흑인 노예들이 이곳에서 부려졌으리라. 오늘날 멤피스는 현대적인 상공업 도시로 변모했으나 록큰롤의 황제 엘비스 프레슬리가 14세에 이곳으로 이주해 와서 42세로 세상을 떠날 때까지 살았다는 사실이 멤피스를 더욱 유명하게 만들었다. 1957년에 구입했다는 엘비스의 저택 그레이슬랜드가 찾는 이들에게 공개되어 있다고 한다. 금으로 만든 피아노, 정글룸으로 불리는 그의 서재, 각종 트로피가 가득 진열된 방, 온통 호화 식기로 장식된 식당, 자동차 컬렉션 등이 있다고 했다.

하지만 사람의 자취에 줄곧 실망을 느껴온 나는 그곳을 방문하지 않고 그냥 통과하기로 결정하였다. 애써 현장을 찾아가 보았댔자 앞서와 마찬가지로 허전한 실망감만 안고 돌아올 것이 뻔했기 때문이었다.

멤피스에서는 55번 고속도로를 타고 드디어 북쪽으로 오르기 시작했다. 조금만 달리면 미주리주로 진입하고 거기서 다시 57번으로 바꿔 타면 나의 그리운 베이스캠프가 있는 일리노이주로 접어들게 되는 것이다.

## 혼자 취해서 흥얼거리는 노을

웨스트 멤피스에서 저 혼자 아름다움에 겨워 저녁 하늘에서 몽롱하게 취해 있는 황혼을 보았다. 고속도로에는 곧 깊은 어둠에 잠겨 들었다.
오시올라, 브리더빌 등을 지나서 미주리 주로 접어들었다.
미주리 주의 첫 휴게소로 들어가 잠시 휴식하였다. 그런데 휴게소 주변시설이나 화장실이 너무도 깨끗하고 잘 정비되어 있는 모습이 인상적이었다. 화장실에는 내가 처음 보는 매우 편리한 시설이 있었다. 손바닥을 들이밀면 자동센서가 작동하여 비누액이 손바닥에 조금 떨어지고 곧 물이 나온다. 일정한 시간이 지나면 바로 급수가 중단되고 이번에는 손을 말리는 핸드 드라이어가 저절로 작동된다. 이 모든 과정이 오직 한 곳에서 진행되는 것이다.
다시 길을 떠나 안개가 끼어 있는 지역을 지나쳤다. 다시 이번에는 안개가 전혀 없고 오직 별이 초롱초롱하게 떠 있는 곳을 통과했다. 서로 멀지 않은 거리에 있으면서도 이처럼 일기에 심한 차이가 난다.
사이키스턴에서 57번 고속도로를 바꿔 타고 일리노이 쪽으로 향하였다. 어마어마한 안개의 더미로 가득 차 있는 곳은 필시 미시시피 강에서 내뿜어져 나온 것이리라.

## 감격의 일리노이로

미주리 주를 통과하여 드디어 밤 10시경에 대망의 일리노이 주로 접어들었다.

두 주의 경계 지역에 미시시피 강을 건너가는 매우 커다란 교량이 있었다. 워낙 칠흑 같은 밤인데다 안개가 짙게 끼어 있는 상태라 강은 전혀 보이지 않았다. 막상 일리노이로 접어들긴 했지만 아직 시카고는 까마득하기만 하였다. 300마일도 훨씬 넘었다. 그만큼 일리노이 주 아래위로 길쭉하게 드리워져 있어서 방대한 영역이었다. 하지만 일리노이 표지판을 만나는 것만으로도 공연히 마음은 푸근하고 안정되었다.

안개는 점점 완강한 자세로 달려드는데, 자동차를 진행해 가기가 정말 아슬아슬하다. 자칫하면 코너 길에서 도로 밖으로 튕겨 나갈 위험도 있다. 그래서 속도를 최저로 낮추고 각별히 긴장을 곤두세우고 운전을 하였다. 울린을 지나 매리언으로 접어드니 드디어 하나의 휴게소가 나타났다. 그때의 반가움이란 이루 형언할 길이 없다. 이제는 누가 뭐라고 하든 이곳에서 이번 여정의 마지막 밤을 쉬고 가야 한다.

휴게소는 모조리 안개 속에 잠겨서 보이지 않고 다만 휘황한 가로등 주위만이 안개를 부분적으로 거부하고 있을 뿐이었다. 나는 조용하고 정갈한 느낌이 드는 텅 빈 휴게소로 들어가 세수를 하고 자세를 느긋하게 하여 운전의 긴장을 풀면서 일리노이 지도를 들여다보았다.

이제는 시간이 모든 것을 해결한다.

한시라도 빨리 숙소로 돌아가고 싶은 마음이 드는 것은 이번 여행의 일정이 고단하고 그만큼 힘들었다는 뜻이리라. 숨가쁜 여정을 나는 얼마나 촉박하고 분주한 걸음으로 다녔던 것인가. 나를 태우고 다닌 저 하얀색 다지 캐러밴 자동차는 나름대로 얼마나 죽을힘을 다해 달렸던 것인가? 급기야는 탈이 나서 체크 엔진에 줄곧 경고 등이 들어오는 것이다. 지나친 운행에 시달리면서도 자신의 고달픔을 말로써 표시하지 못하는 자동차가 나에게 표시하는 경종임에 틀림없다. 운행에는 별 지장이 없지만 이 경고 사인이 들어온 채로 운행하는 기분은 썩 불편하였다.

여행을 마치고 돌아가는 기분이 이번에는 그다지 밝고 개운하질 않았다. 왜 그럴까? 몸은 너무도 피로하고, 마음도 지쳐 있었다. 매리언 휴게소의 안개 자욱한 밤은 고즈넉이 깊어만 갔다.

요란한 새소리 속에서 잠이 깨었다.
안개는 여전하였으나 어젯밤보다는 한결 줄어든 느낌이었다. 조심스레 차를 몰아서 일리노이의 벌판을 아래에서 위쪽으로 거슬러 올라갔다. 오전 6시 14분이었다. 시간이 갈수록 안개의 두께는 엷어져 갔다.
한 자동차가 길가에 비상등을 켜고 정차해 있기에 무엇을 하는지 궁금해서 힐끗 고개를 돌리고 보았더니 송아지 만한 사슴을 치어서 그것을 도로 가로 끌어내고 있는 중이었다. 일리노이 특유의 지평선이 보이는 광활한 들판이 서서히 안개 속에서 드러나기 시작했다.
길가의 숲들은 단풍의 절정을 이미 지나고 잎들이 모두 말라서 오그라들거나, 일부는 낙엽을 떨구고 있었다. 마운트 버논에 도착하여 그곳 맥도날드에 들어가 아침식사를 해결했다. 기름도 새로 가득 채웠다.
이곳부터는 시카고가 300마일 남았다는 표지판이 자주 보이었다.

## 다시 가본 오챠드 옛집

에핑햄과 매툰을 지나서 스프링필드에는 정오 무렵에 도착하였다.
이제부터는 한결 마음이 편하다.
이곳은 지난 봄 내가 미국에 와서 맨 처음 보금자리를 내렸던 곳이 아닌가?
시카고로 거처를 옮긴 후에 일부러 한 번 찾아오고 싶었던 곳이다. 나는 지난 봄 내가 세 들어 살던 오챠드 다운을 먼저 가보았다.
1806호의 반지하 주택은 여전한 모습이었지만 우편함의 이름은 웬 중국인 유학생으로 여겨지는 〈왕〉과 〈티엔〉으로 바뀌어져 있었다. 바깥쪽 창문과 출입문에는 붉은 색종이를 커다랗게 오려서 만든 기쁠 희(囍)자를 붙여 놓았다. 그들은 분명히 자신들의 삶에 기쁨이 가득 들어오기를 갈망하고 있는 것이다. 세상 밖에서 길을 잃고 돌아다니던 기쁨의 사금파리들이 모조리 그 집 창문과 현관으로 담뿍 몰려오기를 원하는 뜻일까? 나는 진심으로 그들이 기쁨을 얻으려는 노력과 갈망이 성취되기를 축복해 주었다. 예전에 살던 집을 다시 찾아가 보는 기분은 야릇하였다.

### 살던 집

살던 집
문 앞에 우두커니 섰다가 왔다
말로는 주인 잃은 우편물 찾아본다 했으나
나는 무엇보다도

살뜰했던 옛집이 그리웠다
밝은 웃음소리가 들리는 듯했다
도란도란 이야기 소리도 들려오는 듯했다
더욱 다가가 귀 기울이면
텅 빈집의 공허만이 메아리처럼 쓸쓸하게 되돌아왔다
집 앞에는
혼자 눈 감고 서서
바람을 휘젓는 느릅나무의 팔
그 아래 내려와 가만히 풀밭을 뒤지는 다람쥐
고즈넉한 분위기는 여전했지만
구름 낮게 드리우고
깃털이 곱던 새도 떠나고 없었다

 그 다음으로는 매도브룩 공원 주변을 둘러보았다.
 파릇파릇 돋아나는 새싹은 얼마나 나의 가슴을 싱싱한 생기로 가득 채워주었던가? 한 여름 밤의 무더위와 습기 속에서 매도브룩의 수풀을 찾아가 별처럼 반짝이는 반딧불을 보려고 어둠 속에서 숨죽이던 기억은 이제 얼마나 아름다운 추억이 되고 있는가? 늦가을 매도브룩 공원은 조용하였고, 아이들을 데리고 나온 젊은 부인네와 노부부들만이 이따금 거니는 정도였다.
 한국식품점 엠코를 찾아가 늘 반색하며 맞이해 주던 주인 아주머니와 새삼 작별 인사를 나누었다. 그림 공부를 하려고 미국에 왔다가 결국 슈퍼마켓을 하며 눌러앉게 되었다고 했다. 그녀는 내가 아직도 스프링필드에 살고 있는 것으로 알고 그 동안 왜 그리도 발길이 뜸했느냐고 의아한 표정으로 말했다.
 다시 그곳을 떠나 찾아간 곳은 마이어라는 대형 슈퍼마켓이었다.

이곳에서 나는 항상 부식 재료들을 구입했었다. 시카고의 슈퍼마켓인 코업과 비교하면 훨씬 크고 풍성하였으며, 사람들의 자세도 여유로와 보였다.
　그러고 보니 스프링필드라는 적절한 크기의 도시가 시카고와는 비교가 되지 않을 정도로 한가롭고, 여유로운 삶의 자세를 나타내 보이고 있었다. 시카고에서의 생활은 어쩐지 숨가쁘게 느껴졌고, 사람들의 표정도 경멸과 무시와 번잡이 많은 곳이라는 생각이 들었다. 하기야 모든 대도시의 특징이 바로 그런 것이 아닐까.

## 시카고를 향하여

　이윽고 해도 지고 어둠이 깔리기 시작하는 저녁.
　나는 스프링필드 마켓 플레이스 뒤쪽 도로를 타고 다시 시카고를 향해 길을 떠났다. 랜투울, 팩스턴, 질만 등을 지나서 캔카키를 통과하였다. 수시로 체크 엔진에 불이 들어와서 자주 자동차를 세우고 엔진을 조금씩 식히며 달렸다. 캔카키를 지나올 때는 이미 찬란한 노을이 서편 하늘 위로 장엄하게 펼쳐지고 있었다. 석양은 서쪽으로 넘어가면서도 찬연한 빛을 온 하늘에 뿌리고 있다. 하지만 그 빛을 모두 거두어서 서쪽 하늘 너머로 사라진다. 해가 넘어가고 난 하늘은 온통 검은빛과 회색 빛 어둠만이 침침하게 남아있을 뿐이다. 팩스턴에서는 시가 입구의 공터에 자동차를 주차시켰는데 어두컴컴한 공동묘지의 십자가들이 바로 눈앞에 보이는 곳이어서 공연히 소름이 끼쳤다.
　시카고의 외곽지는 127번가에서부터 시작되고 있었다.
　이미 캄캄해진 시카고 남부의 하이드파크 흑인 구역을 밤 아홉 시가 넘어서 통과해 올 때는 더럭 겁이 나기도 했다. 한 떼의 흑인 청소년들이 거칠고 격한 동작으로 밤거리를 맹수처럼 몰려다니고 있었다. 손에 방망이를 든 녀석들도 보였다. 거리는 황량하고 음산했으며 을씨년스러웠다. 도로를 느닷없이 무단횡단해서 간담을 서늘하게 하는 녀석들도 있었다. 시카고 대학과 인접해 있는 워싱턴 파크는 아예 인적조차 끊겨져 사람의 그림자라곤 보이지 않았다. 조심조심 운전해서 캔우드 스트리트를 거쳐 55번가를 통과할 때 시간은 어느덧 밤 열 시가 가까웠다.

캄캄한 어둠에 휩싸인 시간.

나는 22박23일의 기나긴 대장정을 마치고 드디어 시카고의 플라밍고 아파트로 되돌아가고 있다. 반겨주는 사람 하나 없지만 여행의 기쁨과 고달픔, 성과와 추억들을 오로지 내 가슴속에 묻어두고 조금씩 꺼내어 보고자 한다.

늦은 밤, 자동차 안의 모든 짐을 꺼내어 수레에 싣고 화물용 엘리베이터로 옮기는 일은 보통 힘겨운 것이 아니었다. 자정이 넘도록 이런 저런 뒷정리를 대충 해놓고, 잠자리에 들었다. 조용하고 따뜻한 보금자리에 와서 누우니 지난 23일 동안의 고생스러웠던 떠돌이 생활이 마치 한 바탕 꿈만 같았다. 방안에 누워 있는데도 내 몸은 여전히 자동차를 타고 가는 듯한 착각에 빠졌다. 현기증도 느껴졌다. 아무런 미동도 없는 방바닥에 오히려 불안하고 낯선 느낌마저 들었다.

인간은 유한하지만 자연은 유구하다는 말을 무슨 비밀스런 밀교(密敎)의 주문처럼 중얼거리며, 그 동안 숱한 위험 속에서도 안전으로 이끌어준 나의 신에게 감사 드렸다. 그리곤 언제 잠이 들었는지 모르게 길고 깊은 잠을 잤다.

이젠 새벽 운전을 하지 않아도 된다.

주체할 수 없이 많고 많은 흐름 위에서 오늘밤은 어디다 차를 세우고 잘 것인가를 염려하지 않아도 된다. 그렇게 서둘지 않아도 된다는 것이 새삼 이상하게 느껴진다. 이부자리에 누운 채로 발가락을 꼼지락거려 보기도 하고, 어슴푸레한 천장을 둘러보기도 한다.

이 모두가 얼마나 편안하고 자유스러운 일인가?

나는 평상시에 이런 일상적 평화의 고마움을 모르고 살아온 것이다.

고통을 겪고 난 뒤에는 모든 것이 달갑고 행복해 보인다. 편안한 잠자리, 식탁에 앉아서 이것저것 갖추어서 먹는 아침 식사, 언제든지 마음만 먹으면 잘 수 있는 낮잠. 그 후의 안온한 점심 식사, 또 뒤에 이어지는 휴식. 이 모든 것이 달갑기만 하다.

그간의 여독(旅毒)은 푸른 빙하처럼 단단하고 깊다. 아무리 잠을 자도 여전히 몸은 찌푸둥하고 불편하다. 더욱 많은 휴식을 몸이 요구하고 있는 것이다. 나는 마치 몽혼(夢魂) 속을 헤매듯 자고 또 잤다. 긴 잠을 자고 나면 그만큼 피로가 조금씩 풀려 있음이 확실하였다.

여행을 다녀온 다음날 아침.

모처럼 바라보는 호수 위의 여명이 너무도 아름답다. 시카고의 상공을 뒤덮고 있던 무거운 눈구름은 어디론가 밀려가 버렸다. 하늘은 쾌청하고 불그레한 동녘 하늘의 장엄한 빛깔이 호수를 뒤덮고 있다.

## 미국에서 보낸 추수감사절

노마 피일드 교수 댁으로 추수감사제 초청을 받았는데, 그 자리에 갖고 갈 포도주 한 병을 슈퍼마켓에서 구입했다. 20불 짜리 프랑스산 고급 포도주이다.

미국에서는 추수감사제가 매우 큰 명절에 속한다.

텔리비젼을 보았더니 거의 대부분의 고속도로가 자동차로 가득 메워져 있다. 추수감사제 때에 오래 못 본 가족 친지들과 반갑게 만나기도 하지만 또 이때 가장 심하게 싸우는 시간이라는 말도 있다. 한국의 명절 직후와도 흡사한 풍경이라 하겠다. 대학 캠퍼스도 텅텅 비고 슈퍼마켓에는 추수감사제에 쓸 각종 식료품을 구입하려고 나온 시민들로 붐비었다. 칠면조 고기가 커다란 냉장고에 그득히 쌓여 있다.

드디어 노마 피일드 교수 댁에서 추수감사절을 기념하는 저녁 초대가 있는 날이다. 그녀의 남편 롸저가 오후 네 시경에 일부러 자동차를 몰고 왔다. 롸저는 환경 문제 전문 변호사 일을 하고 있다.

노마 교수 댁에는 벌써 먼저 온 손님들이 있었다. 시카고 대학의 일본학과에서 일본근대사를 전공한다는 교수와 고등학교에 다니는 그의 아들이었다. 그리고 19세 된 일본인 여학생 요오꼬도 있었다. 노마의 아들 마슈, 딸 마야와도 인사를 나누었다. 일본사 전공 교수

는 몸이 몹시 비대하였고, 꽁지머리를 하였으며, 전혀 웃지 않는 무뚝뚝한 표정이었다. 그의 아들도 차디찬 느낌이 들었다.

　반면에 노마의 아들과 딸은 매우 밝고 상냥스러워 친근감이 들었다. 특히 마야는 줄곧 이런 저런 말을 걸어왔다. 너무도 해사하고 순결한 느낌이 드는 아가씨였다. 방년 25세라 한다. 마슈는 줄곧 내 술잔을 살피며 바닥이 날 때면 재빨리 맥주를 가져다주었다.

　이윽고 식탁 위에 촛불을 켜고 준비한 음식을 차리는 소리가 들린다. 모두 식탁으로 오라는 전갈이 왔다. 가보니 칠면조 고기를 썬 커다란 접시가 식탁 가운데 놓였고, 삶은 콩꼬투리, 계란과 치즈를 반죽해서 익힌 요리, 붉은 호박을 익힌 요리, 각종 열매와 붉은 감자를 함께 으깨어 쌀과 함께 익힌 요리, 피망과 새콤한 블루베리를 함께 썰어서 올리브 기름으로 비벼낸 요리, 빵 등등. 이것저것 먹을 것이 많았다. 여기에다 흰 포도주, 붉은 포도주에다 맥주까지 곁들여서 푸짐한 저녁식사였다.

　일동은 식사를 하면서 이런 저런 환담을 나누었다.

　식사 준비는 물론이요, 식사가 모두 끝난 다음의 뒷정리와 설거지까지 모두 노마의 남편 롸저가 도맡아 했다. 그는 참으로 어질고 자상한 성품의 남편이다. 말소리에서도 그 온유한 기질이 그대로 나타난다. 롸저는 거의 한 시간 이상을 산더미처럼 많은 그릇과 컵, 나이프, 포크 등을 싱크대 앞에서 씻고 있었다. 그가 수도 앞에 있는 동안 일동은 거실로 나와서 다시 환담을 나누었다.

　마슈는 자신의 친구들과 자동차를 몰고 남부 쪽으로 긴 여행을 떠날 것이라 하였다. 잠도 텐트에서 자려는 계획을 하고 있었다. 마야는 며칠 뒤에 부모의 집을 떠나서 10분 거리에 떨어진 아파트를 얻어 분가할 예정이라고 하였다. 분가의 비용은 부모가 절반을 빌려주고, 나머지 절반은 자신이 벌어서 충당한다고 하였다. 부모에게 빌린 돈은 자기가 벌어서 반드시 갚아야 한다고 말했다.

이런 풍습은 참으로 배울 점이 있다고 여겨진다. 한국의 부모라면 마땅히 모든 것을 자녀에게 지원해주고, 자녀들은 이것을 당연한 것으로 받아들인다.

설거지를 마친 롸저는 또다시 디저트를 준비해 왔다.

사과 파이, 호박파이에다 아이스크림과 일반 크림을 곁들인 것이었다. 롸저는 두 가지 파이 중에서 어느 것을 선택할 것인지 일일이 물었다. 롸저가 이렇게 분주히 일하는 동안 몸이 약한 노마는 물론 가만히 앉아 있었지만, 두 아이들이 아버지의 모든 서비스를 그냥 보고만 있는 것이 내내 불편하게 느껴졌다. 아버지를 도와서 일하는 모습을 보였다면 얼마나 아름다웠으랴.

이윽고 식사 후의 여흥이 시작되었다. 내가 먼저 노래를 몇 곡 불렀다. 한국 노래를 두어 곡 불렀다. 이어서 마튜가 기타를 들고 와 미국의 팝송을 한 곡 부르고, 노마 피일드 교수도 신이 나서 기어이 한 곡을 자청했다.

이때 현관에서 초인종이 울렸다. 마야의 남자 친구 하나가 올라왔다. 키가 몹시 큰 흑인 청년이었다. 그는 실내의 손님들과 일일이 악수를 나누고 자리를 잡았는데, 지역 극단의 배우 출신으로 이야기를 매우 재미있게 엮어나가는 재주를 가졌다. 마야와는 초등학교 시절부터 친구였다고 한다. 최근 자신의 집에 불이 나서 전소가 되었는데, 그 후로 물심 양면으로 도움을 주었던 친지들에게 인사를 다니는 중이라 했다. 청년의 집에 화재가 나자 롸저가 일부러 가서 위로를 했다고 한다. 일본사 전공 교수가 아들과 함께 먼저 돌아가고, 마슈가 일본여학생 요오꼬를 데리고 밖으로 외출하였다. 요오꼬는 캘리포니아에서 시카고에 와 있다고 했다. 그의 어머니가 저명한 인류학자라고 한다. 넷이 빠져나가니 갑자기 구성원이 단출해진 느낌이 들었다. 이렇게 시카고에서의 추수감사절 저녁은 서서히 깊어만 갔다.
 조금 더 앉아서 환담을 나누며 시간을 즐기고 있는데 롸저가 의자에 앉은 채로 꾸벅꾸벅 졸고 있다. 오늘 저녁 준비를 하느라고 시장 구매에서부터 요리에 설거지까지 모든 일이 온통 그의 차지였을 것이다. 이제 연회가 끝나고 나니 긴장이 풀려서 저렇게 졸고 있는 것이다. 나는 자리에서 일어섰다.
 노마 교수는 곧 일본으로 떠난다고 한다. 정신대 여성 문제를 일본의 여성 법정에서 다루게 되었는데, 여기에 참석하게 되었다고 한다. 노마 부부와는 다음달 출국 전의 작별 인사를 이렇게 대신했다. 노마는 내가 다시 미국에 오게 될 때 꼭 자신의 집에 와서 머물게 되기를 바란다고 하였다. 이런 말투가 꼭 마음씨 푸근한 한국의 집안 형수님 같은 느낌이 든다. 말이라도 얼마나 고마운가.


## 미시건 호반에서


 미시건 호숫가로 산책을 나갔다.
 바람은 여전히 차가웠으므로 나는 바람막이 옷을 입고 나갔다.
 보통 때는 잘 가지 않던 수영장 쪽으로 가보았는데, 그곳 부근의 제방에 부서지는 파도의 위세를 보고자 함이었다. 한여름에는 수영장 모래밭 위에 흑인 일가와 아이들로 붐비었는데, 찬바람이 불기 시작하면서 인적은 거의 끊어지고 괴괴한 적적함마저 느껴진다.
 파도가 세어서 거친 물살에 모래톱 위로 떠밀려온 각종 쓰레기가 물가에 지저분하게 널려 있다. 주로 물 속에서 마시고 버린 캔이 많이 보였다. 더러는 잃어버린 신발 한 짝, 어느 아이가 잃어버렸을 물안경, 닭 뼈, 깨진 유리병 따위 더러운 물에서 번식한 퍼런 물이끼 종류와 함께 물가로 밀려나와 있다.
 사람들이 빠뜨린 이 쓰레기에 대하여 저 호수는 그 동안 몹시도 언짢았던가 보다. 거친 물살을 일으켜 모조리 물가의 모래톱 위로 밀어내어 버린 것이다. 그 주변을 갈매기들이 요란한 소리를 내며 앉아 있다.
 나는 수영장 오른 편 제방 가까운 곳으로 걸어가 본다. 그곳은 밀려온 파도가 더 갈 곳이 없어서 파지장(波止場)에 온몸을 자학적으로 부딪치며 깨어진다. 한 파도가 깨어진 곳에 다른 파도가 다시 전속력으로 부딪쳐 와서 쓰러진다. 호수의 파도가 마치 바다의 파도 같다.
 산책하는 미국인이 데리고 나온 개 한 마리가 물 속으로 뛰어 들어가 있다. 개 주인은 작은 공을 호수 저 멀리로 힘껏 던지고, 개는 그 공을 물어오기 위해 허우적거린다. 끝내 공을 물고 물가로 나온 녀석의 온몸은 물에 흠뻑 젖었다. 몸을 흔들어 물을 터는데 주변을 지나가던 사람들이 일제히 개를 피해 비명을 지르며 달아난다. 바람은 더욱 차갑다.

 창 밖을 언뜻 내다보니 여명이 마치 저녁 노을처럼 장엄하고 붉다. 그 불그레한 기운이 비치는 호수 위의 상공으로 새들이 벌써 일어나 떼를 지어 날고 있다. 아름답다. 이젠 벌레들도 거의 사라지고, 대체 저렇게 많은 녀석들은 무얼 먹고 나래에 힘을 채워서 날아가고 있는가. 그들의 에너지는 어디에서 얻나. 그처럼 아름답던 모습도 잠시 후에 보니 켜놓았던 휘황한 조명을 모두 끈 듯 어두컴컴한 기운만 남아 있다. 그 사이에 구름이 가려버린 것이다. 조금이라도 화창한 날씨가 되려 하면 어느 틈에 시카고의 음산한 날씨가 시샘을 내고 자신의 지배권으로 압도해 버리는 것이다.
 날씨가 몹시 춥고 바람이 매섭다.

쓰레기를 버리러 잠시 아래층에 내려갔다가 너무도 차디찬 냉기에 깜짝 놀랐다.

아파트의 여성 매니저 브라운은 언제 만나도 씩씩한 장부형 스타일의 걸음걸이다. 활짝 웃으며 아는 체를 한다. 인디언 계통으로 보이는 경비원 여성은 항시 무뚝뚝한 표정이 변화가 없다. 마치 커다란 바위 하나가 문간에 앉아 있는 듯하다.


## 윈디 시티의 겨울

나뭇가지에 파릇파릇 새순 돋던 이른봄에 시작된 작업이 어느 틈에 성큼 12월로 접어들어 오늘은 이국의 창밖에 흰 눈이 펄펄 날린다. 삭풍은 오늘도 갈기를 나부끼며 호수 위를 무서운 속도로 맹렬하게 달려온다.

자동차 위에는 제법 하얗게 쌓였다. 내리는 눈을 보고 있으면 왠지 흘러간 과거의 어두운 실루엣이 슬그머니 떠오른다. 그 실루엣의 빛깔은 대체로 우중충한 빛깔이다. 미래 시간에 대한 불투명한 반응이 떠오르던 기억들. 그러한 매개물인 눈이 오늘 시카고의 상공에 나리고 있다.

시카고는 워낙 바람이 센 곳이라, 내리는 눈의 광경이 완전히 누운 자세인 가로로 쏠리며 떨어진다. 과연 땅에 내리는 것인지 아니면 어디론가 아득한 곳으로 끌려가는 것인지 알 수 없다. 땅이 하얀 색으로 바뀌는 걸 보면 눈이 지상으로 내리긴 내리는 모양이다. 잔잔한 눈이 시카고의 세찬 바람을 타고 거의 누운 채로 백색의 횡선(橫線)이 되어서 날리고 있다.

### 정든 자동차를 떠나보내다

이제 떠날 때가 가까워 온다.

어쩔 수 없이 시카고의 일간지 트리뷴지에다 자동차 판매 광고를 내었다. 한국의 벼룩시장과 전혀 다를 바 없다. 일정 금액을 미리 입금한 다음 준비한 광고 문안을 전화로 불러주기만 하면 된다. 막상 자동차를 팔겠다는 생각을 하니 서운한 마음이 앞선다. 아무리 감정이 없는 기계라 하지만, 거의 한해동안 생사고락을 함께 하질 않았던가.

자동차 구입과 관련된 전화가 올지 몰라서 학교에 가는 걸 포기하고 그냥 집에 있기로 했다. 그러다가 오전에 한 통의 전화를 받았다. 약간의 흥정이 오고간 뒤 그가 자동차를 사겠다고 한다. 오후 다섯 시경에 오겠다고 했다.

그때까지 숙소에서 줄곧 서사시 작업에만 몰두했다.

각종 독립군가를 반영하고, 백두대간 등산 체험기에서 고생한 대목들을 대목대목 반영해 놓으니 작품이 한결 생기가 돈다. 점심은 어제 사다둔 설렁탕으로 해결했다.

이윽고 저녁이 되었다.

자동차를 보러 오기 전에 미리 청소를 해둘까 하다가 작품에 골몰하는 바람에 내려가지 않았다. 시동이라도 걸어두려고 준비를 하는데 아파트 경비실에서 전화가 왔다. 자동차를 보려고 왔다는 것이다. 황급히 내려가 보니 한 가족이 모두 와 있다. 머리엔 눈이 아직도 녹지 않고 있다.

부부와 세 자녀.

에쿠아도르에서 왔다는 파블로 로페즈.

그는 자신을 전직 축구 선수라고 소개했다. 아들이 둘, 딸 하나. 모두들 남미 특유의 귀엽고 해맑은 얼굴이었다. 부인도 심성이 선량해 보였다. 자동차를 이리저리 확인하고 약간의 운전을 해보더니, 선뜻 구입하겠다고 한다.

그런데 오전의 전화에서는 4천불이라 하였으나 다시 2백 불을 깎아 달라고 말한다. 약간 주저가 되었으나 결국 로페즈의 아이들을 생각하여 자동차를 양도하기로 결정하였다. 에쿠아도르 가족들은 너무도 기뻐하면서 계약서를 쓰고 선금 1000불을 맡기고 갔다. 이렇게 해서 자동차는 나의 손을 떠나게 되었다. 월요일 오후에 차를 넘겨주기로 하였다. 5600불에 사서 10개월 사용하고 3800불에 팔렸다. 전화가 너무도 오지 않아 자동차를 과연 팔 수는 있을까 염려했었는데, 뜻밖에도 쉽게 팔렸다.

창문을 잠시 열어놓으니 눈바람이 춥다. 이젠 귀국 준비 때문에 점점 마음이 바쁘다. 오늘 오후면 자동차도 나의 손을 아주 떠나게 되므로 추운 길거리를 걸어서 학교에 다녀야 한다. 저절로 출근하는 발길이 뜸해질 것이다.

눈이 하얗게 흩날리고 있다.

저녁 네 시가 되자 경비실에서 전화가 왔다.

파블로 로페즈가 밑에 와서 기다리고 있다는 것이다. 내려가니 로페즈가 자신의 딸과 함께 와 있다. 부인과 다른 가족들은 나중에 오기로 했다고 한다. 로페즈와 이런 저런 이야기를 거의 한 시간 가까이 나누었다.

그의 조국 에쿠아도르는 극도의 빈곤 속에서 국민들이 고통받고 있다고 흥분한다. 역대 집권자들은 국민의 고혈을 짜서 엄청난 부를 형성한 다음 미국으로 달아나 마이애미 등지에서 호화롭게 살아가고 있다는 것이다. 쌀 한 자루에 20달러, 한 달 평균 수입이 60달러라 기본적 생존마저 어려운 형편이라고 했다.
　로페즈는 10여년 전에 미국으로 떠나와 많은 고생을 했다고 한다.
　현재는 히스패닉 계열의 초등학교에서 영어를 가르치고 있다고 말한다.
　다섯 시경에 로페즈의 부인이 아이들을 데리고 왔다.
　나는 자동차의 잔금을 로페즈로부터 건네 받고 열쇠를 넘겨주었다. 그 동안 내가 사용하던 선풍기를 비롯해서 여러 가지 생활 용품을 함께 주었다. 로페즈 부부가 진심으로 감사를 표시했다. 찬바람 몰아치는 플라밍고 아파트 앞에서 나는 자동차의 번호 판을 떼어냈다.
　로페즈가 가족들을 모두 태우고 떠났다.
　하얀 색 다지 캐러밴이 나의 시야에서 벗어났다.
　순간 왜 그리도 쓸쓸하고 슬픈 심정이 드는 것인가.
　마치 정든 사람과 영영 다시는 만나지 못할 이별이라도 하는 듯하다.

　다지 캐러밴! 1995년 출생.
　너는 내가 미국 생활을 하는 동안, 나의 삶의 안정과 균형감의 획득을 위하여 너무도 고생이 많았다. 충실한 봉사와 안락한 이동을 보장해 주었으며, 언제든 내가 원하기만 하면 곧 시동을 걸고 즉시 떠나 주었다. 너는 자신의 임무를 너무도 충직하게 해내었다.
　북아메리카 전역을 사등분하여 플로리다 쪽을 제외한 나머지 지역을 너는 바퀴에 불이 나도록 돌아다녔다. 1차에서 3차에 걸치는 기간 동안 도합 21,000마일을 달렸다. 그것은 무려 36,000km가 훨씬 넘는 대장정이 아니었던가.
　곰곰이 생각하면 나는 너를 너무도 심하게 부려먹은 듯하다.

나의 호기심과 탐구적 열정을 충족시켜 주려고 너는 자신의 고통으로부터 회피하려 하지 않았다. 이런 너의 모습이 안쓰러워 나는 달아오른 엔진의 열기로 헐떡거리는 너의 뚜껑을 열어놓고 바람을 쐬게 하였다. 또 체크 엔진에 빨간 경고 등이 자주 들어와 나를 자주 놀라게 하였다. 이런 것만 빼고 나면 너는 너무도 혼신의 힘 다해 나에게 충직한 열성을 바쳤다.

너는 나의 묵묵한 나귀!

나는 너의 등에 올라앉아 배고프면 음식을 조리해 먹고, 해가 지면 이부자리를 깔고 잠을 잤다. 내가 자동차 실내에서 개스 버너를 켜고 있으면 너는 개솔린 통이 지닐 수 있는 다각적인 위험을 생각하며 몹시 불안해하면서도, 그것을 일체 내색하지 않았다.

너는 네가 살고 있는 아메리카를 대표하여 북아메리카 지역의 모든 지리와 지형적 특성을 속속들이 나에게 알려주고자 하는 책임감을 갖고 있는 듯 하였다. 너는 안전하게 나를 외부의 위험으로부터 지켜 주었다. 텍사스에서는 폭우 속에서 나를 젖지 않도록 안아 주었고, 바람 찬 들판에서는 그 고통으로부터 감싸주었다. 너의 품에 들어가면 나는 언제나 마음이 놓였고 안도감으로 훈훈하였다.

이제 너는 낯모르는 새 주인에게 다가가 그들의 가족을 위해서 봉사하게 될 것이다.

다지 캐러밴이여!

나는 그 동안 나를 위해 충직하게 수고해준 너에게 진심으로 고마움을 표시하고자 한다. 그와 더불어 뜨거운 작별의 인사를 보내고자 한다.

잘 있거라! 그리고 잘 가거라!

나는 고국에 돌아가더라도 너를 오래 오래 기억할 것이다.

## 성탄절 부근의 시카고

여섯 시인데도 창 밖은 깊은 밤중이다.
세월은 점점 겨울의 중심으로 다가가는 듯하다.
날씨가 몹시 춥다. 시카고의 초겨울 날씨가 얼마나 추운지 온몸이 저리고 아픈 느낌이 든다. 길바닥의 물 고인 곳에는 단단한 얼음이 끼어있다.
길가의 나무들은 완전히 겨울 채비를 갖추었다. 며칠 전에 내렸던 눈의 찌꺼기들이 도로의 구석진 곳에 먼지를 둘러쓰고 끼어 있었다.
거리에는 성탄 장식을 곳곳에 해 두었다. 측백나무 가지를 주로 사용하여 여러 형태로 드리우거나 배열하고 있다. 측백나무 가지의 초록빛과 새빨간 천의 빛깔은 아름다운 조화를 이룬다. 플라밍고 아파트의 응접실에도 이미 트리 장식을 해서 꼬마전구에 불을 넣어 두었다.
한 사내가 공원 벤치에 앉아 자신의 개를 너무도 사랑스럽게 쓰다듬고 있다. 개는 귀를 뒤로 젖히고 주인의 애무를 즐기고 있다.
57가의 식당 앞에는 젊은 흑인 하나가 늘 손에 무엇인가를 들고 행인들에게 사라고 외친다. 두 백인 여성이 길 가다가 반갑게 만나 큰 소리로 요란하게 수다를 떨고 있다. 어떤 자동차 앞에서는 젊은 흑인 여성이 자신의 두 아이들을 엄중히 꾸짖고 있다. 손가락으로 쏘는 시늉을 하며 큰 소리로 엄격한 질책을 해댄다.
이런 풍경들을 배경으로 가스등이 낮에도 불을 달고 서 있다.
저 녀석들은 밤이 되어야 제 빛을 발휘할 수 있다. 낮에는 불빛도 드러나지 않을 뿐더러 개중에는 석면으로 된 심지가 모두 망가져서 전혀 불이 안 들어오는 것도 있다. 전등불보다는 이 가스등이 훨씬 정취가 있다.

늘 지나다니는 고서점 앞에는 오늘따라 여러 박스의 고서들을 정리하여 바깥에 내어두었다. 그 책들을 뒤지고 있는 가난한 학생들의 애틋한 모습이 보인다.

### 시카고 심포니센터에서 만난 바렌보임

시카고필이 상설 연주하는 심포니센터로 갔다.
모처럼 나가는 다운타운에는 아름다운 크리스마스 장식들이 만들어져 불빛의 조화로움을 뽐내고 있었다.
정확히 오후 세 시.
고풍한 건물로 지어진 심포니센터 앞에는 벌써 많은 인파가 모여들고 있었다.
오늘의 피아노 연주 겸 지휘자는 유태인 출신의 세계적인 지휘자 다니엘 바렌보임. 그는 지난 1950년 8월의 어느 저녁, 부에노스아이레스에서 7살의 나이로 음악계에 데뷔했다.
금년 58세가 된 바렌보임의 연주는 이제 무르익을 대로 익어서 완벽에 가까운 성숙을 보여주고 있다. 금세기의 몇 안 되는 완벽지향의 지휘자로서 이미 정평이 나 있다. 그가 독일 베를린의 스타츠카펠레에서 활동하는 사라 리 오케스트라를 이끌고 지휘한다.
오늘의 연주 곡목은 모두 베토벤의 작품 두 곡이다.
하나는 베토벤의 피아노협주곡 1번 C 장조, Op.15에서 알레그로 콘 브리오, 라르고, 론도 : 알레르고였다. 막간 휴식인 인테미션이 십분 동안 있었고, 이어서 베토벤의 심포니 3번 〈에로이카〉 E-flat 장조, Op.55 중에서 알레그로 콘 브리오, 마르시아 푸네브레 : 알레그로 앗사이, 스케르조 : 알레그로 비바체, 피날레 : 알레그로 몰토 등을 연주하였다.

　〈영웅〉을 나의 시골집에 있는 진공관 전축으로 들어본 적이 있는데, 워낙 대곡이 되어서 기계가 음악을 제대로 소화시켜 내지를 못하였다. 거의 소음에 가깝다는 느낌이 들어서 듣던 도중에 중지하곤 했던 것이 두어 차례 된다.

　그런데 음향시설이 너무도 훌륭한 시카고 심포니센터에서 세계적인 명 지휘자의 지휘로 독일 심포니의 연주를 듣게 되니 이 감격, 이 행복감을 어디에 견줄 수 있으리. 연주를 듣는 동안 사뭇 가슴이 떨리고 무릎에 와들와들 전율이 왔다.

　별로 크지 않은 체구의 바렌보임은 피아노협주곡 1번을 지휘하면서 중간에는 줄곧 피아노 앞에 앉아서 너무도 은은하고 아름답고 정적인 느낌이 드는 연주로 전체 악단을 이끌어나갔다. 악단의 단원들을 바렌보임의 피아노 연주를 오히려 감상하느라 자신이 연주자라는 사실을 망각하고 있는 표정들을 하고 있었다.

　이어서 에로이카를 지휘할 때 바렌보임은 거의 신들린 듯한 동작과 세련된 모습으로 지휘를 해나갔다. 영웅의 격렬한 전투와 승리의 기쁨, 모함과 질시의 고통, 갈등과 고뇌의 아픔, 다정함과 사랑스러움의 조화 등이 섬세하고 교직이 되어서 이 세상에 인간으로 태어나 이런 연주를 듣고 있다는 것이 너무도 행복하고 감격스럽다는 생각이 들 정도였다.

　바렌보임의 동작은 어떤 경우

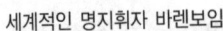
세계적인 명지휘자 바렌보임

는 칼을 쥔 영웅의 씩씩하고 질풍 같은 몸놀림으로, 또 어떤 경우는 망연자실하게 넋을 놓고 있는 듯, 또 어떤 경우는 온몸에 들어와 넘실거리는 음악의 잔잔한 리듬을 타고 그 선율에 실려 어디론가 떠나가는 듯 실눈을 뜨고 흠뻑 취한 표정으로 지휘를 하는데 그 몸 동작이 그렇게 멋스럽고 아름다울 수가 없었다.

처음에는 77달러 짜리 좌석에 앉아 있다가, 후반부의 연주는 비어 있는 앞자리로 옮겨와서 지휘자인 바렌보임의 모든 동작을 세밀히 관찰하며 빠져들 수가 있었다. 바이얼린은 역시 퍼스트 주자가 더욱 열정적인 연주를 하였다. 나팔 소리는 매우 은은하게 들렸다. 콘트라베이스를 연주하는 초로의 연주자는 워낙 큰 악기를 다루는 몸집으로는 체구가 작아서 격렬한 연주에 빠져들 때는 줄곧 엉덩이를 들고 앉았다 섰다를 반복하였다. 그런 동작도 매우 멋스러워 보였다.

연주가 모두 끝나자 관중들은 일제히 기립박수로 바렌보임과 전체 악단에 대한 경의를 표시하였다. 나도 일어서서 박수를 쳤는데 손바닥이 얼얼할 정도였다. 박수소리가 줄곧 계속되자 퇴장했던 바렌보임이 무려 세 번이나 다시 나와 인사를 하였다. 그래도 관중들은 박수를 그치지 않았는데, 바렌보임이 다시 나와서 정중한 인사를 하고 마치 누구를 찾는 듯한 표정으로 한참동안 관중들을 이리 저리 둘러보는 듯하였다.

한 청년이 붉은 장미를 한 다발 선사하였는데, 바렌보임은 그 장미를 한 송이씩 뽑아서 오케스트라의 가운데로 걸어다니며 단원들에게 나누어주었다.

하지만 그는 결국 앙콜 연주를 하지 않고 냉정한 얼굴로 퇴장하였다.

## 귀국 준비

오늘은 종일 큰 눈이 뿌릴 것이라는 예보이다.

미시건 호수의 수평선 저쪽은 햇살이 청명하게 보이는데 시카고의 상공은 무거운 눈구름이 무겁게 드리워 있다. 파도도 거칠고 바람이 세차다.

귀국 이삿짐을 부치려고 해운회사 직원을 아파트로 오도록 하였다.

어느 틈에 눈이 펄펄 내리고 있다. 마음이 심란해진다.

한국인 회사라서 한국인 직원이 오나 했더니 코밑에 나비 수염을 달고 있는 멕시코 청년 두 사람이 찾아왔다. 하지만 그들은 이미 이런 일에 익숙한 듯이 얼마 되지 않는 이삿짐을 간단히 포장했다. 짐을 한참 옮기고 있는데 또 시카고의 상공에는 잠시 주춤했던 눈이 새로 쏟아진다.

매우 잔잔한 가루 같은 눈발이 바람에 실려서 하염없이 쏟아진다. 눈을 치웠던 거리는 다시 눈으로 덮인다. 실내의 모든 짐을 들어내고 나니 너무도 썰렁하고 텅 빈 느낌이 든다. 나는 썰렁한 방에서 지난 세월을 주마등처럼 회상하고 있다. 눈앞에는 화려한 파노라마처럼 그간의 추억들이 아름답게 스쳐 지나간다. 방안은 적막하기 짝이 없다.

일꾼들이 떠나간 플라밍고 아파트의 옆문으로 잠시 나가보니, 하얗게 쌓인 눈 위로 트럭의 바퀴 자국만 어렴풋이 찍혀 있다. 어찌나 눈보라가 드센지 눈을 뜰 수가 없다. 눈가루가 얼굴을 때려서 따갑고 아프게 느껴진다. 상의의 앞가슴은 금방 흰눈으로 덮인다. 걸음조차 걷기도 어렵다.

이제 겨울이 서서히 깊어 가누나.

나의 미국 생활도 거의 막바지에 다다랐구나.
눈은 점점 함박눈으로 바뀐다.
내리는 눈은 심한 눈보라가 되어서 흩날린다. 도로에는 이미 눈이 몹시 많이 쌓였다고 한다. 창틀에 턱을 고이고 어마어마한 규모로 쏟아지는 폭설을 내다본다. 잠이 소르르 와서 폭설 속의 달디단 낮잠 한 숨을 잤다. 자고 나서 내다보니 옆 빌딩의 주차장에서 작은 규모의 제설차가 열심히 눈을 치우고 있다. 그러나 눈이 워낙 많이 와서 치운 자리가 금방 하얗게 덮인다. 눈은 'ㅣ'자로 내리는 것이 아니라 'ㅡ'자로 내린다. 내리는 것이 아니라 흩뿌린다. 그만큼 폭풍을 동반한 폭설이다.
오늘 하루 종일 강설이 있을 것이라 한다. 눈 오는 밤엔 창문도 눈빛이 반사되어 마치 새벽 동틀 무렵 같다. 왠지 가슴이 설레는 것이 아직도 나에게 소년의 흔적이 남아 있는가. 나는 강아지처럼 눈을 맞으며 거리로 달려가고 싶다.
제설차들이 도로의 눈을 치우고 지나간 자리에 삽시에 눈이 쌓인다. 이렇게 눈은 밤새껏 쏟아졌다. 모처럼 큰 눈이 왔다고 사람들은 고개를 흔들고 있다. 많이 내린 곳은 1미터도 넘는 눈이 쌓였다고 한다.
일몰은 서서히 가까워 오는데 눈보라는 점점 더 심해진다.
어떤 허연 덩어리들이 빌딩과 빌딩의 옆 사이로 언뜻언뜻 빠른 속도로 스쳐 지나가는 것이 보인다. 자세히 보니 맹렬한 속도로 날아가는 눈이다.
눈은 이렇게 하루 온종일 불어간다. 빌딩의 옥상 난간에 쌓인 커다란 눈덩이가 마치 눈사태처럼 와르르 떨어져 내리는 광경이 자주 보인다. 자동차에 설치된 도난경보기가 폭풍에 흔들리면서 수시로 작동이 되는 소음이 거리에서 들려온다. 모든 자동차들은 눈 속에 묻히기 시작한다. 이미 바퀴까지 눈에 파묻혔다.

텔레비전에서는 시카고 일대에 비상이 발동되었다는 소식을 전한다. 가급적 자동차를 몰고 다니지 말기를 권유하며, 비상인력을 동원하여 도로에 염화칼슘을 뿌리고 최대한 빠른 시간 안에 교통을 정상화시키겠다고 말했다. 이미 공항의 모든 비행기는 이륙이 금지되었다고 한다. 이처럼 엄청난 눈을 나는 세상에 태어난 이후로 처음 보았다.

이런 길을 걸어서 눈에 푹푹 빠지며 나는 대학 도서관으로 갔다. 평소 다니던 길에는 어마어마한 눈더미가 쌓여 있어서 전혀 낯선 풍경을 연출한다. 눈은 거의 60센티미터 가량 내린 듯하다. 자동차 위에도 수북히 쌓여 있는 것이 50센티미터는 족히 될 것 같다. 길가에는 1미터도 넘어 보인다. 자동차의 바퀴는 완전히 눈에 파묻혀 보이지 않는 곳도 있다. 나무들도 무거운 눈을 머리에 이고 고개를 숙이고 있다. 눈 치우는 사람들의 동작이 바쁘다. 어떤 운전자는 이 눈사태 속에도 차를 몰고 나오려다가 헛 바퀴만 제 자리에서 돌리고 있다. 집들의 앞마당에는 참으로 많은 눈이 쌓여서 진풍경을 연출하고 있다.

동아시아센터의 소장 케틀러 교수와 부소장 테오도르 포쓰, 그리고 대학의 한국인 관계자 몇 분들이 오늘 송별회를 열어준다고 했다. 보통 때면 쉽게 갈 수 있는 길인데도 워낙 많은 눈이 쌓여 있어서 걷기조차 힘들다. 어떤 승용차는 절반 가량 눈 더미에 파묻혀 있었다. 바람이 눈을 쓸어서 휘몰아친 부분은 거의 어른 키 높이로 쌓였다.

이렇게 많이 쌓인 눈을 어떻게 치우는가.

시카고 시 당국에서는 트럭에 눈을 퍼담아서 모조리 미시건 호수로 갖다 붓는다고 했다. 과연 호수의 쓰임새는 다양하기 짝이 없다.

송별 모임은 전철이 통과하는 굴다리 바로 옆에 있는 55가의 일본식 레스토랑〈키쿠야〉에서 있었다. 케틀러 교수는 눈길을 걸어서 뒤늦게 왔다. 그의 턱수염이 몹시 많이 길었다. 포쓰는 여전히 착하고 은근한 미소를 머금고 있다. 한국인 교수와 대학도서관 관계자들도 함께 참석했다. 레스토랑 주인은 새해 달력을 하나씩 나누어주었다. 그러고 보니 새해도 얼마 남지 않았구나.

말없이 오고 가는 눈빛으로의 인사들. 초청해 주어서 고맙고, 또 헤어지는 의례가 아쉬웁다. 일행은 눈 쌓인 거리로 제각기 흩어져 갔다. 나는 도서관으로 가서 책을 뒤적거리다가 왔다. 거리의 모든 풍경들과도 이젠 헤어져야 한다는 생각을 하니 모든 것이 새삼스럽게 살뜰한 모습으로 다가왔다.

저녁 무렵에 숙소로 돌아와 어둔 방에 불을 켰다.

이제 미국에서의 시간이 며칠이나 남았는가?

수일 후면 드디어 이곳을 훌쩍 떠난다. 인생도 이와 꼭 같을 것이다. 죽음이란 이승의 모든 짐을 간추려 정리해 두고 다시 오지 못할 멀고 먼 길을 혼자 떠나가는 것이 아닌가. 하지만 이곳은 다시 올 수 있지만 인생 길은 다시 오기가 불가능하다. 불가(佛家)에서는 생명이 반드시 윤회의 굴레 속에 있다고 한다. 반드시 그 말이 아니라 할지라도 사람이 지금 이 자리에 있고 없다는 것이 대체 무엇이란 말인가. 이윽고 장엄한 아침이 서서히 밝아온다.

정들었던 시카고에서의 보금자리도 이삿짐을 떠나보내고 나니 썰렁하기 짝이 없다. 창틀에 턱을 괴고 공연히 거리의 풍경을 내다본다. 미시건 호수는 희뿌연 안개에 덮여서 아주 모습을 감추었다.

거리는 온통 눈 천지다.

가로수들은 무거운 눈을 머리와 어깨에 이고 지친 듯이 가지를 늘어뜨리고 있다.
 간간이 폭풍을 동반한 눈은 아스피린 분말처럼 희고 깨끗하다. 그 가루들은 휘날려 창틀에 소복소복 쌓이고 있다. 창문에 걸어놓은 꼬마전구가 오늘따라 유난히 따뜻하게 보인다. 이렇게 눈이 많이 오고 있는데도 길거리에는 자동차가 다니고 있다. 자동차들은 느림보 걸음으로 조심조심 미끄러운 도로 위를 오고 간다. 평소 이맘때 같으면 어김없이 나타날 산책하던 노인들의 쓸쓸한 모습은 오늘따라 전혀 보이지 않는다. 아마도 미끄러운 눈길이 그들은 두려웠으리라. 그들도 지금 나처럼 자신의 숙소에서 창 밖을 내다보고 있을 지 모른다.
 아메리카에서 보고 듣고 겪었던 모든 경험들은 창틀에 쌓인 저 눈처럼 나의 가슴에 빼곡하게 쌓여있다. 이제 그 경험들은 한국으로 돌아가서 봄비에 촉촉하게 젖어서 싹을 틔우는 풀씨처럼 모조리 나의 미래 시간에서 꽃을 피우고 열매를 맺으리라. 그리고 조용한 시간에 소가 여물을 씹듯 나는 나의 격정적이었던 시간을 되새김질하리라.
 쓸쓸하고도 아름다웠던 시간들이여. 안녕!

# 후기

 2000년이라는 한해는 나에게 있어서 참으로 의미 있고도 격정적인 시간들이었다. 짧고도 귀한 이 시간들을 나는 어떻게 요모조모로 과연 맵시 있게 쓰고 돌아올 수 있을까? 북미 대륙으로 향하는 비행기 안에서 줄곧 이런 생각에만 골몰하였다. 주어진 시간을 마치고 돌아올 때, 나의 가슴에는 어떤 묵직한 성과들이 안겨져 있을까?
 막상 미국 시카고대학 동아시아학과에서 연구교수로서의 일과를 보내기 시작한 후에도 이런 다짐과 실천에 대한 내적 요청 때문에 마음은 편하지 않았다. 방심과 안일은 미처 끼어 들 틈이 없었다. 아무쪼록 바쁘고 부지런하게 살아서 많이 보고, 많이 겪고, 많이 느끼는 삼다(三多)의 생활을 이어가려 하였다.
 이제 돌아와서 당시 미국에서의 세월을 결산한다면, 나는 우선 두 가지의 커다란 성과를 떠올리고 싶다. 하나는 내가 그토록 마음 속의 갈망을 갖고 있으면서도 뜻을 이루지 못했던 미완의 서사시『홍범도(洪範圖)』를 거의 완성 단계로 만들어서 갖고 왔다는 것이다. 그리고 또 다른 하나는 북아메리카 대륙을 원 없이 헤매고 다녀보는 것이었다. 결국 나는 이 두 가지 계획을 모두 다 해내었다.
 서사시 쓰는 일은 이미 지난 1980년대 중반에 그 일부를 착수한 바 있다. 하지만 한 번 손을 놓아버린 집필은 다시 붓을 잡기가 어려웠다. 줄곧 끊어졌다가 이어지는 단속적(斷續的)인 시간과 자료의 부족 때문이었다. 이 작업을 미국 시카고에 있는 동안 집중적으로 매달릴 수 있었고, 나름대로 상당한 성과를 이루어 돌아왔다.

 북아메리카 대륙기행은 미지의 세계에 대하여 슬그머니 시작된 작은 탐구심이 차츰 방대한 규모로 발전된 것이다. 사실 여행에 대해서도 나는 과도할 정도의 의욕을 가졌던 것 같다.

 먼저 시카고를 중심으로 해서 북아메리카 대륙 지도 위에다 자를 대고 가로 세로 선을 그어서 네 등분하였다. 그리고 보스톤과 뉴욕이 포함된 동북부 지역 일대를 봄에 1차로 다녀왔다. 모두 15박 16일 가량 걸렸다. 두 번째의 여정은 시카고에서 서북부와 중서부 일대를 돌아오는 구간으로 시애틀과 샌프란시스코가 포함되었다. 이 기간은 무려 스무날 가까이 소요되었다. 너무 한 여름 무더위 속이라 고통이 훨씬 많았지만 그것을 이겨내는 성취감도 대단했다. 세 번째의 여정은 콜로라도 주를 거쳐서 그랜드 캐년과 데스밸리, 로스엔젤리스를 지나 멕시코의 국경을 넘어 티후아나까지 다녀서 돌아오는 대장정이었다. 여기에는 무려 스무 사흘 정도의 시간이 필요했다. 겨울에는 플로리다가 포함된 지역을 다녀올 예정이었으나 귀국을 다소 앞당기게 되어서 여정을 차후로 미루었다.

 이 세 차례의 대장정과 관련된 시간들로만 어언 석 달이 걸렸고, 다닌 거리만도 36,000킬로미터가 넘었다. 대부분 자동차 안에서 잠을 자고 식사를 해결하는 강행군이었다. 수염과 모발은 자랄 대로 자라서 남루한 몰골이 말이 아니었다. 입술과 발은 온통 부르터서 아프고 쓰라렸다. 고통이 파도처럼 느껴질 때면 내가 무엇 때문에 이런 고생을 하고 있는가 라는 회의적인 생각이 밀려왔다. 하지만 그때마다 어금니를 굳게 깨물고, 부지런한 사람만이 모름지기 큰 일을 해낼 수 있다며 스스로를 위로하고 채찍질했다.

돌아다보면 나의 미국 생활은 오직 〈부지런〉 하나로 일관되었던 것 같다. 혼자 살아가면서도 적적함을 느낄 사이가 없을 정도로 천성적인 〈부지런〉을 떨었고, 결국 이 덕분에 몇 가지의 뿌듯한 성과를 안고 돌아왔다. 여행기를 정리하는 중에 미국 뉴욕의 끔찍한 테러사태가 발생했다. 북아메리카 전역은 온통 빙하기로 접어든 듯 삼엄한 기류가 흐른다. 이런 분위기가 여행자들에게는 상당한 불편을 주게 될 것이다. 하지만 불편과 악조건을 이기고 극복해가는 것! 바로 그것이 모든 여행자가 속마음으로 진정 원하고 있는 바는 아닐까.

이 기록은 북아메리카 대륙의 구석구석을 외롭게 헤매 다녔던 내 피와 땀의 결정체이다. 아무쪼록 미지의 세계에 대한 탐구심을 키우고 싶은 독자, 자신의 삶을 더욱 부지런하게 가꾸어가고자 하는 독자들에게 다소나마 도움이 되었으면 한다.

2002년 2월
이 동 순

## 詩가 있는 미국기행

초판1쇄 2002년 3월 15일 | 발행일 2002년 3월 25일 | 지은이 이동순 | 펴낸이 김태범 | 펴낸곳
새미 | 등록일 1994. 3.10 제17-271 | 편집 송명진·정은경·김은혜·박애경 | 영업 한창
남·김상진 | 총무 김태범·박아름·황충기 | 마케팅 정찬용·이충섭 | 인쇄 박유복·정명
학·한미애 | 인터넷 이순주·유대열·황현덕 | 홍보 정구형·박주화 | 물류 정근용

주소 서울시 강동구 암사 4동 452-20 럭키빌딩 301호

www.kookhak.co.kr, E-mail : kookhak@orgio.net
ISBN 89-89352-63-0 03810
가격 15,000원

∗ 저자와의 협의하에 인지 생략합니다.
∗ 새미는 국학자료원의 자매회사입니다.